河海大学中央高校基本科研业务费项目"城市基层文化建设中的居民参与研究"（项目号：2017B33314）的阶段性成果

南京社科学术文库

# 大都市社区协同治理视域下的公共文化服务

颜玉凡◎著

中国社会科学出版社

## 图书在版编目（CIP）数据

大都市社区协同治理视域下的公共文化服务 / 颜玉凡著 . —北京：
中国社会科学出版社，2017.12
（南京社科学术文库）
ISBN 978 - 7 - 5203 - 1713 - 9

Ⅰ.①大…　Ⅱ.①颜…　Ⅲ.①大城市—社区文化—文化工作—
研究—中国　Ⅳ.①G127

中国版本图书馆 CIP 数据核字（2017）第 306028 号

| | | |
|---|---|---|
| 出 版 人 | 赵剑英 |
| 责任编辑 | 孙　萍 |
| 责任校对 | 胡新芳 |
| 责任印制 | 王　超 |

| | | |
|---|---|---|
| 出　　　版 | 中国社会科学出版社 |
| 社　　　址 | 北京鼓楼西大街甲 158 号 |
| 邮　　　编 | 100720 |
| 网　　　址 | http://www.csspw.cn |
| 发 行 部 | 010 - 84083685 |
| 门 市 部 | 010 - 84029450 |
| 经　　　销 | 新华书店及其他书店 |

| | | |
|---|---|---|
| 印　　　刷 | 北京君升印刷有限公司 |
| 装　　　订 | 廊坊市广阳区广增装订厂 |
| 版　　　次 | 2017 年 12 月第 1 版 |
| 印　　　次 | 2017 年 12 月第 1 次印刷 |

| | | |
|---|---|---|
| 开　　　本 | 710×1000　1/16 |
| 印　　　张 | 23 |
| 字　　　数 | 366 千字 |
| 定　　　价 | 96.00 元 |

# 总　序

　　2017 年的中国迎来了党的十九大，进入了全面建成小康社会的决胜阶段，开启了中国特色社会主义新时代。春江水暖鸭先知，社科腾跃正此时。2014 年 8 月出台的《加快推进南京社科强市实施意见》，明确提出了要"更好地发挥哲学社会科学在南京创成率先大业、建设人文绿都、奋力走在苏南现代化建设示范区前列中的理论支持和思想引领作用"，标志着南京社会科学界正肩负起更加神圣而重大的资政育人历史使命，同时也迎来了南京社会科学学术繁荣、形象腾跃的大好季节。值此风生水起之际，南京市社科联、社科院及时推出"南京社科学术文库"，力图团结全市社科系统的专家学者，推出一批有地域风格和实践价值的理论精品学术力作，打造在全国有特色影响的城市社会科学研究品牌。

　　**为了加强社会科学学科高地建设、提升理论引导和文化传承创新的能力，我们组织编纂了南京社科学术文库。**习近平新时代中国特色社会主义思想，是对中国特色社会主义理论体系的丰富和发展，是马克思主义中国化的最新理论成果，是我国哲学社会科学的根本遵循，直接促进了哲学社会科学学科体系、学术观点、科研方法的创新，为建设中国特色、中国风格、中国气派的哲学社会科学指明了方向和路径。本套丛书的重要使命即在于围绕实践中国梦，通过有地域经验特色的理论体系构建和地方实践创新的理论提升，推出一批具有价值引导力、文化凝聚力、精神推动力的社科成果，努力攀登新的学术高峰。

　　**为了激发学术活力打造城市理论创新成果的集成品牌、推广社科强市的品牌形象，我们组织编纂了本套文库。**作为已正式纳入《加快推进南京社科强市实施意见》资助出版高质量的社科著作计划的本套丛书，旨在围绕高水平全面建成小康社会、高质量推进"强富美高"新南京建设的目标，坚持马克思主义指导地位，坚持百花齐放、百家争鸣的方针，创建具有南京地域特色的社会科学创新体系。在建设与南京城市地位和定位相匹配的国内一流的社科强市进程中，推出一批具有社会影响力和文化贡献力的理论精品，建成在全国有一定影响的哲学社会科学学术品牌，由此实现由社科资源大市向社科发展强市的转变。

**为了加强社科理论人才队伍建设、培养出一批有全国知名度的地方社科名家，我们组织编纂了本套文库。**本套丛书的定位和选题是以南京市社科联、社科院的中青年专家学者为主体，团结全市社科战线的专家学者，遴选有创新意义的选题和底蕴丰厚的成果，力争多出版经得起实践检验、岁月沉淀的学术力作。借助城市协同创新的大平台、多学科交融出新的大舞台，出思想、出成果、出人才，让城市新一代学人的成果集成化、品牌化地脱颖而出，从而实现社科学术成果库和城市学术人才库建设的同构双赢。

盛世筑梦，社科人理应承担价值引领的使命。在南京社科界和中国社会科学出版社的共同努力下，我们期待"南京社科学术文库"成为体现理论创新魅力、彰显人文古都潜力、展现社科强市实力的标志性成果。

叶南客

（作者系江苏省社科联副主席、南京市社会科学院院长、

创新型城市研究院首席专家）

2017 年 10 月

# 前　言

　　本书试图在对国家文化治理理念转变的宏观背景的勾勒中，用实践的观点来叙述、以文化治理的理论视域来探析多元主体在城市社区公共文化服务实践的不同情境中的行动策略，描绘出当前城市社区公共文化服务场域中政府部门的行动逻辑、居民参与公共文化生活的真实意图和文化组织介入公共文化服务的真实诉求。在此基础上，进一步剖析公共文化服务场域中三个行动主体基于不同目的而形成的互动关系，认清各参与主体间的利益关联和权力关系，审视在现实情境中不同主体的互动对公共文化服务体系的建构与消解作用，进而解释这种作用的形成机制。

　　文化治理具有意识形态引领的重要载体、治理生活方式的重要工具、唤回文化产品的公共价值三重功能，而在文化治理理念下公共文化在政治层面具有社会治理作用，对于改善居民生活具有至关重要的终极意义，并力图秉持文化供给的公共精神。以此作为逻辑主线，本书将对城市社区公共文化服务实践的研究置于文化治理的理论视域下，考察政府为实现国家政治目标而在政府行政、居民生活和文化供给等多层面展开的全方位公共文化服务制度实践，审视居民参与日益面向日常生活的公共文化服务实践的微观策略与内心世界，检视文化服务组织在现实情境的机遇与制约中进行公共文化服务供给的生存策略和发展逻辑，进而在此基础上探析文化治理场域中多元主体的互动机制。

　　对于政府而言，公共文化服务是其在国家文化治理理念的变迁和演进情况下为挽回公共价值缺失、重塑公共精神，从而在政治文明中充分实现公民文化权利之理想意义的重要途径。因此，它采取了聚焦于公共文化空间的营造、塑造文化惠民活动品牌、扶持各类民间文化组织等策略，进而在公共文化服务中坚持意识形态前置来使公共文化承担政治使命，实现其关怀群众文化生活的价值理想与制度实践，但其在实践过程中却陷入了"造园姿态"的陷阱，并在路径依赖的行政惯习下使公共文化服务存在某种程度的与时代、生活和地方文化特色脱轨的现象。

对于居民而言，由于个人焦虑与社区认同缺失、镶嵌在社会阶层中的文化分层、居民参与制度的双重缺陷等结构性因素的影响，居民参与在整体上面临的是一种弱场域，他们的参与类型根据参与目的和主动性，分为自娱自乐型、发挥余热型、依附型和即兴参与型，主动性参与除自娱自乐型以外，发挥余热型与政府联系非常紧密，并受政府态度的显著影响，依附型也是高度依赖政府资源的给予，在此情景中，不能忘却的集体记忆、难以割舍的社会报酬、不容小觑的身份认同成为驱动居民参与公共文化服务的重要动因。但是，居民眼中的公共文化服务实践仍然是一项政府工程，他们的许多参与行为还是一种"表演性参与"，参与行动并未改变他们的心理特质，基于居民广泛参与的公共文化精神形塑的理论构想并未实现。

对于文化服务组织而言，它们面临在政府职能外溢下多元主体共同参与公共文化服务的新机遇，但私性文化传承与个人主义扩张的并存、制度缺陷与资源障碍却严重制约着它们的健康发展，于是，它们开始谋求政府支持以获得合法性，实现组织运行的规范化、高效率，并借助私人"关系"的社会网络来获取更多的资源，以便组织能够在环境的先天不足中生存发展，这背后隐藏着它们一面在非对称性依赖下对政府全面依附以获得组织发展的关键资源，一面又在博爱、奉献精神旗帜下维系着组织长期发展的生存之道。但是，文化服务组织实际上主要还是对政府负责，对在居民需求中找寻组织成长点并不积极。

文化治理赋予公共文化服务丰富居民文化生活、再构社区文化共识、将政府文化价值理念"世俗化"等多项功能，在制度设计的三元主体理想互动模式中，政府应作为公共文化服务制度的制定者和实践的主导者，居民应成为公共文化服务实践的受益者和反馈者，文化服务组织应充当公共文化服务实践中的供给者和黏合剂。而三元主体在公共文化服务实践中各有其行动特点，政府受到市、区级政府的管理机制双重路径"锁定"和街道与社区基层在实践中的"应付"的多重路径依赖束缚，社区居民的参与行为存在着明显的在选择与认同中的"离散性"，文化服务组织在服务与发展中具有明显的政治"嵌入性"，各主体在其行为特征影响下形成了政府对居民和组织弱依赖、居民和组织对政府强依赖的"非对称性"的互动关系，这种互动关系比较脆弱，并非良性的互动关系。

总体上看，现阶段的公共文化服务实践仍然是由政府来主导和支配的，它的目标、形态和运作机制都是由政府主宰着，居民和文化服务组织目前还只是这个体系中的配角，这两个主体都在结构因素和体制框架下不同程度地依附于政府，理想意义上的三元互动实际上还主要是政府与居民、政府与文化服务组织之间的二元互动，公共文化服务在制度设计上的应有功能、对行动主体的理想期许，以及在国家治理体系中的理论途径，在现实中并未实现。针对公共文化服务实践中的三元主体互动所暴露出来的问题，为了建构均衡性互动关系，应对基层政府进行重点治理，克服其在公共文化服务中的应付性行为；应重视人情因素对居民和文化服务组织行为的重要影响，构建制度激发基层政府用人情感召居民和文化服务组织有效参与进来；应采用多样化激励策略促使居民主动参与公共文化生活；并提供各种便利条件帮助文化服务组织获得社会认可；政府还应策略性地再让渡一些资源与权力，以使三元主体能够实现平等互动。因此，笔者从多元主体于公共文化服务场域中的实证研究发现，当前的都市社区公共文化服务实践中三元主体形成了一种以非对称性的"交融与博弈"为主要特征的互动关系：居民和组织对于政府都存在着强依赖关系。而政府对居民和组织、组织与居民之间却还都是一些弱依赖关系，公共文化服务领域并未形成文化治理思想所期盼的多元主体"三足鼎立"之势，居民和文化服务组织目前还只是这个体系的配角，三者之间的平等交融仍只是美妙的理论设想而已，互动相搏下的文化治理依然任重道远。

总之，公共文化服务的健康发展呼唤居民主体地位的理性回归，需要依赖于将文化服务的客体——居民主体化，并通过多种手段为文化服务组织的发展注入活力，进而在此基础上转变工作思路。在这层意义上，本书的研究成果对当下正在如火如荼进行的国家文化治理进程和公共文化服务工作的有效开展，具有重要的理论影响和现实启示。

# 目 录

# 第一章

# 绪　论

## 第一节　研究缘起与研究意义

### 一　研究缘起

#### （一）亲历由传统乡土到现代城市社区的生活变迁

本书对于公共文化服务主体的关注最初来源于笔者的城市生活实践。笔者出生在东北一个城郊接合部的小镇。那是一个费老笔下的"熟悉的社会，没有陌生人的"① 小镇，镇上的人们都不种地，因为盛产花生，每家每户都做起了花生生意。时至秋冬有农民到镇上卖新鲜的花生，镇上的人们就收买这些花生，加工成种子卖给城市里的工厂。在笔者的记忆里，家家户户都是在做这样的营生。在这种慢节奏的几近悠闲的生活里，镇上演绎着默认一致（consensus）② 的亲密的、私密的、单纯的共同生活，这种生活像极了滕尼斯梦想中的共同体。"每个孩子都是在人家眼中看着长大的，在孩子眼里周围的人也是从小就看惯了的。"③ "大爷、大娘、姐儿、妹儿、大哥、小弟"这些称呼将镇上的人们都标识成了一家人，用熟识的安全感代替了陌生的氛围。春夏时闲暇时光，孩子的嬉戏和大人们的唠嗑；秋冬时昼夜忙碌，商人的计算和父母的合计，还有每个月逢三而集，家家户户纷至沓来的庙会；不同节庆时亲人们一起制作着内涵不同的各色甜点。小镇就是这样一个基于血

---

① 费孝通：《乡土中国　生育制度》，北京大学出版社1998年版，第9页。

② ［德］斐迪南·滕尼斯：《共同体与社会：纯粹社会学的基本概念》，林荣远译，北京大学出版社2010年版，第60—61页。

③ 费孝通：《乡土中国　生育制度》，北京大学出版社1998年版，第9页。

缘、地缘、共同习惯和传统纽带的共同体，同一方式在镇上反复演绎着。故乡的记忆亦如故乡的白云和黑土日复一日地镌刻在笔者记忆的最深处。

然而，十年前笔者来到城市定居，又和其他 80 后一代一样，将母亲从东北叫来帮忙照顾孩子。原先在村镇共同体中慢节奏的悠闲生活被快速运转的城市生活取代，旧有的由家乡共同体所提供的安全感也被城市里这种自由的不确定性瓦解。与同事过多的亲密交往反而让我觉得很有压力，在自足于经营一个完美的小家庭的同时却又对邻居敬而远之，这种"有秩序的生活"成为了我们这一代的共识。但是母亲对于城市中弥漫的日常生活氛围并不适应。子女都在各忙各的，每天说不上几句话，周围的人一个都不熟识，在带孩子的同时，与家乡的七大姑八大姨煲电话粥成为她最大的爱好。每天掰着手指算着笔者放寒暑假的时间是她习惯的功课。为此笔者经常自责，又陷入深思：齐美尔曾经论断，城市中"身体的靠近和空间的狭小仅仅使得精神距离更加可见"①。那么从文化生活角度来看，到底现代城市生活中的人与人之间的关系是什么样子的？城市生活果真是匿名又陌生的吗？在城市生活的人们是不是也如我一样，在面对现实困境时不断追忆着过去？城市居民的生活方式又是怎样镶嵌在深刻的社会结构和文化情境中的？

因此，在参加 JY 区公共文化服务调研的过程中，笔者开始以一个旁观者的身份，同时也是从一个城市新移民的角度，来观察城市社区居民的日常公共文化生活。为了能够更深入地了解城市居民尤其是老年人的文化生活，笔者甚至带着母亲一起加入社区自发组织的广场舞团队。在与社区社工、居委会和被外界戏谑为"大妈"的深入接触中，笔者深切感受到社区工作者对文化服务事业的辛勤奉献，目睹到居委会在动员居民参与文化活动时的无奈，更重要的是，看到了这群"与原生熟人社会分离但观念上却又没有完全切割的大妈们"对于文化参与和分享、社会认同和集体安全感的执着追求。令人印象深刻的是，不同身份的行动者在公共活动逐渐减少、公共空间日益萎缩的境况中，在市场理性对

---

① ［德］齐美尔：《大都市和精神生活》，载《阅读城市：作为一种生活方式的都市生活》，郭子林译，上海三联书店 2007 年版，第 27 页。

传统邻里关系的互助伦理产生越来越大的渗透破坏作用的背景下，在社会组织对社会生活中的突出问题调解乏力的现实窘境中，依然努力实践着自己的生存话语，试图重建他们内心深处的集体记忆。

"生活是社会性的总体框架与具体性的个体生存之间的重要领域，是一个社会中精神与物质、观念与信仰、主体与客体互相叠合、交融相搏的那些环节和地带。"① 正是这种琐屑、真实、一地鸡毛的文化生活，使公共文化服务成为国家文化服务的总体框架与居民个人的文化需求之间实现互动的重要场域。"作为社会学，主要研究对象的社会行动结构，实际上就是日常生活的基层结构的运作过程，它的变迁是由无数的、司空见惯的、习以为常的但又实际上变动不居的日常社会行动构成。"② 因此，笔者才敢于提笔用自己的学识和十年来的生活经验去追踪公共文化服务的主要参与主体的实践活动，正是这些参与者于日常生活中在公共文化服务场域影响下所采取的不同行动策略和行动逻辑，才使文化服务场域在不断构建的过程中又被不断消解着，从而形塑着公共文化的生产与再生产过程。

（二）眷注转型期的公共文化生活

传统的中国社会是一个安稳的乡土社会，中国文明脱胎于上古乡土的社会关系中，从它的性别关系和原始仪式中提炼出了最早的关系和礼仪。③ 人们固守着血缘和地缘的纽带，世世代代黏着在一个地方，生于斯死于斯。改革开放以来，步入到现代化进程的中国社会已处于一个激荡的转型时期。社会阶层化不断固化和利益关系逐步市场化、个人主义和消费主义、陌生人社区和原子化社会等，都使中国的文化结构发生着剧烈变动，从而影响了每个公民的文化生活，进而导致了一系列社会结构与文化形态的聚变。在这一聚变过程中，乡土社会中充满温情和集体意识的共同体不可避免地走向解体，取而代之的是以陌生人为主体的现代城市社会。过去古老的等级秩序和社会规范在限制人们行为的同时，

① 陈雪虎：《思考从"文化"到"生活"的可能性——再谈"生活论"的内涵兼谈共同文化的方向》，《文艺争鸣》2011 年第 1 期。

② 李沛良：《社会研究的统计应用》，社会科学文献出版社 2002 年版，第 3 页。

③ 王铭铭：《走在乡土上：历史人类学札记》，中国人民大学出版社 2003 年版，第 1 页。

曾给予世界和社会生活的行为及其意义、秩序和规范，但在当代中国社会转型期这一实践背景中却不断地被怀疑。①

城市作为"人类社会权力和历史文化所形成的一种最大限度的汇聚体"②，一直都令现代自由人心驰神往。随着现代市场经济体系和国家体系对城市和乡村中传统社区的挤压，原有的单位制社区迅速走向终结，那些"昔日由单位所承载的诸多社会责任不断转移到社区，由单位制所构建的公共世界随之萎缩，附着于单位制中的那些意识形态要素和集体认同要素逐步退出历史舞台"，单位人也就演变为社区人。而商品房改革又进一步分裂了单位制下的居民聚居状态，随着大量不同阶层的城市移民的涌入，新社区内部的社会群体高度分化，在社区内部和外部，由于资源分配机制的差异而分化成许多相对独立的利益群体或共同体。他们的空间特征明显，在社会、经济、政治、文化等方面难以整合，意即社区呈现着碎片化的特征，而且"作为社会凝聚力源泉的家庭与亲属关系的衰落以及信任的不断下降，构成了大分裂的特点"③。故而，在城市社区中，人们虽然以前所未有的速度集中到城市，空间距离急剧缩短，但是在心理上却发生了前所未有的分化和隔离。由于缺乏达成文化共识的基础，居民对社区逐步失去了认同感和归属感，社区也就失去了作为社会共同体的基本意义，社区公共性随之渐渐弱化。最终，社区成为了一个缺少公共意识的工具意义上的居住地。

在这种工具意义的社区中生活的人们在得到感官的、物质的满足的同时，却因精神上过于空虚而找不到心灵的归宿，渐渐感到被隔离，孤独感、紧张感、压抑感等充斥了人们的大脑。于是，缺乏了精神生活的现代社会不可避免地导致人们心灵上的扭曲。正如丹尼尔·贝尔形象地描绘的那样，"现代主义的真正问题是信仰问题，用不时兴的语言说，它就是一场精神危机，因为这种新生的稳定意识本身就充满了空幻，而

① ［加］查尔斯·泰勒：《现代性之隐忧》，程炼译，中央编译出版社2001年版，第4页。

② ［美］刘易斯·芒福德：《城市文化》，宋俊岭等译，中国建筑工业出版社2009年版，第1页。

③ ［美］弗朗西斯·福山：《大分裂：人类本性与社会秩序的重建》，刘榜离等译，中国社会科学出版社2002年版，第67页。

旧的信念又不复存在了。如此局势将我们带回到虚无。由于既无过去，又无将来，我们正面临着一片空白"①。所以在当下中国，作为个人心理表征的焦虑情绪四处弥散，又"由'沸腾心理'产生出泛化的社会焦虑，成了现代与后现代相混杂的当下社会的精神症候"②。

　　显然，从当代中国社会转型期的特定实践背景与民众精神生活的现实情境着眼，中国正面临着整体性终极关怀的失落和信仰危机。如何改变城市居民的文化精神生活状态，重建以社会公意性为标志的公共性文化价值系统，成为笔者在个人生活实践中的困惑和在学术上执着的意义追求。社会学"与其说是为人们提供客观而普遍的真理，还不如说是为人们展示面对日常生活和社会现实的种种可能性及其限制，提醒我们注意潜在的社会危险，告诉我们可能补救的方法和社会进步的前景"③。因而，关注公共文化的学术价值在于研究和描述公共文化如何承载着在整个社会结构和社会秩序变迁的背景下，建构在社会认同方面的公共文化价值体系的正功能；在于能否通过加强有效的公共文化服务，找到契入居民精神生活的钥匙，重建陌生人社区得以和谐发展的契约精神；希冀在文化服务场域中实现行动者之间的共同价值追求和意义世界这一"公共精神"的终极目标。

　　（三）聚焦国家治理转型进程中的公共文化服务实践

　　中国社会正在经历着一个包括人类生产、生活、观念等基本形态的全方位转型过程。激烈的市场竞争、单位制的终结等经济体制的变革和社会结构的转型使得中国这一后发现代化国家在经历高速现代化的同时又经历着全方位的体制改革。在这样剧烈的社会变迁中，社会的阶层分化不断加剧，阶层利益日益固化，阶层结构越发定型。利益格局的调整使得各种社会问题和社会矛盾集中凸显、盘根错节，不断呈现出复杂性、结构性和制度性特征，政治体制改革和国家治理机制创新面临着巨

---

① ［美］丹尼尔·贝尔：《资本主义文化矛盾》，赵一凡等译，生活·读书·新知三联书店1989年版，第74页。

② 肖伟胜：《焦虑：当代社会转型期的文化症候》，《西南大学学报》（社会科学版）2014年第9期。

③ ［美］史蒂文·塞德曼：《有争议的知识——后现代时代的社会理论》，刘北成等译，中国人民大学出版社2002年版，第4页。

大的挑战。原有的由政府强势主导的全能全控型行政管理模式业已呈现出效应递减的趋势，这种体制性衰退引发了"决策权威和行政执行力的系统性危机"①，国家建设亟须治理理念的重塑和治理结构的调整，于是，社会治理就在民间力量与政府的复杂博弈中应运而生了。在以"公共服务"为代表的社会治理话语体系的建构过程中，政府"不再长时间维系有明确命令、并拥有让他人有意识服从的权威性权力，而与其他组织分享那种无意识的散布于整个人口之中的弥散性权力"②。

伴随着这种国家权力支配方式的转变，文化形态亦发生着根本性转变。文化政策历来被认为是政府塑造灵魂的工程，国家围绕着文化进行的治理亦成为现代社会治理的重要维度，国家治理结构调整也自然会孕生出对文化治理的关注。进而言之，国家治理结构的调整所引致的旧有文化管理方式向新型文化治理模式的转变构成了我国文化建设的基本情境。中国公共文化服务正是在此情境中不断发展实践的。在文化治理理念指引下，政府上下结合的文化治理理念、文化单位的文化服务活动和个体的日常文化生活在公共文化空间中紧密交织起来，不断重塑着整个社会的公共生活，并使意识形态的公众认同和价值诉求得以重构。换言之，中国的公共文化服务作为一种文化层面上的公共服务是政府从统治化、官僚化的政府管理状态走向服务化的全新治理模式进程的重要举措。这种在文化治理视域下的公共文化服务供给变革需要通过政府的有效治理活动、社会组织的有效调解活动、人民大众的有效参与活动和文化单位的有效生产活动之间的良性互动，来确保公共文化服务体系的良性运行。

然而，制度设计在理想层面上的高瞻远瞩并不意味着其在真实文化生活中的欣欣向荣。在深入调研 N 市的公共文化服务体系建设现状的过程中，笔者发现一些社区提供的公共文化服务外表虽齐全完备却在居民的文化生活中日益萧瑟。具体表现在：第一，社区的一些公共文化设

---

① 徐湘林：《转型危机与国家治理：中国的经验》，《经济社会体制比较》2010 年第 5 期。

② ［美］迈克尔·曼：《社会权力的来源》，刘北成等译，上海人民出版社 2002 年版，第 10 页。

施并没有得到充分的利用，闲置多年的硬件设施逐渐萎缩并被改变用途，公共文化建设资金分配不均；第二，部分社区由政府所提供的公共文化活动脱离居民生活实际，或者缺乏有效的动员，因此没有实现居民的广泛参与；第三，文化组织提供的文化服务并没有真正融入居民的日常生活，亦无法调节居民之间由公共空间的争夺所引发的冲突；等等。笔者认为行动是嵌入性的，公共文化服务实践是一种与周围环境、不同个体的文化生活密切联系的社会性行动，其总是发生在充满着不确定性和复杂性的情境之中，意即公共文化服务实践是构建在一个由多种主客观因素交互作用所形塑的场域之中。性质迥异的参与者赋予公共文化服务不同意义的社会想象，居民的阶层背景和由此决定的文化品位以及政府对于文化服务或积极或消极的认知，所有这些因素都会影响到文化服务的实践效果。故而，本书试图在勾勒国家文化治理理念转变的宏观背景中，用实践的观点来叙述、探析多元主体在城市公共文化服务实践的不同情境中的行动策略，进而描绘出当前中国城市在文化治理变迁背景下的基层政府行动逻辑、居民参与公共文化生活的真实意图和文化组织介入公共文化服务的真实诉求。

## 二　研究意义

在理论意义上，本书从社会学视角分析公共文化服务实践过程，探究社会转型、文化治理、政策制度等在形塑政府、组织和居民三元主体行动策略中的不同作用，综合运用文化治理理论、行动者理论，着重挖掘嵌入在公共文化服务中的政府行政惯习、居民文化生活惯习、组织生存发展思路及其对公共文化服务体系的建立和运行的多重影响，揭示三元主体的互动机制，拓展了公共文化服务的研究视域和基本理论，可以为后续研究提供基础性分析框架。

在实践意义上，本书举证的个案群可以为当地政府设计公共文化服务的相关政策和制度提供新鲜细致的感性材料和实证经验，为政府、居民和文化服务组织在公共文化服务实践过程中实现多元融合提供榜样性的个案材料，有利于决策者深入了解公共文化服务体系的建设规律，厘清公共文化服务中的实践障碍，进而为政府推进公共文化服务体系建设提供新的思路。并有利于在推进公民文化权利实现过程中，结合居民的多样性特点和文化服务组织的实际发展需求，有针对性地设计完善公共文化服务供给制度。这不仅可以为政府针对不同格调和品位的人群如何提供公共文化服务提供方法上的借鉴，而且能激发读者对文化服务中公民主体地位等议题的进一步思考，从而促进文化服务更快更好地融入城市社区，有利于基于公共文化生活的社区共同体的形成。

## 第二节　研究问题与核心概念界定

### 一　研究问题

任何一个社区或者村落的"文化"都是外在结构性力量与内在个体行动者的能动反映这一微观机制共同作用的结果。因此，我国的公共文化服务是构建在中国特殊的社会结构和文化背景中的，其受到特定的文化结构、社会分层情境和行动者的惯习等因素的多重影响。在此过程中，包含着国家的经济发展政策和文化政策的作用、主流文化和精英文化的强势形塑、政府沉淀多年的行政惯习、地方文化传统的生息繁衍，更包含作为行动者个人内心的文化观念和镶嵌在价值信仰中的消费习惯，还包括文化组织发展的现实情境和理想期许。因此，对于公共文化服务的研究必须将上述因素都考虑进来，根据不同实践主体在文化服务场域中的行动逻辑来理解文化服务的现实开展情况，进而深入挖掘其中的特殊规律，根据这些规律来建立一套居民理解、认同、使用和热爱的公共文化服务体系，使得体系完备的公共文化设施与居民的日常生活实践浑然一体。

基于以上认知，本书研究的核心问题并非源于国家或政府的宏大管理理论，亦不是单纯纠缠于结构与行动之间关系的社会学理论架构，而是肇始于笔者日复一日于城市社区生活的体验、感知、困惑和思索。在城市社会不断转型的过程中，文化生活场域正在发生着深刻蜕变。来自不同的阶层，有着迥异于人生阅历的都市人，穿梭在光鲜亮丽、变动不居的生活里，选取了截然不同的文化生活休闲方式。如何理解对笔者而言既熟悉又陌生的"城里人"在日新月异的城市中对文化生活方式的遴选是笔者写作灵感的来源。因而，本书的全部努力是试图将宏大的城市社区社会转型这一理论高点与微观个体的文化生活这个人文关怀的细节交融在一起，通过对典型社区中公共文化服务场域的呈现，探讨其中不同身份的行动主体的观念结构和行为实践的内在联系逻辑，在他们的文化服务实践中感知不同主体在不同情境下的情感思维，力图深度透视拥有不同棱角的多元主体在公共文化服务实践中的实际处境和理想期许。

　　具体而言，本书力图在勾勒公共文化服务场域的宏观场景中，用实践的观点来描述、分析不同行动者在文化服务实践中的逻辑，依据多元主体采取的行动所形成的一系列事件及其发展过程来把握现实的公共文化服务实践结构与机制，进而勾连出行动背后所蕴含的国家、社会和文化因素。在 JY 区公共文化服务的日常实践中，活跃其中的行动主体包括政府、居民、文化服务组织。在转型社会所特有的文化背景、社会环境、政策变迁场域中，他们为了追求自身利益而在彼此之间建立起错综复杂的庞大关系网络。行动者在有限理性支配下，通过与其他行动者之间的共生、合作、冲突和妥协，采取适应于环境的策略，不断争取对自己有重要意义的资源。同时，镶嵌在特定的社会空间里的每个行动者都拥有自己的思考能力，会按照不同的逻辑规则做出行为决策，他们也会自觉或不自觉地根据自己在文化空间中所处的结构性地位，在宏观结构和微观制度的影响下采取不同策略来追求自身目标。因此，在正经历社会结构剧烈转型的中国，唯有着眼于分析政府、社会组织和居民在微观层面的互动关系动态形成过程，才能正确认识公共文化服务建设中制度实践与行为认知相背离问题的本质，才能解读公共文化服务实践中行动者面临的"真实和变通的存在方式与施加在他们身上的总体性安排之间的距离"。

　　按照上述思路，本书以 N 市 JY 区的公共文化服务示范区为样本，以社会学基本理论为基础，综合运用管理学、人类学等多学科理论，将研究问题聚焦于公共文化服务实践中作为主要行动者的政府、居民、社会组织之间的动态互动过程及其各自的行动策略、行动逻辑和背后所隐藏的深层次结构性因素。意即在行动者各自不同的文化服务场域中，关注行动者如何在有限理性支配下追求自身利益、运用合适的策略来争取对自己有重要意义的价值实现和资源，从中窥视多元主体参与公共文化服务实践的真实动机，在此基础上探讨各主体行动逻辑之间的利益关联与权力关系，进一步诠释行动主体间互动关系对公共文化服务实践的建构与消解作用。

具体来说，本书试图解决以下两个议题：

议题一：行动者是在什么样的文化环境、制度背景所形塑的服务场域中，参与到公共文化服务实践中的？为了更好地达成各自目的，他们分别采取了什么样的行动策略？这些行动策略背后又蕴含着行动者怎样的行动逻辑？

议题二：行动者的行动策略和行动逻辑对公共文化服务体系的建构和运作过程的作用机制是什么？政府、居民和组织在公共文化服务场域中建立了怎样的互动关系？

## 二　核心概念的界定

对上述议题展开研究，必须先厘清两个核心概念，即什么是公共文化？围绕公共文化所展开的这项服务实践是什么？

### （一）公共文化

阿伦特相信存在一个纯粹的公共文化领域，它"是公民可以通过言论和行动显示自我的高度显见的场域，它展现的是一种非自然的、人为性的、以价值共识定位的理想公民共同体"[①]。也就是说，公共文化可以通过对个人价值观念的渗透与潜移默化对个人与社会的关系进行调控，并依靠这套调控机制来调节个体与个体、个体与群体之间的社会关系，进而将社会成员的个人目标与社会整体目标有机统一起来。同时，公共文化还可以通过引导群众心理对群众文化生活起到引领作用。通过公共文化培养起来的共同核心价值观念会不易察觉地左右群众的心理认知，使他们将其文化生活置于群体意识、公共观念和共同文化价值观念的规约之下。

基于上述认知，本书认为公共文化是文化中具有公共性的那部分，大致包括公共哲学、公共规范、公共形象和公共精神等内容，并通过公共文化服务设施和公共文化活动等形式向公民提供公益性文化产品，它

---

① ［德］汉娜·阿伦特：《极权主义的起源》，林骧华译，生活·读书·新知三联书店2008年版，第147页。

是内容与形式的统一体，具有群众性、共享性、内聚性、包容性和时代性等特点，其与大众文化中的经营文化相对，它不以营利为目的，带有鲜明的国家价值取向，代表了国家认同的文化价值观和国家倡导的文化发展方向。

在当下多元文化和谐共存的时代语境和文化发展不断自下而上的实践转向过程中，对于社会成员而言，公共文化并不是盲目地强制公民个体的文化意识对其绝对无条件服从，它以尊重社会成员个性化的文化需求、品位和创造力为准则，并不会湮没每个社会成员的文化个性，它尊重个人意愿，承认个人利益，发挥个人才能，给予个人充分自由和选择余地。因此，这种新型公共文化对群众文化生活的引领作用既不会使其成为知识分子的精英文化，也不同于一般意义上的群众文化，在它指导下的群众文化生活始终会以共同的文化价值观念体系作为其自我维系的灵魂和发展动力，但它又会为社会成员留有充分的个体自由，进而使社会成员在保持自我的文化生活中进一步增强群体认同感和社会归属感。

（二）公共文化服务

公共文化服务是指公益性部门通过提供公共文化产品和服务、创造确保社会良性发展所必需的公共文化环境与条件，来愉悦公民身心、培养公民情操，进而维系国家核心价值理念、保障公民基本文化权利的一系列制度体系和行动实践。

对于国家而言，公共文化服务是进行公共文化（包含公共意识形态）输送的有效载体，其旨在形构一个不受个人意志支配但对社会成员具有很大制约作用的社会文化环境：一方面，它在政府主导下以实现公众文化对社会主义制度的高度认可为主要政治目标，力图在文化建设中向群众有效灌输国家制度所推崇的文化价值观；另一方面，它通过让社会成员参与一系列公共性文化活动，使绝大多数社会成员在思维方式、审美取向、道德规范、行为模式和文化价值观念等方面达成较为一致的文化共识，从而使社会成员对这种文化环境产生认同感和归属感，增强社会的文化凝聚力。

对于社会公民而言，公共文化服务是一项广泛吸收公众参与、由公众所共享的公共制度，它以提升社会成员的文化生活质量为根本依归，为人们塑造健康的公共文化生活，在体现党和政府关心人民文化生活品质的普世人文情怀的同时，借助提供符合老百姓日常生活需求的文化服务来使群众实现自我认同、群体认同和社会认同，进而高度认同社会主义核心价值观。同时，于当下中国文化样态的阶层化与多元性共存之情境下，该项实践逐渐重视微观行动主体的能动作用和尊重多样化文化生活，通过为全社会提供一种各阶层都能自由参与其中的公共文化生活空间来调适自我与他人、阶层与阶层之间的关系，使社会成员、各阶层之间彼此沟通、融洽相处，实现个人与社会的内外部和谐。

# 第三节  研究方法、研究地点与问卷调查

任何研究方法的作用都是有边界的，社会学的实证主义和人文主义两种方法论没有孰优孰劣之分。在公共文化服务的研究路径中，亦鲜有社会学视角的研究范式。笔者认为，相比较以定量研究为典型特征的实证主义研究方法，本书的研究主题更适合在人文主义方面进行质性的解释性研究。因此，本书主要采取质性研究方法，并试图在对居民的微观日常文化生活进行经验调查的基础上解释宏观的公共文化服务体系运行机制，关注不同主体在公共文化服务中身处的场域、实践策略和行动逻辑。

## 一 质性研究方法的选择

正如前文所提到的，当前中国正处于一个经济、政治、文化全面转型的时期，这种以变动为主要特征的社会转型给予不同身份的行动者充分的想象空间。在这个空间里行动者有可能通过自身的行动，回避原有机制的制度安排，重建契合自我的生活秩序。意即，社会或国家不是铁板一块，在这一历史阶段，行动者的能动性在一些领域发挥得淋漓尽致。在此背景下，社会研究迫切需要"从很大程度上的规范性和哲学的分析法，转向一种基于事实知识的方法"[①]，这是现代国家崛起时最重

---

① 曹志刚：《实践中的国家与社会的关系——读乔尔·S. 米格代尔的〈社会与弱国家〉》，《国外社会科学》2012 年第 1 期。

要的知识产物。在这种转向中，以注重"事件性过程"的质性的研究方法，可以使我们深入到现象的过程中去，以发现那些真正起作用的隐秘机制，揭示隐藏在社会生活实践状态中的真实逻辑。

目前，对于公共文化服务体系建设的理论和实践研究主要还是停留在"问题—对策"的单一模式化经验研究上。然而，公共文化服务作为文化领域的一项研究，虽然文化可以通过各种象征形式表现出来，并且大量的文化象征还是感性形式，具有具体的直观性和生动的可感性，但是文化形式中蕴含的意义与价值必须通过充分的理解和深刻的感悟才能真实地把握到。[1] 社会问题的缠结和无法摆脱的地方性，使公共文化服务总是受到各种因素的影响，从制度环境到地方性知识，从各级政府到普通居民，面对这些复杂多样的影响因素，在众多的研究方法中，独特的个案研究虽然不能证实整体的全面情况，但是可以为人类提供新的认识事物的方式，从这层意义上理解，对"特殊性问题"的研究比对"概括性问题"的研究更有价值。[2] 因此，需要在特定的文化背景和地方性知识情境下，对某一具体公共文化服务体系的构建展开微观考察和细节探析。

同时，就本书的研究内容来看，尽管公共文化服务是国家层面上的政策制定与执行，但同时也是一种扎根于个体文化生活再生产的实践。更为形象地说，在包含着千头万绪的主观臆想和色彩斑斓的生活景象的日常生活中，每个人都在完成"每一天都发生的无条件的持续性的日常活动"[3] ——个体再生产，它是社会不断再生产的前提，也是个人生活方式的存在基础。有关文化服务的深层次多维度的制度问题就隐藏在这纷繁芜杂、琐屑零星、变动不居的个体文化再生产的运转过程之中。如欲把握社会结构中的不同行动者在文化服务中的行动逻辑，研究者就必须介入到微观个体的文化生活世界中，挖掘弥散在文化空间中的个体想象力。而且还要在研究中凸显行动者的能动位置，以基层社会的内在结

---

① 刘少杰：《重新认识文化研究在中国社会学中的地位——兼论孙本文对文化社会学研究的贡献与局限》，《社会科学研究》2012 年第 5 期。

② 陈向明：《社会科学中的定性研究方法》，《中国社会科学》1996 年第 6 期。

③ 南帆：《文学性、文化先锋与日常生活》，《当代作家评论》2010 年第 2 期。

构解读基层政治的运作逻辑，从而抛弃根深蒂固的以外部视角来透视基层社会运行规律的研究方法。质性的研究方法就是对被研究者的个人经验和意义建构做解释性理解或领会，通过这种研究方法，研究者可以亲身体验到被研究者的日常生活方式，对其生活故事和意义建构做出合理的理解和阐释。

故而，本书遵循质性研究的技术路线，强调在研究过程中将宏观分析和微观分析结合起来，并深入研究对象的文化生活实践中，以公共文化服务中的参与主体为主要研究对象，以他们在文化服务场域中遇到的实际问题为研究焦点，分析公共文化生活中隐藏的社会事实，进而透过这些社会事实来探寻不同主体的文化实践逻辑。

（1）将公共文化服务实践问题置于社会结构、文化变迁和时代转型的宏观视域中。以往对公共文化服务的研究仅仅局限于经济学、管理学或政治学等领域。实际上公共文化服务是整个社会的一项文化建设实践，是一个涉及多元行动者的重大社会问题。现实情境中社会制度的结构性改革、传统与现代交融下的文化变迁、阶层化区隔日益扩大等都对公共文化服务实践产生着深远影响。所以研究公共文化服务实践问题，不能局限于固有的思维视角和理论模式，尤其需要避免单一地从政府管理的视角去观察公共文化服务，而应将文化服务问题放到更加广泛的社会情境中，根据政府、居民、文化组织这三个主体所面临的不同文化背景和时代机遇所形塑的场域，来研究不同主体身处其中所采取的实践策略，挖掘隐藏其中的深层次社会历史文化基因和行动逻辑。

（2）宏观视域与微观视角的有机结合。相对而言，宏观层面上的公共文化服务研究过于关注制度和结构性因素的作用，忽略了不同行动主体在相异的场域情境下所体现出来的复杂特征，尤其是居民作为文化服务主要参与者所采取的行动策略及其遵循的实践逻辑。微观层面的公共文化服务研究则多从具体的日常生活实践情境中政府、居民和组织的行动表现出发，缺乏对行动者所面临的整体社会制度和文化境遇所造成的影响的关注。所以本书在研究公共文化服务问题时试图做到宏观与微观相结合，在探析三元主体的行动策略和实践逻辑的过程中，既考虑日常生活中微观情境因素的影响，又重视宏观制度、结构性场域对其行为特征的形塑。

（3）回归文化生活的分析逻辑。文化必然是与人们的日常生活相联系的，公共文化服务更是直接服务于普通人的文化生活，定量研究难以达成对一个有思想之个人的文化生活及其背后的社会语境的透彻理解。本书试图勾画出该社区在构建公共文化服务体系过程中的完整画面，这就要求笔者以个人经验直接进入 N 市 JY 区的真实文化生活环境中，在质性研究方法论指导下结合经验层面的调查实践来开展具体研究，通过对 N 市政府、居民和社会组织在公共文化服务中的参与行为的观察，来理解目前公共文化服务体系建设的状况，从而弥补以往研究对公共文化服务理论的构建因缺乏经验材料而略显空洞，以及对微观主体的定量研究因缺乏高屋建瓴的理论驾驭而视野狭小的不足。

## 二 研究地点和问卷调查

### （一）研究地点的选取

本书选取 N 市 JY 区作为调查地点。N 市是一座拥有悠久历史文化的省会名城。在现代化、城市化进程中，这座古老城市一直致力于将文化的继承与创新有机统一起来，使历史传统与现代文明有机结合，实现建设世界历史文化名城的宏伟目标，并取得了丰硕成果。特别是 21 世纪以后，秉承着悠久的文化积淀和厚重的历史情愫，市政府尤为重视城市的文化发展。"文化强市"战略的全面实施，使其文化建设走向全面发展和繁荣的时期，其中把构建完备的公共文化服务体系作为其文化建设的重要内容是市政府的核心坚持，并在公共文化体系建设方面进行了积极探索。早在 2006 年，N 市人大十三届四次会议通过的《N 市国民经济和社会发展第十一个五年规划纲要》就把包括公共文化服务体系在内的建立新型社会公共服务体系列为"十一五"期间的九大发展重点任务之一。之后，市委、市政府在所辖的六个市辖区展开以加大基础文化设施建设为重点的公共文化服务建设。2011 年，市委、市政府相继出台了《关于加快文化建设，提升文化实力，打造独具魅力的人文都市和世界历史文化名城的决定》《关于加快完善公共文化体系的实施意见》《N 市重点文化工程项目计划（2011—2015）》等加快文化建设的"1＋5＋1"文件，提出"以创建公共文化服务体系示范区为抓手，完善四级公共文化服务网络，最大限度保障人民群众的基本文化权益，打造网络健全、结构合理、发展均衡、运行有效、覆盖城乡、惠及全民的公共文化服务体系"，为进一步在制度上规范全市公共文化服务体系，推进文化服务的标准化、规范化、制度化建设，提供了强有力支撑。在N市全力推进公共文化服务体系建设的新春风引领下，N市的六个主城区GL区、JY区、XW区、BX区、QH区、XG区都开始加速推进社区公共文化服务建设。N市的公共文化服务建设水平居全国前列，其公共文化服务实践在中国具有一定的代表性，N市社区公共文化服务实践的现状正是中国发达城市的公共文化服务建设的缩影。深入透视N市的社区公共文化服务实践的真实情景有助于深刻理解当下中国大举推进公共文化服务建设的现实境遇。

（二）个案选择

公共文化服务的社区实践是一项复杂工程，其中涉及市、区、街道、社区各级政府、来自不同阶层的社区居民和不同性质的文化服务组织。为了能够更加自然地呈现公共文化服务实践的实然面貌，笔者认为本书的个案选取应具备以下特征：一是典型性，公共文化服务是近几年才在城市社区中广泛推广的，一些社区因建设历程较短、运行不成熟，实践过程中出现的问题也有可能是偶然现象，并不具有普遍代表性，因而会影响研究者的正常判断，因此笔者选取的研究个案须是公共文化服务运行比较成熟且在N市影响较大的社区，这样才能"保证对其中反复出现的片段（Episode）能进行选取和勾连"①，从而便于研究者对其进行解释性理解，建构主体的行动意义。二是类型化，本书关注的是三元主体在社区实践中的行动逻辑和互动关系，故而需要针对三元主体在文化服务实践中的不同实践类型来选取相关案例，如此有利于勾勒公共文化服务内在的、共同的机理，并保证个案研究所呈现规律的代表性。因此，笔者根据实地调研的前期成果，在N市中分别选取在公共文化服务实践中较有特色、较具典型性的政府、居民和组织作为研究对象。三是群体性，质性研究一直都存在个案描述是否具有代表性的问题。基于此，本书借鉴了布洛维的拓展个案法，将许多个案串联起来形成"个

---

① 刘辉：《公共行动的再生产——公共文化服务的实证考察与理论建构》，博士学位论文，华中师范大学，2013年，第7页。

案群"，力图在具体、独特的个案群中发现一般规律，实现从日常生活中的"微观考察"归纳升华到宏大的结构性视野的深入审视的质的飞跃。

根据上述特征，笔者选取 N 市 JY 区的公共文化服务实践作为研究对象。JY 区位于 N 市西南部，西临长江，东依外秦淮河，面积约 80 平方公里，人口 40 余万，辖 MCH、NY、XL、SZ、SHZ、JXZ 6 个街道、43 个社区，是 N 市新地标——河西新城的主体。近年来，JY 区委、区政府立足于建设现代化新 N 市标志区的总体定位，将文化建设作为河西新城建设的重要内容，展开全面构建公共文化服务体系的系统工程。目前，JY 区文化馆、图书馆均为国家一级馆，其 NY 街道是江苏省首批公共文化服务体系示范街道，XL、NY、JXZ 3 个街道文化站为 N 市五星级文化站，MCH、SHZ、SZ 街道文化站为市级街道示范文化站，XD、XHY 等 30 个社区活动室是 N 市区县"村级（社区）文化活动室示范点"。全区共建成 49 个共享工程基层服务点，覆盖率达 100%。NY 街道文化站等 3 个街道文化站被评为江苏省基层共享工程示范点。其专门打造的"金牌 365，幸福每一天"文化服务惠民工程是 N 市唯一一个每年拥有专项资金的社区文化活动过程，2013 年 JY 区同时被评为国家级公共文化服务示范区。

之所以选取 JY 区作为研究个案是因为在 N 市所有城区中，JY 区的社区公共文化服务实践持续时间较长，且成绩较为突出，具有典型性和代表性。其社区文化服务建设涉及的实践者和参与者分别有区、街道、社区的各级政府部门以及区、街道所属群艺馆、N 市方兴未艾的文化服务组织，以及不同阶层的城市居民，故而具有类型化、层级化特征。因此，笔者从 2012 年底就已经开始进入 JY 区开展公共文化服务调研，在 2014 年初开题之前已经获得大量该区的社区公共文化服务材料，并于 2014 年夏天正式开始田野调查，至今已有两年，持续追踪时间较长。笔者获得"个案群"的时间大约是在 2014 年夏天至 2015 年 11 月间，笔者通过对 N 市公共文化服务实践过程中的政府、居民、组织等参与主体进行观察，以田野日记、日常随访和小组会议等方式收集大量个案资料，根据不同的行动主体对这些材料进行整理归类，获得了来自三个主体的个案群，将其运用到研究中，通过分析上升至理论。具体来说，本书田野调查过程中获得的"个案群"的类型主要有以下几种：

第一，不同层级政府机构工作人员的个案群。如前文所指，尽管笔者着眼于"社区"公共服务实践，但是公共文化服务作为一项制度文本，其政策制定和实际运行过程是从市级到区级，再由区级部署到街道和社区中的。每一个层级的政策和执行都对社区文化服务的效果有着不同程度的影响。换言之，如欲全面了解政府在社区中实践公共文化服务的情况，需要对市级、区级、街道和社区中的行政工作人员进行全面访谈。因故，笔者建构了市、区一级和街道、社区一级两个层级的个案群：在市、区一级，笔者选取了 N 市文广新局和 JY 区文化局、文化馆、社区文工团等共计 18 名不同级别的工作人员的访谈记录作为个案。在街道、社区一级，选取了 NY、XL 两个街道文化站作为调研地点，这两个文化站曾获得 N 市"五星级文化站"的荣誉称号，是 JY 区街道文化站中的优秀典型。同时选取了 NY 中的 JQ、XD 社区和 XL 街道中的TYJ 社区作为社区调研地点。隶属于 NY 街道的 JQ、XD 社区在 2013、2014 年连续两年被评为 N 市社区文化活动室示范点，隶属于 XL 街道的TYJ 社区的民族特色文化活动曾荣获 N 市特色文化活动奖。笔者选取这三个在现有政府体制中被评为"先进"的社区，意欲在这些"先进"类型的公共文化服务示范社区中，用个案群的方法，细致观察与描绘政府实践的具体过程，发现其中隐藏的矛盾和冲突。在街道、社区一级，笔者先后对社区文化站的文艺老师和社区服务中心志愿者（共计 15名）进行访谈，并对其日常的文化服务活动情况如实记录。由此笔者构建了一个完整的不同层级政府工作人员的访谈个案群。

第二，N 市社区居民访谈的个案群。作为公共文化服务的对象，居民的参与类型、在文化服务中如何争取资源以及在此过程中体现了他们怎样的参与逻辑都亟须厘清。这一系列问题的解决需要构建一个完整的社区居民访谈个案群。然而，随着社区类型的多元化，居住空间作为形塑社会阶层的重要变量，① 也会深刻影响居民的生活风格，然而，清晰掌握每种社区类型中的居民在文化服务中的参与性质和特征并不现实。

---

① 刘精明、李路路：《阶层化：居住空间、生活方式、社会交往与阶层认同——我国城镇社会阶层化问题的实证研究》，《社会学研究》2005 年第 3 期。

因此笔者在本书中仅选择具有普遍性特征的社区作为建构居民个案群的调研地点。JY 区是 N 市六个主城区中的一座新城，辖区内社区主要由商品房小区组成，也包含个别少数农转居后的小区，其他例如传统城市社区、改制后的单位社区较少。笔者根据 2014 年前期调研的 JY 区的基本情况，选取了 JY 区中的商品房社区展开调研。具体而言包括 NY 街道的 JQ、XD 社区；MCH 街道的 JDM、SXM、CT、CHL 社区；XL 街道的 YA、TYJ 社区。这 8 个社区都是 2002 年以后新建的商品房社区，其中 NY 街道和 XL 街道所选社区是笔者在政府调研中一并选取的。在前期调研中，笔者发现参与公共文化服务的社区居民，大多数是退休或无业的中老年居民。当然，在社区团体中也有很多中青年因为业余爱好而聚集在一起，另外还有一些特殊群体也因某些原因参与进来。笔者通过与他们共同参与社区文化生活（跳舞、合唱等），跟着不同的社区团体外出旅游和采风，抑或与政府工作人员共同动员居民参与活动等方式，与他们建立了良好的互动，进而开展个案访谈，建立了较为完备的个案群。笔者的访谈对象包括参与公共文化活动的社区积极分子 10 名和普通居民 30 名，其中还包括从不参与公共文化生活的 6 名居民的访谈记录。

第三，关于文化服务组织访谈的个案群。社区公共文化服务组织是专门从事服务居民文化生活的公益性组织。目前，我国现有的文化服务组织多是在社区从事居民养老、扶贫、医保和法律咨询等方面工作，严格意义上专门为居民文化生活提供服务的组织并不多见。在笔者调研的 JY 区，公共文化服务组织按照成长路径的不同主要分为两种类型：一种是按照"自下而上"的路径成立的"民办文化服务组织"，即居民基于自身的文化生活需求而自发组建的各种社会团体。这种"组织"多由街道或社区出面在民政部门登记，从事公共文化活动或具有公益性质的相关文化活动。在调查后笔者发现，基于共同娱乐爱好的民办社会组织多脱胎于社区的"广场舞""合唱队"等中老年社会团体，它们必须取得所在社区或街道的同意才能登记注册，且社区的文化服务内容与这些组织的服务性质多有重合。在实践中，它们更接近于小型娱乐团体，没有明确的组织目标或组织章程，多愿意配合社区的文化服务实践，并会积极联系社会资源以适度拓展自己的发展空间，因此这些民办非政府文化组织尽管在发展路径上具有典型的"自发"性，但是在严格意义上并不具有鲜明的"组织"特征，故而在个案中也不具备明显代表性。另一种是沿"自上而下"路径成立的"官办文化服务组织"。与纯粹的民办文化服务组织不同，这类组织多有官方背景，一般是由政府倡导成立，并予以一定的经济、政策支持而发展起来。从理论上说，官办NGO由于其脱胎于政府，因此在"组织结构、管理方式还是财政运作上都存在着对政府的明显依附关系"①，研究NGO的学者一般不将其视为是民办NGO的典型个案。但是，文化服务组织运营不同于一般的NGO。在现阶段，中国的文化服务组织大多是在政府扶持下成立的，在运营上，由于其聚焦于文化事务，因此发展上具有长期性和潜在性特点，这种特征使得文化服务组织在政府权力格局和资源分配格局中始终处于"建了就行"的边缘位置，故而其在维持组织正常运营与谋划未来发展空间中的角色特征仍然具有典型的"非政府"组织特色。基于此，笔者选取了位于JY区的N市第一所也是唯一一所社区文化服务公益性组织——"N市社区艺术教师志愿者中心"作为个案，个案内容主要是该组织4名管理层人员以及3名志愿者的访谈记录。

第四，其他相关个案群。

上述四类"个案群"，均是相互联系和相互印证的，都是为描述、解释JY区公共文化服务实践过程提供支持。

（三）问卷调查

本书的调查在N市中心地段的JQ社区展开。该社区始建于2000年，辖区面积0.23平方公里，居民3215户，共11456人，人均居住面积40.2平方米，大部分是原拆迁安置居民和辖区内企事业单位职工，从本市其他地区迁入居民、外地迁入（常住户口）居民和外来务工人员分别占23%、16%和7%。该社区是N市JY区建设较为完善的新兴社区，社区提供的公共文化活动包括集体健身活动（包括广场舞、腰鼓、练拳、篮球、排球、羽毛球、乒乓球、足球等）、文艺演出、广播影视、公益文体活动、社区文体竞赛、文艺团体活动、技能培训与教育

---

① 唐文玉、马西恒：《去政治的自主性：民办社会组织的生存策略》，《浙江社会科学》2011年第10期。

辅导、知识讲座与座谈会、节庆民俗活动、文化专题展览和群众文艺创作共 11 项。JQ 社区是多次获得 N 市表彰的文化建设示范社区。

　　2015 年 5—8 月，笔者在社区工作人员的配合下，按照拟订的调查方案向居民发放社区公共文化活动参与偏好调查问卷。研究开始时先做小范围抽样以初步检验问卷合理性并做出修正，待完善后再做正式调查，经过多轮调研反复检验，确保调查分析结果的客观性和准确性。

　　本次调查共发放问卷 2560 份，其中有效问卷 2376 份，有效回收率为 92.8%。调查问卷包括两部分：一是关于调查对象的基本信息，包括年龄、性别、学历、居民来源、职业、社会地位、月平均收入；二是居民公共文化需求的测量题目。在代际划分上，将 12—18 岁中学生划分为一个代际，该年龄段的文化需求特征不牵涉职业、社会地位、月平均收入（跟家庭收入有关）等因素；将退休以后还有较强运动能力，并能参加一定社会活动的 60—69 岁划分为一个代际；将身体机能迅速下降的 70 岁以上老人划分为一个代际，他们能参与的文化项目有限；其余年龄段以 10 岁为一个代际。调查样本的基本情况分布如表 1—1 所示。

表 1—1　　　　　　　　调查样本基本情况统计表

| 居民特征 | 类别 | 样本数 | 所占百分比（%） | 累计百分比（%） | 居民特征 | 类别 | 样本数 | 所占百分比（%） | 累计百分比（%） |
|---|---|---|---|---|---|---|---|---|---|
| 受访者年龄 | 4—18 岁 | 266 | 11.2 | 11.2 | 性别 | 男 | 1198 | 50.4 | 50.4 |
| | 19—29 岁 | 318 | 13.4 | 24.6 | | 女 | 1178 | 49.6 | 100.0 |
| | 30—39 岁 | 495 | 20.8 | 45.4 | | 合计 | 2376 | 100 | |
| | 40—49 岁 | 633 | 26.6 | 72.0 | 社会地位 | 处级以上干部 | 10 | 0.5 | 0.5 |
| | 50—59 岁 | 331 | 13.9 | 85.9 | | 教授/高工 | 21 | 1.1 | 1.6 |
| | 60—79 岁 | 205 | 8.6 | 94.5 | | 私营企业主 | 16 | 0.8 | 2.4 |
| | 80 岁以上 | 128 | 5.4 | 100.0 | | 国企高管 | 14 | 0.7 | 3.1 |
| | 合计 | 2376 | 100.0 | | | 工程师/科员 | 379 | 19.6 | 22.7 |
| 学历 | 初中及以下 | 601 | 25.3 | 25.3 | | 无职位或职称 | 1498 | 77.3 | 100.0 |
| | 高中（含职高） | 399 | 16.8 | 42.1 | | 合计（不含学生） | 1938 | 100.0 | |

续表

| 居民特征 | 类别 | 样本数 | 所占百分比（%） | 累计百分比（%） | 居民特征 | 类别 | 样本数 | 所占百分比（%） | 累计百分比（%） |
|---|---|---|---|---|---|---|---|---|---|
| 学历 | 中专 | 323 | 13.6 | 55.7 | 居民来源 | 世居本社区 | 1243 | 52.3 | 52.3 |
| | 大专 | 242 | 10.2 | 65.9 | | 本市其他社区迁入 | 772 | 32.5 | 84.8 |
| | 本科 | 729 | 30.7 | 96.6 | | 外地迁入 | 361 | 15.2 | 100 |
| | 硕士 | 67 | 2.8 | 99.4 | | 合计 | 2376 | 100 | |
| | 博士及以上 | 15 | 0.6 | 100.0 | 月平均收入 | 无收入 | 110 | 5.7 | 5.7 |
| | 合计 | 2376 | 100.0 | | | 无固定收入 | 87 | 4.5 | 10.2 |
| 职业 | 失业或无业人员 | 122 | 6.3 | 6.3 | | 1630 元及以下 | 186 | 9.6 | 19.8 |
| | 离退休人员 | 448 | 23.1 | 29.4 | | 1631—2500 元 | 287 | 14.8 | 34.6 |
| | 私营企业员工 | 442 | 22.8 | 52.2 | | 2501—4000 元 | 609 | 31.4 | 66.0 |
| | 国有企业员工 | 298 | 15.4 | 67.6 | | 4001—6000 元 | 364 | 18.8 | 84.8 |
| | 外来务工人员 | 163 | 8.4 | 76.0 | | 6001—8000 元 | 157 | 8.1 | 92.9 |
| | 自由职业人员 | 143 | 7.4 | 83.4 | | 8001—10000 元 | 70 | 3.6 | 96.5 |
| | 事业单位干部 | 250 | 12.9 | 96.3 | | 10001—20000 元 | 37 | 1.9 | 98.4 |
| | 党政机关干部 | 72 | 3.7 | 100.0 | | 20001 元以上 | 31 | 1.6 | 100.0 |
| | 合计（不含学生） | 1938 | 100.0 | | | 合计（不含学生） | 1938 | 100.0 | |

注：N 市 2015 年的最低月工资标准是 1630 元。

# 第二章

# 文献综述、理论视域与技术路线

在社会学与文化学研究领域漫长的交融过程中，文化内涵的嬗变与社会发展进程交相呼应，在多重维度视域中呈现出不同面孔，缓慢地孕育在历史长河之中。其对当代文化研究和社会学理论研究发挥了无可替代的指导作用。故而，本章通过对现有研究的系统梳理，针对以往研究的不足，按照国家与社会转型背景下的文化治理活动的多重意涵，来确立本书针对公共文化服务的三元主体在政治领域、生活领域和生产领域中的实践活动及其互动关系展开研究的理论视域，进而据此构建起本书的研究框架和技术路线。

## 第一节　文献综述

公共文化服务是一项致力于发挥公共文化的国家和社会职能的、由多方主体参与的制度实践。从该领域研究的发展脉络来看，其起始于对公共文化功能的探究，而公共文化服务作为实现公共文化功能的主要载体，厘清其内涵和实践途径是公共文化建设必备的理论基础和实践指南。在对社区公共文化服务实践路径的探索中，离不开对其主要参与主体——政府、居民、文化服务组织的实践模式的剖析，进而在此基础上分析导致公共文化服务困境的根源，有的放矢地提出克服阻碍的相应措施，设计公共文化服务的实践体系和发展路径。循此思路，学者们围绕上述方面展开了多层面研究。

## 一  针对公共文化服务职能及其实践途径的研究

（一）公共文化功能的研究

1. 国外研究现状

社会学家视角下的公共文化是在整个社会结构和社会秩序变迁的背景下，建构在社会认同方面的公共文化价值体系。尽管公共文化一词在政治学、管理学界应用广泛，然而学术界对公共文化的广泛关注是从社会学家哈贝马斯研究市民社会及其公共领域开始的。公共文化作为一个社会科学概念和独立的理论话语，是通过汉娜·阿伦特首先提出、哈贝马斯随后系统论述之后才概念化并获得了独立的学术语境的。阿伦特认为公共文化为市民之间进行非人格的、平等的对话提供了理想空间，无论他们出身于何种阶级、性别、种族或民族。[①] 哈贝马斯从领域分离的情境之中，分析了公共文化整合市民价值观念的过程，试图建立统一的社会价值认同体系，以促进市民社会的发展功能，在这一公开场合和公共领域中，人们就共同关心的经济、政治、文化和其他一切社会问题展开讨论，形成公共文化或曰公共舆论，整合公共领域的核心价值观念，建立市民社会统一的价值认同体系，赋予市民社会以凝聚力，使之保持自身相对于政治国家的独立性。[②] 桑内特则从公共文化生活的维度来定义公共文化功能，他认为在被现代性包裹的城市文化中，博物馆、大众广场和影剧院等公共场所，因其包含着共同享有的价值和相应的公共利益而超越了物理空间的意义，更为重要的是，在此过程中，它重新定义了现代城市生活和人际关系，"提供着极为广泛而不可预知、可以促进社会进步和文明的相遇机会"[③]。保罗·霍普在分析了西方社会后福特主义、全球化、反传统型等进程后指出，诸如福利国家、以工作关系为纽带的共同体和稳定的家庭生活——赖以存在的社会结构、制度和实践正在不断被现代社会所侵蚀，随之崛起的是"没有安全感"的个人主

---

① ［德］汉娜·阿伦特：《极权主义的起源》，林骧华译，生活·读书·新知三联书店2008年版，第147页。

② ［德］哈贝马斯：《公共领域的结构转型》，曹卫东译，学林出版社1999年版，第32—61页。

③ ［美］桑内特：《公共人的衰落》，李继宏译，上海译文出版社2008年版，第18页。

义时代，因此，必须重塑以公共精神文化为特征的地方共同体，公共文化可以不断弘扬人际的相互沟通和相互支持，促进居民履行共同义务和集体行动，并为个人带来一种集体性安全感。①

2. 国内研究现状

不同时代赋予公共文化不同的内涵和性征，处于转型期的当代中国面临着市场经济对人们日常生活的全面侵入以及现代多元文化的空前蓬勃，时代情境给予了公共文化不同于近代时期新的时代期许与理想内涵。基于对公共文化中公共性的价值判断，袁祖社在文化生活的情境定义之中论证了公共文化的整合功能，认为可以发挥公共文化的整合功能来构建共同的意义世界、价值信仰和文化信念。② 李丽指出公共性是文化的本质特征，公共文化意味着不同主体间的价值共享，意味着超越私人性的、以开放为标志的公共精神的生成，凭借公共精神，矛盾多方会互相体认对方的价值和合理之处，从差异的人文底蕴、性格特征中找寻闪光点或共同点，一方面可以促进彼此之间的亲和与凝聚，另一方面可以互通有无、取长补短，在相互联系中实现协同，生成共同的价值体系，达到多样性的统一，从而支撑社会和谐，意即文化公共性是社会和谐的机制保障。③ 万林艳依据哈贝马斯对于公共文化的理解，认为公共文化的内涵是在精神品质上具有整体性、公开性、公益性、一致性等内在公共性特征的文化，它培养人们的群体意识、公共观念以及文化价值观念上的群体认同感和社会归属感，追求文化的和谐发展与文化整合。④ 总之，国内学者大多认为，公共文化既不是少数的公共知识分子的文化，也不是简单意义上的群众文化，而是以共同的文化价值观念体系为其自我维系的灵魂和发展动力的文化。

基于对公共文化的公共性的价值判断，有学者研究了公共文化在近代中国社会各类群体的文化动员中的作用。如王笛运用具体而微观的视

---

① ［英］保罗·霍普：《个人主义时代之共同体重建》，沈毅译，浙江大学出版社2010年版，第144页。

② 袁祖社：《文化公共性的视野与个体生存意义根基之探寻》，《人文杂志》2004年第5期。

③ 李丽：《文化公共性与社会和谐》，《马克思主义与现实》2009年第6期。

④ 万林艳：《公共文化及其在当代中国的发展》，《中国人民大学学报》2006年第1期。

角对晚清民国时期的茶馆戏园等娱乐场所中各个群体之间的互动和交流进行观察后发现，地方政府竭力在把他们所认为的"新的""进步的"情节镶嵌到传统戏曲中，使其弥漫着政治灌输的味道，从而成为控制大众娱乐的一种手段，用以"教育"民众。[①] 傅才武着眼于近代公共文化领域形成和发展的历史进程，认为公共文化领域系官方与私人之间的公共空间，以其公开性、自由化、思想性和批评性为政治精英集团、社会精英、知识分子群体参与社会活动进而动员社会提供了宽阔的舞台，并促进了近代文化行业的形成、构成了国家文化体制的建立基础。[②]

上述这些基于功能定位的概念解释一方面拉开了解读中国文化研究的帷幕，最为重要的是，在对现有文献的条分缕析中会得出这样的结论：公共文化是一把钥匙，正确认识和使用这个概念，对在当今中国前现代、现代、后现代交织的复杂社会情境中，如何重建民众的公共意识，重塑具有集体认同的公共精神具有指引性的重要意义。然而也正是从这个意义来观察现有研究，发现其多局限于理想类型上的功能价值，或历史意义上公共文化在政治动员上的效能，针对中国现有的文化现象来探讨如何构建公共文化的质性研究还相对鲜见。

（二）公共文化服务的内涵和实践路径研究

1. 公共文化服务的内涵

目前学术界对"公共文化服务"这一概念的争论聚焦在对"公共性"的理解上。从既有研究上看，主要有三种代表性界定：

第一种研究着重关注政府和市场在公共产品资源配置中的运行机制。这些学者认为公共文化服务提供的实质上是一种文化类公共产品，公共产品因其自身特有的非竞争性和非排他性与其他经营性的非公共物品不同，具有公共性、共享性和非竞争性。这样，公共文化服务就与一般市场方式提供的文化商品（产品及服务）及其相关活动区别开来。如张晓明、李河认为公共文化服务就是区别于以一般市场手段提供的文

① 王笛：《茶馆、戏园与通俗教育——晚清民国时期成都的娱乐与休闲政治》，《近代史研究》2009 年第 3 期。
② 傅才武：《近代公共文化领域的形成对中国社会现代化进程的影响》，《艺术百家》2015 年第 3 期。

化商品（产品即服务）的文化类公共物品和服务。① 周晓丽、毛寿龙把
公共文化服务界定为基于社会效益、不以营利为目的，为社会提供非竞
争性、非排他性的公共文化产品的资源配置活动。② 章建刚等认为公共
文化服务是"在政府主导下，以税收和财政投入方式向社会整体提供文
化产品及服务的过程和活动"③。但是，公共文化服务的这种定义使其
被狭隘地理解为由政府或文化事业单位等公共部门或机构向社会公众提
供的免费文化产品和文化服务，实际上这窄化了它的外延和内涵。

　　第二种是从政府承担的文化建设与发展的管理职能出发，力图突破
完全物态层面的定义，认为文化服务除了公共文化产品和文化服务之
外，还包括文化法律法规、文化市场监管行为等。这些学者比较关注公
共文化服务的管理制度和政府的文化治理机制，以及政府的角色定位和
管理理念的变革。他们更加注重将公共文化服务视为是国家公共文化价
值理念的形塑方式，力图在构建公共文化服务体系、满足公众的公共文
化需求的过程中，嵌入不同角度的社会管理理念。基于这种出发点，唐
亚林、朱春认为公共文化服务是由公共文化基础设施、公共文化产品、
文化法律法规、文化市场监管行为等共同组成的一个动态系统。④ 闫平
认为公共文化服务并非简单地直接提供公共文化产品和服务，而是要求
政府承担好文化建设与发展的管理职能。⑤ 对公共文化服务的这种定义
已经区分出了公益性文化事业与经营性文化产业，探讨了政府或文化行
政管理部门对文化市场和文化产业的管理，并从中延伸出对公共文化服
务的公共财政投入、文化政策制定、文化体制改革与机制创新等内容。
但是这种界定同样也是将政府作为公共文化服务的唯一主体，在内涵和
外延的视域上具有狭隘性。

---

① 张晓明、李河:《公共文化服务：理论和实践含义的探索》,《出版发行研究》2008 年
第 3 期。

② 周晓丽、毛寿龙:《论我国公共文化服务及其模式选择》,《江苏社会科学》2008 年第
1 期。

③ 章建刚等:《构筑新的公共文化服务体系》,《学习时报》2007 年 12 月 24 日。

④ 唐亚林、朱春:《当代中国公共文化服务均等化的发展之道》,《学术界》2012 年第
5 期。

⑤ 闫平:《公共文化供给与文化消费》,《中共济南市委党校学报》2014 年第 2 期。

第三种是将公共文化服务置身于国家文化治理的宏大进程来探讨公共文化服务的内涵与外延。王列生认为国家提出公共文化服务的体系、理念及其建构主张，是探索和谐文化对社会和谐的重要作用以及政府推动文化发展途径的必然要求，其中开放性公共文化生活空间乃是政府文化治理的前提性存在条件。文化服务的本质实际上是政府通过最大限度地组织文化再生产来扩大公共文化生活空间和有效缓释不断升级变化的结构性文化供需矛盾，同时还能够最大限度地为公共文化生活的规模、质量、秩序层次以及满足特殊需要等提供积极有效的政府干预和监管支持。① 该类学者从国家的文化认同角度来理解公共文化服务战略体系，他们认为个体自我认同的实现与文化有着直接关系，公民的文化认同是国家建构的重要基础之一。因此，构成国家合法性的政治认同的形成与文化认同事实上也有着密切的关系。那么通过何种路径才能以文化认同为基础建构政治认同呢？他们认为政府的公共性以及公共文化服务的公益性，为建构文化认同奠定了价值基础和现实可能性。因此，这种观点认为公共文化服务是一种意识形态的合理性建构和民众实现文化认同的有效途径。

2. 公共文化服务的实践路径之争

近些年随着公共文化服务研究的不断升温，国内公共文化服务实践中的局限和先进示范区公共文化服务的典型经验共同催生了对于我国公共文化服务供给主体的争论。

有学者基于社会主义制度和意识形态价值认同认为政府理所当然应成为国家构建公共文化服务的主体。王列生认为在中国语境中讨论构建国家公共文化服务体系，必须深刻意识到国家内在制度对社会主义价值观的要求，也就是在构建国家公共文化服务体系中需要将意识形态前置，"意识形态不仅存在于政治生活界面，还广泛地存在于国家间利益博弈、民族间文化对话、信仰间宗教关怀以及民族国家的内置价值取向等等存在结构之中，它还在公民社会和公共社会生活空间程度不同地发生价值导向作用，特定民族国家所选择的社会形态和社会性质很大程度

---

① 王列生：《论"功能配置"与"公众期待"的对位效应及其满足条件——基于现代公共文化服务体系建设中工具激活的向度》，《江汉学术》2014 年第 3 期。

上还有赖于与之相适应的意识形态立场的坚守"。所以在这种思路引领下的中国公共文化服务建设肩负着传播意识形态的价值使命，其构建主体当然应以政府为主。当然，王列生也意识到了我国现行的文化体制存在着"没有预算的混乱拨款方式和政府机构的活动不受到有效的监督"、文化机构存在反功能作用等问题，在此背景下，如果要使公共文化服务体系的制度建构保持正功能和高效率，就必须在更加复杂多元的组织结构中打造出"系统质凝聚"的"无缝隙"文化组织。① 胡智锋、杨乘虎认为在公共文化服务中推行文化场馆"免费开放"，是在借鉴国际经验和通行惯例的基础上，基于我国国情和公共文化服务体系发展现状而采取的有效措施，这项举措应依据新时期公民基本文化权益不断变化的现实需要，通过政府加大投入，采取多重免费开放的形式来推动国家公共文化服务体系建设的创新与转型。②

与之相对，一部分学者认为政府在对公共文化产品进行资源配置的过程中，存在着浪费和滥用资源的现象，致使公共支出规模过大或者效率降低，政府的活动或干预措施缺乏效率，也就是说政府做出了降低经济效率的决策或不能实施提升经济效率的决策，个人对公共文化产品的需求得不到很好的满足，从而造成政府失灵。因此，他们提出公共文化产品供给应实行市场化运作，③ 比如顾金孚认为以市场为主导来满足公众的公共文化服务需求是可能且有效的。④ 陈坚良认为在农村公共文化服务中，要充分发挥市场在文化资源配置中的重要作用，逐步形成农村文化市场主体，调动各方力量参与农村公共文化供给的积极性，吸引各界投资农村文化产业，造就有影响的农村公共文化品牌。⑤

另一些研究者则出于市场化对社会"公平"诉求或"集体主义"价值观念等可能造成的"伤害"的担忧，而对市场化道路持谨慎态度，

①　王列生：《面对构建现代公共文化服务体系的制度召唤》，《唯实》2014 年第 5 期。

②　胡智锋、杨乘虎：《免费开放：国家公共文化服务体系的发展与创新》，《清华大学学报》（哲学社会科学版）2013 年第 5 期。

③　傅才武、陈庚：《我国文化体制改革的过程、路径与理论模型》，《江汉论坛》2009 年第 2 期。

④　顾金孚：《农村公共文化服务市场化的途径与模式研究》，《学术论坛》2009 年第 5 期。

⑤　陈坚良：《和谐社会视野下公共文化服务体系的构建》，《学术论坛》2007 年第 11 期。

认为公共文化服务只能是有限度的市场化。① 而还有一些学者更为鲜明地指出文化市场也会失灵，认为公共文化服务因其公共性，使其具备了不同于一般产品的非竞争性和非排他性，政府故而应该成为我国公共文化服务体系建设的主要承担者。比如，丁煌就认为中国的公民社会尚未发育健全，民间没有提供和管理文化服务的能力，因此大部分的公共文化服务仍然有赖于政府提供和管理。② 因此，有一些学者则综合了上述两派观点，提出了公益化和市场化有机结合的公共文化服务体系建设途径，指出其实践路径应公平与效率兼顾。③ 一些研究者于是进一步指出公共文化服务体系建设需要发动社会力量积极参与，形成多元化的公共文化服务体系供给模式。④

## 二　公共文化服务实践的参与主体研究

虽然学者们所设想的公共文化服务实践路径不尽相同，各有角度，但每条路径都离不开社会行动者的有效参与。因此，研究者们纷纷将目光转向公共文化服务的主要参与者——政府、居民和文化服务组织（即文化 NGO）的实践行动。

（一）关注公共文化服务制度的制定与执行——以政府为研究对象

1. 相关制度的制定

国外研究侧重于介绍西方文化政策的发展沿革和现状，以及当代公共行政管理对文化公共管理的影响。Peter Duelund 认为公共文化政策是政府、文化营利机构、文化团体、艺术家等利益群体影响民众思想的手段，反映了各利益群体的价值取向，它是在特定历史环境下，为公民在国家干预下进行文化自我实现所建立的国家体制。⑤ Hany Chartrand 和

---

① 蒋晓耐、石森：《公益与市场：公共文化建设的路径选择》，《广州大学学报》（社会科学版）2006 年第 8 期。

② 丁煌：《地方政府政策执行力的动力机制及其模型构建——以协同学理论为视角》，《中国行政管理》2014 年第 3 期。

③ 闫平：《试论公共文化服务体系建设》，《理论学刊》2007 年第 12 期。

④ 李军鹏：《新公共管理的行政文化创新》，《地方政府管理》2001 年第 3 期。

⑤ Peter Duelund，*Cultural Policy*：*An Overview in Peter Duelunded. The Nordic Cultural Model*，CoPenhagen：Norlic Cultural Institute，2003，pp. 13 – 14.

Claire McCaughey 提出了四种文化政策模式：第一种模式是将政治目标置于文化自由之上，政府资助那些满足执政党的政治要求的文化；第二种模式中的政府主要政策目标是提升职业性艺术活动的质量，并非向大众普及文化艺术，这种政府文化资助带有鲜明的精英导向；第三种模式是指政府不直接提供艺术资助，也不通过制定法规来管理文化艺术活动，主要通过对艺术活动得到的私人捐赠、礼物和奖金实行免税来促进公共文化发展；第四种模式是由政府规划国家文化发展的总体框架，经由公众和行政官员的协商后，再制定政策目标和执行工具，政府运用公共财政直接资助各级文化团体。① John Myerscough 指出随着福利国家纷纷出现危机，以往由政府公共财政资助所资助的向全体公民提供平等的参与社会文化活动机会的局面逐渐出现了地方化和商业化趋势，国家逐步从文化政策的主导者转变为重要的参与者。②

国内学者则多关注公共文化服务体系建立中的政府责任。首先，从政府的"文化"职能角度来看，许建业认为基层公共文化服务是构建和谐社会与保障文化民生的基础性服务项目，是政府公共服务职能在社会文化领域的必然体现与客观要求，因此必须坚持公益性、均等性、基本性和普及性、便捷性、实用性原则来构建公共文化服务的体系架构。③ 周和平认为为广大人民群众提供基本公共文化服务是各级政府的责任，加强公共文化服务体系建设，关键在政府制度供给的到位和执行落实。④ 其次，从政府对保障"公民文化权利"的职责来看，陈威等从"公民文化权利"理念出发，认为政府应设计相应制度让市民平等享受文化成果、参与文化活动、开展文化创造，并对文化成果加以保护。⑤

---

① Hany Chartrand and Claire McCaughey, "The Arms Length Principle and the Arts: An International Perspective Past, Present and Future", in Milton C. Cummings, Jr. and J. Mark Davidson Schuster, *Whops to Pay for the Arts*, NewYork: ACA Books, 1989.

② John Myerscough, *National Cultural Policy in Sweden: Report of a European Group of Experts*, *Council of Europe Council of Cultural Cooperation*, *National Cultural Policy Reviews Programme*, Stockholm: Allmanna Forlaget, 1990, p. 13.

③ 许建业：《当代中国文化共享工程与基层公共文化服务的发展》，《艺术百家》2010 年第 S1 期。

④ 周和平：《全面推进文化共享工程建设》，《人民论坛》2008 年第 22 期。

⑤ 陈威主编：《公共文化服务体系研究》，深圳报业集团出版社 2006 年版，第 23—30 页。

再次，从文化对"国家——社会"的价值角度来看，张春霞等认为公共文化服务的政府主导性、公共性以及其内在蕴含的社会主义性质决定其具有社会主义意识形态的功能，是政府潜移默化地构建主流意识形态及其认同的重要制度设计。① 俞楠认为建构文化认同是政府的使命和职责，是政府提供公共文化服务的内在动因，因此文化认同的培育和建构应当成为政府制定和执行文化发展战略的核心。② 此外，还有一些学者研究了公共文化的法制建设问题，宋磊和常青认为文化法制建设任重而道远，它不仅是构建我国法制体系的基本需要，也是一种权利回归和真实化的体现，更是构建文化强国的一种必需，它须遵循其他领域法制建设的基本路径，研究环节始于其基本理论终于文化法制的执行。在整个过程中必须以文化为基本的逻辑出发点，对文化基本问题的研究就成了文化法制建设的基本理论前提，而文化所具有的自由性、整合性、社会性和经济性等基本特征贯穿文化研究的始终，对这些问题的深刻研究有利于为文化的法制建设的规范性、科学性奠定坚实的基础。③

2. 公共文化服务制度的实践

在对公共文化服务的管理方面，国外学者偏重在组织制度上将公共文化行政管理与经济组织的经营管理分离开来，关注公共文化行政管理在观念上的转变。Anthony Everitt 阐释了政府职能转变与切实执行文化政策的关系，指出落实文化政策须采用全局性、整体观念的治理模式以及实际的操作方式，跨越各自为政的行政设置，实现"横向"跨部门合作。④ Saez Guy 认为在分权改革的背景下，文化政策执行领域的重点

① 张春霞、依米提·吾守尔:《文化民生:文化强国战略的民生视角》,《中央社会主义学院学报》2013 年第 4 期。
② 俞楠:《"文化认同"的政治建构:当代中国公共文化服务战略研究》,博士学位论文, 华东师范大学, 2008 年, 第 19 页。
③ 宋磊、常青:《文化的基本属性及对文化法制建设的内在影响》,《学术探索》2013 年第 12 期。
④ Anthony Everitt, "The Governance of Culture: Approaches to Integrated Cultural Planning and Policies, Cultural Policies Research and Development Unit", *Policy Note*, No. 5, Belgium: Council of Europe Publishing, Vol. 8, 1999, pp. 13 – 17.

是"合作伙伴、横向联系和地方化"①。国内学者则对公共文化领域的绩效管理与评估比较关注。马国贤认为文化事业支出的绩效预算管理应体现"为顾客服务"的思想和文化行业的特点。② 张喜萍和陈坚良认为公共文化服务产品供给绩效评估应在评估取向上坚持以人为本、在评估指标上注重科学人文、在评估主体上突出公众导向、在评估保障上健全法律制度、在评估结论上引入奖惩机制。③

在政府对公共文化服务的资金支持方面，Baumol 和 Bowen 认为文化产出的劳力密集产出特性，使得其生产力发展无法与工资成长速度相匹配，造成文化产出的价格比较昂贵，导致公共文化支出的增加。④ Mouliner Pierre 认为如果将国家和地方的文化投入合并，则会事半功倍，并会引起骨牌效应，使更多投资转向文化事业；而与其他社会主体共同投入要求各方应进行协商，这有利于协调统一各方观点，从而有利于文化发展的多样性和创新性。⑤ 还有一些国内学者也研究了公共文化服务的资金支持问题，他们都认为应加大对我国公共文化服务的财政投入、强化政府在资金投入中的责任。⑥

公共文化服务的人才队伍建设也是学者们关注的重要问题之一。他们分别在稳定和建设基本人才队伍⑦、发挥社区志愿者作用⑧、重视文化中介机构和文化经纪人作用⑨、重视本土人才发掘⑩等方面提出了相关的建设主张。2010 年以后，学者们开始聚焦于政府购买公共文化服

---

① Saez Guy（dirl），Institutions Etvie Culturelle，La Documentation franoaise，Paris，2004.

② 马国贤：《公共支出的绩效管理与绩效监督研究》，《财政监督》2005 年第 1 期。

③ 张喜萍、陈坚良：《论民族地区公共文化服务产品供给的绩效评估——基于公共图书馆的研究视角》，《湖南社会科学》2013 年第 4 期。

④ Baumol，W. J.，and W. G. Bowen，*Performing Arts：The Economic Dilemma*，*Twentieth Century Fund*，New York，1966.

⑤ Mouliner Pierre，Politiques Culturelles et la decentralisation，LpHarmattan，Paris，2002.

⑥ 浦树柔、董雪：《文化产业的"十二五"跨越期》，《瞭望》2010 年第 36 期。

⑦ 于平：《文化产品及其相关范畴再论》，《艺术百家》2010 年第 6 期。

⑧ 刘文俭：《公民参与公共文化服务体系建设对策研究》，《行政论坛》2010 年第 3 期。

⑨ 韩雪风：《论公共文化服务体系构建中的政府职责》，《探索》2009 年第 5 期。

⑩ 陈坚良：《新农村建设中公共文化服务的若干思考》，《科学社会主义》2007 年第 1 期。

务的现实困境①、行动偏离的内在逻辑②和"非合同制"治理③等问题。

　　3. 研究局限

　　目前对于政府的公共文化服务建设实践的研究多集中在管理体制、财政投入机制等方面。然而公共文化服务首先应该是一种文化服务，它既是文化问题，也是社会问题，只有将整个社会结构的运行机制引入到公共文化服务体系的构建过程中来，将政府行动与其他参与主体的实践行为有机结合和呼应起来，才能对公共文化服务建设进行更集中、更有针对性的探索，而这种视角在现今研究中尚属少见。换言之，此方面研究尚未获得深厚的理论支撑和饱满的想象空间，使得公共文化服务这一基于居民文化生活的学术议题到处充斥着单纯从政府角度出发的决定论特征的机械机制，过多地关注政府如何运用功能切割、类别隔离以及工具控制等管理方法来对文化服务的相关问题进行类型化与模式化处理，研究视域拘泥于政府主导下的对策研究，其研究基点亦悬置于居民的生活层面之上而与大众的生活世界渐行渐远。

　　（二）关注参与公共文化服务的性质与特征——以居民为研究对象

　　目前，直接关于社区公共文化服务的居民参与的文献相对还不多，但在公共事务的社区参与方面的研究文献却汗牛充栋，彭惠青④、张晓霞⑤、申可君⑥、方亚琴⑦等已有较为详细、系统的梳理，本书不再赘述，仅就 2012 年以后的社区居民参与文献做系统梳理，以厘清近年来该领域的最新研究方向。

---

　　① 李山：《政府购买公共文化服务的现实困境与改革路径》，《湘潭大学学报》（哲学社会科学版）2014 年第 5 期。

　　② 吴月：《政府购买公共服务的偏离现象及其内在逻辑研究》，《求实》2015 年第 10 期。

　　③ 胡艳蕾、陈通等：《我国政府购买公共文化服务的"非合同制"治理》，《中国行政管理》2016 年第 1 期。

　　④ 彭惠青：《城市社区居民参与研究——以武汉市两社区的实地考察为例》，博士学位论文，华中师范大学，2009 年，第 9—15 页。

　　⑤ 张晓霞：《城市居民社区参与模式及动员机制研究——以 C 市三个社区为例》，博士学位论文，吉林大学，2010 年，第 11—28 页。

　　⑥ 申可君：《城市社区建设中的居民参与研究——以佛山市 L 街道为例》，博士学位论文，华中师范大学，2013 年，第 5—12 页。

　　⑦ 方亚琴：《我国近十年城市社区参与研究述评》，《城市观察》2012 年第 5 期。

1. 对需求驱动与参与偏差的研究

对居民参与问题的审视，许多学者最初是围绕居民参与社区公共文化活动的原始动力——满足其文化需求来展开的，[①] 并做了大量的实证调查，[②③④] 力图从满足需求的角度来调动居民参与的积极性。随着调查的深入，吴理财教授就公共文化产品偏好现状、公共文化服务决策参与偏好、对政府提供公共文化服务的评价偏好三个方面深入调查分析和反思，发现公共文化服务体系建设目前仍然存在公共文化产品参与偏差、公共文化服务的民主参与式微、公共服务供给中政府信任危机等问题，认为解决这些问题既需要政府在文化治理思维指导下，做好顶层设计，合理、均衡地配置文化服务资源，尊重公民的文化诉求，重视公民在文化决策中的重要地位，建立回馈机制及民主的公共文化参与机制，又要求作为文化权利主体的公民具备文化自觉，重拾主体性参与的价值，与政府形成良性互动的善治关系。[⑤]

2. 对居民参与类型的研究

学者们也在持续关注对居民社区参与的类型予以划分。汪锦军按照参与的阶段梳理出决策阶段的决策型参与、有限吸纳型参与和告知型参与，以及提供阶段的校正型参与、改善型参与和合作型参与六种居民参与类型。[⑥] 高勇辨析了吸纳式参与和关切式参与两种不同的参与驱动机制，发现前者以吸纳积极分子、动员对政府信任度高的居民为特征，后者以参与者的公共关切驱动为特征，而参与者未必对于政府持有高信任态度。[⑦] 王星认为城市基层社会的参与者分为生计型参与者和权责型参

---

① 吕方：《我国公共文化服务需求导向转变研究》，《学海》2012 年第 6 期。

② 吴理财：《群众基本文化需求和区域、群体性差异研究——基于 20 省 80 县（区）的问卷调查》，《社会科学家》2012 年第 8 期。

③ 栗志强：《中部地区城市社区文化建设现状及居民参与研究——以郑州为例》，《社会工作》2011 年第 5 期。

④ 重庆市民意调查中心：《重庆市城市社区基本公共文化服务需求调查》，《上海文化》2014 年第 6 期。

⑤ 吴理财、邓佳斌：《公共文化参与的偏好与思考——对城乡四类社区的考察》，《中华文化论坛》2014 年第 8 期。

⑥ 汪锦军：《公共服务中的公民参与模式分析》，《政治学研究》2011 年第 4 期。

⑦ 高勇：《参与行为与政府信任的关系模式研究》，《社会学研究》2014 年第 5 期。

与者两类，在基层社会管理实践中，代表国家的权责型参与者与代表社会的生计型参与者内部均存在着利益分化，权责型参与者处于强势地位，可以在部门利益与公共利益之间自由切换；生计型参与者处于弱势地位，相互间的利益冲突却使"社区自治"陷入需要权责型参与者重新介入才能达成的尴尬境地。① 朱健刚发现当代城市社区存在着命令型、授权型、内生型和外入型四种组织化的居民参与机制，后三种类型都有利于公民性的养成，应大力扶持。② 李雪萍、陈艾进一步认为社区的组织化参与可以聚合社区资源、增进社区社会资本，它需要建构完备社区参与主体结构，强调利益相关者的积极参与，建构多主体秩序和多主体协商过程。③ 向德平和高飞认为社区参理事会为自下而上的利益表达和民智聚合、扩大社区自主权提供了机会和平台，是组织化参与的有效形式。④

3. 对居民社区参与的影响因素的研究

居民参与偏好及参与类型的差异是与社区参与影响因素密切相关的。宋文辉发现与所在社区的利益联系程度、社区意识和社区归属感、居民的参与能力和参与效能都是影响居民参与情感的重要因素，并针对这些诱因提出应建立参与型社区文化和加强社区居民的伦理教育以培育居民公共精神。⑤ 他还进一步分析了居民参与的认知困境，发现城市社区文化建设的居民参与存在主体认知缺乏、参与态度冷漠、对参与的价值和意义缺乏理性认识、对城市社区文化建设内涵的理解不够清晰和准确、参与的期望值与现实状况之间存在矛盾等诸多困境，这是由于城市社区文化硬件设施不够完善、软件条件不够齐全、社区文化管理体制的

---

① 王星：《利益分化与居民参与——转型期中国城市基层社会管理的困境及其理论转向》，《社会学研究》2012 年第 2 期。

② 朱健刚：《社区组织化参与中的公民性养成——以上海一个社区为个案》，《思想战线》2010 年第 2 期。

③ 李雪萍、陈艾：《社区组织化：增强社区参与达致社区发展》，《贵州社会科学》2013 年第 5 期。

④ 向德平、高飞：《社区参与的困境与出路——以社区参理事会的制度化尝试为例》，《北京社会科学》2013 年第 6 期。

⑤ 宋文辉：《城市社区文化建设中居民参与情感的困境及破解》，《人民论坛》2013 年第 26 期。

行政管理色彩浓郁以及居民自身存在影响参与认知水平的不利因素等所导致的，因此需要从提高居民社区认同意识，重塑居民对城市社区文化建设内涵和意义的理解，改善城市社区文化建设管理体制，以及依据居民主体特征丰富城市社区文化活动等方面入手来摆脱认知困境。① 黄荣贵和桂勇考察了集体性社会资本对抗议型、体制化与公共型参与等三种类型的社区参与的影响，发现社区参与的影响因素不仅取决于居民的个人特征，还取决于居民所在的社区特征。② 张欢、褚勇强认为社区服务是城市居民社区参与的催化剂，这是因为社区服务有助于提高社区生活质量，因此社区居民为了改善社区生活质量就会通过社区参与影响社区服务决策。③

4. 对居民参与的内生逻辑的研究

上述因素背后隐藏着社区参与的内生逻辑，冯敏良认为阻碍居民有效参与社区活动的深层次社会原因是社区活动与居民利益缺乏必要的关联性，他从回归需要层次理论视角来看待参与问题，认为居民参与社区文化活动主要是出于社交、尊重和自我实现等需要，社区事务与居民需求的耦合程度决定了参与效果的好坏，所以应从增强社区公共服务与社区公共需求的契合度、加强社会营销并注重社区的情感投入、扶持社区草根组织发展以加强社区互动，推广以新媒体为载体的网络参与来降低参与成本等方面入手提高居民参与的积极度和有效度。④

5. 对解决居民参与困境的途径的研究

同时，学者们也从各层面提出了解决居民参与困境的途径。张莉提出应以当前社区参与的有限性作为现实基础，构建一个符合我国现实国情的由政府和社区组织统一、灵活地制定社区参与制度、因地制宜地向

---

① 宋文辉：《城市社区文化建设中居民参与认知的困境及其排解》，《行政论坛》2013 年第 4 期。

② 黄荣贵、桂勇：《集体性社会资本对社区参与的影响——基于多层次数据的分析》，《社会》2011 年第 6 期。

③ 张欢、褚勇强：《社区服务是城市居民社区参与的"催化剂"吗？——基于全国 108 个城市社区的实证研究》，《四川大学学报》（哲学社会科学版）2015 年第 6 期。

④ 冯敏良：《"社区参与"的内生逻辑与现实路径——基于参与—回报理论的分析》，《社会科学辑刊》2014 年第 1 期。

社区配置资源、组织利益相关居民参与社区事务等要素构成的有限社区参与框架来改善社区参与的效果。① 郑晓华②、谭祖雪和张江龙③认为给居民在社区活动的决策与组织活动中赋权或增权是推进社区居民参与的有效途径。付诚和王一认为公民参与社区治理面临制度困境、组织困境和文化困境，不能仅单纯依靠社会政策干预来解决，必须通过培育社区共同体、重整社区权力体系、提高公民参与社区治理的组织性、建立协商民主的社区治理机制、构建社区公民精神等来构建具有有利于培养公民包容性的政策体系。④ 张良认为应建立由文化需求的表达机制、服务内容的发布机制、服务质量的考核机制、民间文化资源参与公共文化服务建设的引导机制、民间文化团体的扶持机制、文化志愿者的培育机制等组成的文化参与机制来为公民参与创造便利条件。⑤

6. 对当前居民参与视角的剖析

目前，对居民参与相关问题的研究多从趋于一致的需求调查统计、参与制度供给、政府工作机制、资源支持等外部视角来审视，对居民内心世界的心理活动和超越经济理性的价值追求的挖掘还显薄弱。也就是说，大部分研究还是习惯于从政府角度由上而下地俯视居民如何参与，并未把居民放在主人翁的核心位置。正因为缺乏由下而上的对该类问题的深度扫描，因此相关文献的研究结论虽然趋于一致，但如何发挥居民参与的主动性和能动性的相关对策建议却较为笼统，接地气不足，故而无法撼动人心。

（三）关注在公共文化服务中的生存与实践——以文化组织为研究对象

目前，学界已达成共识，即吸纳非政府组织（NGO）参与公共文

---

① 张莉：《我国有限社区参与框架探析》，《社会科学战线》2015 年第 7 期。

② 郑晓华：《社区参与中的政府赋权逻辑——四种治理模式考察》，《经济社会体制比较》2014 年第 6 期。

③ 谭祖雪、张江龙：《赋权与增能：推进城市社区参与的重要路径——以成都市社区建设为例》，《西南民族大学学报》（人文社会科学版）2014 年第 6 期。

④ 付诚、王一：《公民参与社区治理的现实困境及对策》，《社会科学战线》2014 年第 11 期。

⑤ 张良：《文化参与机制：公共文化服务建设的制度供给——以宁波市鄞州区为分析对象》，《学习与实践》2012 年第 7 期。

化服务的供给与投递是提升公共文化服务体系的运行质量和效率的重要手段。因此，学界也围绕文化组织在公共文化服务中的参与和运营模式等关键问题展开了多方面研究。

1. 针对 NGO 参与公共服务的研究综述梳理

2013 年，陈为雷经过对近年来我国非营利组织研究文献的梳理，发现国内学者对我国非营利组织的研究主要集中于非营利组织与政府的关系研究和非营利组织的行动策略研究，这些研究关注制度和资源对非营利组织的约束，通过描述其行动来观察其发展，并认为今后的研究方向应是将非营利组织理论预设与中国非营利组织的实践经验结合起来进行创新研究，要从关注非营利组织策略性行动中思考实现其可持续性发展的制度供给和环境营造。① 张紧跟则对海外学者关于当代中国 NGO 发展的研究进行了梳理，发现海外学者的研究主要包括依托公民社会与统合主义理论的结构研究与关注 NGO 行为的行动研究两类，他认为"结构研究"基于"国家—社会"的二元分离，在一国的政治与权力配置层面上思考问题，侧重于国家与社会之间的权力分配状态；"行动研究"则试图在中观和微观层面来洞察与把握国家与社会之间相互交融的机制、策略与路径，倡导关注 NGO 的行动，而这两者之间存在明显的互补性。② 马艳霞从参与主体、参与模式、参与的必要性与可行性以及参与机制等方面归纳了社会力量参与公共文化服务研究的现状，分析了现有研究存在研究深度不够、行业经验理论总结较少、可行性研究缺乏以及制度层面的路径许可和效益分析欠缺等问题，最后指出未来应加强分类型分层次研究、加强各种理论在我国的适用性分析研究、全面总结行业经验并加强学科间交流，把提炼公益性公共文化服务基本规律和制定制度层面的路径许可和效益分析作为重点。③

2. NGO 的发展现状与现实困境研究

陈宇京以大冶市公共文化服务体系示范区建设为例，介绍了非政府

① 陈为雷：《从关系研究到行动策略研究——近年来我国非营利组织研究述评》，《社会学研究》2013 年第 1 期。

② 张紧跟：《从结构论争到行动分析：海外中国 NGO 研究述评》，《社会》2012 年第 3 期。

③ 马艳霞：《社会力量参与公共文化服务研究综述》，《图书情报工作》2014 年第 7 期。

文化力量参与创建公文化服务体系的现状。① 肖小霞、张兴杰分析了社工机构的生成路径与运作困境，认为在政府购买公共文化服务的强政府背景下，受资源依赖、组织外部环境等因素的制约，政府的全面介入也导致社工机构在自主性、专业性、认同性三方面出现不足。② 陈岳堂、熊亮也分析了非营利组织参与社区公共品供给时所面临的外部环境和内部治理等多方面困境，并从优化制度环境、规范非营利组织内部治理、建立四位一体的评估和监管机制、提高社区居民的认知度和信任度等方面提出了针对性建议。③

3. 政府针对 NGO 的行动策略研究

刘鹏指出，当代中国政府在社会组织管理体制方面正逐步从分类控制转向嵌入型监管，地方政府着力提升对社会组织的吸纳能力、对社会组织管理重点的分化、对社会组织管理制度化水平、对社会组织管理手段多元化等。④ 吴月进一步指出，政府运用"嵌入式控制"的行动策略，以"关系嵌入"与"结构嵌入"为手段，将社团运作纳入政府体制内进行管理，并呈现出"控制的层级差异性"的基本特征，这种控制使得双方的行动逻辑趋同，进而导致了社团行政化问题。⑤ 而且，政府开展的各种策略化行动，将生长中的非营利组织吸纳进入可控的行政轨道之中，在此基础上，政府实现了"控制"手段的柔性化和隐性化，在吸纳和控制双重逻辑的影响下，政府购买社会服务采取了具备行政化供给本质的契约化合作形式。⑥ 陈岳堂、熊亮则对非营利组织参与社区

---

① 陈宇京：《非政府文化力量参与创建公共文化服务体系现状刍议——以大冶市公共文化服务体系示范区建设为例》，《湖北社会科学》2013 年第 1 期。

② 肖小霞、张兴杰：《社工机构的生成路径与运作困境分析》，《江海学刊》2012 年第 5 期。

③ 陈岳堂、熊亮：《非营利组织参与社区公共品供给的困境与对策》，《湖南社会科学》2015 年第 5 期。

④ 刘鹏：《从分类控制走向嵌入型监管：地方政府社会组织管理政策创新》，《中国人民大学学报》2011 年第 5 期。

⑤ 吴月：《嵌入式控制：对社团行政化现象的一种阐释——基于 A 机构的个案研究》，《公共行政评论》2013 年第 6 期。

⑥ 吴月：《吸纳与控制：政府购买社会服务背后的逻辑》，《学术界》2015 年第 6 期。

公共品供给的政府激励机制进行了研究。①

4. NGO 的行动策略研究

何艳玲、周晓锋、张鹏举通过对一个草根组织的个案研究揭示了该类组织的行动策略，并提出一个"依赖—信任—决策者"的分析框架，对其行动策略进行解释。② 陈天祥、徐于琳运用资源依赖理论，分析了草根志愿组织生存和发展所依赖的关键资源和掌握这些资源的组织，以及它们为了使资源最大化，同时减少对这些资源的依赖以提高组织的自主性所采取的各种行动策略，包括通过合作建立双方的相互依赖关系、社会资源内部化和强化内部资源的整合和利用等。③ 和经纬、黄培茹、黄慧则发现面对制度和资源的双重制约，草根 NGO 组织的生存状况与其所持的政治意识形态密切相关，它们为了补充合法性资源，不得不着眼于制度外的道义正当性，以期获得社会支持和政府的默认，并试图通过建立顾问委员会、理事会等方式来获得知识精英的背书，有的还诉诸与政府官员的个人联系。④ 唐文玉、马西恒认为对于那种具有合法身份的民办社会组织而言，其采取的生存策略是"去政治的自主性"，这是一种适应政府"选择性支持"的制度环境的有限自主性，是一种主动或有意识地压缩了公共利益表达功能的公共服务提供上的自主性，"去政治的自主性"是当前中国特殊体制下的产物，也是当前中国民办社会组织功能失调的一种表现。⑤

5. NGO 与政府的互动关系研究

赵秀梅发现基层政府与 NGO 之间形成了一种基于资源交换的互惠关系，这使政府的基层治理能力得到提升，同时 NGO 获得授权得以进

---

① 陈岳堂、熊亮：《非营利组织参与社区公共品供给激励机制研究》，《中国行政管理》2015 年第 8 期。

② 何艳玲、周晓锋、张鹏举：《边缘草根组织的行动策略及其解释》，《公共管理学报》2009 年第 1 期。

③ 陈天祥、徐于琳：《游走于国家与社会之间：草根志愿组织的行动策略——以广州启智队为例》，《中山大学学报》（社会科学版）2011 年第 1 期。

④ 和经纬、黄培茹、黄慧：《在资源与制度之间：农民工草根 NGO 的生存策略》，《社会》2009 年第 6 期。

⑤ 唐文玉、马西恒：《"去政治的自主性"民办社会组织的生存策略——以恩派 NPI 公益组织发展中心为例》，《浙江社会科学》2011 年第 10 期。

入国家控制的领域，进而实现自己的组织目标。① 李凤琴基于资源依赖
理论，认为政府与 NGO 的合作存在高度的资源依赖关系：政府对 NGO
提供公共服务的依赖，NGO 对政府的政策支持和资金依赖，这种建立
在各自拥有资源相互依赖基础上的有效合作，有助于解决社会问题。②
吴月发现政府采取了"吸纳精英""机构渗透"及"项目化运作"的隐
性控制手段，而社团则运用"组织模仿"策略予以回应，以便争取自
身发展的各项资源。③

6. 对 NGO 的能力培育和发展方向的研究

李少惠、穆朝晖指出，非政府组织参与公共文化产品供给的路径包
括：为非政府组织的发展积极营造外部环境、非政府组织自身发展能力
建设、建立非政府组织与政府的互动合作模式等。④ 高红、朴贞子发现
来自于民间初创的中小型公益组织，存在着使命与愿景定位缺乏强烈使
命感、资源动员能力不足、项目规划与运作能力较弱以及自我治理能力
与创新能力低下等问题，影响了它们的生存与发展，因而需要培育社会
组织能力，需根据培育的主体及其内在运作机制，构建行政、市场与社
会三元整合机制，其能力培育和建设离不开政府的制度支持，为此亟须
建立现代社会组织管理制度与政策体系，完善促进公益孵化器发展的政
策支持，建立公共财政体制及政府购买公共服务的制度保障机制，为社
会组织发展营造良好的公益生态系统。⑤ 马庆钰、贾西津从环境、时
机、需求、条件四方面分析了中国社会组织面临的发展机遇，提出了中
国社会组织发展的宏观目标、指导思想和基本原则，勾勒了中国社会组

---

① 赵秀梅：《基层治理中的国家—社会关系——对一个参与社区公共服务的 NGO 的考
察》，《开放时代》2008 年第 4 期。

② 李凤琴：《"资源依赖"视角下政府与 NGO 的合作》，《理论探索》2011 年第 5 期。

③ 吴月：《隐性控制、组织模仿与社团行政化——来自 S 机构的经验研究》，《公共管理
学报》2014 年第 3 期。

④ 李少惠、穆朝晖：《非政府组织参与西部农村公共文化产品供给的路径分析》，《四川
师范大学学报》（社会科学版）2010 年第 5 期。

⑤ 高红、朴贞子：《三元整合的社会组织能力培育机制构建及其制度支持》，《学习与实
践》2015 年第 6 期。

织发展的基本方向。① 丁元竹指出志愿机制是 NGO 发展的重要模式，其应当包括公平合理的利益格局和社会公正的参与等。②

### 三　公共文化服务体系的构建困境研究

随着各地公共文化服务实践的开展，越来越多的学者将研究焦点放在了公共文化服务的现实困境及其内在结构性制约因素上。

在政府对于服务体系的建设方面，唐亚林、朱春指出就整体状况而言，当代中国的公共文化服务呈现出重"硬"件轻"软"件、重"数量"轻"质量"、强调"小服务"忽视"大服务"的片面发展特征，具体表现是在 GDP 绩效观指导下，公共文化服务的发展成为了一种实质上的文化形象工程，各级政府大兴土木建设的文化基础设施实际上产生的是一大批华而不实的面子工程；公共文化服务建设过程中对于数量的绝对推崇使各类文化服务单纯追求服务项目的数量，而忽视服务质量的劣质发展趋势愈演愈烈；最重要的是现行的公共文化服务体系多忽视大服务的系统建构，从而削弱了公共文化服务对公民文化权利的价值形塑之意义，导致公共文化服务重基础设施建设而忽视精神价值塑造的畸形发展态势始终无法得到根本性扭转。③ 王列生则认为目前的公共文化服务体系实际上成为了徒具虚表而又时常出现的皇帝新衣，在这件新衣的背后深藏着的是政府的机构主义价值观和体制上存在的"大文化"与"小文化"、"大服务"与"小服务"之间的严重结构性矛盾。④ 周晓丽、毛寿龙从政府作为文化服务供给主体的角度分析了文化公共部门垄断文化建设话语权、效率低下、制造文化市场准入壁垒、文化建设资金来源单一、寻租现象普遍存在、忽视公共福利等问题的诱因。⑤

---

① 马庆钰、贾西津：《中国社会组织的发展方向与未来趋势》，《国家行政学院学报》2015 年第 4 期。

② 丁元竹：《为什么志愿机制是可能的》，《学术研究》2012 年第 10 期。

③ 唐亚林、朱春：《当代中国公共文化服务均等化的发展之道》，《学术界》2012 年第 5 期。

④ 王列生：《论公共文化服务体系中的项目目标及其功能测值方法》，《江汉论坛》2009 年第 4 期。

⑤ 周晓丽、毛寿龙：《论我国公共文化服务及其模式选择》，《江苏社会科学》2008 年第 1 期。

而隐藏在这些现实情境背后的是更深层次的社会结构原因。于是，学者们纷纷将中国现代化转型中一系列结构上的问题纳入公共文化服务的研究视野。唐亚林、朱春认为在公共文化领域，市场经济的发展打破了计划经济时代的大锅饭格局，社会结构迅速变迁，民众的需求得到极大释放，民众的文化权利意识开始觉醒，并随着社会经济的迅速发展，对公共文化服务产生出强烈需求和预期，人们已不再满足于单纯的被灌输文化意识形态，转而需求多元化与个性化的公共文化服务和产品。同时，我国公共文化设施及服务水平长期以来与经济社会发展状态存在结构性矛盾，不仅缺少公共文化设施，而且公共文化服务水平低下，导致在公共文化服务领域供给与需求的非对称性表达之困境。① 曹爱军、杨平提出我国的文化发展于中国社会转型背景下存在着阶层间的差序结构，社会分层萌发出不同的阶层文化，在不断固化的社会阶层中，富裕群体的文化价值期望越高就越难被满足，而贫穷阶层的文化期望则较弱，又会再生出文化贫穷；不同家庭占有的文化资本差异，导致文化资源分配不均。②

由此，当民众需求及其差异被纳入到公共文化服务的研究视域之后，居民的具体文化情境亦开始进入到学者的理论建构和实践认知当中，这一点在农村公共文化服务研究中尤为明显（如阎云翔③、吴理财和夏国锋④等的研究）。叶南客认为农村公共文化服务建设是一项综合性工程，在其建设过程中需要处理好政府主导与农民主体之间的关系，形成"政府支持、农民志愿、社会参与"的农村文化发展模式，避免出现政府供给的不是农民所需求的，而农民盼望的却又短缺的尴尬现象；另一方面，应培育农村文化人才，壮大农村业余文化队伍，扶持农村文化经纪人队伍，通过加强农村文化人才队伍建设，强化农村文化建

---

① 唐亚林、朱春：《当代中国公共文化服务均等化的发展之道》，《学术界》2012 年第 5 期。

② 曹爱军、杨平：《公共文化服务的理论与实践》，科学出版社 2011 年版。

③ 阎云翔：《私人生活的变革——一个中国村庄里的爱情、家庭与亲密关系（1949—1999）》，上海书店出版社 2009 年版。

④ 吴理财、夏国锋：《农民的文化生活：兴衰与重建——以安徽省为例》，《中国农村观察》2007 年第 2 期。

设，促进农村文化发展。①

　　基于前述研究的积累，学者们就通过多元主体有效参与、协同共治来推进公共文化服务体系建设已达成广泛共识。刘辉认为我国现行公共文化服务体系应将行政牵引、市场牵引、自组织牵引有机结合起来，以行动者身份的品牌化认证、互动空间的公共性转换、服务能力的联动式升级及发展方向的国家在场化定位为共同支点，促使其前进道路逐步铺陈并不断延伸。② 梁立新则提出在现代化转型治理中，应通过创新多元参与机制来吸引居民广泛参与到公共文化服务的开展运行中来。③ 李少惠、崔吉磊认为在公共文化服务体系建设中，政府是核心主体，文化企业是竞争性参与主体，NGO 是重要主体，而社区则是基本主体，在各地公共文化服务的建设实践过程中，第三方组织、民间组织和其他非营利组织在公共文化服务中的重要性也日益显现。由于对公共文化服务体系的建设主体存在不同认识，相应的建设路径也有三种：政府为主导的国家化途径、完全市场化路径、公共机制与市场机制相结合的综合建设路径。因此，近年来随着研究的不断深入，依据市场和政府双重失灵理论，越来越多的学者倾向于把政府视为公共文化服务的主要供给主体，而第三部门、非营利组织或民间组织在公共文化服务供给中也要发挥重要作用。④

### 四　现有研究述评

　　近年来，随着公共文化服务建设的深入推进，公共文化服务的内涵、机制与途径等方面的研究也逐渐丰富起来，但仍存在以下不足。

　　首先，既有研究中仍有不少依旧受制于传统思维支配下的国家本位或者说政府本位。比如，关于行动主体的研究仍然多以政府角度来看待基层运行问题，在制度制定与推行上仍然习惯就政府自身运行模式来孤

---

　　① 叶南客：《中国区域文化竞争力研究》，江苏人民出版社 2008 年版。

　　② 刘辉：《公共行动的再生产——公共文化服务的实证考察与理论建构》，博士学位论文，华中师范大学，2013 年，第 126 页。

　　③ 梁立新：《公共文化服务多元参与机制创新研究》，《学术交流》2014 年第 2 期。

　　④ 李少惠、崔吉磊：《论我国农村公共文化服务内生机制的构建》，《经济体制改革》2007 年第 5 期。

立地看待整个体系的建设问题；在居民参与方面也不由自主地以政府观点来看待居民的参与动机（如机械地进行需求调查而忽视居民的参与能力）与类型划分（如以政府工作策略角度来划分的有限吸纳型、校正型、改善型和合作型参与），而忽视对居民内心世界的感同身受，较少从居民自身的阶层文化和品位惯习角度去看待和理解他们对文化服务的关切与愿景，没有给予他们在文化服务实践中的困境和纠葛足够的人文关怀，从而不能展现其参与行动逻辑的完整样态；在文化组织介入方面也多将其取得政府支持的重要性置于获得百姓认可的重要性之上。依此研究思路，一个复杂的、真实的、不断贴近人们日常生活却又相对稳定的公共文化服务实践世界——文化服务实践的真实情境被隐藏了。这些研究总是力图将国家意识形态、现代城市理性及其生活方式机械地注入和移植到整个城市社区，缺少"从下往上看"和"由里往外看"的底层、内部视域。这种传统的发展理论在基层民众和专家学者之间制造了一种观念上的距离，产生了一种"由上而下，以权力、投资和科学的名义逐级排斥"的现象，漠视了大众意愿。当我们将这种思想应用于社会发展政策的定位，民众参与就会被摒弃或置于次要位置，政府肩负着的发展重任就会被忽视，基于正义、责任感、信任等动机的民间组织也就成了附属物。

其次，尽管学者们对公共文化服务的理解各有角度，但在总体上仍然是传统的制度分析方法。这种方法往往采取整体主义视角自上而下地分析某一制度的正式结构和运营特征，但作为各种社会关系主体的行动者，在这种研究路径下却一直得不到完整"出场"，导致社会关系网络下一个个互动着的个体都被隐藏到结构背后去了。进一步说，虽然理论界已对不同主体的公共文化服务实践展开了研究，并发现不同行动者的实践对于结构与制度有着建构或消解作用，但受到重结构轻主体的整体主义视角的局限，缺乏对现实生活中多元行动者分化组合及其互动关系的深描，行动者依然多是以模糊的"脸孔"来呈现，很少根据不同主体的相异情境出发，从微观互动角度去系统地分析三者之间关系的形成过程，少数针对公共文化服务体系运行中的参与主体的互动关系研究也仅局限于居民与政府、组织与政府之间的关系，但对组织与居民以及三者之间的互动却关注较少。也就是说，这些文献没有站在不同行动者共同形塑公共文化建设的视角来平等地看待政府、居民、组织等公共文化服务实践者在不同情境中的行为动机、行动策略和逻辑上的区别，多元主体之间在文化服务中的多维互动关系也被忽视，因而很难挖掘出隐藏其中的动态演进规律。

综上所述，目前关于公共文化服务的研究仍然流于表面化，对公共文化服务的实践过程多是静态描述，缺乏针对公共文化服务实践中多元主体的互动过程和具体行动方式的深入研究。而公共文化服务实践及其多元主体的参与行动本身就是一个特征明显的系统演进过程，其中包含着多种力量的相互作用以及复杂关系的博弈演化。而这种政府、居民、文化组织等多元主体之间错综复杂的互动机制正是演绎中国城市公共文化服务建设形成与发展的现实逻辑。因此，笔者认为在公共文化服务研究中，必须深入考察公共文化服务参与主体的动态实践过程及其体现其中的互动关系，重视社会制度、文化结构和多元行动主体性之间存在着的主客观二元对立矛盾，以及由此对公共文化服务实践所产生的深刻影响，并针对公共文化服务在不同层面发挥的功能来探讨其参与主体在其中应发挥的作用和隐藏的实践动机。

基于上述认识，笔者展开了深入的田野调查，发现公共文化服务的实践主体在各种位置之间形成了一个客观关系的网络，这里可以借鉴布迪厄的场域理论来描述这种社会结构，即公共文化服务场域。在这个场域中，多元行动者因掌握的资本和采取策略的不同而拥有各自的客观位置。换言之，拥有不同逻辑的行动主体，在公共文化服务场域的空间里因为位置不一样、拥有的资源不一样、意图不一样，实践着相异的行为策略。借助这种场域概念，笔者意欲消解以往研究公共文化服务偏重制度主义的整体视角，将服务中的多元行动者和其在场域中基于各自位置而采取的不同策略纳入到研究视野中来，将结构与能动性、系统与主体性整合起来，更好地解释和深描公共文化服务这一彰显着不同行动主体价值诉求的行动空间。

另一方面，公共文化服务虽然被视为是国家公共文化价值理念的形塑方式，力图在服务体系的构建、满足公众的公共文化价值需求过程中，嵌入其社会主义意识形态理念，但地方的文化情境、居民对文化生活的主观构建、政府在文化服务中的行为惯习等因素也会对公共文化服务的发展进程产生深刻影响。因此，本书对待它们不能像阳光下的影子般可有可无，迫切需要一个新视角来对很多不言自明的概念和惯性思维背后的假设和权力关系进行分析。

于是，本书的理论视域也就逐渐明晰起来。笔者认为，在国家转型与社会激荡下的时代浪潮中，公共文化服务正是在国家文化治理活动所编织的宏观场域中实践的，在文化治理所营造的社会结构中，政府、居民与文化组织基于自身的需要与理想不断互动，共同形塑着公共文化服务实践的现实面貌。因此，针对文化治理于不同层面所发挥的具体功能来观察公共文化服务参与主体的实践过程便成为本书展开研究的理论视域。

# 第二节　理论视域

当下中国的利益格局面临着深刻调整，计划经济时代大一统的一元化利益结构已然瓦解，斑驳在社会利益关系中的社会结构分层已清晰可见，每个阶层都在试图用属于本阶层的文化符号来彰显自身的阶层意识和阶层性格。因此，在这个看似变动不居的多元的、细碎的个体化时代，我们总能摸索到一个深深嵌入在消费倾向、娱乐方式和交往模式中的多样化的阶层文化形态。相伴而生的各阶层间文化区隔的逐步加深，以及部分领域中文化冲突的加剧，社会结构存在发生断裂的危险。面对这种新型社会危机，政府开始尝试重建赋予时代内涵的公共文化来对转型期的文化区隔和文化冲突进行强有力的调节与控制（即文化治理），确保社会文化的良性发展。公共文化服务就是在这样一个文化治理所形构的场域中由政府所推动的、服务于群众文化生活的、对社会关系进行治理的手段和制度实践，它的建构过程处处渗透着治理的韵味。笔者正是力图刻画文化治理活动在形塑政府、组织和居民三元主体的行动策略中的不同作用，并对这一作用机制进行理论上的考量与验证。这就构成了本书的理论视域。

## 一　文化治理的多重功能

社会学在很长一段历史时期，囿于实证主义和结构功能主义的理论研究范式，其理论关怀更多聚焦在社会事实中具有规律性的社会规则和特定事物所蕴含的社会秩序与系统功能，这些研究倾向导致研究者往往忽视文化生活对于社会事实本身发挥的基础性建构作用。而且由于文化始终受到经济发展、地理环境、政治制度和历史事件等其他因素的影响，所以以往的研究文献多将文化归入社会关系结构的再生产中，使其成为社会结构的一项影响因素，并作为一种"更真实的实体社会力所驱使的意识形态"①。于是，文化更多地被解读成管理阶层的一种引领工具，作为工具意义的文化，始终蕴含着政治意识形态。换句话说，公共文化总是发生在充满着不确定性和复杂性的社会发展情境中，它是一系列在特定历史条件下形成的社会制度于文化治理场域中编织的一套复杂治理结构。而今，伴随着民主社会的不断发展，在行政管理策略不断多样化和微观诱导技艺不断嵌入日常生活的过程中，通过公共文化来进行社会治理依然极为重要。

（一）意识形态引领的重要载体——公共文化在政治层面的社会治理作用

中国在进行高速现代化转型的同时又经历着深刻的全面体制变革，国家权力运作模式如果仍然坚持传统的自上而下的单向管理方式，则会使公共文化对公众意识形态进行潜移默化的引导的重要功能被削弱。故而，现代公共文化建设亟须治理理念的重塑和治理结构的调整。

1. 文化与生俱来的政治治理属性及其演变

在 19 世纪自由资本主义时代里，文化在经典马克思主义的"经济基础/上层建筑"关系框架内，被视为意识形态的产物，作为一种被经济基础决定的上层建筑，文化或隐或现地维护着统治者的利益。"统治阶级的思想在每一时代都是占统治地位的思想……一个阶级是社会上占

---

① 周怡：《强范式与弱范式：文化社会学的双视角——解读 J. C. 亚历山大的文化观》，《社会学研究》2008 年第 6 期。

统治地位的**物质**力量，同时也是社会上占统治地位的**精神**力量。"① 马恩对资本主义社会的文化政策进行了透彻入理的分析，认为统治阶级在以国家面目表面上承载着整个社会的共同体利益的时候，需要创造一套忠于自己阶级的意识形态来作为统治基础，让社会形塑的价值凝聚力为己所用。文化正是发挥了这样的功能，"文化是创造总体性的社会观念的场所，是政治彼此争夺、诱使人们按照某种特定的方式观察世界的竞技场"②。换言之，在传统观念中，文化是统治阶级的一种工具，是为其自身利益量身裁制的，特定时期的文化总是持续地为阶级统治提供合法的意识形态论证。因此，包括戏剧在内的全部文本都带有意识形态的意味，统治阶级通过文化界定着实然和应然，文本最终都是政治的。

在此基础上，葛兰西在传统的文化管理理论基础上进一步发展了通过文化来进行社会治理的相关理论。他认为文化不再是社会管理者主观强加于被动对象的具有明确统治内涵的表意性机器，亦不再是一成不变的自上而下的强制灌输。相反，所谓"文化治理"被演绎成社会管理者、社会各阶层之间互相协商的结果，是一个同时包含着抵抗和收编的过程。他指出文化是一种经过装饰的强大软性力量，"渐渐在取代其刚性的内容所体现出来的那种直接的暴力支配而转变为一种间接的支配，人在不知不觉之中服从或依随一种教导或言说"③。蕴含着意识形态熏陶的文化价值共识（文化认同）犹如"社会水泥"，保持着整个社会集团的意识形态统一。也就是说，社会管理者不会再将一套机械的协调一致的价值观强加给整个社会（这样的效果往往适得其反），而往往用异彩纷呈的文化宣传方式来描绘世界，在此过程中想方设法将其倡导的利益展示为社会各阶层的共同利益，并通过适当的让步和妥协将各阶层的不同思想成功地整合起来，从而将社会各阶层之间复杂的、相互冲突的文化意识弱化成单纯的表面形式差异，逐渐消除阶层之间的对抗态度，

---

① 《马克思恩格斯选集》第 1 卷，人民出版社 1995 年版，第 98 页。

② Hall Stuart, *The Rediscovery of Ideology: The Return of the Repressed in Media Studies'*, in *Cutural Theory and Popular Culture: A Reader*, 4th edn, Edited by John Storey, Harlow: Pearson Education.

③ 赵旭东：《人类学与文化转型——对分离技术的逃避与"在一起"哲学的回归》，《广西民族大学学报》（哲学社会科学版）2014 年第 2 期。

将潜在的社会不稳定因素从思想上根本消弭掉，解除社会思想危机。在此基础上，文化也就理所当然地成为社会治理的一项重要手段。

随着时代的发展，多元文化与民主文化耦合作用下的文化治理技艺也在日新月异。在不断的自下而上的文化实践转向中，政府的文化政策运用多样化的策略来将微观技艺嵌入个人的具体生活，借此将国家所认可的价值意识内化为每个人的主观诉求。在此转变过程中，文化的治理性质也越发凸显，它被看作是对现代化社会生活进行有效治理的手段之一，其"以广大人口的思想、行为转变为目标，而这种转变部分通过审美与智性文化的社会形式、技术与规则的扩展来实现"①。在此过程中，文化治理也就渐渐演化为"一种由实践和期望构成的整体，这种整体覆盖了生活的全部——我们对于生命力量的种种感觉和分配，我们对于自身以及周围世界的种种构成性的知觉体察"②。简而言之，文化作为一种政治意识形态的载体，为大多数人建构着一种社会现实感和不可或缺的绝对意义。因此，文化仍然是能被每个个体所实际体验到的，被国家所主导的思想意识和行为观念，是蕴含鲜明价值取向的有形文明与无形文明的综合体，发挥着政治治理的基本功能。

2. 将社会主义核心价值观融入公民精神品质的公共文化治理行动

改革开放前，中国社会的利益结构是由国家支配的单位再分配体制所塑造的，但是随着中国的国家转型，国家权力控制在许多领域逐步下放，政府职能持续外溢，全能型国家控制模式逐步弱化，传统的单位型集体主义意识形态维系的一致性社会随着单位的解体而走向终结，国家迫切需要在公共文化空间中由政治共同体逐步转型为社会意识的共同体，通过公众的文化认同来使他们对国家意识形态的高度赞同变得异常稳固。

但是，受到当下社会变迁中消费主义、娱乐主义、新自由主义的激烈碰撞，社会主义意识形态在群众中的吸引力与约束力面临着严重威胁，一些人的心灵世界被单一的私性生活所充斥而变得孤僻与不合群，

---

① ［英］托尼·本尼特：《文化与社会》，王杰、强东红译，广西师范大学出版社 2007 年版，第 163 页。

② ［英］雷德蒙·威廉斯：《马克思主义与文学》，王尔勃、周莉译，河南大学出版社 2008 年版，第 118 页。

他们在公共信仰的沦丧中变得空虚和茫然无措,整个社会集体的公共精神也出现衰落的倾向。同时,随着我国城镇化进程的加快,崇尚个性、关注私性生活的城市中产阶层迅速崛起,中产阶层文化侵蚀了工人和农民阶层的一部分文化话语权,这在一定程度上也助长了个体化意识的无序蔓延。因此,在社会转型的种种流弊中重新唤醒公众的社会集体意识进而为维系社会认同奠定基础也变得困难重重,我国文化领域的价值导向亟须治理。

显然,围绕公共文化展开的有效治理行动是一项力图在社会中重塑科学的国家意识形态的系统治理,社会主义核心价值观不能变为一味地停留在空洞的理论关怀层面的孤芳自赏型意识形态观,更不应被消费成一个政府站在道德制高点的空洞口号。这就要求在推进公共文化服务建设时,共产党和政府必须占据主导地位,充分发挥引领作用,采用一种积极的、建设性的方式将社会主义核心价值观融入到一般大众的精神品质和行为品性中,进而将赋有时代内涵的公共意识重建起来。

(二)治理生活方式的重要工具——公共文化对于居民生活的终极意义

在对现代社会生活形态的构建不断施加影响的过程中,文化治理逐步超越其原有的依附性变量地位,成为一种贯穿所有的社会实践,其拥有一种能动地塑造和组织——从内部构建——一系列经济、社会、政治关系与实践的能力,从而肩负起将国家意识形态渗透于公众文化生活乃至整个社会生活的神圣使命。在此背景下,文化治理在现代中国文化转向中的新特征与社会文化阶层化情境下的文化区隔,共同形塑了公共文化服务建设所依循的生活逻辑。

1. 文化研究的大众生活转向

传统的文化思想多聚焦于"精英精神"所倡导的主流文化取向。与此对应,文化概念亦被操作成被社会精英设计和认可的"绝大多数人所共享的态度、价值观和信仰"①。这种观点更多强调主流文化的领导地位,关注社会管理者如何有效地对公众实施灌输性质的文化绝对支配,致力于探讨如何构建整齐划一、顺序连贯、充满规律性的社会公共

---

① 周怡:《文化社会学的转向:分层世界的另一种语境》,《社会学研究》2003 年第 4 期。

文化。故而，在对文化整合、文化适应和精英文化的持续关注中，公共文化被建构成一种遍及全社会的无差别的一致性规范。这种仅着眼于整体性的宏观思维方式，往往将不同区域的地方性意识差别和不同阶层的大众文化取向差异简单地压缩成"平均值"，使其逐渐被异化为理想的精英社会中具有同质性的标准化零部件，从而使对文化形态的解读因刻意掩盖多样性而强调所谓"主流"，公共文化被片面地曲解为面目单一的木偶。

　　然而，随着现代社会民主意识的普及，发端于 19 世纪人道主义传统的普遍性意识形态已经走向衰落，新的地方性意识形态正在兴起，①个人的自我意识也被重新唤醒，研究者逐渐认识到文化在不同领域所发挥的决定和建构功能：文化成为一种自主性的独立变量，"能够对人的行为输入诸如物质、制度力量一样的勃勃生机"②。当霍尔提出文化治理是一种对社会生活状况不断构建的过程的时候，文化治理已然是一种贯穿了所有的社会实践。同时，对文化自主性的深入认识使文化研究在人文科学和社会科学领域内部的研究范式发生了根本性转变，研究视域也因此从注重主流文化的精英取向转向更多关注亚文化的平民精神取向，开始对个体日常生活中贮存的文化意义予以解读，进而欣赏不同的文化模式所蕴含的价值，即聚焦现代化进程中的文化异质性。由于"文化是可以超越时空限度而又有其独立能动性的存在，它可以通过助攻的隐蔽形式而侵入到人的生活之中，借助一种由下而上以及由上而下的双重过程的协同努力，直接影响到我们当下生活的样貌"③，所以，当代的文化研究不断致力于在表面琐屑和凌乱的日常生活中，在分散繁杂的由欲望堆积的人际互动中，探寻藏匿于这些模式背后的文化习俗，窥视存在于个体行动者和地方意识中的文化差异，力图在文化异质性的现实情境中探寻国家意志与民众夙愿之间的均衡与整合之道，从而达成"这

---

　　①　周怡：《文化社会学的转向：分层世界的另一种语境》，《社会学研究》2003 年第 4 期。

　　②　周怡：《强范式与弱范式：文化社会学的双视角——解读 J. C. 亚历山大的文化观》，《社会学研究》2008 年第 6 期。

　　③　赵旭东：《人类学与文化转型——对分离技术的逃避与"在一起"哲学的回归》，《广西民族大学学报》（哲学社会科学版）2014 年第 2 期。

种均衡和整合的关键，就是关注作为国家和民众相遇并互动舞台的日常生活"①。换言之，关于文化治理的研究就是要"扎根于当下社会经济与文化实践之中，以自己的跨学科的视野揭橥形形色色伪经验之下人的真实生存处境与生存状态，及通过真实经验接入自我意识的桥梁"②。

2. 致力于改善社会文化生活的文化治理术

文化治理研究的生活化转向以及对微观行动主体的主观认知的关注，使得文化治理的生活属性越发重要，并持续渗透在社会的每一个角落，内化至每一个人的文化生活之中。文化为大多数人构建了一种现实感，一旦超出"经验现实，社会中的大多数成员在其生活的大多数领域内便难以行动"③。

实际上，文化治理概念正是发端于日常生活方式所蕴含的价值意义这一基本维度。英国学者本尼特认为尽管文化治理因其关联着政府的政策，表面上与文化的民主性质完全相对，但是政策也是文化的组成部分之一，"文化始终是一门改革者的科学"④。因为，文化从来都包含着一种标准化机制，它"总是同时站在规范性划分的两边"，力图"跨越由这种划分所创生的对立领域"⑤。这种机制会创生出一个斜度（a normative gradient），用以具体指明文化改革的推动力所必须遵循的社会生活发展方向。文化并不是以自身的名义存在的、不受控制的实体，也不仅仅是只有通过认知的形式才能把握的一种意义，相反因其自身包含的多样性的框架、习俗和程序等特征，使其具有实践性，即"文化并不像看起来那样只是描述现实，它还构造现实"⑥。如果不对能够改革生活方式的文化资源进行管理和治理，政府所梦寐以求的跨文化交流和理解也就无从谈起。因此，本尼特的文化治理研究从一开始就倡导将文化治理

---

① 孙立平：《实践社会学与市场转型过程分析》，《中国社会科学》2002年第5期。

② 孙士聪：《文化研究：学科化与再政治化》，《南京社会科学》2015年第9期。

③ ［英］雷德蒙·威廉斯：《马克思主义与文学》，王尔勃、周莉译，河南大学出版社2008年版，第118页。

④ ［英］托尼·本尼特：《文化与社会》，王杰、强东红译，广西师范大学出版社2007年版，第184页。

⑤ 徐一超：《文化治理：文化研究的"新"视域》，《文化艺术研究》2014年第3期。

⑥ ［英］约翰·斯道雷：《文化研究中的文化与权力》，《学术月刊》2005年第9期。

的概念与那些"既重视不可避免进入到文化领域机构中的管理成分、又强调伴随它而来的改革规划的文化观念"① 结合起来，将文化治理看作是历史进程中一系列特定相关制度所形成的用于规范社会生活的特定治理关系，而文化治理也就自然成为日益治理化的现代社会生活的一部分，致力于使文化风潮真诚关注公众文化生活。

另一方面，文化治理的生活属性还意味着对文化和社会交往之间的微观治理策略的关注。治理术是法国社会学家福柯在论述国家治理的过程中所阐释的重要概念，意指"对事物的准确布置，通过安排，将其引向合适的目的"②。具体来说，治理术意味着通过一系列策略、机制和机构等多样化的微观技术"在压制技术与自我构建、自我修正过程之间的互相冲突、互相补充中寻找一个多元化的平衡"③，其实质是一种将支配他人的技术与自我支配的技术进行有效结合的行动策略。本尼特在此基础上进一步指出，文化治理只有通过对文化情结和社会交往之间的关系进行各种具体的管理型调整，才能使这些自我管理和发展得到有效促进，这意味着治理术作为治理过程的关键环节与重要机制发挥了将文化认知与社会生活联结起来的重要功能。在此过程中，文化被表征为具体的知识、专业技能、技术与装置的独特系列，是政府活动范围内各种生活方式的综合，它通过特定方式对社会交往产生作用并与之相关联。④ 在探寻文化治理对社会生活的作用机制问题上，本尼特开拓了文化治理策略的自我向度，他认为改革主义的文化规划能够借助内化机制转化为对文化生活的自我管理技术，意即通过"自我技术"将治理意图扎根于个人生活中，进而理所当然地将文化价值观化整为零地渗透于具体的生活实践中，赋予外部架构性意识不断渗透调整个人的自我本质的能力，引导个人理解自我的社会身份与主体想象。⑤ 在此基础上，本

---

① ［英］托尼·本尼特：《文化与社会》，王杰、强东红译，广西师范大学出版社 2007 年版，第 182 页。

② 徐一超：《文化治理：文化研究的"新"视域》，《文化艺术研究》2014 年第 3 期。

③ 同上。

④ ［英］托尼·本尼特：《文化与社会》，王杰、强东红译，广西师范大学出版社 2007 年版，第 214 页。

⑤ 陈美兰：《台湾"台语创作民歌"的文化治理脉络》，《理论界》2011 年第 4 期。

尼特富有创新性地将审美因素引入到文化治理中，指出艺术智性活动等审美实践可以"以一种积极建设性的方式来改善一般大众的特殊精神和行为品性，可以成为培养公民计划的一部分"①。通过审美智性文化的形式、技术和规则来规范的社会体系所实现的文化治理，终会将人们的文化生活改变成一种具有审美价值和反映某些风格标准的作品。

3. 致力于吸引居民广泛参与的、围绕居民文化生活的全面治理

只有贴近居民生活的东西才能深入人心。在迅猛的现代化浪潮中，原先计划经济时代所依托的那套依靠价值观念单向灌输和核心价值体系的僵化教育为主要手段的主流意识形态灌输模式显得越来越不合时宜，我国的文化阵地建设因缺乏对群众生活的真切关注而存在一定的价值缺位现象，这为盲目追星、黄赌毒、酗酒网瘾、封建迷信邪教活动等粗鄙、媚俗的不良文化的蔓延提供了温床，动摇了社会主义价值观在一部分群众内心中的地位，对社会健康发展造成了威胁，社会主义文化建设机制亟须创新。

因此，国家治理体系针对群众生活所展开的公共文化治理行动已时不我待，亟须在以人文本理念指导下运用巧妙的微观治理术来对群众文化生活进行引导与矫治，通过吸引广大群众积极参与健康文明、贴近生活、注重品位的公共文化活动来引导居民的生活取向，提高居民的思想道德、科学文化和身体心理等素质，并借助新兴媒体及时发布国家的方针政策和法律法规，占领舆论和文化阵地，通过健康的舆论和文化导向，有效抵制腐朽落后的文化、思想和陋习对群众生活的侵蚀，使每个个体的文化价值观念都在生活中按照国家意志来形塑，从而促进社会成员的全面发展，提高社会的文明程度。

另一方面，我国的文化治理又是在阶层分化日益凸显，阶层文化区隔越发加深的情境中逐步推进的。进一步说，由于"现代化过程的重要机制和特征是社会分化"②，各阶层基于需求差异所导致的利益差别显

---

① ［英］托尼·本尼特：《文化与社会》，王杰、强东红译，广西师范大学出版社 2007 年版，第 164 页。

② 李路路、钟智锋：《"分化的后权威主义"——转型期中国社会的政治价值观及其变迁分析》，《开放时代》2015 年第 1 期。

得沟壑纵横，阶层之间的社会关系日益成为影响国家治理成效的重要基本变量。于此情境下，公共文化建设必须摆脱传统精英文化体制单纯依靠精英文化来主导社会文化的形成、发展、繁衍与创新，对各个类型群体的文化传统在个体文化生活中的集聚力、穿透力和感染力视而不见的弊端，对群体文化和公共文化之间的关系进行治理，确保多元群体文化的根本价值取向与公共文化所倡导的相一致，以使其与公共文化相辅相成，共同缔造健康的群众文化生活。

（三）唤回文化产品的公共价值——文化治理在文化供给层面的使命

公众丰富多彩的多元文化生活，需要公共文化服务体系提供多样化的公共文化产品和服务来充实。但是，转型社会中文化生产的计划体制残余和市场畸形发展，文化产品或服务要么因抽离精神内核而媚俗，要么因与生活脱节而无法撼动心灵，缺乏有力价值引导的文化供给成为使群众沉溺于物质生活而远离高尚文化生活的推手。同时，片面追逐利润而忽视社会公共价值的文化生产又在一定程度上加剧了阶层间文化权利的不平等程度，成为加深社会隔阂的推手。文化供给领域亟须展开治理行动来实现价值回归。

1. 话语阶层进行文化渗透的物质载体——文化产业的社会控制功能

文化的生产属性是文化建设在经济范畴中衍生出来的一项重要理念，其发端于德国法兰克福学派提出的"文化工业理论"。所谓文化工业是一种行动结构概念，用以描述生产方式如何作用于文化领域，支配文化生产机构生产文化产品的方式。进言之，文化工业是"统治阶级在掌控全部传播媒介之后，用机械化大生产的方式炮制出来的供大众娱乐消费的文化，但这种文化全然是现行意识形态，意即统治阶级意识形态的一种复制品"①，其只是社会资本理性运作的产物。然而，与以往的文化建构理念不同，文化工业理论指导下的文化规训并不是建立在与被统治阶级的对立与矛盾基础之上的，它精于捕捉个体需求和制造欲望，通过生产出极具操控性的、虚幻的文化产品，让人们在现有体系中安于既有的统治话语以及行为规范，从而融化其反抗意识。所以，即便文化

---

① 盛宁：《走出"文化研究"的困境》，《文艺研究》2011 年第 7 期。

产品或服务蕴含着某种既定的操纵性理念，且与生而来具有某种标准化倾向，但囿于它们所具备的难以抵挡的诱惑性，以消费娱乐和商品交易为目标的文化生产还是可以"通过激发精神上或情感上的反应将'心甘情愿的'消费者和文化的生产者绑定在一起"①，进而将所有文化服务对象都纳入到主流意识形态中。由此，文化工业会作为一种难以察觉的强力行动结构作用于每个文化生产组织，并逻辑一致地延伸至个体行动者的潜意识中，诱导个体行动者按照文化产品所要灌输的主导意识来开展文化实践。从这个角度上说，文化工业可以有效抑制人们内心中那些具有破坏性的否定性、批判性和超越性向度，规范独立个体的自我判断和产生反叛意识的冲动，培养社会所期望的那种具备纪律性和一致性"美德"的单向度个人。

由此可见，文化工业理论所认知的文化实践缺乏对个体经验生活的真挚性关注，因此居民更像是工业生产体系中被泯灭了个性的木偶，大众文化领域流行着类似线性传播的模式，居民作为服务对象或接受者的自主性在结构前往往毫无招架之力。英国伯明翰学派的代表霍尔批判了文化工业理论中的这种既有逻辑，他认为文化作为一个表意系统，并不应该成为单项的注入过程，而应是一种"在社会和团体成员之间意义的生产和交换——意义的给予和索取"②的过程。该学派认为在社会阶层化的现实情境中，为了维护自身利益，掌握话语权的社会阶层会以符合自己利益的方式来表征其文化实践，将本阶层需要的话语编码融入文化媒介中传递给解码者（即文化受众），以维护和扩大该阶层的社会影响力。然而由于编码与解码的不对称性，受众并不一定会按照位居主导地位的代码来解读意义，反而经常会依据自己的语言情境和社会地位来分享意义。换言之，在伯明翰学派所设计的文化治理生产逻辑中，居民们已经不再是完全被操控的、人云亦云的文化愚人，个体的主动性和创造性将充分地彰显于文化的生产与消费之中，"在一个复杂开放的体系内，

---

① Herbert Marcuse, *One Dimensional Man*, London: Sphere, 1968, pp. 26 - 27.

② Hall Stuart, "Introduction", In Stuart Hall (ed.) *Representation*, London:, 1997, Sage, 2.

人人都是积极的参与者，而不是受工业操控的价值链上封闭的专家"①。诚如霍尔所预期的那样，现代社会发展形态中社会交往由等级化到网络化的演变，逐步迫使文化单位将那些具备批判性、创造性的居民认真纳入到它们所运作的整个文化供给体系中，增进文化供给体系与文化受众之间的彼此了解，进而提高文化产品或服务的思想穿透力，而居民也越来越有识别力地运用文化组织所提供的各种资源去创造属于他们自己的意义、价值、快感和身份认同，并根据自我需要来对其采取接受、抵抗甚至颠覆的策略。

2. 致力于维护文化供给领域的公共精神的文化治理行动

在我国以经济建设和社会发展为主题的现代化转型中，计划体制残余、市场体制发展始终对文化转型施加着重要影响。一方面，文化供给领域还存在一些单纯依靠行政推动的传统做法，文化事业单位缺乏根据社会发展需要不断进行文化产品内容创新的强大动力，它们提供的服务和产品过分注重面子工程而变为形式单一僵化、内容单调乏味的整齐划一的摆设，提供的与群众生活严重脱节的形式主义文化产品或服务未能将社会主义价值理念深入人心；另一方面，商品生产的价值规范和操作手段越出了经济领域进入到文化领域，各个文化生产与供给部门要么被商品交换的市场法则所主宰而忽视精神价值的塑造，要么被固有的文化行政惯习的僵硬供给体制束缚，文化供给领域对文化价值认同的根本原则的坚持开始出现动摇，其活力也被过度自由的市场竞争和官僚主义的文化行政配给抑制；再一方面，随着文化产业私有化的扩张和新兴数字媒体的快速崛起，一些文化生产并未按照国家倡导的公共价值精神来进行规范，甚至被一些有害话语渗透，国家意志在一部分文化领域中的话语权存在被削弱的危险，而文化供给领域缺乏价值引导的失控发展也有可能导致群众沉溺于物质生活享受而日益脱离高尚的公共文化生活，这在一定程度上降低了公共文化对社会文明的引导力和掌控力。于是，文化供给领域中对市场经济的盲目信仰和推崇、对不合时宜的行政供给体系的放任自流，都使文化组织本应秉持的政治信仰和文化尊崇在文化供给主体的视野中渐渐缥缈，缺乏公共精神内核的文化产品或服务不能承

---

① ［英］格雷厄姆·默多克：《文化研究和文化经济》，《学习与探索》2012年第1期。

载培育健康的公共文化生活的功能，文化发展出现了偏离国家改革的原初构想的倾向。

历史发展经验表明，从提升服务品质和效率角度出发，需要吸引文化组织参与进来以提高公共文化发展的活力。但是，公共文化服务的公益性质又决定了不能将其完全托付于追逐利润的市场机制，必须立足于坚持文化权利人人平等原则来重构文化单位的自由生产与国家意志的坚定贯彻之间的关系，这是公共文化建设面临的严峻课题。这就要求政府在坚持群众路线和调动文化企事业单位的创造活力的同时，坚定不移地按照社会主义价值理念以重建公共领域为基本出发点来规范和引导文化供给体系的健康发展，不仅需要给予文化单位相应的利益回报，更要唤醒它们履行其社会公益责任的自觉意识，为文化供给秉持公共精神提供强有力的价值引导、制度规范和资源支撑，进而找回文化产品和服务应有的社会价值，吸引群众自觉回归蕴含深刻价值内涵的公共文化生活。于是，文化供给领域中的治理行动逐步展开。

## 二　基于文化治理思维的研究视域

### （一）文化治理的三个研究维度

在文化研究的浩瀚星辰里，有关文化内涵的研究维度伴随着民主国家的现代化进程持续变迁：一是文化缘起于具有浓厚政治色彩的意识形态。随着现代社会民主意识的不断变迁，文化的政治属性并未渐趋消弭，相反在社会学的视域中被重新诠释为"描述意义的意识形态观"①，用以中性地看待文化现象。二是从文化工业论到文化产业论的生产属性研究转向。法兰克福学派倾向于将文化视作独立于经济而运行的系统，并对文化在日常生活中的意识形态改造进行强烈抨击，这一理论在全球化经济浪潮中不断失宠，将文化作为经济发展引擎的"文化产业"理论则不断欣欣向荣。但近年来亦有学者出于人文主义关切，在学术界普遍对文化生产维度的赞扬和憧憬中，追问文化生产的价值维度，盼望文

---

① 徐连明、文军：《论社会学视域中的意识形态研究》，《江海学刊》2007 年第 2 期。

化生产之政治视域的回归。① 三是相伴着对日常生活情境中文化生活治理的关注，将文化回归于普通人的闲话家常，致力于挖掘文化生活中贮存的多种潜在意义，因为"历史的最终结果是从许多单个意志的相互冲突之中产生出来的。不计其数的愿望彼此交错，它们的复杂合力催生了一个谁都没有希望过的事物"②。在稀松平常的普通人生活中，探究共属于一个国家、一个地方或者一个社区的共有的文化意义。因此，一些学者开始倾向于把对文化研究的理论兴趣转向具体的个案分析，通过深入到政府的实际行政流程、普通民众的社会日常生活和文化组织的现实服务活动中获得活生生的研究素材与启示。③

综上，在文化的理念和认知不断变迁的背景下，文化治理的三个研究维度演绎了文化在治理中的概念从政治意识形态发展出经济属性，直至独立为可以建构整个社会生活的关键要素的全过程。三个属性之间的交织缠绕和理论积淀实际上演绎着文化治理在社会运行中于政治、生活和文化供给等多层面所发挥的建构性功能。笔者认为，文化及其治理属性在政治、生活和供给方面的三重功能的交织和转换，构成了现代化转型期我国政府构建公共文化服务的重要理论视域，是笔者理解政府实践公共文化服务的出发点和立足点。

（二）本书的研究切入点

1. 考察政府为实现国家政治目标而在政府行政、居民生活和文化供给等多层面展开的全方位公共文化服务制度实践

正如上节所述，文化治理具有多重功能，公共文化服务是文化治理的具体承载物，扮演着文化治理功能在日常生活中的实现者的角色。今日中国之文化仍然不会是一个没有管理与控制中心的自发过程，它依旧

---

① 陶东风：《重建文学理论的政治维度》，《文艺争鸣》2008 年第 1 期；孟登迎：《文化研究的政治自觉和身份反省——兼谈如何看待我国文化研究的困境》，《马克思主义与现实》2012 年第 6 期；孙士聪：《文化产业与文化剩余价值——从反思阿多诺的文化工业理论谈起》，《东岳论丛》2013 年第 2 期；谭杨：《文化因素在现代化进程中的影响——兼论政治对文化的改造》，《中国文化研究》2014 年第 2 期。

② 《马克思恩格斯选集》第 4 卷，人民出版社 1972 年版。

③ 孟登迎：《文化研究的政治自觉和身份反省——兼谈如何看待我国文化研究的困境》，《马克思主义与现实》2012 年第 6 期。

离不开在政府主导下的全方位治理，依然需要政府在制定文化政策时遵循民本主义态度，以实现文化导向的社会主义国家属性的回归，而社会精英的价值理想和细致的规划布局也仍然会深入到文化治理的精髓中，文化依然肩负着在政治领域按照国家所推崇的价值理念来整合和巩固社会秩序的重任。政府仍然应以操纵"精神及道德领导权"为基础来建构"文化领导权的塑造过程和机制"，进而通过文化这种社会黏合剂，运用多重策略所打造的微观文化治理术在全社会推广其在理想意义上的价值共识，从而为在社会主义意识形态下重建公共集体意识奠定丰润土壤。公共文化服务正是政府重塑赋有时代内涵的集体意识，打造理想的价值共识以凝聚人心的重要载体。这就需要吸引广大群众参与到蕴含国家意志的公共文化生活中来。故而，对公共文化服务的治理行动必须关注居民的生活实际，通过提供蕴含健康价值观的公共文化服务项目来规范和引导居民的公共文化生活。然而，为提升公共文化生活的品质与活力，在文化供给中吸引文化组织参与公共文化服务非常必要。因此，政府需要在公共文化服务的治理活动中整治文化供给活动以促进公共价值在文化生产领域的回归，为居民获取健康的公共文化产品和服务提供有效保障，这在客观上要求政府与其他参与主体密切协同，对公共文化供给展开精细化治理。在上述思路指引下，政府对公共文化服务所寄予的治理功能及其实现途径组成了一个环环相扣、逻辑紧密的体系，其与国家力量在一系列文化生活和生产领域的部分退出、重构和强化交织在一起，构成了一幅纵横交错却有趣至极的人文图景，如图2—1所示。

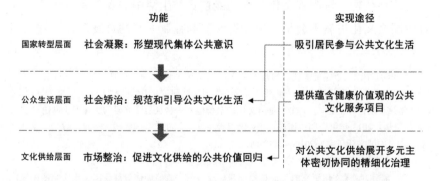

图2—1　政府的公共文化服务治理行动的多重功能之间的逻辑架构

　　基于以上认知，本书将针对政府在文化治理思维指导下为实现公共文化服务的多重功能而在多层面进行制度制定和执行的实践过程进行深描，以获得政府的行动逻辑和驱动因素。

　　2. 审视居民参与日益面向日常生活的公共文化服务实践的微观策略与内心世界

　　文化治理的生活属性下的相关研究赋予文化以中立色彩，致力于欣赏文化模式、生活方式及其行为方式背后的文化内涵。其强调大众的主动性和创造性，强调文化是与日常生活息息相关的，文化本身可以看作是一种生活方式。米希尔·兰德曼认为，文化创造比我们迄今所相信的有更加广阔的和深刻的内涵，人类生活的基础不是自然的安排，而是文化形成的形式和习惯，人的行为是靠其自身曾获得的文化来支配。从这个意义上去理解文化，那么我们不以为然的日常生活就有了举足轻重的文化意义。研究者"应了解多样的文本成为生产样式或类型体系组成部分的机制……使现代文化研究不只是一种学术热情，而正在成为争取美好社会和生活的一部分"[1]。在此层面上来理解文化治理中的公共文化服务，就应将其理解为一种文化生活上的服务，它所提供的服务首先必须要嵌入到居民的日常文化生活情境中，成为居民文化生活的一部分。因为日常活动的形塑不仅受个人社会地位的影响，而且受人们身处其中的文化情境的影响。[2] 这意味着文化治理场域中的公共文化服务必须面向大众的文化生活，围绕居民的真实诉求来推进相关建设和服务，真正将居民视为公共文化服务的主人翁，从而具备吸引大部分居民充分参与其中、寻找自我价值满足的能力。循此思路，本书将沉入到社区居民的日常公共文化生活中，窥探他们内心的纠结、挣扎与坚持，体悟他们真实的情感世界，进而挖掘一个个鲜活个体的色彩斑斓、妙趣横生的心理动机和价值理想。

---

　　① ［美］道格拉斯·凯尔纳：《文化马克思主义和现代文化研究》，《上海行政学院学报》2006 年第 9 期。

　　② ［英］戴维·英格里斯：《文化与日常生活》，张秋月、周雷亚译，中央编译出版社2010 年版，第 7 页。

3. 检视文化服务组织在文化治理情境下进行公共文化服务供给的生存策略和发展逻辑

在现代化转型和全球化经济发展浪潮中，我国文化建设的内涵中所蕴含的经济特质、文化商品的市场化运作模式的利弊以及文化企业的运作机制转型等都备受关注，在对文化供给的国家功能的关注中，致力于全民共享的公共文化生产作为带动整个社会经济发展的新引擎已成为社会的广泛共识。文化治理在公共文化供给层面的功能意味着，处于社会主义发展新阶段的当下中国，其公共文化服务体系需要致力于通过充分尊重个体的文化自主性和创造性，提供既隐含社会主义价值理念又受到群众欢迎的文化产品，在为社会经济发展提供崭新动力的同时，为整个社会的全面发展提供强有力的智力支持，唯有这样的文化供给模式才能使文化治理变得切实有效。而公共文化服务的产品再分配机制意味着打断了文化产业的传统链条，使其脱离了市场体系和价格体系，为人民群众提供了一种文化资源与集体参与的非剥削空间，进而将个体行动者重新嵌入到社会公共关系中。在此过程中，社会力量加入能够通过催生竞争而改善公共文化服务的质量，公共文化产品或服务并不一定要由政府来大包大揽——政府、社会以及个人应该共同参与到文化产品和服务的供给中来。换言之，政府开展有效的公共文化服务所必须解决的关键问题是基于对文化治理与文化供给层面的功能的认知，利用文化组织，充分调动各种社会资源，用以生产既符合社会主义风尚又迎合公众文化品位的公共文化产品或服务。这就要求政府从直接生产者的角色中部分退出，在文化服务中融入市场化发展理念和系统治理理论，应把非政府文化组织作为公益性文化事业单位的转型方向，以此实现政府职能转换。在此过程中，政府、文化组织应作为合理、科学的公共文化服务体系的主体，拥有各自的职能定位，彼此协同合作，共同向居民提供既健康又受欢迎的文化产品或服务。同时，笔者在田野调查中发现，在社区公共文化服务实践中，尽管也有企业参与到文化服务体系的建构中，通过为社区居民提供公共文化产品来树立企业口碑，宣传企业公益形象，但是由于其在文化服务中的作用比较零散，还没有形成成熟的运行机制。因此，笔者将主要针对文化服务组织，进入它们的真实运营过程中，对其在现实机遇与客观制约中，如何维持生存、谋取发展进行研究。

4. 探析文化治理场域中多元参与主体的互动机制

公共文化服务在文化治理中的三重功能环环相扣、密不可分，共同界定了公共文化服务场域是一个由政府、居民、文化组织等多元主体共同参与的互动性场域。在这个由不同的文化结构和社会制度所形塑的场域中，多元行动主体因为其掌握的权力和可以运用的资源不同，在公共文化服务实践中采取了不同行动策略，进而在彼此之间形成了不同性质的互动关系。因此，若想了解当前公共文化服务实践的全貌，就必须从文化治理在国家、生活和文化供给等层面的多重功能出发，来理解该体系中政府、居民、组织三者之间的理想互动关系和现实状态。因此，本书需要对三方主体在公共文化服务实践中的互动关系展开研究（见图2—2）。

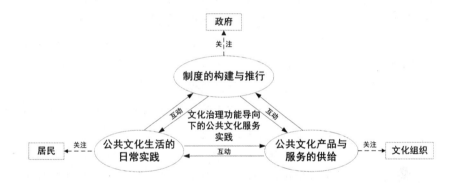

图2—2 公共文化服务中三元主体的实践领域及其互动关系（研究视域）

# 第三节 研究内容和技术路线

## 一 研究内容

本书在篇幅设置上主要分为三个部分：第一部分包括第一章绪论和第二章文献综述、理论视域与技术路线，第一章简要介绍了本书的选题背景、研究的基本问题与核心概念、资料收集与研究的方法等。第二章在对公共文化服务理论已有研究成果进行较为详细的总结和分析之后，将文化治理的多重功能和属性作为本书的理论视域，进而根据公共文化治理在不同层面的使命作用来架构全书的研究内容和技术路线（含分析框架)。第二部分包括第三、第四、第五章,这部分笔者依据两年多的实证研究,针对公共文化服务实践中的不同主体,依次分析了政府、居民和文化组织这三个行动者的实践场域、行动策略和行动逻辑。第三部分包括第六、第七章,这部分基于前一部分对各行动主体的实践情况的分析,探讨公共文化服务制度理想中的良性互动关系与三元主体的真实互动图景之间的落差,揭示阻碍公共文化服务良性发展的症结所在,并给出研究结论,展望有待进一步研究与探讨的方向。

本书的主要研究内容包括七章,具体安排如下:

第一章是绪论部分,主要介绍了本书的写作背景,包括:笔者本人的城市生活实践经验实践、转型期公共文化生活的聚焦,以及嵌入政府社会治理转型的公共文化服务实践。在此基础上介绍了本书的研究问题和核心概念,并介绍资料收集的地点、研究方法等。

第二章是文献综述、理论视域与技术路线,以详尽的笔墨对公共文化的研究历程进行梳理,在此基础上推导出本书的理论视域——文化治理,进而阐述伴随着国家现代化进程的持续变迁,研究视域中的文化功能从政治附庸到经济功能,直至独立为建构生活要素的全过程:其缘起于马恩对于意识形态的论述,之后向文化产业论的生产属性转向,时至今日相伴着对现实情境中文化生活治理的关注,将文化研究回归于探索普通人在日常生活中的精神取向和价值认同,致力于挖掘文化生活所贮存的多重意义,并力图维护文化供给领域的公共精神。这种文化研究理论视角的转变是理解公共文化服务于国家治理体系下的建构过程及身处之中的三方互动关系的关键,为第六章公共文化服务体系中三方主体理想互动关系的研究提供了理论依据,更为解读公共文化服务三方主体的行动逻辑提供了多维视角。在此理论视域基础上,本书的研究内容及其技术路线(含逻辑框架)也被架构起来。

第三章意在审视公共文化服务建构主体——政府的公共文化服务行动,描述其在中国社会转型、公共精神再造、文化治理和社区建设的宏大背景下,聚焦空间的营造、塑造文化惠民品牌和发动社会力量积极发展文化服务组织等策略来实践公共文化服务,探究隐藏在政府行动策略之后的体制驱使、结构使然和文化诉求,这些行动逻辑以及其面临的深层动因对于参与服务的其他主体的实践以及当下的文化服务现状势必产生深远影响。

第四章从公共文化服务的最主要参与者——居民的日常生活实践视角来探讨不同阶层居民社区参与的具体过程，描绘并呈现了在个人焦虑与社区认同缺失、隐藏于阶层化背后的文化分层、参与制度的双重缺陷等结构性因素的综合作用下，编织的居民社区文化弱参与场域，并在根据是否需要他人动员参与和是否与基层政府联系紧密，结合参与者的不同动机，将居民参与类型概括为四种类型，并借助类型划分的方法重点描述普通居民在公共文化生活中的主动性和行动策略，意图根据居民的日常参与行为和逻辑认知来透视社会多重转型和社区文化建设背景下居民参与社区公共文化生活对其生活追求、生命价值的实质内涵。在此过程中，尤其关注政府、公共文化服务组织对居民参与行为的性质的影响。

第五章通过对公共文化服务的重要参与主体——文化服务组织的产生背景和实际运行模式，以及私性文化传承与个人主义扩张、制度制约与资源障碍对组织发展造成的阻碍的深入分析，勾勒出组织生存面临的客观环境，并选取"N 市社区艺术教师志愿者中心"作为 NGO 个案，展现公共文化服务组织能动地采取多种方法从多方争取资源和认同，以谋求组织生存的实践策略，进而以动态观察视角来把握文化组织与公共文化服务中的其他主体展开互动的真实情境，进一步探讨在现行体制中文化组织的生存与运行之道。

第六章根据文化研究的相关理论和中国社会发展的现实需求，探讨在制度理想中的公共文化服务应有功能，进而刻画出三元主体在公共文化服务实践中的理想互动图景。之后，根据笔者深入调研所发现的现实公共文化服务实践中所存在的政府"路径依赖"、居民社区参与实践的"离散性"、文化服务组织实践的政治"嵌入性"，刻画出文化治理背景下城市社区公共文化服务实践的现实运行机制。最后，通过对路径依赖下的政府、参与离散性中的居民和政治嵌入性中的文化服务组织三者之间的实际互动关系，对它们之间"非对称性"互动的现实图景进行描述与剖析。

第七章根据上述章节的分析给出相应的研究结论及有待探讨之处，笔者发现基层政府仍是城市社区公共文化服务治理的重点，而且人情因素依然对居民和文化组织的行动产生着重要影响，居民的主动参与也还需要政府的有效激励，文化服务组织现阶段仍旧需要在政府扶持下赢得社会认同，因此，政府应策略性地让渡更多的资源与权力来为政府、居民和文化服务组织这三元主体的均衡性互动提供保障。这就需要对使各级政府的行为态度相一致的公共文化服务制度设计，政府有效让渡空间和资源、下放有关权力的方式，当代城市居民的独立人格与公共精神的培育途径，以及促进组织发展的社会支持机制的建构等方面进行深入探讨。

## 二　技术路线

本书的技术路线（含逻辑框架）如图2—3所示。

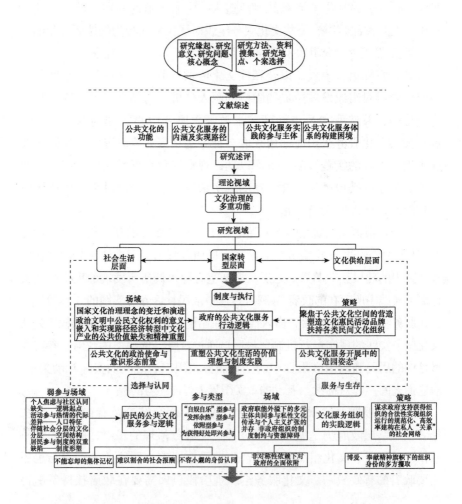

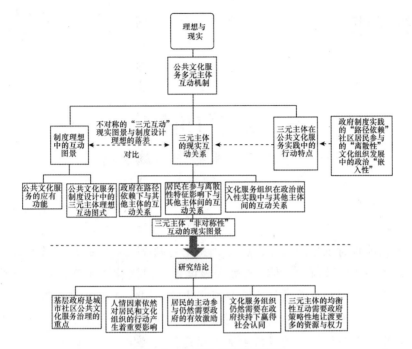

图2—3　本书技术路线示意图

# 第三章

# 制度与执行

## ——公共文化服务中的政府行动

政治视角是"一切阅读和一切阐释的绝对视域"①。公共文化服务作为一项政府主导的制度性服务，无论是制度文本抑或是日常实践都应该也必然以政府为主体。"最大限度地组织文化再生产以扩大公共文化生活空间和有效缓释不断升级变化的结构性文化供需矛盾"不仅是我国文化和谐理念的具体体现，更是一项与全球文化变革接轨的人本表现。在纷繁复杂的日常生活中建构公共文化服务，政府往往会采取多重策略用以明确其在社区空间中的结构性地位，并借用权力、资源等要素在一系列宏观和微观制度环境中彰显自身的权威。本章内容意在研究公共文化服务的建构主体——政府的文化服务实践，有别于以往只凭借一系列先进知识技术、严谨的逻辑推理和海量的信息数据自上而下的思路，由于在公共文化服务中的主要行政单位有区级政府、街道办事处、社区居委会，笔者将它们视为代表政府的独立行动主体，描述其在中国社会转型、文化治理和社区建设的宏大背景下，实践公共文化服务的多重策略，探究隐藏在政府行动策略之后的利益追逐、结构使然和文化诉求，进而理解政府行动背后的路径依赖和理想旨趣。

---

① ［美］弗·杰姆逊：《政治无意识》，王逢振、陈永国译，中国社会科学出版社 1999 年版，第 8 页。

# 第一节　国家治理体系中的公共
文化服务场域

　　公共文化服务实践是一种与周围环境、不同个体的文化生活密切联系的社会性行动，其总是发生在充满着不确定性和复杂性的情境之中，在这个由多种主客观因素交互作用所形塑的场域中，公共文化服务实践作为一种嵌入性行为，其行动过程始终受到外部规范和自身诉求的双重规约，对于服务的操作者而言，"在强加于他的诸种制约的框架内，行动者做出诸种选择，以利用能够获取利益的种种时机……行为很多时候都是不可预见的，它不是被决定出来的；相反，它始终依据环境条件而变化"①。故而，研究政府的公共文化服务实践不能囿于政府行为自身，而应将其置身于中国社会结构转型中文化治理与公共意识的形塑、对公民文化权利的尊重与维护、民生工程的开展、制度文本的建构和政策体系的制定等历史情境和现实渊源中，进一步探索演绎着多样性面孔的文化治理视域中的政府行动逻辑与多面策略。

## 一　国家文化治理理念的变迁和演进

　　以制度变迁为标志的现代化进程，在不断彰显着各领域的自主性或所谓"合理性"的同时，也裹挟着现代性与生俱来的价值分裂。卷入现代化潮流中的中国，传统的社会礼仪和文明秩序备受冲击，旧有的政治统治理念和政府管理方法在现代民主社会中逐渐失宠，国家现代化建设亟须治理理念的重塑和治理结构的调整。党的十八届三中全会通过的《中共中央关于全面深化改革若干重大问题的决定》将推进国家治理体系和治理能力现代化作为全面深化改革的总目标正是党中央基于我国社会发展形势做出的科学判断。具体到文化领域，伴随着现代化进程的不断加快，全面深化改革过程中对治理问题的关注也衍生出"文化治理"

---

　　① ［法］米歇尔·克罗齐耶、埃哈尔·费埃德伯格：《行动者与系统——集体行动的政治学》，上海人民出版社 2007 年版，第 31 页。

"文化治理能力"等概念。新中国成立以来，中国的文化建设依托不同时期的政治体制，演绎着不同的实践策略。在社会结构的持续分化过程中，文化的公共性也在公共意识的兴起和衰落中以不同形式扩散或萎缩，因此文化治理的理念和内涵的变迁也就形塑着政府实践公共文化服务的基本场域。

（一）意识形态的单向灌输——单位制社会中的文化治理

中华人民共和国成立之后我国政府的文化管理是在社会生活单位制的情境下展开的。按照马克思主义理论，社会主义作为一种符合人类历史运动基本方向的理想社会形态，其实践的展开是建立在相对发达的现代化社会之上的。然而，中华人民共和国成立初期的中国是一个在经济、政治、文化、社会等维度都比较落后的国家，实践社会主义的崇高理想诉求与 19 世纪中叶以来国家一直面临的纷繁芜杂的"总体性危机"的现实之间存在着难以消融的结构性张力，"社会主义与现代国家建设之间的理论逻辑和落后国家现状以社会主义为取向展开的国家建设的实践逻辑之间的错位"① 给我国政府设计社会制度带来了严峻挑战。故而，单位制社会的建构不仅是我国政府面对社会总体资源总量不足的现实窘境力图解决社会危机所做出的无奈选择，更重要的是，由于"单位空间作为中国民族国家集体认同确立之平台，与主流意识形态保持了高度一致"②，它从一开始就承载着现代中国政治精英们建成共产主义社会的伟大理想。在共产主义社会中，政府以单位为载体将主流价值理念灌输给每个个体，并将之内化成个人的价值理想和道德准则，并在此基础上进一步升华为亦如社会价值信仰般的集体意识，以此统摄、驱动、定向、规训整个社会中全部成员的社会行为，从而使文化治理的政治属性在这一过程中得以彰显。

具体而言，一方面，在计划经济体制中，以单位为核心的社会福利政策的制定和实践强化了人们对于社会主义意识形态的认可。改革开放前，我国政府倾力构建一套以终身就业为支点的，由个人所在单位直接

---

① 林尚立：《社会主义与国家建设——基于中国的立场和实践》，《社会科学战线》2009年第6期。

② 田毅鹏：《单位制度变迁与集体认同的重构》，《江海学刊》2007年第1期。

提供各种福利和公共服务的社会政策体系。国家力争在这套体系中做到使所有工人都享有就业保障，没有失业之虞，单位里的个人及其家属的医疗、住房、教育和养老都得到单位保护。在这个由不同单位构建的迷你型福利国家里，社会主义优越性得以在其中完美凸显。城市中的单位福利制度以及农村以集体经济为基础（农村公社）的集体福利制度使得中国成为当时世界上收入分配最平等的国家。"它向每一个人提供了粮食、衣服和住房，使他们保持健康，并使绝大多数人获得了教育，千百万人并没有挨饿，道路旁边和街路上并没有一群群昏昏欲睡、目不识丁的乞丐，千百万人并没有遭受疾病的折磨。"① 在此体制下，个人对于意识形态的赞同首先来自于自我生存状况的认同，在物质财富极为匮乏的计划经济时代，政府通过对个人生老病死的社会性的保障使得社会主义作为一种终极价值信仰和社会最高理想由人们的自发选择而融入到每一个个体的价值信念之中。国家由政治共同体在单位空间中逐步演绎成为社会意识的共同体。

[个案 3—1]（JQ 社区 LH 小区居民杨某，68 岁）

要论起来，还是以前的单位好。那时候虽然不富庶，但大家伙都是一样过日子，一个单位的相互熟悉，东家忙，西家帮，不挨饿，也有衣服穿，大家心齐。不攀比，不像现在，有几个钱就显摆，搞得不得了似的。

（二）重建失落的公共意识——个体化意识蔓延时代的文化治理

伴随着我国经济体制的变革和社会结构的深刻转型，国家的权力控制在某些领域逐步下放，政府职能持续外溢，全能国家的控制模式正在逐步弱化。不仅如此，随着生产方式的去组织化和生活共同体的瓦解，原有的生活习惯也随之消失，个人与社会的关系发生了根本意义上的转型，中国社会不可避免地步入了个体化时代。在此过程中，原有的半官方社团组织、社会组织和个人等社会性力量拥有的自治空间有所增加，相伴着"中国经济逐步融入全球化经济的浪潮，政府在经济、政治、文

---

① 沙健孙：《正确理解马克思主义的生产力观点》，《马克思主义研究》2006 年第 9 期。

化、社会等各个方面面临的不确定性因素日益增加"①。在此背景下，原有的以单位制为载体、由政府自上而下灌输的以社会公益性为标志的公共文化价值系统和信仰理念正在受到猛烈冲击，传统意义上的社会主义意识形态也失去了一部分吸引力与约束力，而新的公共价值体系又未能适时有效地重构，现代社会在方方面面都陷入某种程度上混乱无序的整合困境。"只要承认全球化是一场社会文化变革，就有可能认识到潜在的、依据种种新情况来重新建构政治学的必要性。这种认识，最终将扩展成为一种对……民主政治和民族国家政府的根本性重新估价。"②因此，在当代中国社会转型的特定背景与民众越来越注重私性精神生活的现实境遇中，政府需要变革其文化建设模式，"利用需求而不是反复灌输规范的方式"③，运用多样化策略，把握技术性机理，重建具有公共性内涵的文化价值意义，并重构基于社会主义核心价值观的公共意识。

[个案3—2]（N市文广新局处长方某）

文化工作说到底就是意识形态工作，每一个时代都有自己的价值追求和精神面貌，现代中国的发展要求就是贯彻社会主义核心价值观。那么如何在文化建设中贯彻社会主义核心价值观呢？要深入研究老百姓新时期的文化需求特点，简单地说，文化要让老百姓看得懂、听得明白，满足人民群众文化需求，这就叫作发挥人民主体地位，这样才有可能使社会主义核心价值观落地生根，开花结果。我们实施N市传统文化和红色文化研究工程，系统梳理挖掘传统文化、红色文化精华，实施公民道德建设工程，通过讲好"N市故事"，目的就在于使社会主义核心价值观更加具体化、形象化。

具体而言，一方面，单位制解体之后，灌输意识形态的社会基础逐

---

① 刘鹏：《三十年来海外学者视野下的当代中国国家性及其争论述评》，《社会学研究》2009年第5期。

② ［英］马丁·阿尔布劳：《全球时代》，高湘泽译，商务印书馆2001年版，第271页。

③ Bourdieu, Pierre, *Distinction: A Social Critique of the Judgement of Taste*, London: Routledge, 1984, p. 154.

步缺失。改革开放前中国社会的利益结构是由国家再分配体制塑造的，单位之所以称为制度是因为"它是在主流意识形态和价值观念基础上建立起来的一种特殊的组织和机构形态"①，国家依托单位来统一决定、分配、调节利益关系是这一结构的主要运作机制，个人的生产和生活全部依存于由政府打造的单位制社会中，在此之上，单位制这种总体性社会形态搭建了社会主义意识形态传导的社会基础。改革开放后，随着以市场经济为导向的社会经济政策的转型，国家也从社会福利和服务领域中有计划地全面退出，计划经济时代个人所依赖的教育、医疗、住房等分配制度呈现出了明显的市场化趋势，部分社会福利功能转而由社区承担，个体对单位的组织性依附关系随之全面解体。于是，单位人在福利制度崩塌之后对政府产生了不信任感，个体在市场经济条件下面对社会资源的自由流动对其人生发展具有了多重选择，一部分人专注于追求自我物质生活满足而忽视精神生活，凡此种种，都使以前的计划社会条件下所拥有的集体认同不可避免地逐步消解，原初的那种崇高的社会主义意识形态和价值信仰亦随之开始衰落。

[个案 3—3]（XD 社区 TCY 小区居民马某，69 岁）

信仰？过去的人都信马列主义，我年轻的时候天天拿着本子，买个东西还得念两句毛泽东语录，共产主义、社会主义啥的天天念叨着过日子，现在提倡信仰自由了，人们反而什么都不信了，什么地沟油、苏丹红、黑心棉，他们要是有信仰他们搞这个？唯利是图啊！

另一方面，个体化时代的生活个体对自我私性文化生活的特别关注也促使现代文化中的公共精神进一步被冷落。步入现代化进程，个人不断地从束缚个人发展的家庭纽带、宗族组织和社会机构中挣脱出来，资源的流动使得个人可以对其命运进行自我主宰和控制。然而随着传统权威秩序的松动，旧有生命意义确定性的瓦解和价值系统的崩塌，个人那些与实践知识、信仰和指导规则相关的传统的安全感也随即丧失，个人

---

① 李汉林：《中国单位社会》，上海人民出版社 2004 年版，第 7 页。

不得不独立面对瞬息万变的现代社会中的风险。处于风险社会中的个人空有自由之身，在对未来惶惶不安的焦虑中却丧失了自主能力，不停地追寻可靠的物质财富，专注于私人生活的享受和奢靡。"生活被平庸化和狭隘化，与之相联的是变态和可悲的自我专注，所有这些感受已经以当代文化所独有的形式回潮了。"① 故而，工具主义和个人主义文化蜂拥于社会之上，同时长期以来形成的市场逻辑使得政府在构建市场经济体系的过程中，剥离了原本属于社会主义国家的一些核心价值，② 以公共道德为根基的社会信任作为现代经济和社会得以运行的关键机制之一并没有得以确立，泛化在社会中的是以私性道德为基础的私人信任，社会关系越来越陷入工具化和碎片化的危境。因此从某种程度上说，个体化时代给中国带来了整体性的终极关怀的失落和极为深刻的信仰危机，文化的公共性，作为一种"深藏在世代相传的传统中，体现在成员的默契中"③ 的价值认同连同社会共有的伦理秩序都渐趋消解。在此情境下，中国社会迫切需要重建基于文化认同的具有社会主义集体意识的公共精神，这也成为文化治理的核心目标之一。因此，通过文化治理来培育公共意识和贯彻社会主义核心价值观亟须有效实践。

　　我国已经进入了经济体制深刻变革、社会结构深刻变动、利益格局深刻调整、思想观念深刻变化的社会转型时期。各种社会思潮更趋复杂、更加多元化，许多人的价值观念处于迷茫状态。面对这种思想状况，只有大力加强公共文化服务体系建设，牢牢把握社会主义先进文化建设主阵地，承担起弘扬社会主义核心价值体系的重要责任，旗帜鲜明地唱响主旋律，才能以文化的力量，凝聚核心价值、巩固共同理想、培育精神文明，在全社会形成统一的指导思想、强大的精神力量和良好的道德风尚。

　　　　　　　　　　　　　　　——《中国文汇报》2012 年 12 月 26 日

① ［加］查尔斯·泰勒：《现代性之隐忧》，程炼译，中央编译出版社 2001 年版，第 5 页。
② 何艳玲：《回归社会：中国社会建设与国家治理结构调适》，《开放时代》2013 年第 3 期。
③ 袁祖社：《"公共性"的价值信念及其文化理想》，《中国人民大学学报》2007 年第 1 期。

## 二 政治文明中公民文化权利的意义嵌入和实现路径

现代化是人类文明进步的重要标志，它既是一个包括经济、政治、文化现代化在内的全方位变迁过程，又是一个作为现代人的自我解放和自我实现的变迁过程。然而，现代社会同时也是一个风险社会，这种风险不仅仅体现在贝克所说的制度性风险中，更加体现在拉什界定的"风险文化"当中，即在现代化变迁过程中社会成员宁可要平等意义上的混乱和无序状态，也不要等级森严的定式和秩序。工业革命和城市化、市场经济和消费主义、现代科学技术的巨大发展和享乐主义的生活方式极大地改变了中国传统的文化结构，影响了作为个体人的文化生活。而另一方面，随着市场经济体制带来的中国民众物质的富庶，消费和资产逐渐取代政治符号，成为个人社会地位和身份认同的新标志。消费主义和享乐主义意识形态在当下的扩散与流行，使得个人在不断追逐炫耀性消费的过程中，由于精神生活的空虚陷入了泛化的焦虑。在当今这个公共领域、私人领域和日常生活领域不断融合的后工业社会，如何进一步了解公民的文化需求，保障公民基本的文化权利，通过提供有效的公共文化服务，找到契入公民精神生活的钥匙，使每一个个体行动者能够共享现代化给人类文明带来的硕果，这是作为政府的一种文化理想，也是不同利益相关群体共同的文化诉求。因此现代人的文化权利的实现越来越成为现代化转型时期中国的学术研究、政府政策制定与推行、文化生活建构的焦点。作为实践公民文化权利的核心场域——公共文化服务体系是实现公民文化权利自觉和自为的制度性平台，也是政府担当文化民生责任、实践其和谐文化价值诉求的深刻体现。

（一）文化权利是一种制度性的人权

"公民文化权利，即公民依法享有的参与文化创造、享受文化成果，表达文化主张、其文化创造成果得到应有的保护等方面的权利。"文化权利在本质属性上与其他人权一样，是一种道德权利、普遍权利和反抗权利，故而它是一种具有共性需求的人权。从抽象的学理意义上看，人权是一种具有全人类共在性意义向度和共存性价值结构的理念："应当承认有一种权利的精神，这种精神是任何一种个人权利所具有的，一如引用法律不可违反它的精神，一如一条河不能改变它天然的水流。"①
然而，人权的实现受到不同意识形态、国家主权和民族文化边界的限
制，因为人的权利是由法律规定的人与人之间的社会关系，是一种保护
个人正当利益的制度安排，也就是说："个人享有的权利是以某种具体
的社会规则和社会条件为前提的，而这些特定的规则和条件只存在于特
定的历史时期和特定的社会环境，它们决不是人类的普遍特征，不是人
类社会从来就有的，也不是社会生活必需的。"② 故而在很长一段历史
时期内，人权仅仅是学者们在理论上的理想构型，它仅仅存在于雅典革
命撑起的 "将主权交给人民之手"③ 的伟大旗帜中，徜徉在莱辛作品中
追逐 "以被称为人而满足的钥匙" 的梦想里。它的实现是与现代化国
家中的政治文明飞跃性发展相伴的。在以市场化为标志的现代文明转型
中，在全民族的普世文化价值观与主权国家意识形态文化的博弈过程
中，国家管理者慢慢地在主权边界内认可人权的基本意义，不同的国家
形态都在价值层面，并夹杂着不同程度的技术层面上，把在国家整体利
益导向下的个体利益合理分配作为国家治理的基本手段，④ 现代国家由
此演变为宪法中 "所有具有公民资格的居民提供平等权利和平等机会的
整体"⑤。在此过程中，"人权就成为政治意识形态的有机组成部分，因
而人的文化权利也就在政治意识形态的专项允诺下获得社会普适的合法
身份"⑥。在人类朝向和谐与民主的道德社会前进的进程中，文化权利
的意义排序和权利款项的轮廓也日渐明晰起来。

　　1948 年的《世界人权宣言》第 27 条规定：人人有权自由参加社会
的文化生活，享受艺术，并分享科学进步及其产生的福利；人人对由于

①　[法]路易·若斯兰：《权利相对论》，王伯琦译，中国法制出版社 2006 年版，第 8 页。
②　[美]A. 麦金太尔：《德性之后》，龚群等译，中国社会科学出版社 1995 年版，第 89 页。
③　[法]库朗热：《古代城邦——古希腊罗马祭祀、权利和政制研究》，谭立铸译，华东师范大学出版社 2006 年版，第 232 页。
④　王列生、郭全中、肖庆：《国家公共文化服务体系论》，文化艺术出版社 2009 年版，第 82 页。
⑤　[美]菲利克斯·格罗斯：《公民与国家》，王建娥、魏强译，新华出版社 2003 年版，第 9 页。
⑥　王列生、郭全中、肖庆：《国家公共文化服务体系论》，文化艺术出版社 2009 年版，第 86 页。

他所创作的任何科学、文学或美术作品而产生的精神的和物质的利益，有享受保护的权利。这是世界人权文本第一次规定了文化权利的人人享有性，但也体现出对具体文化权利内涵把握的模糊性。随即，1966 年第 21 届联合国大会通过的《经济、社会及文化权利国际公约》与《公民权利和政治权利国际公约》第一次在世界范围内将文化权利以法律形式加以确认，并具体指出了文化权利的内容和形式。可见，文化权利是人类历史发展的产物，它的出现是人类文明进步的标志。

(二)　实现公民文化权利的国家途径——推行公共文化服务

公民文化权利形塑了实现社会个体文化平等、自由的价值理想，其实现依赖于国家为每个人提供均等化的公共文化服务。因为公共文化服务是以政府为主导的对一些"最基本的、社会公众普遍需要的，能够体现社会长远的根本利益的文化产品和服务"，它具有利益取向上的公益性、服务主体的公众性和服务供给的公平性。但是，中国文化发展的现状是现有的文化产品和服务，无论在总体数量上还是在结构形式上，都不能很好地满足人民群众日益增长的文化需求，亟须提供文化方面的公共服务。由此可见，我国公民文化权利的实现现状体现了中国人的文化需求与国家公共权利之间的紧张关系。①

进一步说，从发展角度来看公民文化权利，它是一种公民借助已存在的外界基础性平台积极发展其文化权益的自由。对公民文化权利的理论认识，其价值意义不仅在于促使公民文化权利之"觉醒"，而且在于促成公民对其文化权利的"自觉"和"自为"。在当代中国，强调文化建设大发展大繁荣与推进和谐社会建设的价值理念，不仅要求对公民进行文化权利的"启蒙"，而且要为公民文化权利的实现创造充分条件，即国家应通过公共文化服务的均等化供给，为公民进行文化权利的"自为"提供物质基础与制度平台，从而体现国家在公民文化权利发展方面的"自觉性"责任担当。换言之，公民文化权利的时代表达，不仅需要确保公民文化权利的基本保障性，而且需要体现公民文化权利的全面发展性，更需要在实践中建构公民文化权利的制度基础——公共文化服

① 杨松才等：《〈经济、社会和文化权利国际公约〉若干问题研究》，湖南人民出版社 2009 年版，第 334 页。

务。公共文化体系的终极目标的确立必然是基于文化权利理论的，而公共文化服务的良性运行机制则是个人文化权利得以实现的重要保障。由此可以看出，公民享有充分的公共文化权利是现代社会文明的重要标志，是建设中国特色社会主义文化的重要目标和内容。因此，保障这种权利的充分实现是政府的义务和责任，而且政府应积极创造条件，提供优质、公平的公共文化服务。

[个案3—4]（N市群众艺术馆馆长何某）

我们的文化活动是为了实现老百姓的文化权利主办的，文化权利是公共文化服务的基础和最终目标，我们政府搞的文化服务，就是要以实现老百姓的文化权利为目标。现在将公共文化服务作为我们工作的一部分，就是要强调我们政府的社会责任、义务和使命，这样也是社会的文明程度的体现，你说对吧？

### 三 经济转型中文化产业的公共价值缺失和精神重塑

在我国以经济建设和社会发展为主题的现代化进程中，市场与资本在文化转型中发挥了重要功能，商品生产的价值规范和操作手段越出了经济活动领域渗透入文化领域，整个社会的文化生产部门被商品交换法则主宰。文化领域中的市场经济推崇使得文化产业发展过程中本应坚持的文化尊崇和政治关注在人们视野中渐渐黯淡，随之而来的是激荡而又驳杂的文化价值观的转型与重塑。

一方面，文化产业存在"文化"价值维度的衰落。在不断欣欣向荣的文化产业经济领域中，随着消费文化和享乐主义思想在社会的无序蔓延，文化商业化步伐不断加快，在工业化的流水线生产中，文化失去了其原有的表征逻辑，深嵌其中的"意义出现了中空"①，沦落为形象文化——被削减为表皮，抽空成空洞的界面和纯粹的装饰，用虚幻的拟像和转瞬即逝的表层图像脱离有关意义的叙事。文化产业倾其所能致力于市场和消费，为了资本而滥用文化或是为了迎合市场口味而附庸风

---

① ［英］斯科特·拉什、西莉亚·卢瑞：《全球文化工业——物的媒介化》，要新乐译，社会科学文献出版社2010年版，第283页。

雅，换言之"文化已经物化，同时物也已经文化化"，文化产业"从表征逻辑转向物的逻辑"① 意味着文化在文化产业中的价值失维，文化产业沦落为完全由市场来主导，"它为市场而生产，并且瞄准了市场"②。在此情境中，中国当代的大众文化实践弥漫着文化价值维度上的谄媚，文化产业沦落为一般性的商品制造产业，失去了其应有的文化担当和普及文化价值认同的天然责任。

　　[个案3—5]（N市某动漫企业策划王某）
　　公司首先要面临的是如何生存，像我们这样的中小企业如果不适应市场，结局就是倒闭或破产。但是要怎么做到最快速度的营利呢？现代（社会）是个快餐社会，人们的时间都是琐碎的，有谁去花那么大精力去研究你产品的所谓文化内涵？最重要的是，吸引人的眼球，用文化概念去包装，装衬，让产品更好看更有味道，这样的产品现在的人都喜欢，有市场。

　　另一方面，文化产业对公共领域的冷落，加深了社会阶层之间的文化隔阂，使文化权利阶层不平等现象加剧。在阶层文化区隔不断加深的中国，弱势群体在文化资本上的缺失使得其在文化权利的享有上也趋于弱势，文化产业的自由发展必然导致文化享有上的不公正，文化产业在自由市场体制下的逐利本性使其文化产品生产仅针对那些有支付意愿和支付能力的人群，诸如城市特困人群、新生代农民工和落后农村居民等社会边缘群体的文化权利无法得到有效满足。因为市场并不能提供支持大众实现其文化参与权所必需的广泛文化资源，与私有制、广告金融和商业驱使共生的必然是供给多样性和路径平等性的毁灭。在此情境中，基于公共领域重建来引导文化产业的发展方向就颇为关键。然而，文化产业中经济维度的无序扩张导致其对公共领域的侵占并引发了公共领域

---

　　① ［英］斯科特·拉什、西莉亚·卢瑞：《全球文化工业——物的媒介化》，要新乐译，社会科学文献出版社2010年版，第297页。
　　② 孙士聪：《文化产业与文化剩余价值——从反思阿多诺的文化工业理论谈起》，《东岳论丛》2013年第2期。

的蜕变，文化民主化的政府政策和公共服务都不得不面对着日益国际化
的市场及其商业逻辑。媒体所有权的集中、新兴数字媒体模式的快速复
制、植入广告中的促销话语等对公共文化的不良影响与日俱增。因此，
整个社会生活包括文化生活正在大面积非政治化，经济成为最大的政
治。公共文化领域的失落促使政府在众望所归中承担起重建公共文化的
政治责任，亟须其立足于每个人文化权利平等逻辑下，重构文化组织的
自由生产与国家之间的关系。

[个案3—6]（NY街道JQ社区居委会主任刘某）

政府在文化上搞服务是好事，你看看咱们社区的低保户、下岗
人员还有些失独家庭，他们平常哪有那个闲钱和闲心去看电影、旅
游，社区给提供这些条件，组织些活动，这些人也能免费享受享受
生活，还能有人做伴、聊天，不和社会脱节，最重要的是他们都认
为是沾上党和政府的光了，对党也有认同感不是?!

在统治权力与意识形态缠绕捆缚在文化理论中渐行渐远的时代，追
问文化产业中的政治维度，并非固执地为意识形态形塑国家统治的计划
经济时代招魂，更非简单地堕入亦如文化工业理论之类的精英文化的狭
隘道路，而是试图在文化成为经济运行的重要一维、文化产业被确定为
国家重点扶持支柱产业的当下语境中，重新审度一度被搁置在话语泡沫
中的文化治理政治属性，眷注文化产品应该具备的文化担当。因为"文
化一旦放任自流，其产生的作用将会面临丧失的危险，而文化自身的存
在也将受到威胁"①。现阶段，这意味着政府需要重新架构文化统治力
和文化创造力之间的张力，政府有责任、有义务为每一位公民提供公共
文化产品，创造条件让每一个个体行动者尤其是无法自我满足文化需求
的弱势群体能够参与到各种文化活动中，在享受公共文化服务的同时开
展文化创造活动。在某种意义上，这意味着延伸几被遗落在光彩夺目的
文化产品之后的文化工业批判逻辑，并在文化产业发展共识的当下语境

① 孙士聪：《从文化工业到全球文化工业——文化工业理论再反思》，《文学与文化》
2013年第1期。

里重建文化产业理论。

综上，现代社会是一个民主社会，同时也是一个体现着多元取向和个体化生活的社会，正如马克斯·韦伯所言："我们的时代，是一个理性化、理智化，尤其是将世界之谜魅加以祛除的时代；我们这个时代的宿命，便是一切终极而最崇高的价值，已自社会生活隐没，或者遁入神秘生活的一个超越世界，或者流于个人之间直接关系上的一种博爱。"①在文化治理理念不断调整的社会主义中国，伴随着经济转型中文化产业的公共价值的缺失，通过公共文化服务这一基础性平台实现公民权利已成为政府文化建设的关键之举。时至今日，公共文化服务建设正由政府原初的价值关怀演绎成与现实生活不断接轨的具体实践，随着相关服务标准和政策的出台，公共文化服务的精神内涵也逐渐从对落后人群的基本文化权利的保障扩展为致力于通过满足现代人多样化文化需求来重塑公共精神的国家理想。

[个案3—7]（N市文广新局副处长张某）

近几年的政策方向，都体现了中央对于文化服务的重视，从最开始的提倡到现在都立了法，虽然每次只是寥寥数语，但是对于我们这些专门搞文化建设的人来说，这都是再明显不过的前进号角，中央政策这样强调文化建设，毫不夸张地说，它就为在文化体制内推动思想上的和行动上的变革提供了合法性依据，在现实工作中也对我们形成共识具有导向作用。

# 第二节　公共文化服务场域中的政府行动策略

## 一　聚焦于公共文化空间的营造

凯文·林奇认为城市作为一种空间现象，有三个理论分支值得研

---

① 《韦伯作品集（1）：学术与政治》，钱永祥等译，广西师范大学出版社2004年版，第190页。

究：第一种是"规划理论"，研究怎样制定或者应该怎样制定复杂的城市规划与发展决策，即"决策理论"；第二种是"功能理论"，试图揭示为什么城市空间会有某种形态以及这种形态是如何运转的；第三种为一般理论，用于处理人的价值观与居住形态之间的一般性关联。① 也就是说，空间是一个物质空间和精神空间相结合的概念，社会学视野下的"公共空间"更为关注空间背后的政治、经济和文化背景，及其隐藏着的深刻的社会变迁和文化渊源。或者说社会学更多的兴趣在于挖掘深嵌在公共空间之中的价值内涵。从这个角度上说，公共空间是指具有超出个体、私人或家庭领域的，建立在共同性和邻里交往之上，且具有维系社会关系和形成个人归属感意义的场所；"公共空间的价值在于它的存在能促进城市中不同族群、阶层、年龄、爱好的人们进行交流、融合，形成良好的社会交往和情感认同。它的多元化和包容性的特征是形成社会相互理解和共融，促进社会安定和谐的重要因素"②。总之，公共文化空间是公共文化的空间性概念的实物化，是滋生和培育公共文化的容器和场所，只有能够不断滋生公共文化的空间才会成为公私领域间的一个接口，成为改变原有社会关系的一个有效切入点，私人感官、城市意象与社区日常生活也得以在此糅合成一个新的行动领域。

处于转型期的中国，城市空间正发生剧烈和快速的重构。由于城市基础设施的大规模建设和商品房开发的郊区化趋势，空间扩张与分裂相交织的景象在城市空间中前所未有地蔓延开来，不同阶层之间的空间隔阂被不断加剧，社会空间结构不断碎片化，公共空间不断萎缩和分化。空间上的深层次聚变斩断了人们的交往，人们的思想观念变得多种多样，社区内部的社会群体也高度分化，居民逐渐对社区失去了认同感和归属感，使居民失去了达成文化共识的基础，社区也失去了其作为社会共同体的基本意义。换言之，在当前这个社会变动剧烈的现代化转型期，传统的人际关系类型及共同体的凝聚方式都在发生巨大变化。在此情境中，现代化公共空间顺理成章地被赋予了"形塑现代公共观念"

---

① ［美］凯文·林奇：《城市形态》，林庆怡、陈朝晖、邓华译，华夏出版社2001年版。
② 陈竹、叶珉：《什么是真正的公共空间——西方城市公共空间理论与空间公共性的判定》，《国际城市规划》2009年第3期。

的价值意义，它可以"帮助人们用一种现代的眼光去重新认识与他们生活在一起的人们，去审视他们共存于间的社会，以使他们能够尽快地适应变化"①。因此，如何构建公共文化空间，最大限度地扩大具有公共性质的文化生活空间，从而有效缓解变动不居的结构性供需矛盾，就成为政府工作的重要议题。

于是，近年来 N 市始终把公共文化空间的营造作为公共文化服务实践的重要抓手。在 N 市的官方文件中，文化设施建设被看作是构建高效公共文化服务体系的硬件基础，予以高度重视。目前，全市基本建成了一个网络健全、结构合理、发展均衡、覆盖城乡的四级公共文化服务设施网络体系，具体包括：一级是市级文化馆、图书馆。N 市拥有2.8 万平方米的文化艺术中心（市群众艺术馆），并先后投资 4 亿元在奥体新城建成 2.5 万平方米的金陵图书馆新馆，两个馆全部是国家一级馆，这些设施先进、功能齐全的市级群艺、图书馆发挥着全市公共文化服务的引领作用。二级是区县文化设施。N 市 11 个区县建有 15 个文化馆、14 个公共图书馆，其中 8 个文化馆、13 个图书馆达到了国家一级馆标准。自 2011 年起，全市图书馆、文化馆、文化站已实现基本服务项目免费开放。三级是街道和乡镇的文化设施。N 市街道（乡镇）有文化站（或称文化中心）114 个。四级是社区文化设施。N 市拥有城市社区文化室 647 个、农村社区文化室 521 个。这些设施的建成运行使 N 市公共文化服务能力大大提升。其中，JY 区十分重视公共文化服务空间建设，2013 年 JY 区参加了省级公共文化服务示范区的创建申报，区委、区政府牵头成立了由发改委、财政、人事、编办、教育、体育、文化等部门主要领导组成的创建工作领导小组，由区委副书记任组长，办公室设在文化局，由文化局长担任办公室主任，力图形成共创共建的良好工作氛围。

　　JY 区将以文化强市发展战略为契机，在文化发展上创先争优，在文化产业上大有作为，让文化活力真正成为驱动发展的重要动力。着力强化公共文化服务的公益性，不断坚持完善"设施网络广

---

①　于雷：《空间公共性研究》，东南大学出版社 2005 年版，第 2 页。

覆盖、服务供给高效能、组织支撑可持续、保障措施管长远的公共
文化服务体系"。

　　——JY 区长在《JY 区创建江苏省公共文化服务体系示范区情
况汇报会》上的发言

（一）以社区管理体制改革为契机，着力建设多功能文化活动室

在社区服务站建设多功能文化活动室是 JY 区所辖社区公共文化空
间扩建的最主要方式，多功能活动室因其便民性、覆盖面宽、可达性突
出，成为 JY 区四级网络服务设施中的重要抓手。

　　[个案 3—8]（NY 街道 JQ 社区章书记）

　　　　现在区里要求我们社区要做到"十分钟文化圈"，根据我们社
区的实际条件，将党员教育、就业社保、养老助残、人口管理、法
律咨询等公共服务功能打造成一个一站式服务大厅，与文化活动室
放在一起，也就是一个方便群众的一站式、带有综合性质的公共服
务平台。在办完相关业务以后，社区居民可以直接上到二楼打球、
看书，可以说完成了上面布置的打通了公共文化服务"最后一公
里"的任务。

实际上，文化活动室这一公共空间的打造在 JY 区有着独特的历史
情境。早在 2006 年，面对不断增加的城市基层行政管理事务，名义上
自治的居委会日益陷入行政化困境。为了扭转这一局面，N 市开始推进
"一委、一居、一站、一办"建设，即建立以社区党组织为核心、居民
自治组织为主体、管理服务站和综治办为依托的扁平化新型社区管理体
系。在这一进程中，N 市致力于将行政与自治分离开来，给先前行政负
担过重的居委会减负卸担，打造社区公共管理服务站用以承担部分政府
行政管理事务，为居民提供公共服务。在此背景下，2009 年 JY 区率先
在全市建立"一委一居一站"社区组织架构，力图构建政党、行政机
构、自治组织之间三重权力分工协作的治理网络。具体而言，JY 区在
45 个社区成立社区党委，设立以社情民意建言会、社区事务评议会、
社区工作联席会和温馨家园服务站为核心的社区党建工作新机制，将政

府下派给社区的各项公共服务职能转由社区管理服务站承担，并在服务站下设管理组、服务组和保障组，直接受理各项行政事务。这样，居委会的行政性事务管理职能就被剥离出来，恢复了原先的自治功能。JY区的这套党务、居务和政务相分离的机制需要将社区街道的大量资源"下沉"，为此JY区针对所辖社区采取了三项下沉措施：人力下沉、权力下沉和财力下沉。人力下沉方面，NY街道选派了19名街道机关干部到社区任职，通过公推直选等途径，下沉到社区担任党委书记和管理服务站站长，大力提升社区管理人员的综合素质，充实了社区管理力量；权力下沉方面，原属区和街道两级管理的10多个行政部门的工作人员及其行政职权一起下沉到社区；财力下沉方面，区财政每年为每个社区增加20万元社区管理服务费和办公经费，每年财政投入1000万元社区基建经费。

在这些制度支持和经费保障下，为保证公共服务工作顺利开展，各社区都抓紧推进办公服务用房建设，一些社区办公室因为地方狭小、设备陈旧，满足不了公共服务要求而被重修扩建，在重修过程中，JY区又针对所辖河西新城新楼盘和新社区相对较多，但社区公共服务设施一直比较缺乏的现实短板，从2011年开始在N市四级公共文化服务网络的整体规划下，因地制宜地实施"强化优势区间，完善薄弱区间，填补空白区间"的区属公共服务设施整改计划，打造了惠及所有楼盘的公共服务设施设备网络覆盖模式，并着力构建完备的区、街、社区、楼盘四级公共文化设施网络。在区级层面，投资建设JY区文化艺术中心；在街道层面，一律按照高标准建设和完善街道文化站；在社区层面，一律建成社区多功能文化活动室和电子阅览室；在住宅小区层面，凡新建小区，无论是高档小区抑或经济适用房小区都须按照规定比例配建公共文化体育设施。

[个案3—9]（XL街道TYJ社区王书记）

上级部门要求新建小区必须一并考虑公共文化设施建设，就连莲花小区这样的经济适用房小区，区里领导在开会时还强调公共文化配套设施要建设到位，不仅确保基本公共文化体育健身设施要配套齐全，高档小区还需要配备游泳池、健身会馆、文化活动广场等设施。

在 JY 区所辖 45 个社区中，几乎每个社区都有大小不等的社区文化活动室，包括 XD、XHY 等 30 个社区活动室被评为 N 市区县"社区文化活动室示范点"。笔者在调研过程中，将 JY 区所辖 45 个社区截至 2014 年时的公共文化服务基本情况整理成表（见附录）。调研发现，在此轮区属文化设施建设高潮中，JY 区的社区文化活动室多是在 2009 年修建的，2009 年以前的活动室也在 2011 年以后经过了修缮和提档升级。其中被誉为 N 市优秀文化示范区的 JQ 社区拥有 500 平方米的多功能文化活动室，其坐落在 1200 平方米的社区新办公大楼里，不仅具备多样性功能，而且可达性良好。以 JY 区的公共文化服务示范社区 JQ 社区为例，新的社区服务中心位于社区核心区域 JQ 家园小区旁边，毗邻地铁二号线，14 路、39 路、86 路、113 路、126 路、133 路公交车均可直达办公楼门口。

[个案 3—8]（NY 街道 JQ 社区章书记）
在新办公大楼修建的时候我们争议最大的就是选址问题，因为我们社区的组成比较特殊，既有像 XTLS、JLFCY、HYHT 这样的高档住宅区，又有集成电路研究所宿舍和思园等拆迁安置房小区，从地理位置上说，我们社区在 YT 大街下面，被立交桥隔开的，究竟放在桥的哪一侧更方便居民，这些都在我们考虑的范围内。为此我们还到社区去发放了问卷，大多数人的意见是在 JQ 家园旁边，因为它位于社区中心，桥对面的小区相对较少，而且老人、儿童的比例也比其他社区低一些。建到这里更方便社区居民来办事。而且我们原来有一个老的办公楼也在这里，所以就在这里翻建了。

新大楼在选址上充分考虑了公共文化服务设施的可及性。所谓可及性指的是民众与公共文化服务的适合度。可及性这一概念最早起源于美国的医学界，用以测量医疗卫生服务体系与病患之间的适合度，联合国人权委员会教育权特别报告员卡塔琳娜·托马斯瑟夫斯基（Katarina Tomasevski）将它引入到对教育权的实现状况的评价中，即著名的 4A 框架：可获得性（Availability）、可接近性（Accessibility）、可接受性（Acceptability）、可适应性（Adaptability）。吴理财也将这一框架引入到他所建立的公共文化服务四维评价体系中。其中，可获得性是指公共文化服务的设施资源、服务数量和服务类型，可接近性是指文化设施选址的便利性和管理上的便民性，可适合性是指文化服务产品是否能够迎合居民的文化需求，可接受性是指文化产品和文化服务是否能够被少数群体或特殊群体接受。新办公楼在选址过程中充分考虑了居民抵达的交通、时间和费用成本问题，服务半径较为合理。办公大楼共计三层，除了设有一站式服务大厅、议事室以外，还有电教室、图书室、亲子乐园、雨花石科普馆、电脑培训室、手工制作室、舞蹈室、健身室、乒乓球室、盆景室和多功能厅等文化服务设施，配有 5 块宣传栏、5 套活动器材、3000 册图书、100 种报纸杂志和 12 个活动项目。

（二）倾力将文化活动室打造为兼具多重功能的有机整体

成功的公共文化服务除了应竭力达到可及性的要求之外，还应围绕服务主体发挥多种服务功能，具有生机和多样性，沉寂和单调会使居民远离。"只知道规划城市的外表或想象如何赋予它一个有序的令人赏心悦目的外部形象，而不知道它现在具有的功能，这样的做法是无效的，把追求事物的外表作为首要目的或主要的内容，除了制造麻烦，别的什么也做不成。"① 政治家充满艺术色彩的简单想象总是可以唤起设计师和使用者的向往，让他们不得不喜爱。但是在现实中，只有切合居民需求的多样化功能的供给，才能使文化服务具备实际魅力来引发自然的文化之流，吸引源源不断的使用人流。文化活动室同其他璀璨的文化服务设计一样，不应是一个行将就木的摆设，也不能只是一个赏心悦目的风景，而应该是以居民为核心的一个生动多样的功能性整体。多功能文化活动室正是这样一个生动多样的功能性整体。在文化活动室的规划过程中，JQ 社区不但在选址上费尽思量，在文化服务的设施建设、服务数量和服务类型及其可获得性上也煞费心思，着力打造具备多样功能的活动室以满足不同阶层居民的文化需求。该社区结合现有的人才和资源，精心打造了以雨花石科普馆、泥塑面塑、亲子乐园为特色的"吉祥三宝"，在 JY 区产生了很大反响。

---

① ［美］简·雅各布斯：《美国大城市的死与生》，金衡山译，译林出版社 2006 年版，第 14 页。

雨花石是一种天然玛瑙石，有着妖娆的色彩和花纹。据传在1400多年前的梁代，有位云光法师在 N 市的南郊讲经说法，感动了上天，落花如雨，花雨落地为石，故称雨花石。讲经处遂更名为雨花台。雨花石科普馆是 JQ 社区与社区居民张某共同策划成立的 N 市首家以雨花石为主题的科普展馆。张某今年68岁，是 N 市著名的雨花石收藏家、鉴赏家，同时也是 N 市雨花石协会常务理事。他早在少年时就开始迷恋雨花石，甚至在自家二楼开设了极具品位的雨花石私人展馆，藏石近万，自己起名曰"石宝斋"，社区居民都喜欢称呼他为"石痴"。JQ 社区在规划打造文化活动室的时候，社区领导早就听闻张某的"石宝斋"，在谋划建立雨花石科普馆的时候，基层领导与张某主动沟通，这位被民间视为雨花石"代言人"的老人非常积极地支持了社区的想法。

[个案3—10]（NY 街道 JQ 社区居民张某）

我很小的时候就喜欢雨花石，参加工作以后我几乎把全部业余时间都花在了搜集雨花石上，家里的大部分收入也都"砸"在了买石头上，除了留下的基本生活费之外都花了。我家里人对我（这个喜好），开始时非常的不理解，老婆和我吵哦，吵了好多年，现在日子长了，耳濡目染，孩子也大了，就都支持了。这次书记说社区要搞文化活动室，专门划出一个地方成立雨花石科普展馆，我很高兴啊，把我家里石头的一大半都拿出来赠给社区，我就是希望咱社区居民常来观赏观赏，才不枉社区把办公用房特意拿出来建这个科普馆。

雨花石科普馆成立以后，张某将自己捐赠的和社区搜集到的石头一块块精心"养"在一碗碗清水中，小心翼翼地陈列在灯光辉映的玻璃橱柜内，每一组石头旁还配有生动的故事简介。雨花石在科普馆内展出后，小小的社区展览馆起到了不同凡响的宣传效果，所谓"金陵石韵看雨花，JQ 特色有志多"在 JQ 社区广为流传。张老师还特意根据不同的节庆活动，比如"妇女节""党的生日""中国梦""迎青奥"等，开展主题教育。根据不同的主题意境，对石头进行别具匠心的组合，使参观者更易"倾听"这些绚烂的石头"讲"故事。图3—1是张老师的一幅雨花石作品。

图3—1　张某的雨花石代表作品

　　亲子乐园是 JQ 社区文化设施的又一宝贝，亲子乐园集儿童图书室和绘画培训双重功能，在这个 80 平方米的房间里面配置了各种造型有趣、符合儿童品位的炫彩多姿的桌椅，过道上悬挂着色彩鲜艳、直观形象的儿童画、卡通画、拼图和手工艺品等，另外还设立了游戏区和手工区，张贴着色彩明朗的图画。社区聘请了两位志愿者——在读研究生李某和顾某，李某的专业是儿童心理学，专门负责 JQ 社区亲子乐园的图书馆打造。她根据自己的专业知识制订了社区的图书购买计划，儿童图书室存放了三排书架，李某根据儿童成长的心理学规律将图书馆书架大致分成：摇篮故事栏、寓言栏、故事栏、传记栏、文学栏和思索栏六个栏目。考虑到幼儿主要是通过亲子阅读来完成对书本的认知，由于家长理解力不同，有时不能将孩子们细腻深刻的阅读感受完全演绎出来，社区还专门以阅读为主旨，制作了一些简单的、启发式的图画式导读宣传单，帮助家长与孩子一起进入孩子们的精神世界。李老师还专门收藏了一些立体图书，有的书可以感受到气味，讲到西瓜，用手在画着西瓜的那一块摸一摸，西瓜的气味就散发出来了。这些书能通过实物的外形和声、色、形、味来帮助读者更好地了解周围世界的客观事物，多方调动少儿的阅读积极性。

[个案3—11]（NY街道JQ社区志愿者李某）

我选择的图书有几个必要的标准：第一，选择想象力很丰富的书，因为少儿读书要培养孩子从小的这种想象力，我记得鲁迅曾说过，孩子是可以敬服的，他常常想到星月以上的境界，想到地面下的情形，想到花卉的用处，想到昆虫的语言，他想飞上天空，他想潜入蚁穴。第二种，选故事性很强的图书，儿童的逻辑思维能力并不强，像成人一样大段描写孩子们看不下去，所以选择故事性较强的图书，例如像《神奇校车》这样涉及生物、天文、地理等多方面科学的书目，作者将科学知识编入到童话当中了，让小朋友身临其境体验到自然界的神奇，故事性强，孩子们很喜欢。第三种，我还会选色彩亮丽的书。JQ社区打造的是亲子乐园，其实多是面对六岁以前学前班的小朋友。他们是对艳丽色彩感兴趣的，所以我在选书的时候特意会选择装帧特别新颖的图书，以引起孩子们的注意，还有要选图文并茂的书，主要是以图画为主，文字为辅的那种连环画，可以看图学历史学故事，还有像《视觉大发现》，让宝宝们在每一幅漂亮的图画下面将隐藏的东西寻找出来。

亲子乐园的绘画培训区域多是针对五岁至十岁的小朋友，培训老师顾老师一周一次对社区儿童进行绘画培训，社区内的适龄儿童均可参加。亲子乐园配备了基本的绘画设备，还购置了电脑、投影仪和数码相机等多媒体教学设备。此外，亲子乐园还不定期地组织亲子绘画，满足小宝宝和其家长共同绘画的愿望。而且社区每半年举办一次优秀儿童绘画展，在社区办公楼走廊里展出获奖作品，并根据不同活动主题开展多项儿童绘画展览。

[个案3—12]（NY街道JQ社区志愿者顾某）

社区的硬件条件很好，绘画课发挥的作用最主要的就是要激发孩子的画画兴趣，培养孩子们对美好事物的联想。例如在《蝴蝶》一课中，我在前期准备中先扫描了各种别致的蝴蝶在电脑里，然后在画图软件中将各种蝴蝶的图像设置成隐藏，上课时点击屏幕上就会出现不同品种的蝴蝶，而且会越来越多，或紧挨或重叠，之后再为蝴蝶勾轮廓、上色、搭配色彩，原本黑白的画面一下子变得五颜六色起来，孩子们都很开心。这种平凡到精美的变化使孩子们雀跃不已，画起画来也更有热情，作品更有美感。

除此之外，以泥塑、面塑为主要特色的手工制作室是 JQ 社区特色文化空间的又一宝。社区除了在手工制作室陈列了优秀的泥塑作品之外，还购置了拉坯机、烤箱、釉、泥陶土、电窑、颜料等，每个暑期在这里开办"小小民间艺术家"泥塑培训班，邀请注册文化社团"艺晟艺术沙龙"的专业泥塑师朱某利用暑期时间给学员们上课。学员们在完成粗坯之后可以在作品上绘制自己喜欢的图案，然后用电窑进行烧制，学员们在暑假结束后就都能拥有属于自己的陶艺作品。

[个案 3—13]（NY 街道 JQ 社区志愿者朱某）

现在在校中小学生一般都是以文化素质课教育为主，衡量孩子的好坏一般都是以学习成绩来衡量，尽管现在素质教育喊得很凶，但这种状况没有什么改变。JQ 社区有这样一个很好的地方给孩子们在暑假期间学习泥塑这门艺术，是非常好的对孩子进行艺术教育的机会。（来参加培训的）很多孩子都是第一次接触（泥塑），我的目的就是培养孩子们捏泥巴的乐趣，例如在制作荷花的课程中，首先要把基本步骤教给孩子们，如何捏小圆泥坯子，如何用小圆胚子捏花瓣，最后再组装及修正。这样孩子们就会慢慢体会到制作泥塑的每个环节都要认真，这样才可能出精品，泥塑并不是简单地玩玩，而是一种实在的艺术。

（三）搞面子的三层楼：公共空间在权力关系下的"异化"

物质空间本身无所谓公共与否，只是当特定的社会生活与物质空间之间发生耦合时，空间的公共性才成为可能。而且随着空间所承载的社会活动性质发生改变，其公共性的状态也会发生改变。公共文化空间不是一个抽象物体，更不是政府设立的孤立收藏品。一旦脱离了具体行动者的使用和参与，它们就不具有任何意义。

在 JQ 社区的跟踪调研过程中，笔者发现虽然社区耗费巨资打造了文化设施，煞费苦心地进行这些设施的功能营造，并做了大量宣传，但是居民并没有按照社区预想和宣传的样子来埋单。实际上，自发去社区多功能文化活动室的居民仍然不多，这与社区中心公共文化设施的管理制度和开放时间有关。表3—1是悬挂在一站式服务大厅的多功能室的开放时间和管理值班表。

表3—1                    JQ社区多功能室活动安排一览表

| 功能室 | 开放时间 | 开放时间 | 房号 | 管理员 | 联系电话 |
|---|---|---|---|---|---|
| 图书室 | 上午9：00—11：30 | 星期一、星期三 | 208 | 程* | 681***** |
|  | 下午15：00—17：30 |  |  |  |  |
| 乒乓球室 | 上午9：00—11：30 | 星期一至星期日 | 210 | 邢** | 681***** |
|  | 下午15：00—17：30 |  |  |  |  |
| 手工艺术品工作室 | 上午9：00—11：30 | 星期二、星期四 | 211 | 邓** | 864***** |
|  | 下午15：00—17：30 |  |  |  |  |
| 亲子乐园 | 上午9：00—11：30 | 星期一、星期三 | 209 | 郭* | 681***** |
|  | 下午15：00—17：30 |  |  |  |  |
| 雨花石科普馆 | 上午9：00—11：30 | 星期二、星期五 | 301 | 张** | 864***** |
|  | 下午15：00—17：30 |  |  |  |  |
| 电子阅览室 | 下午15：00—16：00 | 星期一、星期四 | 302 | 程* | 681***** |
| 非遗陈列室 | 上午9：00—11：30 | 星期二、星期五 | 305 | 丁** | 864***** |
|  | 下午15：00—17：30 |  |  |  |  |
| 健身房 | 上午9：00—11：30 | 星期一至星期日 | 307 | 邢** | 681***** |
|  | 下午15：00—17：30 |  |  |  |  |
| 功能室 | 开放时间 | 活动时间 | 民间组织 | 负责人 | 电话 |
| 戏剧或舞蹈室 | 上午9：00—11：30 下午15：00—17：30 | 星期一 | 合唱团 | 孙** | 189******** |
|  |  | 星期二 | 秧歌队 | 王** | 864***** |
|  |  | 星期三 | 民乐团 | 郁** | 153******** |
|  |  | 星期四 | 越剧团 | 蔡** | 137******** |
|  |  | 星期五 | 健身队 | 袁** | 139******** |

由表3—1可见，JQ社区的大部分文化活动室的开放时间都是在周

一到周五的正常工作时间，而在这个时间段大部分社区居民都在紧张工作中，自然无暇去社区休闲或参加文化活动。虽然 JQ 社区规定了各个活动室的具体开放时间和负责人，但在运营过程中，为了将管理简单化，通常将所有活动室的钥匙统一放在同一个社工手上，而且这些活动室即使是在规定时间也未完全开放。除了上级领导视察和开展培训以外，各个活动室在许多时间都是"铁将军把门"。笔者将 JQ 社区文化活动室从 2014 年 7 月 7 日至 2014 年 8 月 7 日一个月以来的实际开放时间和开放次数整理成表（见表 3—2）。

表 3—2　JQ 社区多功能活动室实际开放情况表（2014 年 7 月 7 日—2014 年 8 月 7 日）

| 功能室 | 实际开放情况 | 管理员 |
|---|---|---|
| 图书室 | 7 月 16 日、7 月 25 日、8 月 2 日 | 程＊＊ |
| 乒乓球室 | 按规定开放 | 程＊＊ |
| 手工艺术品工作室 | 7 月 15 日—8 月 7 日暑期培训期间正常开放 | 程＊＊ |
| 亲子乐园 | 7 月 16 日、7 月 25 日、8 月 2 日 | 程＊＊ |
| 雨花石科普室 | 7 月 16 日、7 月 25 日、8 月 2 日 | 程＊＊ |
| 电子阅览室 | 7 月 16 日、7 月 25 日、8 月 2 日 | 程＊＊ |
| 非遗陈列室 | 7 月 16 日、7 月 25 日、8 月 2 日 | 程＊＊ |
| 健身房 | 7 月 16 日、7 月 25 日、8 月 2 日 | 程＊＊ |
| 多功能室或舞蹈室 | 随机联系（各个文艺团队队长有钥匙，但是使用必须经过社区批准） | 程＊＊ |

可见，JQ 社区的多功能活动室并没有按照规定时间开放，除了乒乓球室以外，其他活动室都在 7 月 16 日、7 月 25 日和 8 月 2 日开放，7 月 16 日是 JY 区文化局领导来 JQ 社区视察文化服务创建情况，7 月 25 日是 N 市社会科学院来 JQ 社区调研社区公共文化服务开展情况，8 月 2 日有 JQ 社区举办的"迎七夕，邻里节文艺汇演"。在这些有领导人参观，或节目演出的日子，活动室才会敞开大门，"四方迎客"。

空间是一种权力关系的产物，法国社会学家列斐伏尔（Lefebver）认为："空间不是社会关系演变的静止'容器'或'平台'，空间的生产、历史的创造和社会关系的构成是相互紧密结合在一起的，空间是政治性和策略性的，是一种真正充斥着各种意识形态的产物。"① 空间的构建体现了政治权力的意志和倾向性，空间的这种特性在政府管理所谓"公共空间"的过程中尤为明显。

　　[个案 3—14]（NY 街道 JQ 社区社工程某）
　　不是我们不愿意开放，只是这些设备、书，还有电脑，幻灯设备一套就要十几万，公开开放，什么人都让进，万一碰坏了损失算谁的？我们也没有那么多人那么多时间去看着，事情一堆一堆的，还做不过来呢，摆在那里，装装样子应付应付就行了！

　　随着国家对公共文化服务的重视，各地政府受"文化形象工程"逻辑的驱使，着力兴建各类公共文化基础设施，扩建了许多公共活动场所。在城市社区里，公共文化服务的建设水平亦成为考核社区治理绩效的重要标准。然而，这些考核标准往往比较注重各个社区拥有的活动室面积、宣传栏、活动器材、图书、报纸杂志、活动项目、业余团队、基本经费等数量指标，而对居民对这些硬件设施的使用频率、认可程度等软性反馈却缺乏关注，也就是说公共文化服务的发展处于一种过度着重基础设施建设的数量而忽视精神价值塑造的质量的畸形态势中。这种文化情境下所营造的公共空间，在实际运作过程中逐步被异化为浮于表面的政绩工程，这种空间里上演着一场又一场由居委会精心安排的"表演式展览"，目的在于使上级领导和来访者可以看到社区文化建设的"工作成果"，公共空间也就成为下级应付上级考核的官僚机构的被动策略。在表演结束后，行政人员却将居民对公共空间的真正使用诉求抛诸脑后，其所肩负的思想意识形态培育和价值观念熏陶的根本使命自然也就无从谈起。

　　[个案 3—15]（NY 街道 JQ 社区居民王某）

---

　　① 朱健刚：《打工者社会空间的生产——番禺打工者文化服务部的个案研究》，《中国制度变迁的案例研究》2008 年第 1 期。

活动多了当然开心了，以前我每天打腰鼓、跳舞，参加各种比赛，百人合唱团什么的，忙得可开心呢。我们这里的主任不喜欢这些活动，自打他上任活动就少了。以前我们的老主任经常搞一些文化活动给我们，我们去合唱还是去跳舞啊，打腰鼓干嘛的无非就是图个开心，每次都有些小奖品，大家都不是奔着奖品去的，但是拿着很开心，可是现在这个主任不乐意搞演出啥的，喜欢搞面子。面子就是那个社区居委会的那三层楼，你看到了吧？他们喜欢搞那个，什么电脑室，亲子乐园，楼顶上还种着花花草草，还有雨花石馆啥的，哪有什么人去玩啊？（睁大眼睛）每次都是带一批领导去参观，平常这些活动室的门都是上锁的，上面一来人视察，就打开，你看的那个什么雨花石馆，平常都是锁着的，领导来了才开一会儿，领导一走就锁起来。还有那个什么亲子乐园，有人来视察就找几个小孩摆摆样子，看看我们搞得多好啊！整个文化活动室就只有那个乒乓室的门开着。就这样，你说，盖这个楼得费多少钱啊？有这个钱给我们搞点文化活动，发点奖品多好。

甚至工作人员在文艺团队申请排练舞蹈节目时也抱着不合作的态度，"空间被作为一种思想和行动的工具生产，除了是一种生产方式之外，它也是一种控制手段、统治方式和权力手段"①。每一次带有形式化色彩的公共空间展示在强化了政府对于社区公共空间的强势塑造的同时，却拉大了理想意义上作为价值共同体的公共空间与由现行经济政治力量形塑的政府表现空间之间的鸿沟。

[个案 3—16]（JQ 社区 JQJY 小区居民袁某）

他们这些小年轻，真的不好说他们啊。我去社区借活动室用，我问过车主任，下午活动室可以用吗？车主任人也很好，说可以用，把钥匙给了我。结果我们下午训练的时候有个小年轻过来就说，谁允许你们用活动室的？你们和车主任说过了吗？我回答他说我们不但和车主任说过了，我还有钥匙。所以说现在的年轻人啊，

---

① Lefvre, Henry, *The Production of Space*, Oxford: Blackwell Press, 1974.

真的不尊重别人，颐指气使的，很不尊重人，唉（皱眉）！

笔者的调查发现，政府构建的公共空间并没有力图在居民的使用和认可中实现其"公共"职能，而是在分门别类的管理和限制下，由权威部门或权威人士来决定"公共"空间是否可以、何时可以被哪些居民使用。通过这一系列"教化"指令，公共空间在权力关系下被异化为基层部门的"表现空间"。政府对于公共空间的随意支配，使其成为由政府沉淀多年的行政惯习和固有社区治理观念所形塑的，只具有一定有限意义的"公共"空间。进而言之，现有的公共文化空间显现的是政府对文化服务空间使用权利的支配力量，它是由既存经济、政治力量所形塑的，实际上被异化成了一种政府对公共参与的无限期待。"在政府对公共空间的使用和支配过程当中，国家在基层的权威更深刻地加固了。"社区文化活动室因此也充满了政治意义，因为对于基层政府而言，这一新的公共空间既可以体现基层政府的存在，也可以体现出基层政府在社会管理中的权威性。

## 二　塑造文化惠民活动品牌

在理想和理论意义上，社区应是一个使居民具有归属感的生活共同体，它应有为所有居民所共同分享、共同参与、共同记忆的故事、事件与活动。文化社会学所理解的社区应"有它自己的历史，是由其过去所建构的，因此，我们可以将一个现实的社区称之为'记忆社区'，一个不能忘记其过去的社区。为了不忘记它的过去，一个社区应该去复述它的故事，复述它的建构性叙述"。① 这些建构性叙述应包括社区典型性个体的故事，以及关于社区起源、居民的共同愿望和历史记忆的传说。"在社会关系上是相互依赖的……他们共同参加讨论并做出决定，……最后，大家共同参与规定和培育社区的实践活动。"② 但是，我国部分城市社区的居民认同比较碎裂和分散，离理想意义上的社区还有不小距离，并未成为有着共同记忆的社区共同体，而是"行政划分的治理单

---

① ［美］约翰·R.霍尔、玛丽·乔·尼兹：《文化：社会学的视野》，商务印书馆 2009年版，第 38 页。

② 同上书，第 39 页。

元"。"社区几乎都不是一个自给自足的整体性社区，而仅仅是满足原始居民部分需要的局部性社区。"① 在此情境下，开展社区文化活动是将社区打造为拥有共同记忆的居民共同体的重要手段之一。在政府的制度文本里，公共文化活动多以"文化惠民工程"的名称出现，用以体现其便民利民的基本出发点。但是这些活动有别于政府建设文化服务设施的策略。这是因为它们更直接依赖于社区居民的集体参与。在政府开展文化活动的同时，必然要采取更加丰富且纷杂的策略，用以吸引多样化人群的参与。

有鉴于此，自 2012 年以来，结合 N 市市委宣传部和文广新局的"百千万活动"计划，JY 区文化局联合文联、社区文工团和有关部门、街道、社区共同实施"精彩 365，快乐每一天"品牌文化活动工程。精彩 365，顾名思义就是要贯穿每一天，"以天天有活动、周周有演出、月月有比赛、季季有汇演"为工作目标和工作节奏，包括文艺演出、文化展览、文艺表演等多项活动，每一场活动的地点都在社区，活动目标是让河西新城的居民都能更好地享受到公共文化建设的硕果。自此，JY 区以 365 品牌拓展战略为依托，采取多种策略探索社区文化建设的新思路。

[个案 3—17]（JY 区文化局局长陈某）

"精彩 365　快乐每一天"活动是 2011 年 3 月份在区委、区政府主要领导亲自策划指导下、由区文化局倾力打造的。应该说这是我们区近些年在文化方面比较有特色的、专为百姓服务的一档"文化民生"工程。设计新颖，突出全年 365 天，天天都有活动，而且力争活动天天都精彩，让每天的活动都带给我们 JY 区的居民快乐。现在 N 市正在打造幸福都市工程，市委、市政府高度重视人民群众满意度这个测评指标，我们 JY 区这个活动的构想正是以每一个老百姓的幸福文化生活作为出发点的，覆盖全区所有社区，可以说切切实实地为 JY 区居民的幸福生活增添了色彩。

---

① 刘铎：《开放式社区治理：社区治理的演化趋势——基于四个社区治理的案例分析》，《甘肃行政学院学报》2009 年第 3 期。

（一）六边形框架下的专项资金保障

JY 区委宣传部、文化局率先构建了文化发展的"六边形"主体角色建设框架，将区委、区政府及相关政府机构、街道工委办事处和文化站、区文联、社区、文化工作者、企业共六个角色作为文化建设的共同主体，明确六方的角色、地位、功能，开展上下联动、多元互动、通力合作、共同参与文化惠民工程。在此背景下，2012 年开始，区里每年划拨 365 万元社区文化活动经费，即"公共文化活动专项发展资金"，用于保障社区文化活动的顺利开展。为了实现每天都有文化活动，JY 区文化局于 2012 年在《关于组织开展"　"精彩 365　快乐每一天"活动的通知》中明确规定区文化馆、图书馆每月须举办 4 场活动，每场补贴 5000 元；城区内 NH、NY、XL、BH、SZ 街道每月组织两场活动，所属社区每月组织 3 场活动，每场补贴 3000 元，另两个村改居社区 SHZ 和 JXZ 街道及所属社区每月都要安排电影放映活动，力图通过资金保障和以奖代补的形式，增强基层社区组织文化活动的主动性。

在专项资金和相应的考核制度保障下，JY 区 2012 年开展文化活动 550 多场。2013 年，JY 区分别对各文化部门与各街道的活动要求进行区分，将开展文化活动的次数提高到 6 次，并增加了对 SHZ 和 JXZ 街道的文化活动次数要求，明确建立了相应的考核机制，做到每场活动都有记录、有考核。在前一年的经验带动下，2013 年开展的文化活动提高到 770 多场。

[个案 3—18]（N 市文广新局科长董某）

能固定下来的东西，肯定要有某一个文件来规定好，像 JY 它是固定的。JY 精彩 365，每年 400 万，文件明确了每年有 400 万用于这个活动，那么每年报预算的时候基本就是走个形式了，因为他有一个文件依据在。而我们（指文广新局）现在资金是约定俗成的，百场公益演出也好，百场合唱演唱会也好，这些每年报预算基本上也有，但不是以文件的形式划下来的，只不过是从一开始争取到这些经费之后，财政上也习惯了这些约定俗成的东西，反正你申请，这个去年有，今年也有，他没把你取消掉而已。那这个没有落到纸上的东西，毕竟还是有变数的东西，那说不准哪一天就没有了，不像 JY 这个有文件在。除非你把文件废了，要不然不会轻易变的。钱是有保证的，钱已经给我了，我现在就是想怎么把这个钱花出去。而我们现在正在筹划的工作，还是想着怎么去要这个钱的问题，可是我们没有这个条件，我们计划的工作很多，但是不敢放开手脚去做计划，考虑的是列完了财政不给钱怎么办？

（二）采取以打造品牌谋求拓展的策略，创建特色文化社区

若想实现传承久远、融入百姓生活的目的，必须注意借助传统习俗和特色文化。只有以公共的时间和空间为基础，让文化活动融入传统节庆、地域特色和民族文化等，并加入一些戏剧表演，文化活动所追求和创造的集体文化认同、公共价值观念与和谐社会环境才能更容易实现。JY 区正是在此思路指导下，着力创建公共文化服务示范社区。

1. 精心策划月度活动主题

JY 区总结了 2012 年频繁开展的文化活动的经验教训，从 2013 年开始改变以往社区活动在组织开展方面存在的各自为政、没有主线、盲目杂乱、一窝蜂的弊端，将具有文化表征、价值载体的意义符号凝练出来，设置为月度文化主线与单项活动主题，努力在社区文化活动中凸显"公共性"，突出"文化之城、青奥之城、动感之城、幸福之城"的主题内涵，将活动开展推向品牌化、制度化，着力打造文化活动品牌。具体而言，JY 区将节庆文化与区域独有的民俗风情结合起来共同嵌入到各种形式的文化活动中，根据 N 市每个月的气候特征，设计了"三月绿""四月天""五月风""六月火""七月爽""八月圆""九月香""十月吟"等月度文化主线和"杨柳青、大家乐、春之韵、夏日安、和平颂、魅力亚青、动感亚青、夕阳红、欢乐曲"等月度活动主题。2014 年，利用 N 市承办青奥会的契机，JY 区策划了"精彩365，青奥有祝福，世界共欢度"的主题文化活动，每月的文化活动都兼具传统性与现代性，既有节日特色与文化内涵，又有代表性和象征性，通过争取民众认同来将文化活动融入居民的现代社会生活（见表3—3）。这样的活动策划在有利于媒体宣传的同时，也迎合了现代民众的文化口味。由上可见，在 JY 区创建的这套社区文化建设新模式中，充满着人文关怀，活动目标清晰，有利于提升社区居民的文化审美能力，增进社区居民的文化感知

和文化认同。

表3—3    JY区2014年"精彩365品牌国际年"活动主题

| 精彩365 | 青奥有祝福 | 世界共欢度 |
|---|---|---|
| 月份 | 题名 | 主题 |
| 一月 | 新年梦想 | 青奥颂：世界好梦 |
| 二月 | 快乐启航 | 大家乐：青春激扬 |
| 三月 | 杨柳青青 | 春之韵：国际青年歌舞大赛 |
| 四月 | 踏青光影 | 西部恋歌：欧洲的祝福 |
| 五月 | 春意暖暖 | 远方的爱：美洲情 |
| 六月 | 儿童都市牧歌 | 和平颂：非洲好朋友 |
| 七月 | 水上音乐节 | 魅力青奥：青少年国际文艺汇演 |
| 八月 | 共度好时光 | 动感青奥：歌舞秀大赛 |
| 九月 | 生活在此处 | 幸福新城：邻里节文艺汇演 |
| 十月 | 重阳好登高 | 祖国颂：歌唱伟大祖国 |
| 十一月 | 回味的季节 | 城市记忆：经典老歌大赛 |
| 十二月 | 幸福的回响 | 欢乐颂：原创文艺大赛 |

随着人民群众生活质量和基本素质的不断提升，老百姓已经不再满足于一般的文艺作品和文化活动。只有高品质的文艺作品、高质量的文化活动才能走进群众心里。这对我们搞文化活动提出了新的挑战。近些年，其他地区在打造文化品牌上给我们提供了很大借鉴。比如，2003年重庆市渝中区创办了"解放碑CBD广场周末音乐会"，2007年新疆维吾尔自治区巴州举办了"百日广场"文化活动，2008年河南省周口市开办了"周末一元剧场"，等等，这些都是强化品牌意识，打造文化品牌的经典之作。文化品牌可以更好地引导居民，吸引居民来参与。东北的二人转就是个典型，它虽然来自于农村，但是却在东北的城市也有很好的口碑，现在在全国都大有市场，小小的二人转在各个舞台唱响，捧红了多少明星！我们期望通过内涵扩展与活动形式的文化嵌入，将"精彩365，快乐每一天"打造成为全国知名的社区文化活动品牌，探索出一条符合JY

区特色的文化建设发展与区域文化形象提升之路。

——JY 区文化局冯处长在会议上的讲话

2. 开展富有地方特色的公共文化活动

借助社区管理体制改革的契机，结合地方文化特色，创造性地开展特色文化活动是 JY 区开展公共文化活动的又一策略。最具特色的是 TYJ 社区的"回汉一家亲"系列活动。TYJ 社区党委、居委会结合该社区回族居民众多的情况，将文化活动与民族团结工作结合起来，开展回族居民收藏展、回族服饰展、回族美食节等活动，通过对诸多回族文化象征符号的展示，将回族居民的文化特色彰显出来，意图通过吸纳回族和汉族居民共同参与文化活动，让小区居民在回汉平等互信的氛围中感受到民族融洽、文化多元的乐趣。这项活动也在 JY 区的社区文化建设中小有名气。

［个案3—19］（XL 街道 TYJ 社区社工侯某）

我们今年已经办的三个展览中，美食展是最难的。因为需要与很多部门沟通。这个点子是书记想出来的，书记说最近入冬，羊肉、牛肉都比较受欢迎，迎合我们社区回民比较多的情况，可以办一个美食节。可是真要办起来，问题来了，涉及地点、合作企业还有卫生管理等等。我们先是和我们业主委员会的一个委员联系，他是回族，与我们这边的清真连锁店的老板是亲戚关系，他们那个店的锅贴还上过《舌尖上的中国》呢，人家那个连锁店其实也是第一次搞这种活动，对收益问题其实还是很犹豫的。后来我们给他上升到公益层面甚至有点民族情怀高度了才开始同意。当然，这种企业虽然合作谈起来比较难，但是这种店品牌好、名气大，活动当天的食物也能保鲜保量，保证居民吃着放心啊！活动当天我们又和街道要来了 20 多个志愿者，还有社区居委会发动爱跳广场舞的居民一起维护卫生，又和物业联系加强了安保措施才把活动办下来。

3. "一个瓢子多张皮"的"一社一品"社区文化活动

近两年，JY 区推行让每个社区都有特色文化活动的"一社一品"行动，其所辖社区的特色文化活动如雨后春笋，让人目不暇接。XD 社区创建"老年文化主题"社区、FXY 开展"2014 年文化工程"、SXM 社区建立"众乐文化社"等，这些活动虽然对丰富居民文化生活起到了一定作用，但在所谓 365 天的每日文化活动中，它们的同质化现象也比较严重。例如 2015 年 4 月 26 日在 CT 社区广场举办的"文明亦喜庆——庆五一广场文艺演出"和 6 月 8 日在 SXM 社区举行的"歌舞传情，快乐传递——JY 区文艺团队演出"这两场演出除了开场和结尾之外，几乎是同一批人，唱同样的歌、跳同样的舞，表演节目几乎一样。（见表 3—4 和表 3—5）

**表 3—4　　CT 社区 2015 年 4 月 26 日"文明亦喜庆——庆五一广场文艺演出"节目单**

| 节目序号 | 节目名称 | 表演者 |
| --- | --- | --- |
| 一 | 合唱《茉莉花》 | 喜洋洋艺术团 |
| 二 | 舞蹈《大爷斗牛秀》 | 联友艺术团舞蹈队 |
| 三 | 歌曲串烧《最炫民族风》 | 彩云艺术团 |
| 四 | 越剧《金陵钗裙游金陵》 | 东方艺术团 |
| 五 | 情景剧《狄仁杰夜访茶亭》 | 千姿艺术团 |
| 六 | 群口相声《家和万事兴》 | 水西门社区艺术团 |
| 七 | 舞蹈《欢聚一堂》 | 艺海舞蹈队 |
| 八 | 合唱《感恩》 | XL 春之声合唱团 |

**表 3—5　　SXM 社区 2015 年 6 月 8 日"歌舞传情，快乐传递——JY 区文艺团队演出"节目单**

| 节目序号 | 节目名称 | 表演者 |
| --- | --- | --- |
| 一 | 合唱《感恩》 | XL 春之声合唱团 |
| 二 | 舞蹈《中国美》 | 艺海舞蹈队 |

续表

| 节目序号 | 节目名称 | 表演者 |
|---|---|---|
| 三 | 踢踏快板《平安家庭唱新歌》 | 银河艺术团 |
| 四 | 越剧《金陵钗裙游金陵》 | 东方艺术团 |
| 五 | 群口相声《家和万事兴》 | 水西门社区艺术团 |
| 六 | 情景剧《狄仁杰夜访水西门》 | 千姿艺术团 |
| 七 | 歌曲串烧《最炫民族风》 | 彩云艺术团 |
| 八 | 合唱《茉莉花》 | 喜洋洋艺术团 |

为了节省成本，社区只邀请了一支文艺团队来演出，同时这支团队在 10 月 1 日国庆活动中还在距离不到 500 米的 FXY 社区表演了同样的节目。表面上看，各区、街道、社区虽然在努力打造文化活动品牌，但这些同质化的活动却与个体化社会中多元化的居民文化需求相悖，削弱了居民对社区文化活动的参与兴趣。由于形成一个基于认同的社区共同体靠的是文化，而文化并不是一系列被接受的规则，而是对仪式等活动的参与，并以在特定社区中的特定实践为前提的，因此，这些同质化的文化活动的重复上演难以使居民有效参与，更难以在社区层面达成文化共识的目标。

[个案 3—20]（JY 区文化馆史某）

所谓品牌，一定是同类产品中的精品或极品。一个地区的文化品牌应该是这个地区的文化特质的集中代表和标识。既然是标识，就不能过多，多则使人困惑，从而迷失了文化选择与消费的方向。各种类型的文化活动项目、各个文艺门类都能列出一系列的文化品牌产品，品牌的号召力和影响力必然下降，长此以往，真正的文化品牌会在品牌泛滥中沉没。因此我觉得区里有些领导应适当控制一下创造文化品牌的欲望和冲动，我们 45 个社区，如果真的做到一社一品，在老百姓看来就是在搞形式主义。

（三）通过社区比赛形成文化活动的常态机制

在"精彩 365"活动的开展过程中，为了实现文化活动的常态化、体制化，将它们真正融入居民文化生活中，JY 区文化馆每年都组织广场舞比赛、"社区之星"演唱大赛、社区摄影爱好者作品交流鉴赏会、社区文工团表演竞赛；区图书馆每年组织书画笔会活动、迎春少儿书画展、学雷锋纪念日书画家为民服务活动。这些展览、演出、比赛的奖励金额多在千元左右，但是更重要的是用制度化的会演模式确保了文化活动的常态化、规范化。2013 年在 N 市举办亚青会、筹备青奥会的过程中，"精彩 365"活动也积极开展了"激扬青春、走进青奥""青春河西，走进 JY"等多项活动，将重大赛事与文化活动结合在一起。

1. 对群众自发的广场舞活动的有序指导

广场舞是出现于激荡的转型时期、有着深刻历史根源的中国特有的社会文化现象。这种舞蹈形式的参与者多是中老年女性。目前，其已成为群众参与性极强的群众文体活动，它的组织形式很像巴赫金笔下的"狂欢"——以民间方式组织起来的整体，没有舞台，没有脚灯，没有演员，没有观众，却是展示中国中老年女性自我存在的另一种自由形式。广场舞因其特有的符号：广场、群体、扩音器、音乐风格、社交、围观，以其独有的特征：集体性、娱乐性、社交性，迎合了中老年人的文化、社交与健身需求，有效填补了他们在其心灵与社会之间的双重真空地带。JY 区广场舞近几年发展十分迅速，无论是城市社区抑或村改居社区，广场舞队伍都随处可见，这项文化活动不受人数、年龄、舞台、灯光、音响甚至场地环境的限制，只需一块空地，一个便携式音响，一位领舞老师，三五成群、数人一伍，乃至几十上百人都能演绎自己的舞步，市民广场、街心花园、商场门前或小区空地上都能看到大妈们翩翩起舞的身影。JY 区文化单位也积极介入这一群众自发的文化活动，鼓励所辖社区组建广场舞队伍，并采取了多种措施保障和鼓励广场舞活动，使其更加有序和规范。

在公共文化服务的视域里，广场舞不仅是一项文娱活动和健身运动，还是渗透着"文化建设人人参与，文化发展成果人人共享"理念的文化生活方式。为了使这一自发文化活动更加规范化，2014 年 5 月，JY 区与 N 市群众艺术馆合作，结合 N 市深厚的文化底蕴，编创了一套具有地方特色、融艺术和健身于一体的新编广场舞。历时三个多月，编创组经过不断的修改和调整，最终创作完成了温婉的《茉莉花》《拔根芦柴花》《紫竹调》、热情活力的《激情广场舞》、时尚流行的《大家一起来跳舞》以及豪迈奔放的《唱支山歌给党听》等广场舞曲目。新编的广场舞由 JY 区文化馆组织文艺骨干统一学习，再由这些专职人员负责在各片区推广，最后做到 JY 区居民都能熟悉和掌握。一个初学《茉莉花》舞蹈的阿姨说："我觉得新的广场舞动作比别的优美许多，又有我们 N 市的地方特色，很好，而且区里还给我们这么好的场地练习，跳起来特别地开心。"

[个案 3—21]（JY 区文化馆曹某）

广场舞是一种群众性舞蹈，由于参与人群众多，年龄层次分布较广，因此要做到使大多数人易学、易懂、易演，就必须在动作的设计以及各个动作之间的衔接和连贯性上做重点考虑。舞蹈道具则应运用较为普通的扇子、手绢。比如这次我们编创的《拔根芦柴花》，在舞蹈道具设计上用的就是常见的扇子，动作也多以"绕扇""推扇""翻扇""盖扇"为主，既简单又好学。另外在编舞的过程中，我们还着重体现地方特色，今年北京卫视播出的凤凰传奇的《最炫民族风》，就与现场观众齐跳广场舞，把现场变成了一片欢乐的海洋，所以受这个启发，在设计舞蹈动作时尽量能从舞蹈中感觉出我们 N 市的味道来。《茉莉花》就是典型的江南舞蹈，我们从江南元素中挖掘出了富有代表性的舞蹈词汇，通过运用"小舞花""绕腕""小颤"等动作元素准确地体现了江南舞蹈的风格。

广场舞多以居民自发组织为主，很多居民都认为闲来无事跳跳舞也不错，但一些人只是三天热乎劲，时间一长也就没兴趣了，所以自发组织的队伍经常会出现队员如流水、三天打鱼两天晒网、现场组织混乱等现象，大妈们的舞蹈水平也参差不齐。为了推进社区广场舞队伍的健康发展，JY 区文化馆从 2011 年起，每年 5 月的第二个星期开展舞蹈推广周活动，要求下辖 43 个社区各派两名舞蹈骨干参与培训，并在培训后回到所在社区进行舞蹈普及，让社区的广场舞爱好者可以学到更好的舞蹈。在连续开展的三届"民族舞推广周"活动中，文化馆舞蹈老师通过观察参与居民的年龄、接受程度、喜爱舞蹈的种类等，也在不断地进行教学反思与改进。

第一届民族舞蹈推广周主要教习"汉、藏、蒙、维、朝"五个民族舞，这些骨干们几乎是一天学一个民族的舞蹈，但是学员们普遍反映虽然学会了，但学习难度大，学后容易忘。总结了第一届的培训经验之后，近两年开展的推广周活动的教学周期不变，教学内容则减为两种舞蹈组合。音乐选材也从最初的高雅音乐改为人们耳熟能详的通俗歌曲。推广内容在民族舞的基础上加入了流行舞的元素。如此，在进行第三届推广周时，就把最初"民族舞蹈推广周"更名为"舞蹈推广周"。这样一来学习节奏相对轻松，学习时间也非常充足。

[个案3—21]（JY区文化馆曹某）

我在群众文化这个岗位上已经工作了五年时间，其中绝大部分时间都在为这些热爱广场舞的大姐和阿姨们进行教学辅导。刚开始觉得她们的舞蹈太简单了，甚至有时还有种不屑于辅导的心理（笑了笑）。但是通过这一两年下来的接触和了解之后，知道她们迫切需要专业老师为她们辅导，她们并不一定要老师手把手去教她们，她们会很客气地说："老师，我们知道你很忙，你只需告诉我们一些建议，例如拿什么道具、变什么队形、需要多少人数、找什么音乐等等。"通过与她们的交流，明面上是帮助了她们，其实我也从中找到了很多快乐。

每年在舞蹈推广周结束之后，JY区文明办、区文联都会组织广场舞大赛，在大赛前两个月进行预通知，然后由各社区选派一个文艺骨干到市群艺馆进行一周的集中培训，回来后，再由文艺骨干到其负责的街道、社区对参赛队伍进行半个月的滚动培训，着力培养了一大批社区文艺指导员，由此逐步形成了"文化馆老师系统培训—提供展示平台参与各类文艺演出—水平较高的队员转型为广场舞培训老师—组织广场舞表演队伍—表演队伍参加各种文艺演出—其中的一些队员再参加区里组织的各项艺术培训"的群众文化活动指导组织模式，这样一个循环过程（见图3—2）使得居民的广场舞水平以及该项活动的组织能力有了较大提升，也使得JY区广场舞队伍的规模不断壮大。

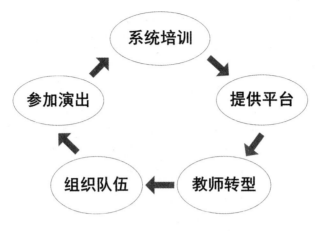

**图 3—2 JY 区广场舞培训流程图**

[个案 3—22]（NY 街道 XD 社区领舞范老师）

比赛是一种最好的交流。在辅导社区舞蹈团队的过程中，我利用上培训班的短暂时间，虚心向馆里的老师请教，还自费请 NJ 艺术学院的老师来馆授课，训练间隙还常常与队友们聚在一块儿，探讨动作。回家一有空就对着镜子找感觉、听音乐、编动作。我通过不断努力，我们社区的广场舞整体表演水平有了大幅度提高，而且本人的个人创作水准也有了质的突破，今年还很荣幸地被评为市级优秀辅导员。

2. 将小合唱嵌入到社区培训体系中

小合唱是一种较为常见的音乐表现手法，是由数人乃至十多人组合在一起进行的两声部以上声乐演唱形式。因为它对场地、空间、伴奏、灯光、舞台等要求较低，便于开展，因而受到老年居民的喜爱。在社区公共文化服务中，它是一种常见的表演形式，出现在各类节假日娱乐活动及重大庆典中。JY 区在文化服务中将这种文化活动以定期比赛的形式固定下来，每个社区会提前两个月收到比赛通知，由社区街道动员社区内有意愿且有音乐基础的居民组成合唱队参加，并同时联系文化馆的文艺工作人员或其他志愿者为歌曲填词，并作为老师对居民进行培训。

［个案 3—23］（JY 区文化馆孟某）

小合唱歌曲的选择需要根据演出活动或比赛规则、上级规定的主题和要求，以及队伍自身的情况酌情而定。通常参加演出可预备两首歌曲。一首上级指定，一首自己选择。如果时间紧、任务急，就唱一些较为简单的歌曲，如果时间宽裕就练一些声部复杂、表现形式丰富的歌曲。如果女声多于男声，可以选择一些优美、抒情的歌曲进行排练；如果男声强于女声则反之，应该选择高亢、有力度、节奏感较强的歌曲进行排练；另外，如果有个别形象佳、声音好、演唱经验丰富的歌手，则可为他们专门挑选合适其音域及表现力的含有领唱部分的歌曲进行排练。

因为社区的小合唱不是专业合唱性质，因此在歌曲选择、人员挑选、声部创编、歌曲教唱、动作编排、朗诵及服装道具的运用和演唱表情等各方面都受到特定环境的限制。一般情况下，社区合唱人员的水平参差不齐，有时人数过少或因工作繁忙难以确保合练时间等，对队员的选择余地也较少，甚至有的比赛出现所在单位领导不得不亲自参加的尴尬。但是也正是因为合唱具有能吸引多阶层居民共同参与的特征，使其在 JY 区文化活动中颇受欢迎。

［个案 3—24］（XL 街道 TYJ 社区主任郑某）

我们搞小合唱的时候，多是用报名和动员的方式，有一些居民明明是天生的低八度或五音不全，明显能听出来，这样的人在合唱队里肯定会影响效果，所以我们会劝他们不要参加。正常情况下，如果为了加分必须参与或为了凑数上一两个人，也要让他们只对口型不出声。

在小合唱的编排和辅导中，需要社区工作人员、辅导老师和居民的多方配合，社区工作人员负责先期动员和后勤保障工作，辅导老师负责正常的教课和指挥，制订排课计划和确定上课时间，居民则需要具有一定的纪律性和组织性，因为学歌是一个循序渐进的过程，如果每次都有不到位的情况,会影响到整体的教唱效果。辅导老师一般不会将指导停留或纠缠于声音的外在质量中,而是从作品的创作背景、词曲作者想要表达的思想内容等最基本因素入手,通过专业指导和艺术知识介绍,让合唱队员由内在的情感体验引发出真挚的艺术表现,从而提高队员的演唱水平和艺术表达力。合唱队以饱满热情演唱的歌曲多蕴含着对和谐正能量和美好生活的向往。

[个案3—25](JQ 社区 JQJY 小区居民陈某)

排练《蓝色多瑙河》以前,我只知道蓝色多瑙河在哪里,但是没有身临其境,也对那里不"感冒"。后来张老师给我们讲它是有故事的,教我们学会如何体会音乐情绪,不要单纯地演唱音符,要以情带声才能与作品的灵魂贴合。哎,我慢慢领会,唱歌的时候仿佛就真的能闻到河水的味道。

### 三 扶持各类民间文化组织

通过居民自发的文化团体来实现有序的公民参与,更有助于使政府在社会管理事务中获得民众的权威认可。近年来,随着国家在基层治理层面的"政社分开"取得了许多进展,政府将文化管理权力逐步向基层下移。基层社区作为我国行政体系的最末梢,直面最真实的社会需求,负责反馈民意。面对社区居民的多元文化需求,基层行政部门不断通过职能转移,"把政府行政职能与社会的自我管理的职能分开,使得社会能够自我组织、自我规范并不断产生社会运作的活力"①。在此过程中,社区内的群众文化自治组织以及相关的民间非营利性组织都得到了迅速发展,成为有利于消除阶层文化区隔的重要手段,同时也是有利于形塑居民良好的人生观和价值观的文化建设策略,被基层社区广泛采纳。

---

① 朱健刚:《论基层治理中政社分离的趋势、挑战与方向》,《探索与争鸣》2010 年第4 期。

　　[个案3—26]（JY区文化局科长姜某）

　　在中国这个社会，你把30个退休老人放到一块，不吵架的办法只有一个——搞文化活动。你到棋牌室看一看，几十个人打牌吵不吵，吵得一塌糊涂；到公园里看，大家没事到公园里遛鸟，遛完没事了就聊天，胡吹乱侃。但是你到我们合唱团去看一看，他们谈论的绝对不是这些问题，他们参加集体排练的时候，谈的是人与人之间如何更融洽地相处，谈自己怎么样才能更好地配合社会团体。咱们在城市里面是通过什么渠道让陌生人来认识彼此？这（公共文化服务）就是一个很好的渠道，扩大了自己的圈子，扩大了人与人之间的交往，促进了社会和谐。可以想象，如果我们社会上没有这些针对老年人的公共文化服务，如果这些老人都窝在家里面，那么子女愁死了，社会也烦死了。老人天天参加这些活动、锻炼身体，他们有自己的兴趣爱好，往大了说可以提高整个社会的文明程度，丰富精神生活，提高人们素养，维护社会稳定。

　　（一）社区文化团队的摇篮——社区文工团

　　JY区全面推进社区管理体制改革以来，社区文化建设紧紧抓住改革契机，尤其注重大众文艺创作队伍的建设，并以文化馆为依托，积极拓展文化工作者队伍，在全市率先成立了社区文工团，在各街道成立街道文联，积极开展群众文艺创作活动。区、街道文联会同文化馆，积极培训社区文艺工作者。至2014年初，全区6个街道共拥有100多个形态各异、各具特色的文化团队，成员已近千人。这些文艺爱好者通过自组团队，在区、街道、社区的支持下，常年活跃在各种社区活动和社团活动中，有助于发动居民参与公共文化生活，开展各项健康有益的文化活动，增加了JY区文化建设的活力。2013年，JY区的社区文工团共组织演出活动360余场，其中"美好江苏幸福家园"文化惠民基层巡演启动仪式、"JXZ葡萄节开幕式演出""青春活力阳光风采"迎青奥倒计时大型演出等都取得了良好反响。

［个案 3—27］（JY 区社区文工团团长陆某）

2010 年 2 月，在社区团队一次骨干座谈会上，有人提议组建社区文工团。大家都一致赞同，尤其是得到了区文化局局长的支持。C 局长说，开展社区管理体制改革的目的就是为了实现社区自治，给社区自我完善的空间，文工团的建立刚好契合了这个精神。我们 JY 区建立这个区属社区文工团，是全市乃至全国的创举，同时也显示出区里市里改革的支持。

1. 整合文化团队资源，参与社区文化团体共建

社区是呈现城市文化的终端。社区文化建设的投入和文化团队的组织，直接决定了城市文化建设最后半公里的面貌。因此，社区文化团队的综合水平也是衡量一个城市的市民文化活动开展质量的核心指标。社区文工团成立前，JY 区各社区虽然也有众多自发性文化体育活动组织，但是由于自身规模和管理水平的差异，导致活动相对比较分散，影响力也仅局限在小范围的社区群体中，有些小团体因为人员稀少，活动组织困难，濒于解体。因此，对众多民间队伍进行整合极为重要，在 JY 区的政府文件中，社区文工团的成立是社区文化成果的一次集中展示，也是对推进基层民主、尊重社区民意、改善百姓民生的有益探索和创新。

［个案 3—28］（JY 区社区文工团副团长吴某）

4 月底，我们向各社区通知要成立社区文工团，不少老头老太到社区打探，需要什么样的条件，要具备哪些特长。在最初的十几天时间里，一下子就征集了 16 个文工团团徽，同时报名工作也有条不紊地进行。出乎我们预料的是，报名的队伍很快就达到了 20支，报名参加的节目也很快达到了 40 多个。

在社区文工团成立以后，JY 区的各社区都以社区文工团为依托创建了社区文化团体。尤其是那些居民文化素质偏低的社区，在文工团的帮助下成立了适合自身特点的文化团队，社区文工团的文艺活动开展形式多以自编、自导和自演为主，因此总能吸引大批志愿者参与其中，展示其艺术才华，从而使居民在自己组织的丰富文化活动中精神面貌焕然

一新，综合素质也得到较大提升。

比如，JY 区的 JY 社区由 JY、TY、HY、QY、CY、FY、SWDY7 个住宅小区组成，属低档商品房、公租房、拆迁安置房及职工住房相结合的混合型社区。在这个有着 3000 多户近万人的社区中，居住有蒙古族、满族、回族、锡伯族、维吾尔族、藏族、苗族、壮族、畲族、布依族、土家族 11 个少数民族，共计 450 户、800 多人，是 N 市少数民族最集中的社区，再加上社区居民文化素质普遍偏低，使得社区居民以前的文化生活非常单一，多以打麻将为主，社区中最多的娱乐场所就是棋牌室。在区委成立了社区文工团以后，在文工团帮助下该社区成立了合唱团、民族之家艺术团、老年时装队、社区铜管队、时尚快板队等，人数由最初的十余人不断壮大至七八百人，其拥有一支专业水准极高的"大爷超模队"，由平均年龄超过 65 岁的老人组成，表演的"快乐的老帅哥"节目在全市社区团队大赛中获得了金奖。现在，烟雾缭绕的麻将室多被社区改建成了多功能活动室。这些活跃在社区的文化团体，引导、塑造着居民的公共精神，对培育现代公民意识具有极大的推动作用。

［个案 3—27］（JY 区社区文工团团长陆某）

团队的构建最重要的是要突出表现地方文化元素，越是富有地方文化特色的不同于其他地方的团队，越有强大的生命力；越是蕴含地方特色的文化创造，越容易引起他人的共鸣。我们在帮助 JY 社区组建文化团队的时候发现，这个社区少数民族类别多、少数民族居民人数多，我们就向社区提议，可不可以组织一个具有民族风情的团队，结合新的表演形式，将少数民族独有的文化元素展现出来。于是，这只超炫的大爷超模队就产生了。去年这支队伍还代表 JY 区参加了全市比赛，跳了一支具有特色的骑马舞，宣传部徐部长评价很好，说我们搞得有创意。

2. 创新节目形式，培养社区文艺骨干

社区文工团开展的相关活动既具生活性又富有内涵，惯于以原创的节目内容表现百姓身边的故事。由社区文工团打造的情景快板《日子还靠你们过》是社区文工团 2013 年编排的非常好的反映群众生活故事的作品。这个节目描绘的是 JXZ 一对相互爱慕的青年经过重重考验，喜结连理的爱情故事。节目中有一段邻居们前来道贺观礼，由村里长者代表村民对小夫妻的祝词，祝词用了情境快板的新颖形式，内容有"幸福你要会珍惜，千万不要再花心。老婆你要好好疼，捧在手里疼在心""夫妻关系最重要，你可千万要记牢。男人有时会粗心，你要宽容别计较"等词句，通俗易懂、亲切生动、贴近生活，告诉人们如何建立一个美满幸福的家庭，很好地将社会主义核心价值观蕴意其中。与此相类似的节目还有春风四月在南湖广场演出的说唱表演《幸福南湖满眼春》、金秋十月在 JXZ 广场上演的《JXZ 的葡萄熟了》等，同时由文工团倾力打造的《水乡三月》也在全市音乐专场比赛中也获得了金奖。

> ［个案3—28］（JY 区社区文工团副团长吴某）
> 艺术行当里有句老话，叫"一招鲜，吃遍天"，用以说明作品原创性十分重要。现在网络那么发达，人们是想看什么有什么，不做出一些有创意的、契合生活实际的文化作品也就没人会看。类似于我们文工团编创的《日子还靠你们过》这样的节目，既有艺术之美，又有生活之趣，同时也把市民道德、邻里和睦、家庭和谐等内容，以艺术方式融入到了节目演出中，起到了"以文化人"的良好作用。

随着社区文工团的良性发展，吸引了越来越多有文艺特长的文艺爱好者加入，在文化馆老师的定期指导和节目编排帮助下，文工团的文艺素质得到不断提升；另一方面，JY 区还邀请省扬剧团、市京剧团、市小红花艺术团、市歌舞团、市话剧团等专业团体与文工团共同演出，团员在此过程中得到了更专业、更系统的学习。此外，文工团的活动也并没有仅仅停留在打发社区居民的闲暇时间上，其组织性和活动视野更加开阔，不断走进社区、走进企业、走进军营，且创作和排练的文艺节目多以弘扬中华优秀文化、爱国主义精神、良好的社会公德和家庭美德、社会主义精神文明为主要内容，将身边人和身边事编排成小品、快板等文艺形式在社区演出。这种居民自己创作的表演内容，巧妙融合了娱乐功能与宣教功能，力图做到寓教于乐，这使得社区文工团的建立对于社区群众的精神文明建设有着里程碑式的意义。

[个案3—27] (JY区社区文工团团长陆某)

文工团有一个辐射放大的作用，社区的文艺骨干主要是文工团的团员。进来是团员，出去到社区就成了老师。利用晨练、晚舞等时间把从文工团学来的东西教给社区居民。这个社团现有1800多人，主要是每个小区的舞蹈队啊、票友会啊、摄影协会的人。这部分人是分散的，主要是社区在管，从整个大的系统来讲，他是属于JY区的社区文工团。文工团也就成了多门类、多学科、多层次的组织。所以文工团不仅仅是人们来玩来学的地方，它更是JY区积淀社区优秀文化的团体。

(二) 对弱势群体的文化帮扶

1. 扶持雨花石鼓乐团，吸纳外来工子女共享城市公共文化服务

JY区位于市区西南隅，建设中的N市河西新城坐落其中。随着JY区城市化进程的不断加快，越来越多的外来工作为新城建设者在这里务工就业。由于我国长期以来城乡分割的户籍管理制度造成的壁垒，JY区外来务工人员根本无法享受和参与社区公共文化服务，更因为"社会资本和外部环境的缺失，农民工难以在城市找到适合自己消费特点和消费层次的文化生活，他们的文化生活普遍处于极端贫困状态，成为'城市文化的沙漠地带'"。而生活在城市的外来工子女，作为社区中的特殊群体，在城市适应上面临着不同于其父辈的更为复杂的问题。在这种背景下，根据党中央在《关于深入文化体制改革　推动社会主义文化大发展大繁荣若干重大问题的决定》中提出的"尽快把外来工纳入城市公共文化服务体系"的要求，为了进一步优化外来工子女的成长环境，使他们能够融入城市文化生活，JY区结合所辖社区的基本情况，长期开展对外来工子女的文化帮扶活动。雨花石鼓乐团就是JY区重点建设和长期帮扶的对象之一。

[个案 3—29]（JY 区文化局副局长齐某）

雨花石鼓乐团是 SHZ 中心小学组织的一支由外来务工人员的子女组成的乐团，现有 81 名成员，其中，58 名为外来务工人员子女，23 名为当地农民子女。区文化局经过多次调研之后发现，如果像以往那样给孩子们定期送几场演出、看几场电影、组织几场活动，并不能从根本上解决孩子们的身份认同感问题。"授人以鱼不如授人以渔"，只有让孩子们亲身投入到文化活动当中，才能使他们在过程中感受到最大快乐，并在获得重视和荣誉的同时，消除农民工子女经常出现的孤立感、边缘化和被轻视的心理认知，这比单纯的心理辅导更有效果。

鼓乐团刚组建时由于条件有限，训练和编排长期以来都是由 JY 区民工子弟学校的音乐老师包办。区政府为了全面提高鼓乐团的演奏水平，由区文化局派出从前线歌舞团转业的专业铜管演奏老师，对鼓乐团进行系统辅导，包括定期到学校进行日常训练和演出排练。随着鼓乐团演出水平的不断提升，其刚成立时编排演奏的《我们是共产主义接班人》《升旗曲》等几首曲目已经远远跟不上演出层次和级别的要求。为此，文化局让 JY 区以 N 市主办的亚青会和青奥会为主题，为鼓乐团量身定制了《吹响进军青奥的号角》《腾飞的 JY》等新曲目，还重新配器、编排了传统民乐《茉莉花》，丰富的演出曲目使鼓乐团在各类演出中大放异彩。

[个案 3—30]（JY 区雨花石鼓乐团王老师）

在参加鼓乐队之前，队里很多孩子连乐器是什么样子都没见过。我来了以后，他们都很好学、认真刻苦。鼓乐训练时间长了，队员会觉得枯燥，重复的训练经常使得他们腰酸背痛，有些队员手都磨破皮了好多次，但队伍里没有一个人喊苦，也没有一个人闹着要退出。随着乐理知识的增多、演奏技巧的熟练和演出经验的积累，孩子们不但获得了荣誉，而且还学会了如何沉浸在音乐的快乐中，虽然六年来每年都有孩子毕业离开，又有新孩子加入，使队伍的水平受到影响，但是看到这些外来工的子女也能像城里的孩子一样接触到音乐，我也感到很欣慰。

随着鼓乐团的发展成熟，区文化局为了迅速打响其知名度，在不影响孩子们学习的前提下，不遗余力地为鼓乐团提供展示舞台。雨花石鼓乐团不但参加了团拜会、庆祝 N 市解放六十周年活动、改革开放三十周年庆祝活动、河西新城国际商务周闭幕式等区内重大演出，还参加了在雨花台举行的"金陵五月风"第三届 N 市文学艺术节开幕式等省市级重大文化活动，使鼓乐团声名大噪。为了保证鼓乐团的正常运作，区文化局规定无论经费多么紧张，都会给予鼓乐团参加文化局举办的活动以适当的经费补贴。在 2011 年底鼓乐团赴香港参加比赛前，区文化局还专门拨出 5 万元给学校，用来解决部分困难队员的费用。几年来，区文化局对雨花石鼓乐团的帮扶资金累计达到 20 万元，正是在这种教学资源配套、平台支撑和资金支持的多渠道保障下，鼓乐团在 2011 年 12 月 27 日举行的"步操音乐节"比赛中，获得了"香港 2011 步操乐团比赛"的金奖、特别优秀表演奖、鼓乐对仗银奖等三项大奖；2013 年五一前夕，在 N 市的少工委、少先队鼓管乐协会组织的"奏响亚青鼓乐，喜迎青奥盛会"全市少先队鼓管乐大赛上，又获得"最佳表演金奖""打击乐金奖""最佳音乐演奏奖"三项大奖。如今，鼓乐团已经成为 JY 区打造弱势群体文化团体的一块响亮招牌，是 JY 区改变原有公共文化服务方式和服务手段，根据调研的实际情况出发，将外来工子女纳入城市公共文化服务体系的一次成功尝试，有利于实现 JY 区公共文化服务的均等化。

［个案 3—29］（JY 区文化局副局长齐某）
我们文化局已经对鼓乐团帮扶了近六年，能取得今天的成果，是当初绝对没有预想到的，为孩子们派老师、提供资金、提供舞台，尤其是在资金上，钱不需要多，也不需要大政策的扶持和层层的审批，能在承受范围内的，我们局就自己提供给他们，好钢要用在刀刃上，如今它的成功也证明了这一点，这也体现了我们局对农民工文化建设的支持，体现了我们局从送文化到种文化的思路转变。

2. 多方合力组建残疾人艺术中心

N 市九州残疾人文化艺术中心（以下简称九州）是由 N 市 JY 区残疾人联合会主管，2011 年 7 月 18 日在民政部门注册成立的一个非营利公益性文化组织。该中心的宗旨是推动残疾人文化艺术事业发展，提升残疾人的文化生活品质，繁荣残疾人的艺术创作，打造残疾人的特殊文化品牌，引领残疾人文化的健康发展与国际交流。在 N 市政府与 JY 区政府的联合扶持下，该中心组织残疾人参加各种文艺演出，不仅对外展示了新时代残疾人的精神风貌，更使残疾人拥有了自己的文艺团队，找到了自我认同，唱出了他们的心声，极大提高了这个群体对社区的归属感和认同感。

（三）与高校文化团队合作打造公共文化服务新形式

N 市是一个高校众多、人才辈出的文化名城，这里云集着多所全国知名高等学府，名师、名家、名人荟萃，相互辉映，相得益彰。JY 区利用 N 市丰富的人才优势，开拓新型公共文化服务形式，以社区文工团与高校社团联谊的方式，普及与传播新的群众文化理念与行为方式。从 2013 年 4 月 1 日开始，JY 区文化局与 N 市三所著名高校的 24 个社团开展了"你来我往"社团交流活动，通过联合两种不同社团来开展多种文化活动，为 N 市文化服务增添了新活力。

[个案 3—31]（JY 区文化馆张某）

以往，我们只关注社区、企事业单位、机关内的群体，却忽视了朝气蓬勃、青春无极限的一群人，他们在这座城市众多的高等学府之中，是先进科学文化知识的继承者和发扬者，对于群文舞台，他们拥有极大的潜能和创造力，因此我们就有了这样一个理念，就是社区文工团与高校社团融会贯通，我们到你那儿，也欢迎你们到我们这儿，把文化服务平台建设得更宽，也给我们社区老百姓带来年轻的文化血液和先进文化理念。

1. 你来——高校社团进社区

当今的高校文化正结合时代潮流，将传统与现代有机融合起来，建设新型校园文化。知识渊博的高校教师和活泼开朗的高校学子使高校文化绚烂多彩、极富特色、充满个性、现代感十足。一方面，教师群体对传统、优秀文化的倡导，可以将校园里的雅文化通过各种形式融入到社区中，带动社区的俗文化的健康发展，影响社会大众的审美价值，使居民具有善良、真诚的伦理取向，增加民众对和谐观、真理观等高层次文化意识的审美认同，树立正确的道德观和审美观。另一方面，新颖、前卫的文化表达样式和果敢、干练的文化风格又满足了现代人追求别具特色的文化品位的需求。因此，2013 年，JY 区将多种校园文化活动搬上群众文化舞台，先后与 N 市艺术学院的尚美学院、设计学院、流行音乐学院的 12 个学生社团合作，组织学生参加"幸福 365，幸福每一天"JY 区社区文化艺术节；策划了"舞动青春"街头文化秀、JY 区第一届"大学生艺术节"等结合大学生特点的社区文化活动，用大学生的青春激情点亮了社区居民的文化生活。

其中，"舞动青春"街头文化秀是一个典型的大学生文化活动，其突破以往的传统歌舞、相声等节目形式，第一次尝试用高校大学生喜爱的崭新方式来展现 JY 区的独特文化风格，用最新、最动感、最炫的街头元素打造文化盛宴，演出当天，苏宁商贸城门口被各年龄层次的观众围得水泄不通。这种全新的、健康的文化活动类型让大众享受到了与众不同的文化服务，感受到了别具一格的文化品位。

在此基础上，JY 区还在社区着力打造校园文化平台，从学校的历史传统、文化传统中挖掘大学精神，将大学的办学理念、办学定位等传递给社区，为学校的文化价值理念寻找社区认同；换言之，将校园整体性的文化观念、文化系统，通过社区公共文化服务平台展现出来，将专业、师资、课程与当下的社会意识形态联系起来。比如，JY 区在 2013年与 N 市师范大学和 N 市政治学院的学生社团合作组织了两次主题创作活动，并在社区进行表演。2013 年 9 月，JY 区文联与 NJ 师范大学文学院的文艺社团联系，指导其创作包括小品、小说、散文、诗歌、戏剧、对联等在内的文学作品，并邀请文联作家、音乐家、书法家将大学生创作的作品完善之后，由社区文工团的文艺骨干在 9 月 19 日凤凰西街中秋联欢晚会上进行展示。2013 年 10 月 10 日，JY 区将 N 市政治学院的小剧社搬上了 JQ 社区的舞台，同学们用小品、情景剧等诙谐幽默的表演方式，向居民们讲述军营里的故事，展现了人民解放军的精神风貌，同时增进了军民之间的相互了解与和谐。

　　[个案3—31]（JY区文化馆张某）

　　解放军NJ政治学院是我军著名的培养军事指挥高等人才的学校，就读者既是大学生、研究生，同时也是军人。作为这么一个特殊的年轻群体，对他们而言，公共文化服务的舞台是绚丽缤纷的；对于社会大众来说，他们是人民子弟兵，是保卫国家的科学人才。过去他们都是生活在两个世界里的，老百姓喊他们是当兵的，他们喊我们是地方，彼此都不了解，更不用说在文化上进行互动了。这种服务方式的创新，使得双方能够彼此了解、互动，老百姓欢迎，学生们呢也深入到了基层。我们做群文工作的，就是应该这样不断地创新文化服务的形式和内容，以一种开放的姿态，主动出击，寻找行之有效的亮点。

　　2. 我往——社区文工团到学校

　　在邀请学校社团来社区演出的同时，JY区还将高校文化建设和学生文化素质的提高作为公共文化服务的重要内容之一，组织社区文工团到高校表演、排练和培训学生社团的成员，同时让合作社团里的学生免费参加文化馆老师的艺术培训，接受多种门类的艺术指导。

　　在"12·13公祭日"期间，JY区在N市审计学院排练大型歌剧《长征组歌》，遴选了一百名学生参加学生歌剧团，为期一个月。通过歌唱艺术形式讲述长征历史，通过专业性的表演让学生身临其境地感受战斗生活场景，并将各地的民间曲调与红军传统歌曲的曲调融合在一起，主题鲜明、内容丰富、形式新颖，以精凝细练的歌词、清新优美的曲调、风味浓郁的民族风格和群众喜闻乐见的表演艺术形式，讴歌红军历尽艰险、终获胜利的革命精神，也体现了中华民族不屈不挠、自立于世界民族之林的坚强意志。演出成功以后，学生们对长征的认识已经不仅仅停留在书本上，通过自己在排练期间的付出和努力，他们深切体会到了中国共产党、中国人民解放军的伟大，从而得到了精神洗礼。

[个案 3—32]（JY 区文化馆李某）

大学生喜欢求新、求快，思想多元、个性张扬、追求进步。高校文化应尽最大可能将教学、科研、师生活动、国内外时事、人文科技等内容吸收融入其中，所有教师、所有学科、所有专业及课程都应以融入学科、专业知识的文化来启发，促使学生成为具有人文精神、爱国情操的栋梁之才。我们社区文工团对学生进行培训，教的不仅仅是专业的艺术知识和技能，更重要的是用正能量来为学生提供"价值"服务。

与学生社团相比，社区文工团在人才资源和社会关系网络上更为广泛，针对学校严谨科学的学术氛围，JY 区还邀请多位著名专家进课堂为学生办讲座。2013 年春，文工团团长联系到了著名的古琴演奏家马老师，邀请他走进 NJ 艺术学院的课堂，为同学们传播和普及中国古琴艺术文化的精粹，并联系该校的古琴社团提前在学校的 BBS、微信、微博中予以通告，并挑选优秀的古琴学生与马老师在现场即兴合奏。讲座开始时，可以容纳 200 多人的多功能教室座无虚席，甚至很多学生站着听，课上还有很多学生将自己运用音乐制作、动画设计等专业知识以古琴艺术为题材进行创作的过程中所遇到的困惑与马老师进行深入交流互动。

2014 年，JY 区文工团开始在"精彩 365"活动中组织多所高校社团的学生走进基层，让他们自己去看街道文化的发展现状，观摩社区演出、市级大型晚会、省级比赛等，通过文化载体，让大学生从多角度、多层面来认识社会文化现象，从而引起学生对其个人发展、人生规划的思考。

[个案 3—27]（Y 区社区文工团团长陆某）

小孟是 NJ 艺术学院的话剧社副社长，认识我们之前，他说他认为群众文化都是糊弄人的，也没人看，没啥意思。可是自从他跟着我下基层多了以后，他就上瘾了，他说王老师，没想到社区的文化生活这么受人们欢迎，没想到有这么多人离不开这些活动。今年毕业，小孟就直接考去了 XW 区的文化馆。

# 第三节　政府推行公共文化服务的实践逻辑

## 一　公共文化的政治使命与意识形态前置

公共文化承担着国家期冀文化所应承担的那部分公共职责。雷蒙德·威廉斯曾经阐述了社会主义国家的共同文化愿景，他认为："无需预先界定它的文化是什么，只需清理各种通道"，以"人文精神"对"生活自有实际的丰富内涵与变化"做出各种回应；必须突破中产阶级自由化民主的排他性，"寻求整个社会的利益"，意即"家庭、邻里与社会"的"延续性与共存"；必须保证社会大众在准入网络的基础上参与社会和文化价值重建的过程，唯有如此，文化的双重意义——艺术、修养与生活方式——"才会在一种共同的努力中成熟和融合"①。此愿景恰恰反映了追求公民全面发展与社会和谐共存的社会主义国家意志，而这样的文化建设必须由政府来引领，因为只有政府的权威才能确保其发展方向不偏离国家主流价值的稳定性；同时，为向每个公民灌输社会主义国家主流价值观，公共文化权利也就顺理成章地成为每个公民所必须享有的基本权利。因之，为公民提供公共文化服务便成为政府及其公共部门义不容辞的重要责任。

（一）公共文化的政治功能

谈及公共文化，绕不开对其与大众文化的关系的解读。大众文化是以群众为社会基础、面向社会各个阶层的一种基层文化主要形式，它既带有群众阶层的取向，又在市场经济条件下具有浓厚的商业取向（文化企业的文化生产会迎合甚至诱导大众品位以实现其商业利益）。而公共文化则是一个国家具有自身特色的意识形态与行为规范的总和，是一种由各级政府和民间团体组建、主持和管理的，服务于社会共同价值需要的，用来保障公民基本文化权益的公益文化形态和公共行政职能，其以

① ［英］雷蒙德·威廉斯：《文化与社会》，吴松江、张文定译，北京大学出版社1991年版，第158页。

直接满足公民的基本文化需求、提高公民的文明素养、实现人的现代化为目标，这也正是十八届五中全会提出全面建成小康社会的动力与标志。可见，公共文化是肩负着政治使命的大众文化，它被天然地赋予了国家政治功能。

首先，公共文化所形构的文化环境可以将社会成员的个体意志整合为公众意志。哈贝马斯曾分析了公共文化整合市民价值观念的过程，指出公共文化具备将社会成员的意识汇集成组织意识或社会意识的能力。[①]

[个案 3—33]（JQ 社区 SY 小区吕某，64 岁）

我喜欢参加社区的合唱活动，在那里我感觉找到了二三十年以前在单位的味儿，活动有时间规定，有老师教唱歌，还有人安排吃喝，一下子就好像回到了单位，有人管有人教，有组织有纪律，怎么说呢，那是种找到组织的感觉。

其次，公共文化领域一旦形成，就会将社会共同价值观念渗透并内化入个体思维中，从而对身处其中的人们产生一种软性约束。在此意义上，公共文化是将国家与社会连接起来的桥梁，这种无形力量能够通过将积极的文化价值观念和生活方式潜移默化入个体意识来规范与约束社会成员的行为，并对社会成员之间的矛盾和冲突进行协调，促进社会和谐。

[个案 3—34]（NY 街道 XD 社区居委会主任钱某）

在动员大伙参加活动的时候，偶尔也会遇到他们发生矛盾，比如这场活动为啥让他参加不让他上，那时候我就会做他们的思想工作，我说我们要以整个社区的利益为重，我们是代表整个社区争荣誉的，他在这个位置更适合，让他们产生集体意识以后，培养团队合作精神，感受集体荣誉感，自我的那些小想法也就收起来了。

---

① ［德］哈贝马斯：《公共领域的结构转型》，曹卫东译，学林出版社 1999 年版，第 266 页。

再次，公共文化通过尊重个体意志来使社会成员自觉服从的亲和力维系着社会的凝聚力。现代中国的公共文化是一种具有公共自觉性和使命感的、以广大人民群众为主体的文化，它谋求培养社会成员的核心文化价值观念使之达成一定程度的价值共识，并鼓励社会成员以其自有的方式关注和参与公共事务以及公共文化的构建。在此基础上，公共文化将社会成员凝结成一个秉持共同核心价值观念的整体，使大部分社会成员都愿意自觉服从它所认可的社会规范，从而使它在坚持文化特色、群体组织性和尊重个体差异的同时具备了文化亲和力，进而增强了社会凝聚力。①

[个案3—35]（XD社区TCY小区郑某，59岁）

我们党和政府一直都是爱护老百姓的。以前有毛泽东思想，现在有社会主义核心价值观，搞公共文化服务是人人赞美的好事，说明党想着老百姓，在生活上关照老百姓。虽然现在社会上不同的声音很多，但是我包括我的家人都十分拥护党的这个文化政策，很多邻居刚开始没来参加过社区活动，后来参加参加就喜欢了，积极参与比赛，为社区争光，这说明党的政策已经深入人心。

（二）公共文化服务建设的意识形态前置

1949年以来，中国的文化建设经历了从文化单向灌输到文化治理共建的曲折过程。在现代中国，公共文化服务作为文化治理的重要维度依然肩负着文化建设的政治属性，即"通过各类公共文化活动，形成公共文化生活和公共文化空间，从而促进对社会公共价值和核心价值的认同，提升全社会文明程度和全民族精神文化生活质量"②。也就是说，公共文化服务体系建设应同社会主义核心价值观体系的构建相结合，充分发挥公共文化的生产与普及对群众的社会价值观的影响，使文化惠民工程成为传播社会主义核心价值理念的重要载体，为建构社会主义公共集体意识及其文化认同奠定价值基础和现实可能性。进言之，我国公共

---

① 万林艳：《公共文化及其在当代中国的发展》，《中国人民大学学报》2006年第1期。
② 蒯大申：《关于公共文化的三个基本问题》，《民主》2015年第7期。

文化服务在文化治理的政治属性下，指向的是集体主义意识形态的合理性建构和民众对现行体制的价值认同，即通过公民的文化认同来使全社会达成价值共识，并最终达至每个个体对国家制度合法性的一致性认同，巩固社会主义国家的存在根基。因此，构建公共文化服务必须深刻认识到社会主义核心价值观在文化建设中的重要地位，在设计和开展公共文化服务时必须坚决贯彻社会主义集体意识形态，巩固社会主义意识形态在个人生活中的重要地位，即所谓的公共文化意识形态前置，这是构建我国公共文化服务的基本出发点。而满足人民的公共文化需要则是公共文化服务的最终落脚点。

公共文化的意识形态前置意味着公共文化服务以实现公众文化对社会主义制度的高度认可作为政治目标。社会主义是"人类在现代化发展基础上所追求的更高的社会形态，是人类历史发展的必然趋势"①。社会主义以人的全面自由发展为目标，在现代化建设过程中，这一根本价值目标并没有改变。遵循社会主义的制度属性和根本价值目标进行文化治理的制度设计和体制创新，使公共文化能够不断满足每个公民的文化需求，并不断有序地组织文化再生产，有效缓释不断升级变化的结构性文化供需矛盾，共建和谐的文化生活，是社会主义公共文化服务建设的应有之义。在新时期推进公共文化服务意味着要将社会主义核心价值观更好地融入公共文化建设，让人们在共享公共文化成果的同时，承继、认同、内化社会主义新型文化。

另一方面，意识形态前置意味着坚持政府在公共文化服务建设中的主导地位。正如上文所指出的，在现代化浪潮和深化体制改革的双重作用下，公共精神和集体认同在个体的精神生活中逐渐式微。如何重拾社会的普世价值，重建社会信任，形塑承载个人生活的健康价值观和理性期望的集体意识形态，是我们党和政府制定公共文化政策的最终诉求。因此，对公共文化的有效治理一定是围绕着在社会中重塑科学意识形态的系统治理，社会主义核心价值观并不是高高在上的极端意识形态观，它是接地气的现代社会主义意识形态观。这要求在推进公共文化服务建

① 林尚立：《社会主义与国家建设——基于中国的立场和实践》，《社会科学战线》2009年第6期。

设时，既要坚持多元主体参与，又要坚持和贯彻党和政府的主导地位和引领作用，通过公共文化建设中的各项艺术智性活动来将公共精神融入居民品质，进而实现文化的政治功能。

[个案 3—7]（N 市文广新局副处长张某）

公共文化在全市文化建设中处于基础性地位，这个基础不打牢的话，那么不管是社区、各个区县的文艺创作都将很难得到繁荣或发展。公共文化是政府给予每个公民的权利，是一种社会福利，因为其在实际执行过程中更偏向弱势群体。为什么呢？因为大部分中年人有能力有经济来源，可以通过市场方式来解决自身的文化需求。而一些小孩、老人，他没有工作、经济来源，那么他们的文化需求就更多地要求政府来承担。就像我们现在小孩子的免费义务教育，老人的国家养老，这些都是由国家来承担的。公共文化自然意味着政府是提供主体，尤其是对于社区的老人、幼儿、伤残人士等等，越是需要救助和帮助的群体，他们的文化生活就越需要政府来承担供给的责任和义务。

## 二　重塑公共文化生活的价值关怀与制度实践

### （一）实现和谐文化价值理念的重要路径

相伴着文化的"传统治理模式中那些对政治神秘主义和文化隐喻主义的过分依赖在公开化和透明化时代都将被消解"①，迫使政府的文化治理必须关注其嵌入人们日常生活中的技术性，文化政策应是构筑不同行动者社会生活方式的重要手段，并"通过体制上的支持对美学创造力和集体生活的方式进行引导"②。而"无数个体千差万别，每一个人都拥有独特的生活目标以及追求方式，视而不见地掠过具体的日常生活以及忙忙碌碌的个体，某些重要的图像可能消失"③，因此政府需要立足

---

① 王列生：《论构建公共文化服务体系的意识形态前置》，《文艺理论与批评》2007 年第 2 期。

② ［澳］托比·米勒、［美］乔治·尤迪斯：《文化政策》，冯建三译，台北：巨流图书有限公司 2006 年版，第 1 页。

③ 南帆：《文学性、文化先锋与日常生活》，《当代作家评论》2010 年第 2 期。

于运用能够有效深入到各阶层文化生活中的制度文本和制度实践来形塑具有包容性的公共文化空间，以在文化区隔之间建立起各阶层良性沟通的桥梁。在此过程中，个体的文化价值观念在生活中也被国家形塑。

[个案3—18]（N市文广新局科长董某）

公共文化服务实际上还是起到了一个很好的宣传与教育作用，这个宣传与教育并不是说通过其作品本身进行宣传和教育，这是一个潜移默化的（过程）。"宣传和教育"就我的理解，我们不能讲宣传和教育就是我今天搞"三严三实"教育，才叫教育，对老百姓的教育不是这个样子的，对老百姓的教育是一些潜移默化的引导，甚至是一些对生活中思想阵地的占领，我将你的思想和精力引导到国家希望你考虑的事情上来，不就没有时间受到其他的负面的影响了嘛。我通过一些有正能量的东西来灌输你，来吸引你，你就会少被有负能量的东西吸引，那整个社会不就会变得正能量越来越多嘛。正能量越多，人与人之间的包容和理解也就越来越多，整个社会就和谐了。

在政府的制度文本中，公共文化服务以其亲民性和可达性，成为人们平等享受文化权利的主要路径，也是实现包容性公共文化的主要在场。同时，它也是政府进行文化治理的重要着力点——旨在通过对社会中每个个体的生活方式进行治理来重构社会关系以实现社会和谐，意即通过建构在不同阶层之间利益关系调整之上的策略性文化实践来调适自我与他人的关系。在文化服务所建构的公共空间中，政府尊重多元主体的多样化文化生活，允许不同个体带着自己不可化约的差异性进入公共领域，"从事具有公共精神的行动，能够从帮助他人的过程中在内心获得一种满足感和成就感，从中获得一种幸福感"[①]；于是，文化服务在阶层利益不断分化、文化区隔日益显著的个体化时代，不断编织着能够通过沟通、交融、转换和重塑来构建差异性和共在性的统一的公共生活

---

① ［英］保罗·霍普：《个人主义时代之共同体重建》，沈毅译，浙江大学出版社2010年版，第145页。

的憧憬，因为"公共生活的建设可以为构建富有生机的、互相支持的和赋予包容性的公民社会带来愿景"①。由此，政府实现了通过这个平台潜移默化地向各阶层居民推介其倡导的文化价值的目的，达至了润物细无声的效果。可见，理想意义上的公共文化服务致力于为国家、城市社区搭建一个具有文化包容意义的公共文化空间和精神天地。这种服务一方面是政府实现自己和谐文化价值理念的重要手段，另一方面又为居民提供了享受公共文化生活和共建文化认同的土壤。

（二）面向大众生活的公共文化服务建设

社会主义文化建设机制亟须创新，但是这并不意味着文化治理中国家力量的全面退出，而是要求政府应着眼于生活维度重新建立起一套新型的文化发展策略。公共文化服务是在国家宏观治理结构中的文化治理场域中实践的，而现今中国的文化治理重建又是一个具有多重维度的复杂进程。

第一，公共文化服务实践是旨在通过强化群众对党和国家的相关政策的文化认同来巩固社会主义价值认同的国家文化工程的重要一环。表面上看，公共文化服务是一种越来越聚焦于个体行动者的文化生活的微观治理行动，但是国家倡导社区文化建设工程的目的并不仅限于丰富基层群众的文化生活，因为随着我国社会单位制的终结，建设公共文化的基本功能转而交由社区承担，党的基层动员功能也随即转移到了社区，社区文化服务的构建工作因此也就充满着政治意义。文化服务这项事业实质上是在国家治理的公共空间与群众的日常生活空间的不断互动中持续推进的。在政府对公共空间的使用和支配过程中，其依靠制度和规训来对公共文化资源进行宏观分配和对社会关系进行微观调节，并通过深入到公众的日常生活中为人民群众提供贴近公众生活的文化服务，借以用经验事实向社会大众阐释社会主义意识形态的优越性和政治体系的合法性，如此，国家在基层的权威就能得到巩固。从党和政府的角度来说，社区中文化服务既可以体现出党和政府对居民生活的人文关怀，也可以通过以群众动员为基础的社区参与来体现党和政府在个体日常生活

---

① ［英］保罗·霍普：《个人主义时代之共同体重建》，沈毅译，浙江大学出版社2010年版，第81页。

中的存在感和重要性。显然，在公共空间中通过动员群众组织有序地参与隐含意识形态引导的公共文化活动，使文化治理能够嵌入到公众的文化生活中，并与政府的文化政策目标相契合，从而实现公众对社会主义文化的高度认同，是政府在文化治理思路指引下推进公共文化服务系统建设的一项重要生活逻辑。

　　[个案3—32]（JY区文化馆李某）

　　我们考虑的是如何才能用群众喜闻乐见的方式，潜移默化地宣传教育百姓，告别以前刻板的教条模式。比如今年初，我们在NH街道沿河社区举办了一个《NH街道庆元旦文艺演出》，其中一首合唱曲，我印象很深，因为是我填的词，叫作《天地和谐》：和谐是我们的心愿/和谐让我们把关爱传扬/天地和谐大爱无疆/我们拥抱远大理想/天地和谐大爱无疆/我们的生活幸福安康。我认为这样的表现以艺术之美再现生活之美，以生活之美唤起人们对社会安定的向往，对人与自然和谐共生的向往，还有对家乡对祖国的热爱，台上合唱的演员会把台下观看的观众的感情激发出来，宣教效果非常好！

　　第二，依托群众主动参与而焕发勃勃生机的公共文化服务实践，是政府消解阶层文化区隔的一项巧妙策略。"制度是人心的产物。"[1] 顶层设计不能悬离个体行动者的心理诉求，亦不能悬离个人的真实的日常生活。政府通过一系列的公共文化服务制度设计和空间建设，期冀不同阶层的个体"通过从事或参与一种共同的行动，基本上能够让人感受到自己是一个社会或地方共同体不可分割的组成部分，重建陌生人社区各个阶层得以和谐共处的契约精神"[2]。换言之，公共文化建设的大众共同参与承载着公共文化服务追求全社会达成文化认同的理论构想，是致力于将自上而下的文化制度贯彻与自下而上的各阶层日常文化生活相融合

---

　　①　金岱：《论社会凝聚与文化逻辑》，《学术研究》2013年第2期。

　　②　[英] 保罗·霍普：《个人主义时代之共同体重建》，沈毅译，浙江大学出版社2010年版，第118页。

的行动策略。在公共文化生活空间中，琳琅满目、贴近生活的服务项目既能使各阶层可通过共同参与来满足自身文化需求，也为阶层之间的交流互动与沟通交融创造了理想条件。是以，文化治理中公共文化建设的共同参与便成为公私领域的交汇口，政府通过鼓励不同文化品位和社会阶层的人群共同参与到丰富多元的社区文化生活中享有各项文化便利，进而使行动者之间在文化服务场域中达至共同的价值追求和意义世界这一"公共精神"的终极目标得以实现。

第三，公共文化建设更加注重本地微观主体的能动作用，力图以遵循地方传统为基本原则来构建各具特色的地方公共文化服务。传统的精英文化下，一个社会文化的形成与发展、创新与繁衍往往是大传统的精英文化所主导，而忽略了小传统形成是主流文化和地方文化接触过程中再创造的合成文化。一个地区的独具特色的文化意识往往代表了该地区独有的文化生活特色，这些不成文的传统和仪式作为中介衔接着社会管理与日常生活，即它通过对地方社会关系、思想行为和主体意识进行规范，达到维护地方整体利益的社会管理效应，这种地方社会基于自身优势和文化特色来进行文化管理的传统做法往往是其他方式所无法取代的。故而，公共文化服务的实践迫切需要政府引入地方文化传统的优良资产，关注群众文化生活的本地特色，充分发挥当地公众群体重塑本地公共文化生活的主观能动性，才能更好地将文化治理目标嵌入到形形色色的各地行动者的璀璨斑斓的文化生活中，这也是政府在公共文化服务建设中的又一重要生活逻辑。也正由于此，国务院办公厅《关于推进基层综合性文化服务中心建设的指导意见》提出要"综合考虑不同地区的经济发展水平、人口变化、文化特点和自然条件等因素，坚持试点先行，及时总结不同地区建设经验，发挥典型示范作用，推动各地形成既有共性又有特色的建设发展模式"。

### 三　公共文化服务开展中的"造园姿态"

（一）"机械园艺"思维下的工程建设——数量化考核中的公共文化评估机制

"官方和专家对未来的积极规划与农民之间的冲突被官方归结为进步与蒙昧主义、理性和迷信、科学和宗教之间的斗争。但是，从我们考察的项目来看，他们所提出的'理性'的计划往往是惊人的失败。作为生产单位、人类社区或者提供服务的手段，规划的村庄都不能如其所愿给他们的人民提供服务，尽管这愿望有时是很真诚的。"① 这种制度文本的规定与制度实践的运行间的偏离现象，被认为是制度运行的一种常态，亦被认定为社会科学界的基本共识。美国人类学家詹姆斯·C.斯科特认为其原因在于国家把自然和社会改造成更容易被国家识别和控制的清晰而又简单的对象，没有真正站在人民的角度去关心和改善人民的福祉。现代国家存在着一种不顾自然、社会、文化的复杂情状，行政权力强制推行简单化、清晰化的工程项目的做法。在这种理念指导下，现代国家沦为了一种造园国（Gardening State），其始终以"造园姿态"来维持运转。目前，中国在经济发展、政治改革、文化服务、社会建设的各个层面都存在一定程度的"造园姿态"。这种理念在对"秩序""整洁""简单化"的高度强调中，试图抹杀一切复杂的、世俗的和充满人性化的生产生活方式，通过国家自上而下的重新设计，力图使人民的生活变得简单化和清晰化。它将"假定为由至高无上且毋容置疑的理性权威（往往是行政官员）所规定的设计"②，作为评价政府工作绩效的现实标准，却往往与群众的实际需求相脱节。实际上，当下许多试图改善居民生活现状、"试图实现'美好社会、健康社会、有序社会之梦想'的宏大的'现代社会工程'，正是在这种现代精神的鼓舞下，在'造园姿态'的推动下展开的"③。JY 区的社区公共文化服务制定了详细的公共文化服务绩效评估办法，其中很多指标都是数字化指标，如表3—6 所示。

---

① ［美］詹姆斯·斯科特：《国家的视角：那些试图改善人类状况的项目是如何失败的》，王晓毅译，社会科学文献出版社 2011 年版，第 322 页。

② ［英］齐格蒙·鲍曼：《现代性与矛盾性》，邵迎生译，商务印书馆 2003 年版，第 31 页。

③ 王小章：《论焦虑——不确定性时代的一种基本社会心态》，《浙江学刊》2015 年第 1 期。

表 3—6　　　　　JY 区各社区公共文化服务绩效评估办法

| 评估内容（100 分） | 分值（累积加分制） |
|---|---|
| 1. 社区文化室情况（10 分） | |
| 　　有专门的社区文化活动室 | 5 |
| 　　社区活动室达到省市标准 | 5 |
| 2. 公共文化服务投入情况（10 分） | |
| 　　社区有专项资金投入公共文化服务建设 | 5 |
| 　　社区公共文化服务建设资金投入占社区支出费用比≥5% | 5 |
| 3. 社区日常文化活动情况（10 分） | |
| 　　积极参加上级文化活动 | 5 |
| 　　有社区图书室 | 5 |
| 4. 社区文化社团情况（15 分） | |
| 　　有专业或志愿社区文工团 | 5 |
| 　　社区文化社团月举办活动场次≥2 | 10 |
| 5. 社区文化宣传动员能力（10 分） | |
| 　　有专门的文化宣传场地并定期宣传主流文化 | 6 |
| 　　社区文化活动动员能力强，参与率高 | 4 |
| 6. 文化交流情况（15 分） | |
| 　　社区积极向街道、区等推送文化活动 | 8 |
| 　　社区之间文化交流活动频繁 | 7 |
| 7. 创新争优情况（10 分） | |
| 　　社区有"创建文化特色社区"的专项工作 | 3 |
| 　　年度社区文化工作受各级表彰次数≥1 次 | 3 |
| 　　社区有富有特色的文化活动或创新形式 | 4 |
| 8. 社区文化人才情况（10 分） | |
| 　　社区有知名文化人才 | 5 |
| 　　社区对优秀文化人才及文化工作者有奖励办法 | 5 |
| 9. 街道文化服务台账工作（10 分） | |
| 　　有专员负责日常性文化台账记录 | 5 |
| 　　有定期台账审查制度 | 5 |

在相关文件中对文化活动的次数和新增公共文化设施的数量上都有明确的数字要求：

社区（村）文化活动室要达到示范点要求。社区居民活动有去处，各社区活动室面积不少于 100 平方米，有宣传栏或宣传板，活动项目不少于 6 个；订阅报刊不少于 8 种，图书不少于 1000 册，每年购新书 50 册，并定期与区图书馆和街道文化站进行图书流转，共享工程服务点不少于 5 台终端计算机；每年组织开展文体活动不少于 5 次。

——《JY 区关于公共文化体育事业的实施意见》

陶东风认为这种文化建设水平的纯粹数量化衡量标准或者规划思路常常充满了"机械园艺"思维，"政府官员就是哪个拿着剪刀到处修剪的园艺师，根本不让文化的花园获得自发生长的土壤和可能性"[①]。在推进城市社区公共文化服务过程中，个别社区只顾抽象地量化数字上的文化服务内容，将服务形式固定化、简单化，却忽视地方文化和历史传统的繁衍，藐视行动者的价值观念特点和真实文化需求。在这些社区，公共文化服务就像是一个璀璨斑斓但却整齐划一的理想上的精品，被悬置在社区中心的展览架上，成为了契诃夫笔下"装在套子里"的文化服务。这种服务之所以会失去它本身应有之功能，原因多在于按照"精英知识分子掌握科学和理性，提供知识、观点和行动的方向"的思路来进行公共文化建设，而广大居民，"除了被鼓动外，很难想象还有什么角色"。

[个案 3—36]（JY 区文化局黄科长）

说实话，大多数社区文化室是花架子摆设，它们大多数不接地气，通常位于社区内部，没有对外开放通道的指示牌，平常也基本上不开放。所以虽然图书报刊借阅室、电子阅览室和文化共享工程等等花费了区、街、社区三级政府大量经费，实际上只是用于应对上级的创建检查罢了。

---

① 陶东风：《文化发展需要打破政府迷思》，《江苏行政学院学报》2013 年第 2 期。

（二）抽象概括下的"陈芝麻烂谷子"——与时代脱轨的文化产品和文化服务

抽象是"造园姿态"的典型特征，制度的制定者们往往通过抽象的特征来评估真实的生活，实际上所有这些抽象出来用以指导实践的象征总是与真实生活相差甚远。而且，"造园人"还会用这种方法来抽象具体的人。斯科特认为当国家将具体的人简化为没有人性的个体时，"真实的农民"便成了"标准的""小说中的农民"，他们"被想象成在同样的土地上和同样的气候下，按照种子说明书的指示，使用同样的化肥、农药，种植同样的作物"。各式各样的人被行政管理人员简化为抽象的主体，他们没有性别，没有品位，没有价值观念和自己的想法。结果，以人性和具体生活被忽略为代价，国家获得了管理上的方便和美学上的统一，但同时也失去了准确把握真实生活和人们的真实感受的能力。

在咄咄逼人的权力官僚制阴影下，投入了庞大资金却又笨拙无效率的城市社区文化建设中，本应作为文化服务主体的行动者的身影却越发渺小。文化服务内容陈旧，忽视居民基本需求是 JQ 社区公共文化服务的一个显著特点。这一现象突出体现于 JQ 社区的图书阅览室。尽管这个阅览室已经远远超过了 JY 区制定的图书数量标准，藏书 3000 余册，但是在这里看书和借书的人却不多，这里的书大多内容比较陈旧，没有电子借阅系统，读者进来看书的时候查不到这里有哪些书，只能进来随便翻翻，这对用惯了新媒体的中青年群体没有任何吸引力。于是，书屋成为一种摆设，久而久之，进书屋借阅图书的青年人往往会被同龄人视为社区活动室里的异类。而且，在 JY 区文化宣传部门组织的"公益电影进社区"活动中，往往一个超万人居住的社区，一场电影的观众一般不超过 200 人。大多数居民不关心电影什么时候放映，也不关心放映什么影片，去的居民也只是路过凑凑热闹，站不到十分钟就走人了。

一面是政府对公共文化资源不停加大投入，另一面却是居民鲜有使用文化资源而造成的浪费，这种现状是文化服务与群众文化需求相错位的必然结果。根据在 JY 区各个社区的文化书屋里的走访，笔者发现图书报刊大部分都是非常光鲜的新书新刊，但是其内容都比较老套，比如还是四大名著、外国经典、四书五经、上下五千年、唐诗宋词等，老书新皮罢了，不符合群众与时俱进的阅读品位；社区播放的影片，有些还是十几年以前的，就是新近几年的电影，居民也大都通过电视或网络看过。可见，社区文化服务的内容和形式与时代发展严重脱节，如果忽略居民的文化需求而盲目建设，只能造成资金和场地的浪费，最后也会被隔离于居民日常生活之外。这样的场景提醒我们，公共文化服务不仅要传承优良传统，还要引领时代、关注时下、聚焦时尚，它只有在尊重当地文化现有特质的基础上体现当前时代最富普遍意义的价值取向、精神气质、心理状态和情感状态，才会被人们关注、记忆和欢迎。文化服务应该"从当下切入，从时下人们普遍熟悉甚至现在发生的某些现象、动态、问题入手，满足百姓最迫切、最期待的文化需求"①。脱离了以民为本的基本出发点，任何文化服务都会变成盒子里面的收藏品，凄凉又冷清。

（三）公共空间在"精心"规划下的"闲置"——与生活脱轨的文化设施和文化广场

当前中国的社会结构和利益关系已然发生了重大变化。在社会阶层分化背景下，处于相同社会经济地位的阶层倾向于一致性的身份认同，并会具有相似的价值观念、社会态度和行为准则，追求相仿的生活方式和消费模式，在此基础上形成了自己的阶层意识和阶层文化。而城市公共空间的最重要意义就在于其可以将文化品位和阶层各不相同的人群的丰富多元的城市生活都容纳进来，是"人们进行功能性或仪式性活动的共同场所，无论是在日常生活或周期性的节日中，它使人们联合成社会"②。而这种丰富的社会生活和有序的社会交往必然是存在于具有便捷的混合使用功能和相当密度的城市肌理之中的。人们能够自然、随意享受的公共场所，必然是靠近居住区且其功能的多样化、活跃性都很突出的。因为公共空间形成的关键在于使人们对空间产生"归属感"的人和空间之间的情感关联。从这个意义上说，空间不仅是外在的物质存在，更是与人们的生命活动存在直接关系的重要载体。所以，在构建城

---

① 胡智锋、杨乘虎：《免费开放：国家公共文化服务体系的发展与创新》，《清华大学学报》（哲学社会科学版）2013 年第 1 期。

② Carr S.，*Public Space*，Cambridge：Cambridge University Press，1992.

市公共空间的过程中，首先需要考虑这个空间的可达性，这种可达性既包括在物质意义上——不同阶层和群体的空间可达性与便捷性，也包括在社会意义上——开展不同文化活动、促进社会交往的随意性。

近年来，西方发达国家在构建公共空间时，越来越注重其周边设施的配套功能和居民使用的便捷性，关注城市新建公共空间的可达性，并兼顾老城市内部空间的协调运作效率和整体功能。社会学家雅各布斯在她的城市社会学经典论著《美国大城市的死与生》中，生动描绘了老城市公共空间所展示出的有序与和谐："老城市看来缺乏秩序，其实在其背后有一种神奇的秩序在维持着街道的安全和城市的自由……这种秩序充满着运动和变化……称之为城市的艺术形态，将它比拟为舞蹈——不是那种很简单、准确的舞蹈，每个人都在同一时刻起脚、转身、弯腰，而是一种复杂的芭蕾，每个舞蹈演员在整体中都表现出自己的独特风格，但又互相映衬，组成一个秩序井然，相互和谐的整体。"①

与此相对照的是，随着我国城市空间的大规模扩张、郊区化发展趋势和大范围旧城改造，城市中很多老街区的肌理被破坏，割裂了居民对于原有公共空间的情感，挖空了行动者对于居住共同体的认知。同时，政府一直以来"以经济建设为中心"的发展规划导向，使得我国公共文化服务的建设路径严重依赖"GDP绩效观"，各级政府都以各种设施的建设"基数"为衡量指标和工作目标，大兴土木、争相修建各种文化基础设施，专门用于观赏和休憩的开放空间（广场）和绿地（公园）纷纷兴建起来。但是在现代主义城市理性规划理念的影响下，这些本应作为公共空间的广场和公园，却因为坐落在居民生活空间的外围，周边缺少配套设施，从而使它们不具备"可达性"的基本条件，这些场所中往往弥漫着单调乏味的气氛，其公共功能也大部分丧失，居民宁可选择小区内狭小的院落空间，也不愿意费力去规模宏大的广场。这些广场因此成了被人们遗忘的摆设、一些华而不实的形象工程。离开了居民具体的、实际的使用，公共空间原本应该具有的活力和多样性也就消失殆尽了，进而使这些空间丧失了其在制度理想中的"公共"之意。

---

① ［美］简·雅各布斯：《美国大城市的死与生》，金衡山译，译林出版社2006年版，第43页。

# 本章小结

　　本章从公共文化服务实践的主要行动者政府视角出发，描述政府在中国社会转型期的文化治理和社区建设场域中，实践公共文化服务的具体策略，着重研究隐藏在政府行动策略之后的政治利益追逐动因和行动逻辑，进而挖掘渗透在政府行动中的路径依赖和理想旨趣。

　　政府实践公共文化服务是在现代社会转型特有的多层次场域中进行的。

　　第一，国家视域下文化治理的理念变迁和演进。随着单位制社会的解体和个体化意识蔓延，原有的灌输式的文化管理理念已经丧失了社会根基，日益自我的现代人，在争取自我主宰权的同时，也越来越不容易被那些被安排好的朝向既定目标的价值灌输所左右，于个体化意识蔓延时代中通过文化治理来重建具有公共精神的集体意识已刻不容缓。

　　第二，政治文明中公民文化权利的意义嵌入和实现路径。在被齐格蒙特·鲍曼誉为"不可逃离的命运和无法逆转的过程"的全球化进程中，公共文化权利已成为公民的一项制度性人权而得到世界广泛认同。于此潮流中，国家通过公共文化服务建设来拓展公共文化空间，推行蕴含国家意志的公共文化生活方式，是政府履行其文化民生的责任担当、践行其建设和谐文化价值诉求的重要体现。

　　第三，经济转型中文化产业的公共价值缺失和精神重塑。在貌似欣欣向荣的经济发展中，包括文化产业在内的社会各领域都弥漫着自由市场经济思潮，而文化产业中的"文化"维度却逐步凋谢，公共领域在文化产业中逐渐失宠，加深了阶层文化隔阂和文化权利不平等现象，进一步疏离了居民文化生活与国家价值理想的距离，通过重建公共领域来引导文化生产的发展方向就颇为关键。这促使政府必须立足于实现文化权利人人平等来眷注文化产品中的价值担当，让文化组织重拾其社会责任，进而重构文化组织的自由生产与国家价值理念之间的互动关系。

　　在制度文本的构建和政策体系的制定等历史情境和现实渊源中，隐含着政府在公共文化服务实践中所采取的多样化策略。

第一，聚焦空间的营造。公共文化空间是一个超出个体、私人或家庭领域的，建立在共同性和邻里的文化交往之上，且具有维系社会关系和形成个人归属感意义的场所，这种能够不断滋生公共文化的空间会成为公私领域间的一个接口，成为改变原有社会关系的一个有效切入点，进而巧妙地将国家意志与社区日常生活得以在此糅合成一个新的行动领域。因此，N 市始终把创建公共文化空间作为公共文化服务实践的重要抓手，在社区服务站打造多功能文化活动室是 JY 区所辖社区公共文化空间扩建的最主要方式，煞费心机地在文化服务可获得性即服务设施资源、服务数量和服务类型上做文章，着力打造具备多种功能的活动室以满足不同阶层居民的文化需求。然而，在政府构建"公共空间"的过程中，一部分空间在权力关系驱使下被异化为行政部门的"表现空间"，一部分空间又在政府的华丽规划下被闲置，使得"公共空间"在形式上被不断建构的同时实际上又被不断消解着，空间的供需矛盾并未有效缓解。

第二，塑造文化惠民活动品牌。JY 区政府为了保障社区公共文化活动的顺利开展，专门建立了六边形框架下的专项资金保障机制，并通过精心策划月度活动主题、开展富有地方特色的公共文化活动、推广"一社一品"社区文化活动来打造品牌，创建"百花齐放"的特色文化社区，并组织社区之间的"广场舞""小合唱"等比赛，以建构公共文化活动的常态机制。研究发现，尽管在对外宣传和组织形式上异彩纷呈、欢欣鼓舞，但是在完成市区各项指标任务压力下形塑的社区文化活动品牌出现了越来越明显的同质化现象，这与个体化社会中居民文化需求多元化发展趋势相悖，制约了个体对文化活动的参与兴趣，广场舞和小合唱团队也仅仅是限于同一层次的人群参加，缺乏广泛群众基础的文化服务必然会导致政府自上而下服务内容的"孤芳自赏"。

第三，发动社会力量，扶持社区文化团体。JY 区政府通过不断整合文化团队资源，帮助共建社区团队，创新文化节目形式，在社区内培养了一些具有一定专业基础的文艺骨干。同时，JY 区还着重对弱势群体进行文化帮扶。以农民工子女为重点，扶持雨花石鼓乐团，吸纳外来工子女共享城市公共文化服务，积极打造残疾人艺术服务中心。在此基础上，扩充文化服务的社会性力量，利用高校丰富的文化资源与艺术热情，让高校社团与社区文工团之间有来有往，创新性地开展社区与高校文化社团的合作模式。研究发现，社区公共文化服务以弱势群体为帮扶重点，发动各种社会力量参与，这是在显露着根深蒂固的阶层性和丰富多彩的文化样式的社区沟壑中，实现政府推行公共文化服务的理想要旨和基本责任的重要路径。

由此，在深描政府行动策略中的体制驱使、结构使然和文化诉求之后，政府行动背后的路径依赖和理想旨趣，即政府开展公共文化服务的实践逻辑就已变得一目了然了。

第一，公共文化的政治使命与意识形态前置。从公共文化服务的政治功能出发理解政府的公共文化服务实践，笔者认为公共文化的三重功能是国家期冀文化所应承担的公共职责。具体而言，公共文化在实践中可以发挥将社会成员的个体意志整合为公众意志的功能，同时可以将社会共同价值观念内化入公民的思想意识中，并具有通过尊重个体意志来使社会成员愿意接受来增强社会凝聚力的功能。作为社会主义国家，我国唯有秉持追求公民全面发展与社会和谐共存的文化建设才能保证社会大众能够平等参与社会关系和文化价值的重建过程。故而，在政府实践公共文化服务的过程中必然要将意识形态放于最高位置。这意味着公共文化服务在政治层面致力于实现公众的文化意识对社会主义制度的高度认可。因此，政府在公共文化服务建设中占据主导地位是历史必然、形势所向。

第二，重塑公共文化生活的价值关怀与制度实践。公共文化服务是政府文化价值理念的"世俗化"路径（即实现和谐文化价值理念），在阶层利益不断分化、文化区隔日益明显的个体化时代，公共文化服务通过建构使各阶层相互沟通交流的文化机制来为国民不断编织着差异性和共在性相统一的公共生活愿景。在面向大众生活的公共文化服务建设中，公共文化服务实践是试图通过强化公众的文化认同来巩固国家价值认同的国家文化形塑的重要环节。同时，发动群众主动参与生机盎然的公共文化活动，是消解阶层文化区隔、实现阶层和解的一项巧妙策略。而且，各地的公共文化建设十分注重本地微观主体的能动作用，将遵循地方传统作为基本原则，形成各自地方公共文化服务的特色魅力。

第三，在"造园姿态"影响下忽视参与主体的能动性与主体性的公共文化服务。政府尽管在公共空间的营造上极为重视"可及性"，在服务的资源、类型和数量上都很注重便民，但是在具体实践中，政府本着理想主义权威，自上而下地过于简单化且清晰化地进行文化服务设计，往往忽略了公共文化服务的"实践主体——社区基层"与"参与主体——社区居民"在价值观念和行动逻辑上的分歧。在城市社区公共文化服务推进过程中，"现实中的政府都是由一群活生生的人组成的。在一般情况下，他们是积极谋取自身利益最大化的'理性经济人'。政府行为方式中的'理性经济人'特征决定了它的一切行为都是为了实现政府利益的最大化"。在官本位文化残留的影响下，公共文化服务提供哪些服务和如何提供，往往是由政府自身需要决定的。在这种无法彻底撇开为政绩工程需要而进行的公共服务中，原本为向居民提供更好的公共文化服务产品而努力拓展服务内容的价值取向非常容易被扭曲。个别社区工作人员为了便于应付上级考察，将文化服务内容抽象化、数字化，形式固定化、程序简单化，忽视了居民的价值观念特点和真实文化需求，这种"造园式"文化服务多忽视行动者的主体地位，无法与居民真正达成心灵上的契合，其公共性"价值意义"的脱离着重表现在许多斥巨资兴建的公共空间在规划设置下被"闲置"，最终只能造成"对履行政府公共服务职能是很大的障碍，其影响是政府部门对社会服务需求的响应慢、效果差、效率低、成本高的不良影响"①。

① 李建敏、魏武：《专家：中国政府管理理念须从官本位向民本位转变》，新华网（ht-tp：//news.xinhuanet.com/newscenter/2004－06/11/content_1521668.htm）。

# 第四章

# 认同与选择
## ——公共文化服务中的居民参与

要解释公共文化服务作为一项嵌入城市社区文化建设过程的制度是如何运行的，就不能仅仅停留在制度文本分析层面，而需要进一步了解自上而下的制度设计在普通居民的日常生活中是如何实践和再生产的，需要将居民在参与过程中的需求、体验和认知置于社会转型的背景之下，为探讨社区各参与主体之间如何进行互动提供支持。具体而言，笔者关注的是在社会转型的过程中，拥有着不同文化需求的居民在公共文化生活情境中如何不断地体验、认知和寻求心灵的满足，建构自己行动的意义？如何与政府和他人建立起"行动—信任—合作"的互动关系，形塑陌生人社区中的社会资本与关系网络？故而，本章着重运用参与观察和个案研究法，深入居民的日常生活实践来探讨来自不同阶层的居民的社区参与过程，重点描述在这场自上而下推动的宏大的社区文化建设过程中，普通居民所采取的体现着这些鲜活个人生活方式的主体性行动策略，意图从居民在社区文化服务中的参与行为和认知逻辑来透视社会多重转型背景下的中国城市社区公共文化服务的实质意义。在此过程中，笔者尽量摒弃以往由政府话语建构出来的参与场景，而是从生活实践、参与策略、文化惯习和抗争行动等微观层面入手，描绘并重述城市居民文化服务参与过程的多样性、流动性和复杂性。

## 第一节　城市社区公共文化服务的
## 居民弱参与场域

现阶段，在政府管理模式不断由传统的行政管理向治理转型的过程中，居民的社区参与却面临着许多根深蒂固的问题，诸如参与群体冷热不均、参与意识不强、参与形式单一且多为动员式参与、参与人员重复率较高等，使得社区治理中的居民参与呈现出弱参与表征。① 而且在社区公共文化服务中，由于缺乏对政府提供的文化产品、文化服务设施和文化活动的认可和使用，其居民参与亦浮现出弱参与图式。② 在部分社区，政府斥巨资兴建的文化服务设施备受冷落，公共文化活动的参与者趋于老龄化和零散化，一些社区的文化服务实践被局限在对弱势群体的文化扶贫，疏离于大多数居民的个体文化生活和日常交际网络，政府推动文化建设的热情反而远远超过社区居民基于其个人生活意义对文化服务的感知和理解。

　　笔者认为，当前城市社区居民在公共文化服务中的弱参与问题已经不再是行动者主观意愿上单纯的参与抑或不参与的问题。由于参与总是发生在一定的情境之中，是一种与周遭环境相联系的行为，社会因素必然会对其施加影响，所以它显然是一种嵌入性行为，其行动过程始终受到外部规范和社会分层的综合影响。也就是说，公共文化服务实践中的居民弱参与问题实质上是外在的结构性力量这一宏观机制与个体行动者的内在特质这一微观主体机制相互复杂作用的产物。故而，对社区公共文化服务中居民弱参与的研究不能囿于参与行为本身，而应将其置于中国社会转型和社区建设治理的宏大背景之下，分析宏观制度环境与居民的个体需求以及参与行为之间的相互影响机制，进而探究社会宏观结构与个人微观心理机制的内在关联及其互动过程。

　　从这个角度上看，文化服务中的居民弱参与已形成了一个特定场

---

　　① 叶南客：《中国城市居民社区参与的历程与体制创新》，《江海学刊》2001 年第 5 期；杨敏：《公民参与、群众参与与社区参与》，《社会》2005 年第 5 期；刘岩、刘威：《从"公民参与"到"群众参与"——转型期城市社区参与的范式转换与实践逻辑》，《浙江社会科学》2008 年第 1 期；姚华、王亚南：《社区自治：自主性空间的缺失与居民参与的困境》，《社会科学战线》2010 年第 8 期。

　　② 叶南客：《21 世纪中国社区文化发展的方向与方略》，《学习与实践》2006 年第 3 期；吴理财：《服务型政府构建与民众参与——以乡镇职能转变为例》，《学习月刊》2008 年第 13 期；阮荣平：《农村文化大院建设评价：基于河南嵩县实地调查》，《贵州社会科学》2010 年第 3 期；唐亚林、朱春：《当代中国公共文化服务均等化的发展之道》，《学术界》2012 年第 5 期。

域。在这个场域内，居民弱参与在不同因素的综合作用下被不断生产和再生产着，并在中国当下特定的社会情境中被进一步固化。基于此种认知，本章拟在中国社会特有的文化转型背景中，厘清导致城市社区公共文化服务居民弱参与的各种结构性因素，从转型社会中的个人焦虑与认同缺失、文化活动参与热情的代际差异、社会分层中的文化分层情境和文化服务参与制度的缺陷四个层次来探讨该场域的形构与固化过程，梳理社区公共文化服务居民弱参与场域的逻辑起点、人口特征、空间结构和制度环境。

**一　个人焦虑与社区认同缺失——城市居民社区活动弱参与场域的逻辑起点**

　　转型中的中国社会是一种特定的社会类型，在由传统农业社会向现代社会转变的进程中，它既体现着现代社会的现代性、风险性特征，同时又裹挟着传统文化和社会礼仪中所遗落的乡土性，从而形成了传统习俗与现代思想共存、碰撞与融合的复杂社会结构。这一特殊社会结构就是居民弱参与场域得以形构的根基，它既是一种难以逃脱的背景式的结构性力量，同时也造就了行动者弱参与的逻辑起点。

　　（一）充满焦虑的脱嵌社会对"自由人"参与公共生活之主观意愿的弱化

　　传统的中国社会以代代相传、习以为常的权威体系和等级秩序作为规训社会关系的基本准则，在限制人们行为的同时，也给予人们在社会生活中的行为以意义。在这些亘古不变的固有生活秩序中，人们笃定地维系着血缘和地缘的纽带，遵守着传统经验所给予的社会规范。然而改革开放以来，中国现代化进程加速推进，社会已步入激荡的转型时期，伴随着市场经济的深入发展和国家制度的调整，社会阶层化和利益关系市场化、个人主义和消费主义、陌生人社区和原子化社会等特征日益彰显，这种全方位的转型带来了一系列社会结构与文化形态的聚变。在这一聚变进程中，乡土社会中充满温情和集体意识的共同体不可避免地走向解体，原有的秩序和规范不断地被怀疑，随之崩塌的是生活之惯常的习性。而且因为"现代本就是从人类寻求对自身命运的自我主宰、自我掌控而起步的"①，所以与现代化发展同步，身处其中的个人也不断步入脱嵌（Detraditionalization）的个体化进程中，即个人不断从历史限定的、在支配和支持的传统语境意义上的社会形式和义务中脱离出来，②从来自外在的、整体的、文化传统的层层包裹中挣脱出来，人们不再被禁锢在"一个正好属于他们的、几乎无法想象可以偏离的角色和住所……而有权利为自己选择各自的生活方式，有权利以良知决定各自接受哪些信仰，有权利以他们的先辈不可能驾驭的一整套方式来确定他们生活的形态"③。

然而，从传统社会中破茧而出的个体"在民主时代往往寻求一种渺小和粗鄙的快乐"④，在得到尼采眼中"可怜的舒适"⑤ 的同时，却将自己完全封闭在内省的孤独之中。也就是说，处于现代社会中的个体并没有因为脱离了家庭纽带、亲属组织和社会机构而傲然自立，而是作为"风险社会中社会性的再生产单位"出现的。这是由于在萦绕着对自由无限憧憬的现代社会中，一方面，否定一切的自我理性和翻转全部的革命逻辑使得世界处于永不停息的变化之中，⑥ 传统中"一切固定的僵化的关系以及与之相适应的素被尊崇的观念和见解都被消除了，一切新形成的关系等不到固定下来就陈旧了。一切等级的和固定的东西都烟消云散了，一切神圣的东西都被亵渎了"⑦。这种激进的变革消解了原有社会中组织和个人所依赖和参照的集体意识，变幻莫测的社会同时给予个人纷繁复杂的困惑和积重难返的困境。另一方面，生活之惯常的习性崩塌之后，一直以来这种习性所给予生命个体的确定性和本体性安全感也随之失灵。正是因为与实践知识、信仰和指导规则相关的传统安全感的丧失，失去了生存庇佑的个人不得不独立面对瞬息万变的现代社会中的

---

① 王小章：《论焦虑》，《浙江学刊》2015 年第 1 期。

② 阎云翔：《中国社会的个体化》，陆洋等译，上海译文出版社 2012 年版，第 352 页。

③ ［加］查尔斯·泰勒：《现代性之隐忧》，程炼译，中央编译出版社 2001 年版，第 2 页。

④ 同上书，第 4 页。

⑤ ［德］尼采：《查拉图斯特拉如是说》，钱春绮译，生活·读书·新知三联书店 2007 年版，第 75 页。

⑥ 王小章、王志强：《从"社区"到"脱域的共同体"——现代性视野下的社区和社区建设》，《学术论坛》2003 年第 6 期。

⑦ 《马克思恩格斯选集》第 1 卷，人民出版社 1995 年版，第 275 页。

风险，不断地将自身的物质生存条件和社会生活境遇作为规划行为的核心准则，由此成为真正意义上的自由选择者，却又越来越裸露在无孔不入的风险之中。正如鲍曼指出的："个体抉择所面对的风险是由一些超出个体理解和行为能力的力量所致，但是个体却要为任何风险失误买单。"① 重压之下，个性的膨胀和生活上的虚无主义鼎盛于世，每个人都苦心焦虑，泛化的焦虑情绪在"沸腾效应"（在心理学中，人们把关键因素所引起的本质变化现象，称之为沸腾效应。此处引用这一概念意指个体化焦虑在社会结构剧烈变化之下演绎成社会性焦虑这一量变到质变的过程，以突出焦虑之全民性和社会性）作用下演变成社会性心态，成为了处于前现代、现代与后现代相混杂的中国社会中最主要的精神症候。焦虑情绪中的个体挣扎在风险的惊涛骇浪中，在瞬息万变中的现象中不断追寻可靠的物质支点（金钱），却又在需求不断被满足的过程中因精神上过于空虚而找不到心灵的归宿，从而在无休无止的孤独中故步自封。现代化带给人们关于自由的美好愿景，却由于过度的自由遏制了人们参与公共生活的意念，使这个社会中的一个个"自由人"逐步沦落成为封闭在自己心中的个人。

（二）"互不相关的邻里"消解了居民参与社区事务的场域

在大城市的社区中，拥有着不同利益追求和情感诉求的人们聚居在这万顷琉璃的都市里，不断重复着自己的日常生活实践。随着现代交通和通信工具的普及应用，眼花缭乱的大众传播和日益完善的公共教育转变了个体的生产和生活方式，社区居民的生活娱乐场所和工作地点不断分离，他们的文化需求的满足更加依赖社区之外的商业性或服务性组织，而不必仰仗地域上更为接近的邻里，即"通过对缺场的各种其他要素的孕育，空间日益从地点中分离了出来，从位置上看，远离了任何给定的面对面的互动情势"②。于是，相伴着脱嵌社会下的个体自由化进程，现代社会进入了脱域机制（Disembedding Mechanism）——把社会

---

① ［波］鲍曼：《流动的时代——生活于充满不确定性的年代》，谷蕾等译，江苏人民出版社 2012 年版，第 4 页。
② 郑中玉：《个体化社会与私人社区：基于中国社区实践的批评》，《学习与实践》2012 年第 6 期。

关系从地方性场景中脱离出来，并使社会关系在无限的时空地带中进行"再联结"①，也就是说，在虚化了的空间与时间中，人与人之间社会关系的建构脱离了地域的限制。脱域机制把社会交往和信息互动从具体的地域中脱离出来，并逐步"剥蚀了社区赖以生存和发挥功能的各个方面，消解了它在居民生活中的地位和意义"②。因此，在大城市生活的复杂性和广泛性、社会关系的瞬间飞逝以及人们之间的偶然交往等交互作用之下，城市社区已经越来越脱离滕尼斯笔下那个由共有意志所导致的、建立在自然情感一致基础上亲密、私密、单纯的共同生活区域，理想中的社区共同体更多地被当作对被消解的过去生活方式的一种遗存的美好记忆，逐渐幻化成了个人在独立承担风险之后面对现实生活的不确定性而寻求自我慰藉的想象力。

在我国，随着国家制度政策体系的调整和市场经济对资源关系的调节，个人与社会群体、与社会制度之间的关系被不断重塑，社区作为地域性质的社会生活共同体亦日益走向式微。改革开放前的城市社区多半是以单位为组织形态的居住区域，单位通过对政治资源、经济资源和文化服务资源的全面控制使得居民对于单位制社区形成了一种组织化依赖，并通过这种依赖建立起在稀缺资源再分配基础上的组织性依附关系。居民通过共享单位所推广的体现主流意识形态的价值观念和行为规范，建构了单位制下的社会认同和集体意识。然而在改革以后，原有的单位制迅速走向终结，单位人也由此蜕化成为了社区人。在这一进程中，商品房市场化改革又进一步打乱了单位制社区中原有居民的聚居状态，随着大量不同背景的移民的涌入，无论是原有的单位聚居社区，抑或新建的商品房社区，它们的社区结构都发生了剧烈的分化和变异，新时期中的各社区内部也随之出现居民群体高度分化。社区居民由于资源分配机制的差异而分化成许多相对独立的利益群体或共同体，各群体的空间特征差异明显，且在社会、经济、政治、文化等方面难以整合，意即社区居民构成呈现出碎片化特征，这一现象又进一步加剧了社区居民

①　[英] 安东尼·吉登斯：《现代性与自我认同》，赵旭东等译，生活·读书·新知三联书店 1998 年版，第 19 页。

②　王小章、王志强：《从"社区"到"脱域的共同体"——现代性视野下的社区和社区建设》，《学术论坛》2003 年第 6 期。

的离散化状态。故而，在分裂的碎片化社区中，人们虽然以前所未有的速度集中到城市，空间距离急剧缩短，但是在心理上却发生了前所未有的分化和隔离，"地理上的划分纯粹是人为的，根本无法唤起我们内心中的深厚感情，那种所谓的地方精神已经烟消云散，无影无踪"①。在此背景下，居民对社区也就逐步失去了认同感和归属感，从而也失去了达成文化共识的基础，社区也就失去了其作为社会共同体的基本意义，社区公共性随之渐渐弱化，社区因而演变为一个缺少公共意识的工具意义上的居住地，其作为地域性共同体特征的情感认同也日渐衰落了。正是在这样的社区里，缺少利益关联和情感认同的邻里之间彼此互动逐步减少，邻里关系的重要性也随之下降，此种"互不相关的邻里"情境也就不断削弱着居民对社区的认同基础，制约了居民参与社区公共生活的动机与意愿，消解了居民参与公共生活的场域。

简而言之，在现代化进程中，一方面，脱离了传统约束和习俗保护的个人面对着变幻莫测的都市生活却深陷于焦虑之中，所以人们需要各种形式的距离来封闭自己以缓解种种冲击，"我们面对在短暂的接触中瞬息即逝的大城市生活特点所拥有的怀疑权利，迫使我们矜持起来，于是我们跟多年的老邻居往往也互不相见，互不认识"②，行动者个人的参与意愿也就在此情境中被弱化；另一方面，伴随着城市生活的日益冷漠和生疏，镶嵌在逝去的共同体社区之中的社区情感、集体认同和社会互动也已成为遗存的记忆，社区邻里的互动关系在脱域机制作用下也就越发弱化，都市中交往的个体仅仅是自身人格的碎片，在互不相关的邻里当中，社区作为居民参与公共文化活动的实践场域也因之被逐步消解。

## 二　公共文化参与热情的代际差异——社区公共文化服务居民参与的人口特征

由于各代际居民在生活工作条件方面的差异性，社区公共文化服务的参与情况也显露出非常明显的人口特征。为厘清参与社区公共文化服

---

① [法]涂尔干：《社会分工论》，渠敬东译，生活·读书·新知三联书店2000年版，第43页。

② 《桥与门——齐美尔随笔集》，涯鸿等译，上海三联书店1991年版，第267页。

务的居民的人群分布情况，笔者对 JQ 社区居民进行了公共文化参与偏好调查（见第一章资料收集方法中的问卷调查法）。经过对调查数据的整理，JQ 社区居民的公共文化活动参与偏好的代际分布结构如图 4—1 所示：

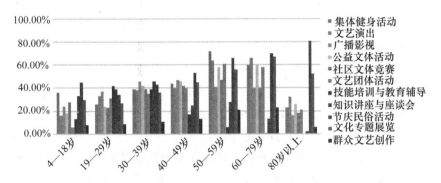

**图4—1　JQ 社区公共文化活动参与偏好的代际分布**

可以看出，各代际居民对公共文化活动的参与热情冷热不均，中老年人的参与热情和积极度在整体上明显高于其他年龄段的居民，主要特点如下：

（一）中老年人的公共文化活动参与偏好比其他代际居民旺盛

健身锻炼、文艺演出、广播电视、公益文体活动、社区文体竞赛、文艺团体活动、节庆民俗活动和文化专题展览是大部分居民都喜欢的文化活动。公共文化参与愿望最强烈的是 50—69 岁中老年居民，除了技能培训和知识讲座以外，他们在各方面的参与需求都比较旺盛，这主要与该年龄段居民多退休在家，需要丰富的文化生活来充实生活有关。参与意愿比较弱的是 18 岁以下和 70 岁以上群体，学生生活多围绕学业，除了与学业契合或不冲突的知识讲座与座谈会、文化专题展览和节庆民俗活动以外，他们的其他文化活动参与意愿被抑制。此外，节庆民俗活动和健身活动是为数不多的各代居民都希望参与的文化活动，但 29 岁以下的年轻女性喜爱体育运动的较少（只占 30%），不如 50—69 岁的中老年女性积极。

（二）居民需要符合其代际特征的知识讲座和教育培训

从图 4—1 可看出，对于 19—39 岁的群体，技能培训与教育辅导、知识讲座与座谈会尤其受到欢迎。在技能培训和教育辅导方面，50岁以下居民都有比较强烈的参与意愿；19—29岁年龄组对职业技能需求最强烈，这是因为进入职场的他们面临着激烈的竞争，迫切需要增加专业技能和信息技术方面的培训，同时，许多青年人已经开始生育，育儿知识也受到他们的关注；对于30—39岁年龄组比较关注育儿、子女教育与沟通、亲子活动、父母赡养、卫生健康等方面知识，财务金融和经营管理方面的知识也对他们较具吸引力；对于40—49岁年龄组，如何更好地赡养父母成为他们的迫切需要。在知识讲座和座谈会方面，39岁以下居民对职业知识需求强烈，19岁以上人群逐步开始关注风土人情，40岁以上人群逐步对民间百艺感兴趣，50—59岁年龄组对职业知识以外的各个主题的讲座都比较感兴趣，30岁以上年龄组越来越关注健康养生、社会百态和公益知识，环保和文学艺术受到各代居民的较高关注，历史政治主题受到50岁以上的中老年群体的普遍欢迎。

（三）收入、职业和学历对居民选择社区公共文化活动的组织方式偏好存在明显代际差异

在对文艺演出、公益文化活动、社区文体竞赛、文艺团体活动和文化专题展览的组织方式偏好上，19—39岁年龄组在收入和职业方面比较敏感，最受欢迎的组织方式仍然是社区或政府组织，低收入人群、高收入人群、私营企业员工和外来务工人员都不太喜欢自编自排文化活动，中等收入群体、国有企业员工、事业单位职工和党政机关干部自编自导的意愿较强，低收入人群（月收入2500元以下）主要由于生活压力，私营企业员工主要由于工作节奏较快，外来务工人员主要由于心理隔阂和收入水平，不仅自编自排的动机不强，而且参与演出或观看专业院团收费演出或展览的动机也较低，而高收入群体（月收入10000元以上）由于工作较忙，更倾向于欣赏专业院团提供的高档次的文艺演出和专题展览；40—49岁年龄组由于收入比较稳定，接受需要支付一定费用的专业院团文艺演出（23%）和NGO组织的文化专题展览（26%）的比例更高一些；50岁以上年龄组则更钟爱自编自导，这是由于该年龄组多为没有工作压力的退休人员，他们大多希望自己编排演出来自娱自乐，但是他们选择欣赏专业院团或NGO组织提供的文化活动的倾向则受到其退休金高低的显著影响。在学历层次的影响方面，偏好自编自

排的 50 岁以下居民的学历结构，与该年龄段偏爱自编自排居民的收入层次基本对应，总体来看，学历越高的居民越能接受专业院团或 NGO 组织提供的社区文化活动。

（四）老年人的需求表达意愿高于中青年人

整体来看，居民的公共文化需求表达意愿随年龄增长而增加，这与居民的公共文化需求随年龄增长而逐渐旺盛的发展趋势相吻合。老年人不仅积极参加社区文化生活，而且也十分踊跃地表达其文化需求，使社区公共文化的服务内容多偏向老年群体，这是目前社区公共文化服务在老年群体中满意度相对较高的原因之一。与此形成鲜明对照的是中青年的文化需求表达意愿偏低，持漠不关心态度的较多，29 岁以下青年人不愿意表达或持无所谓态度的占到 50% 以上，这与该人群的成长背景所导致注重自我的性格特质有关，而该年龄段居民正处于人生发展关键阶段，公共文化生活对他们的全面发展具有至关重要的作用，如果因社区不了解他们的实际参与偏好而导致公共文化服务的缺位，将削弱城市文化建设的效果。

可以想见，居民对社区公共文化活动参与热情的代际差异根源于不同年龄群体的工作生活状态，老年人由于退休在家，既有时间也有意愿来通过参与公共文化活动充实其老年生活，而大部分中青年人由于工作生活压力，能够投入公共文化活动的时间精力有限，再由于社区开展的公共文化服务本身并未完全摆脱行政惯习的束缚，在诸如活动时间、组织方式等方面既缺乏灵活性，也不够精细化、人性化，这也在一定程度上导致了中青年人的弱参与现象。

## 三　镶嵌在社会阶层中的文化分层——阻碍居民参与公共文化活动的空间结构

正如上文所指出的，在现代化进程中，对于每一个个体行动者而言，城市空间陌生而又充满着变动，城市生活琐碎且日趋复杂，加上不同时期的外来移民与本地居民在思想领域中的交汇和碰撞，使得呈现在城市生活中的日常实践极富挑战性。因此，理想意义上的社区参与作为一种居民的集体参与，更多地被学者解读为个体在集体互动中重构社会关系、寻求地方感觉、追寻自身生活意义和构建温情共同体想象时的理想诉求。但是在现实情境中，随着城市中因身份、地位、权力和制度等因素而形成的、并在市场经济条件下被不断固化之阶层分化的加剧，阶层界限越来越明显，阶层利益越来越明确，社区参与的主体，作为一个"主动而机灵"的行动者，在特定的时间和情境中，他们的生命和主体性越来越以多元、变动的形式体现出来，并最终通过日常生活的实践建构出了一个深深嵌入在经济地位、生活方式、社会交往和文化品位等要素中的多样化的阶层主体形态。当这些多样化、类型化的阶层主体"分化达到一定程度时，社会文化必定会失去其统一的外表，生活方式、价值观念、情感趣味等各方面的分层演化就不可避免了"①。而且那些构建在阶层之上的"品位文化"又会进一步区隔社会阶层，束缚和阻碍来自不同阶层的社区居民共同参与公共文化生活的意愿。由此，建构在社会学的空间想象中的"阶层社会"也就成为形构并固化社区居民弱参与场域的重要结构性因素之一，并在行动者内部固化的思维方式和外部结构的话语赋予中，不断使这种弱参与场域的空间结构得到进一步强化和延续。

（一）阶层区隔与阶层文化的生产与再生产

处于转型期的中国，随着宏观制度环境的大变革与社会的结构性断裂，无论是基于马克思以生产关系为标准，还是以韦伯提出的以财富、权力、声望等因素作为划分阶层的依据来判断，不同个体行动者之间的差异日益显著，社会权力关系和结构分层因而更加明晰。传统社会学一直关注行动者基于各自在社会中的客观位置而形成的阶层问题，认为"阶级和地位的想象都属于分层，即社会由等级性的区分划分为各个等级"②。同时他们也认为"阶级是一种历史现象，它不是一种'结构'，更不是一个'范畴'，它是在人与人的相互关系，确实发生的（而且可以证明已经发生）的某种东西……'阶级'既是一个历史性的、结构

---

① 张鸿雁：《城市·空间·人际：中外城市社会发展比较研究》，东南大学出版社 2003 年版，第 177 页。

② ［澳］马尔科姆·沃特斯：《现代社会学理论》，杨善华译，华夏出版社 2000 年版，第 311 页。

性的概念，同时也是一个文化的、日常生活经验的概念"①。因此，每个阶级或阶层也必然会拥有属于自己的阶层文化样态。

另外，由于文化是"一种贯穿了所有的社会实践，是它们之间关系的总和"②，因此，它不仅是一种能够在社会生活中指导人们的，具有一般性、广泛性和分享性的知识和实践体系，而且文化发展进程似乎更汇聚了社会分层和社会分化的演变过程。正是通过这些过程，个体在他们有关团结、认同和社会位置的多元、重叠与竞争性基础的协商中排列开来。③ 文化的这一特性决定了在社会分层情境下，斑驳而实在的阶级阶层结构本身就是深嵌在属于它们自己的文化语境中的，拥有着相似的品位、惯习抑或生活风格的个人通过选择相似的语言符号、行为方式、居住模式，形成了自己的阶层意识和阶级秉性，从而完成在阶级产生过程中对自身阶层文化的形构过程，并在与其他人群进行交往和互动的过程中不断将其文化与其他阶层区隔开来且不断固化。也就是说，阶层文化一旦形成，就会使得不同阶层之间的区别不再仅以经济、社会关系为标志，更以突出的文化特征和文化品位来区别。"文化符号"会逐渐成为彰显各阶层区隔的标识，阶层之间在人际交往、社会观念和消费娱乐之间的隔阂也会日渐突出。各阶层将通过构筑文化差异（审美性情倾向和品位文化）来维护阶层区分的边界，通过文化的表达和文化的实践来表明自己的阶级身份，表明自己与其他阶级之间的关系和社会距离，甚至根据自身的文化标识来对外来群体进行排斥。同时，又由于共同的文化和心理需要，对于同一阶层的内部群体通过不断加强认同感，来固化已有阶层分化下的社会交往网络。意即文化实践因其专属于某一个阶层，会作为阶层结构的再生产机制，而起到强调和维护阶层之间边界的作用，即区隔（区隔是法国社会学家布迪厄于《区隔：趣味判断的社会批判》中提出的概念，意指必然趣味和自由趣味的对立所导致的

---

① ［英］汤普森：《英国工人阶级形成》，钱乘旦等译，译林出版社2001年版，第9—11页。

② Stuart Hall, "Cultural Studies: Two paradigms", *Media, Culture and Society*, No. 2, 1980, p. 59.

③ ［美］约翰·R. 霍尔、玛丽·乔·尼兹：《文化：社会学的视野》，商务印书馆2009年版，第215页。

社会阶层的分化）。可见，在阶层分化不断加固的城市社区中，通过城市居民自身的日常生活实践所展现出来的阶层关系——阶层文化日益成为影响城市居民生活实践的基本变量，阶层也就是在此文化实践中完成了阶层结构的生产与再生产。

与此相适应，在公共文化服务实践中，人们对于公共文化空间和文化产品的不同选择的既定社会事实，体现了分层情境与文化实践之间的关系。在社会分层语境中，客观的分层结构构成了社会关系的基本分界线和不同社会群体的利益基础，成为了社会集体行动的基本组织原则和社会矛盾及冲突的根源，意即它构成了集体行动的基础。因此，阶级阶层作为最主要的社会行动单位，它们的共同行动也必然是最主要的社会行动。[①] 弱参与是在个体自身阶层文化影响下的一种社会性行动，既是个人简单逻辑下的选择，也是拥有同一类型文化的阶层成员的共同行动表征。也就是说，社会整体的阶层分化已渗透于社区参与过程，参与弱场域就是在这种不断固化的文化分层语境作用下被形塑的，阶层分化所导致的文化分层情境构成了社会互动的基础，影响或主导了各阶层个体的文化取向，最重要的是左右了个体通向其他阶层文化的认知态度，从而也进一步编织了社区居民公共文化服务弱参与场域的空间结构。

（二）品位文化多样性与公共文化供给单一化的结构性矛盾

文化社会学家历来关注文化在分层世界中的类型划分。社会学家甘斯基于人们对同一种文化产品的不同态度，根据个人抑或群体对同一文化产品在取向上的差异，提出了品位文化的概念。他将价值观和审美标准视为界定品位文化的根本，而那些对价值和品位文化内容做出相似选择的使用者则被描述为品位公众。由此，五种来自不同阶层的品位文化得到了理想类型上的区分：高雅文化、中上层文化、中下层文化、下层文化和准民俗下层文化。甘斯指出，每一种品位文化都因其不同的审美观和价值观标准而模糊对应着同一等级的相对稳定的品位公众，据此将

---

① 李路路：《社会转型与社会分层结构变迁：理论与问题》，《江苏社会科学》2002 年第2 期。

品位文化与不同阶层的公众相对应。① 这一划分佐证了不同的阶层具有不同的文化品位和消费理念。在当今这种个人不断追逐文化符号价值的消费社会中，来自不同阶层的民众不断追逐其阶层所能接受和享用的有别于其他阶层的文化生活方式和消费产品。当然在这样一个由复杂的文化形式和文化力量所混合共生的复杂社会里，不同类型的文化已经明显地融入到"后现代"这个整体文化中，但是文化毕竟"不像脱衣穿衣一般容易得到或者抛弃"②，个体行动者对于文化产品和文化服务的主观认知无一例外地都深深地打上了其阶层烙印。

　　文化实践在分层领域中的区隔作用蕴含了这样一个命题：不同阶层拥有不同的文化消费方式和文化生活理念，人们日常生活实践中建构出来的高雅、大众抑或低俗的文化，人们喜欢、融入哪种文化从根本上说，是由其从属的不同的阶层决定的。也就是说，一件特定的文化产品能否与你交谈，镌刻到你的心扉，或者对于你毫无意义可言，甚至令你尴尬急欲逃离，都在很大程度上取决于你是谁，你出身于何种背景，以及你持有的文化资本的多少。③ 人们在日常生活中，由于空间上的阶层划分使得文化类型的沟壑也清晰可见。在现实生活情境中，不同的阶层根据自身认知与行动的惯习，在琳琅满目的文化世界里形构自己的生活方式和休闲理念，这使得不同类型的文化因其在不同阶层中的价值意义而被人们遴选和剪辑。

　　目前，城市社区的公共文化服务正是在这种居民文化类型的阶层性和多样性日益显著的背景下被大力推动的。政府通过自上而下的文化服务制度设计和推动文化形式多样化的政策文本规划，期冀将文化品位和阶层各不相同的人群都纳入到丰富多元的城市生活中。在政府的社区治理构想中，居民的社区参与理应成为公私领域的一个接口，并演绎为改变原有社会关系的一个有效切入点，城市印象、政府诉求和私人的日常

---

　　① Gans, Herbert J. , *Popular Culture and High Culture：An Analysis and Evaluation of Taste*, New York：Basic, No. 2, 1974, p. 152.

　　② 周怡：《文化社会学的转向：分层世界的另一种语境》，《社会学研究》2003 年第 4 期。

　　③ ［英］戴维·英格利斯：《文化与日常生活》，张秋月等译，中央编译出版社 2010 年版，第 130 页。

生活得以在此糅合成一个新的行动领域，从而使建立在认可、包容和理解之上的公共文化得以形塑。但是，正如笔者在第三章中指出的那样，在文化服务的制度文本实践的具体过程中，受多年的"办文化"行政惯习和权威主义行政体制的羁绊，掌握公共文化服务主导权和资源调配的政府部门，将文化服务的供给简化为经济产品的生产逻辑，在片面追求"文化形象工程"、迅速取得成绩思路指引下，以达成各种设计建设"基数"为目标，盲目推崇文化服务的硬件设施建设，在各个社区以一种"造园姿态"打造极为相似的文化服务工程，使这些社区的文化建设成为装在套子里的文化。在这种模式下，文化服务形式多样化的制度理想与政府的单一政策实践之间的隔阂始终难以消融。而在居民阶层化不断复杂加固、内部利益关系持续分化的城市社区，建构在阶层区隔之上的文化实践和文化品位也更加纵横交错。在此情境中，自上而下的单一公共文化服务供给越发无法满足社区居民对日常生活文化实践的多重期许，社区全力打造的文化活动往往只能吸引一部分居民参与进来，却阻隔了另一部分居民的参与意愿，一些社区的文化服务与产品，在政府规制和居民冷落的双重排斥下，更像是一个璀璨斑斓的理想精品，被置于博物馆的展览架上束之高阁。在这种机制的作用下，文化需求的多样化、阶层化与供给制度的单调化、僵硬化之间的结构性矛盾进一步勾勒出社区公共文化服务居民弱参与的空间特征。

## 四　居民参与制度的双重缺陷——社区公共文化服务居民弱参与的制度形塑

制度是一种"对人们行为的强大而又微妙的制约力量"①。美国社会学家道格拉斯认为，制度赋予人们身份，在生活实践中，以其凝固性和稳定性，给予人们基本范畴上的共识，在此过程中不断强化人们对某些领域和规则的记忆，制约人们的思维方式和行为习惯。对公共文化服务中的参与制度的设计是融在我国政府探索更加符合现代社会发展规律的"社会治理"模式之情境中的。社会治理在理想类型上的核心特征，"在于国家力量和社会力量，公共部门与私人部门，政府、社会组织与

---

① 周雪光：《制度是如何思维的》，《读书》2001 年第 4 期。

公民，共同治理和管理一个社会"①。也就是说，社区参与制度的构建表征着在国家有关"社会治理"话语体系的建构中，政府权力的运作模式开始进入到一个由自上而下的统治框架不断向多元合作参与的治理模式转变的新阶段。在不断推进社会治理思维转变的过程中，政府一方面"最大限度地组织文化再生产以扩大公共文化生活空间和有效缓释不断升级变化的结构性文化供需矛盾"②，另一方面，在政府的文化服务制度文本中，鼓励社区居民参与和居民自主的制度性话语不断产生，这些制度文本的目标就是要通过引导社区公民有效、有序地参与社区文化活动（群众参与的"有序性"体现在参与的活动是在邻里空间内部被组织起来的，并与政府的政策目标相符合，在社区建设背景之下的"群众参与"是有明确的空间和政治界限的），盘活社区文化服务资源，培育居民的文化服务参与惯习——这是政府基于群众性参与理念所采取的一种社区基层治理策略，同时也是其在"使每一个人不仅能够生存，而且还能取得发展"③的文化福利理念指导下所遵循的一套行政逻辑。然而，在当下的城市社区公共文化服务领域，能够使人们达成"范畴上的共识"进而主动参与文化活动的制度建设仍然很不理想，政府的社区参与制度文本的多重缺失和在制度实践中的执行不力，使得社区居民对文化活动的弱参与在制度上被进一步固化。

（一）社区参与制度在文本建构上的多重缺失

在国家倡导的"在众多不同利益共同发挥作用的领域建立一致或取得认同"治理理念指引下，各级政府都制定了一系列具有明确内容标识和形式表征的规范文本，用以动员基层民众以社区治理主体的身份自愿参与到社区各类公共事务和各项活动的组织、决策和运营之中。这一治理理念在公共文化服务领域中的贯彻，意味着鼓励社区居民更广泛地使用公共文化产品、更积极地参与到公共文化生活中，从而形塑党领导下

---

①　郑杭生：《"理想类型"与本土特质——对社会治理的一种社会学分析》，《社会学评论》2014年第3期。

②　王列生：《论国家公共文化服务体系的命题背景》，《中国文化产业评论》2010年第9期。

③　［美］威廉姆·H. 怀特科：《当今世界的社会福利》，解俊杰译，法律出版社2003年版，第89页。

的社区意识形态认同与居民个体文化生活水乳交融的和谐景象。在此情境下，公共文化服务的制度文本，作为一种对公共文化资源占有和分配模式的权力话语，在官方文件中被生产出来，给予公共文化建设中的群众广泛参与以理论基础，为组织和动员社区居民参与公共文化活动打造了政策平台。

但是，居民的社区参与也是一个嵌入到人们日常生活中的概念，它的实现依赖于作为主体的个体或群体行动者的行动意向。因此，文化服务社区参与的"行为主体""行动目标"和"参与形式"就构成了这种群众参与的内在结构。然而，时下所依据的制度文本却在社区参与的"行为主体""行为目标""参与形式"等内在结构方面存在多重缺失，这使得公共文化服务体系中的社区参与制度旨在将政府提供的"公共空间"与个体行动者的日常生活进行融合的过程中，其所展示的象征意义远远大于实际操作意义。这是因为在现实的制度文本中，鼓励社区居民参与公共文化服务的权力话语往往只拘泥于宏观性、原则性的目标话语及口号，中央和地方各级有关文化服务的政策和文件都只偏重于较强的全局性和原则性话语，而缺乏如何动员居民参与的详尽的、有针对性的和具备操作性的实施细则。政府秉持的群众共建、人人共享的公共文化诉求，彰显的是文化服务的普惠式话语，却对如何进行社区文化服务"行为主体"的培育以达至广泛的群众参与和实现普惠，缺乏明确的制度路径设计。进一步说，随着社会阶层分化不断加剧群体间的文化隔阂，不同阶层之间的文化需求日益多样化，这决定了对各阶层居民的文化服务方式和社区参与模式都应有所不同。在此背景之下，政府如何在宏观和中观层面去建立合理合法且公平公正的居民社区参与制度，充实条分缕析的规章条款，以满足不同阶层居民迥异的文化需求，使社区居民和群体学会在不同个体间、不同阶层间彼此相互尊重与合作，就显得至关重要了。与此同时，在微观层面的基层治理中，社区文化工作者也缺少相关文本来指导社区居民在"琐屑的、心理化的、'一地鸡毛'式的生活"① 中获悉他们拥有哪些具体的文化权利和怎样实现其多样文

---

① 陈雪虎：《思考从"文化"到"生活"的可能性——再谈"生活论"的内涵兼谈共同文化的方向》，《文艺争鸣》2011 年第 1 期。

休闲生活方式的行动策略，而且对于那些以影响个人参与社区文化生活的意愿为目的分门别类的各项奖惩规定也都模棱两可。模糊的制度规定一方面使得社区基层部门在引导居民参与的具体操作和执行过程中缺少可靠的依据和具体的行动指向，另一方面也使居民缺乏具体的社区文化参与渠道和制度保障，制约了行动者参与的主观能动性。最终，社区居民文化参与的制度规制在总体上呈现出政策制度上的宏观鼓励与基层实践上的微观约束相掣肘的尴尬特征，从而使制度文本在社区参与内在结构上的多重缺失成为形塑居民弱参与场域的重要因素。

（二）公共文化服务制度在社区基层实践中的执行不力

公共文化服务制度是深入社区居民日常生活的一项民生工程。在城市中，它与其他社区建设一样，其实践成效主要依托社区基层的有效执行。更深刻地说，这些制度的落实成效和居民的认知参与还在很大程度上取决于社区治理结构的变化、基层行政的基本情境和社区建设的现实规律。当前，包括文化服务在内的国家各项社区参与政策是依照基层社区治理结构多元化的基本理想来制定的，在理论概念上，新型社区治理的多元主体包括街道办、居委会、业委会、物业公司、各社区组织和社区居民等。政策的有效执行主要依赖于多元参与主体通过对各自行为边界的限定和对彼此自治主体角色身份的认可，进而建构起制度化的伙伴共治关系来实现。然而在现实的基层治理环境中，由于城市管理体制的路径依赖和基层管理机构的行政惯习，囿于目前文化生产资源的调配仍然受到政府的权威性力量支配，社区公共文化服务中的居民参与制度很大程度上仍旧依赖于以政府为主导力量的强势推动。也就是说，居民社区参与的基本形态和具体参与过程不仅受到居民和社会组织自身的文化认知和行动能力的支配，而且不可避免地受到国家权力的决定性影响。

在社区基层的文化服务制度具体实践过程中，上级政府将文化服务的落实和资源配置以责任包干的方式分配给街道，然后通过街道进一步转嫁到社区居委会。居委会在法理意义上虽然是基层的群众性自治组织，贴近居民的日常生活，在基层代表着社区居民的利益，可以做出具体决策、执行有利于居民利益的行政任务，但在实际运转中，居委会在结构性力量的约束下"早已脱离其基层自治组织的法理属性，蜕变为国家政权的末梢环节，扮演着国家代理人的'准政府'角色"①。社区居委会理想中的自治定义与实践中的现实地位已然错位，居委会的行政化色彩浓烈，这就使得居委会的各项工作决策和任务实施主要致力于在垂直型权力网络中对上级负责。这种过度行政化趋势使得"居民普遍懂得居委会作为自治组织主体的功能，却看不到居委会和他们自身有什么关系"②。在落实旨在渲染公众参与的公共文化服务制度的过程中，居委会往往仅从上级政府的指示出发，不太重视居民本身的意愿与要求，忽略在文化服务政策具体落实中的群众意见；另一方面，为了更好地应付上级制定的文化服务考核指标，基层政府及所辖社区居委会片面看重文化服务硬件建设的硬性指标，却并没有力图在居民对这些设施的认可和使用等参与行为中实现其"公共"职能。居民参与在部分社区仅仅作为一种表演式参与来应付上级政府的抽检，这种如面子工程一样的公共文化空间进一步拉大了居民与政府之间的距离。"大多数'上班族'更是由于对社区的依存关系较弱，从而造成缺乏社区归属意识和参与意识的结果。"③ 在文化共享旗帜下，文化服务的制度实践仅仅被赋予在社区公共文化生活中的一部分有限意义，以及对公共参与的理论期望。

　　综上，社区居民文化弱参与场域中特殊的权利运作机制和基层结构的行动逻辑异化了公共文化服务参与政策的时效性，也造就了社区居民文化参与的制度文本与基层权力机构的运作状态的脱域现状。"制度实践不是正式制度的各级代理人单向的诠释和操作，而是在正式制度代理人的理想诉求与生活主体的行动策略互为情境中展开的，情境的差别会让同一现象产生出不一样的制度实践结果。"④ 因此，在制度情境中，社区基层的文化服务设施虽然越发完善，文化活动绘声绘色，而且在实际的生活情境中，居民自身的文化需求层次也日益丰富和意愿高涨，但他们却无法也不愿通过社区参与来获得文化服务和产品，这样的脱域现

---

① 杨爱平、余雁鸿：《选择性应付：社区居委会行动逻辑的组织分析——以 G 市 L 社区为例》，《社会学研究》2012 年第 4 期。

② 叶南客：《中国城市居民社区参与的历程与体制创新》，《江海学刊》2001 年第 5 期。

③ 同上。

④ 肖瑛：《从"国家与社会"到"制度与生活"中国社会变迁研究的视角转换》，《中国社会科学》2014 年第 9 期。

状使得社区居民对公共文化的弱参与被进一步强化。

# 第二节 社区公共文化服务中的
# 居民参与类型

尽管公共文化服务弱参与场域业已形成，部分社区居民参与公共文化服务的实践依然如火如荼。以往文化服务中有关居民参与的研究，多关注用问卷调查的方法统计居民的参与需求和参与人数，这样的方法通常将个体当作模糊的大片整体，个体的实际意愿和态度往往被视为在"静态的、抽象日常生活情境和制度背景"① 下的必然选择。然而，在实际的公共文化服务参与场域中，居民并非是一个抽象的、整齐划一的整体，不同阶层、不同年龄的居民有着截然不同的文化需求，他们会选择参与不同的文化活动，采取相异的文化行动策略，与社区基层和他人形成性质各异的互动关系，进而形塑着自己的文化理念和社区认知。

在访谈过程中，笔者发现有两个变量对居民的社区参与性质起到决定性作用——是否需要他人动员和是否与基层政府联系紧密。在社区公共文化服务的居民参与中，是否需要他人动员直接关系到参与者的积极性和对参与的认知态度。依据层次来划分类型，它分为最高层次即不需要任何动员的主动式参与，此类参与比较容易出现在与居民自身利益相关度很高的领域中，如业委会的各项维权运动，但是在公共文化服务的参与行为中，同样存在着不需要动员的自发性质的娱乐性参与，最低层次是不参与或不愿意参与，或完全需要在他人的动员下才会勉强参与，并且这种被动式参与完全不具备持续性。当然，在笔者调研的大部分人群中，也出现了介于被动动员和主动参与之间的"积极的少数人"，其参与"实际上都混合着自主性和动员性两种参与……是一种自愿性和非自愿性参与"② 的交织。根据观察，笔者认为是否在参与过程中积极与

---

① 杨敏：《作为国家治理单元的社区——对城市社区建设运动过程中居民社区参与和社区认知的个案研究》，《社会学研究》2007 年第 4 期。

② 郭秋永：《当代三大民主理论》，新星出版社 2006 年版，第 139 页。

基层政府联系是衡量参与者对自己参与文化活动的方向性和控制权认知的一个重要变量，因为它直接影响了参与者在参与之后形成的心理品质和政治效能感。从理论上说，与基层政府的紧密联系会增强社区居民参与的积极性和主动性，但是在经验研究中，与基层政府的联系频繁体现了参与者受政府对其参与行动的限定、规训和操控，对参与者的主动性的影响也是双重的。

　　基于以上分析，笔者根据参与者是否需要他人动员，以及参与者是否与基层政府联系紧密等两个变量之间的不同组合对居民参与社区公共文化生活的类型进行了划分（具体分析路径见图4—2）。

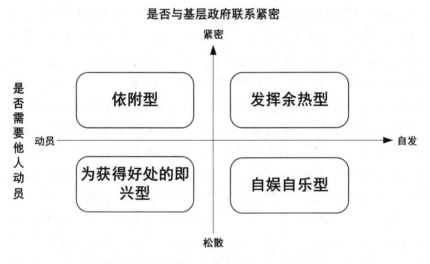

图4—2　社区居民公共文化服务的参与类型

　　依据上述两个变量，结合参与者的不同动机，笔者从 JY 区所辖社区居民参与实践中概括出四种参与类型（本章所建构的四种参与的类型是一种建构类型，这个理论是由美国社会学家 Poplin Dennis 于 1979 年提出来的。他认为所谓建构类型是"一种研究者所探讨的人格、社会或文化系统的简化甚至有意夸张的模型"，它是从研究者观察到的日常经验概括出来的，不同于以往研究中常用的理想类型，其指向的是理论上的思辨性的创造）：自娱自乐型参与、发挥余热型参与、依附型参与和为获得好处的即兴型参与。在这四种参与类型中，自娱自乐型参与是不需要动员或依赖少许动员就能自发进行的参与形式，参与者完全出于主动意愿加入到公共文化生活中。虽然此类参与依然会在一定程度上受到国家对文化生活的控制和对文化空间的限制的影响，但是参与者与基层政府之间却联系松散，简单快乐、不涉及政治是此类参与的重要特点。发挥余热型参与也是一种主动性参与，但这种参与形式与社区基层之间联系颇为紧密，该类型的典型代表是有着文艺特长的离退休党员和楼栋组长等社区积极分子，公共文化活动仅仅是他们参与的一部分社区活动，除此以外他们还会参与社区执勤、社区卫生、社区治安等，这些人往往是社区居委会用心维护的情感型居民关系网络中的重要组成部分，发动更多居民参与社区活动（包括公共文化活动）也是这一类型参与者日常的重要工作。依附型参与者的参与行为有感情回馈的主动因素，但应付性的消极成分则更多一些。这种参与模式主要指向依附于社区权力保障的低保居民，该类参与者在某些因素驱使下被动参与到公共文化生活中（因获取低保被基层政府附加了配合社区活动的额外条件），参与目的主要是为了通过完成社区指派给他们的任务（用来交换政府许诺的公共服务、生活保障或奖励）来获取相应的利益和资源，其参与内容和形式都是被社区安排好的，参与者缺乏自由选择的空间。为获得好处而即兴参与也是一种被动式参与，参与者多是在鲜有与社区基层接触的情况下，以获得一些好处作为前提，被动地参与到公共文化生活中，这是一种缺乏长期性和稳定性的参与形式。本章将重点描绘上述四种类型的社区参与过程和居民在参与后对公共文化生活的认同状况，并揭示在居民参与过程中随处可见的国家公共文化的建设导向和社区基层的文化服务行为对居民参与认知所产生的关键性影响。

## 一　自娱自乐型参与

自娱自乐型参与是四种社区参与类型中自发性和持续性最强的，这种参与形式在城市社区颇为常见。比如以锻炼身体、文化赏鉴、休闲娱乐为主的公共文化活动，就受到居民的自发接受和普遍欢迎。每天清晨和傍晚，在社区广场上都能看到三五成群的跳舞、跑操和练合唱的人群，这些文娱活动多由群众自发组织，没有明确的组织性和纪律性，参与居民的身份阶层也比较广泛，既有受过高等教育的知识分子，也有目不识丁的文盲，但大都是中老年人，家庭条件相对宽裕一些，闲暇时间较多，且没有过多的家务累赘。

（一）锻炼身体、消磨时光

锻炼身体是许多居民参加自娱自乐型文体活动的主要动力。由于参加文体活动的多以老年人为主，因此一般喜欢选择就近方便的娱乐活动，社区楼下的广场舞就成为消磨时间、锻炼身体的首选。不管有没有舞蹈功底，先凑凑热闹，顺便锻炼一下身体是他们参与进来的首要目的。WYL 阿姨是 JQ 社区的资深领舞，以前从未接触跳舞，学历不高，退休后常年受到疾病的困扰，一次偶然的机会使她开始加入社区广场舞队，因为跳得很好，还成为了领舞。

[个案 4—1]（JQ 社区 LH 小区居民王某，64 岁）

我以前 90 多斤，经常生病。我那时几乎天天病着，有一年看病一下子就花了 4 万多，也没怎么治好，身体不好，脾气更不好。女儿赶我出来去跳舞，说赶快找你的老伙伴们一起去玩玩，我没办法就出来了。结果跳了以后身体就变好了，现在我 120 多斤，而且也不生病了，医院也不用去跑了。每天我还做袁老师的助手，帮着领舞，开心撒！

身体好了以后的 W 阿姨在照顾家庭方面也变得得心应手：

广场舞对我的改变真的很大。对我们这些老年人来说最怕生病，人生病的时候就什么都顾不上了，脾气暴躁，看谁都不顺眼。身体好了以后，我心情也很好。我这个人不图别的，就是想着给别人多付出一点，好心有好报。我的亲家原来有病的时候，是我在家里照顾她，一下就是四五年。我女婿老家是 Y 城的，父母也都是退休教师，本来很有福气的，可是她身体不好，就来 N 市治病。住哪里都不方便，还要化疗什么的。我就让她住在我家里了。每天给她烧饭做菜。不止照顾她一个呢，还有她的妹妹，来陪她的。我等于是一起照顾两个人。小区的人每次看到都说我（好），我说人家也很可怜的，两个儿子一个在 N 市一个在齐齐哈尔，只有一个女儿，天南海北的。儿子常年都和我们住在一起，真的觉得他们很可怜的。连我女儿都说我心好，有耐心。给她烧饭，刚开始她还说想吃这个想吃那个的，可是到了后面，病情恶化她什么都吃不了了。我给她烧黄鳝给她烧甲鱼，一定要加点生姜才会有味道，可惜她什么都吃不了，可怜死了。

在社区文体活动中，锻炼身体被认为益处良多，由身体舒畅所引发的精神上的愉悦是众多自发参与文化活动的人们的诉求。当然，"身体作为一个负载着各种意义的文化的表达……受到社会力量的塑造……与社会体系相对照"①。因此，对于他们而言，身体健康意味着家庭和睦，意味着节省医药开支，最重要的是不给家人添麻烦，不用看儿媳、女婿的脸色。在单位福利制度已经瓦解，在家养老的老人在现实中面临无人赡养的窘境下，锻炼身体保持健康、不用仰仗子女或他人是这些老人参加文体活动顺其自然的出发点。

[个案4—2]（XD 社区 TCY 小区居民于某，66 岁）

我们退休在家闲着没事，孩子也都不需要我们操心，老两口上午睡觉，下午打麻将，晚上看电视，这个生活过着有什么意思？不如跳舞，出来运动有意思啊！

社区图书馆是退休老人常去的文化休闲场所，尤其以退休男性居多。其中，一些健康类、时事类、文摘类的报纸颇受欢迎。在笔者所调研的街道和社区阅览室，经常能看到一些戴着老花镜、口袋里揣着小本子的老人，他们大多是社区阅览室的常客，因为阅览室的报纸和期刊经常更新，比家里的要全面，还是免费阅览，所以对他们非常有吸引力。在报纸和书刊里驰骋是他们消磨时光、对抗不良情绪的最佳方式。76 岁的任某是 JQ 社区的居民，年轻时候参加过抗美援朝，后来复员回来成了国企工人。当问起他是如何养成去图书馆的习惯时，他说：

---

① 赵旭东：《文化的表达——人类学的视野》，中国人民大学出版社 2009 年版，第 8 页。

退休前，我是一个螺丝钉，放在哪里，就在哪里使劲；退休后
我是一部发动机，上天入地都听从我自己的调遣。我的人生经历了
咱们国家从落后到繁荣（的整个历程）。前些年我得了一场大病，
差点就过去了，病好了之后，我有一段时间天天掐指头算，还能活
多长时间，看着儿女看着外面，觉得哪儿都不顺眼，难受啊，不
安，怕死。三年前自打社区建了这个图书馆后啊，我养成了个习
惯，每周二和周四上午准时来报纸阅览室。无论刮风下雨，雷打不
动。碰到喜欢的、对我有用的，我还抄录下来，搞个小本子记下
来，后来我就开始投稿，这些年在《人民日报》《解放军报》《光
明日报》等百余家报刊发表各类文章两百篇。现在我从来都不觉得
孤独、寂寞、苦闷，我总是感觉时间不够用。

除了平常自发地参与类似于广场舞这样的文娱活动以外，也有居民
还会跟随广场舞团队一起参加社区或街道组织的比赛和文艺汇演，或者
为企业赞助的商业性庆典进行有偿表演。

（二）寻找志同道合的良师益友

很多居民参加到公共文化生活中，往往是自己的兴趣爱好和社会交
往需求使然，或者是在拓展就业机会的主观动机驱使下自发想要提升专
业技能，寻找拥有同样爱好的良师益友。蔡某是 CT 社区"莫愁慢时
光"摄影协会的会员，在谈到为什么加入摄影协会时，她说：

我自幼接触摄影，爸爸是一家国企的副厂长，家里很富裕，很
小的时候我就见过单反相机了，呵呵。对于摄影，在我 30 多年的
人生中，一直寻寻觅觅，兜兜转转，也因为家庭的原因绝缘数年。
2012 年社区发动成立摄影爱好者团体，老公看到短信平台的通知
以后就和我说，彤彤（蔡某的女儿）已经七八岁了，你现在工作
也不是很忙，很多时候会被小事牵绊，不如重拾爱好，就当调节心
情，如何？我犹豫了好长时间，因为摄影确实是牵动我很多儿时记
忆的一项爱好，承载了我太多有苦有乐的回忆。我最后在老公的鼓
励下参加了。作为一个忙忙碌碌的普通人，我在摄影过程中，尽量

使自己保持一颗本真的心，我想在（摄影）过程中平复自己浮躁的情绪，把自己对生活、对美的感悟都传递给观者。我不求所有人为我的作品都鼓掌叫好，但是如果有人能够为我的作品驻足停留一小会儿，也是一件值得我欣慰的事。

在蔡某的眼里，摄影如同自己的回忆一样，是人生中不可割舍的一部分，这个爱好唤醒了她儿时的懵懂记忆，也唤醒了其生命中对美好事物的纯洁向往。在参与团队表演的过程中，提高专业技能只是她预想的一部分，其他队员的慢生活心态和生活理念也在不断地感染着她：

> 我们头儿是个很乐观的人，他是个大学老师，教外语的。联络能力特别强，技术也好，和社区联系时也左右逢源，在他的带领下，我们这个协会发展的是 JY 区社区协会里面最好的。看他什么时候都是乐呵呵的。可是最近才知道，他以前患有抑郁症，是因为加入摄影协会以后，经常出去采风、拍摄，让他的生活逐渐充实和丰富起来，他的病才慢慢治愈，现在我们根本就看不出来他心理有什么不对劲的地方了。

"莫愁慢时光"摄影协会会定期举办创作采风活动，每年两次，由协会会员集资到省外采风，有时还跟着区文化馆的美术摄影部出去。外省采风的经历经常带给会员完全不同的感受。家住 CT 社区 THY 小区的协会会长刘某回忆：

> 我印象最深的是那次去山西红豆峡景区的一个不知名的村庄采风，当时已经是晌午时分，蓝天下的村落很宁静，阳光就洒在黄色的土路上，衬着红色的砖墙。绿色的大树下，偶尔能看到几个农民一边闲聊，一边切着草料，这些景致在城里根本就见不到。我们拍摄了坐在台阶边上的白衣姑娘，拍了给我们添置茶水的热情好客的老农。这其中让我印象最深刻的是一对老夫妻。一开始我们只是拍摄一位坐在家门前的银发大娘，后来老人邀请我们进了他们家的院子，并进屋去喊了老伴出来。院子里一面邻着山崖，其他三面各有

一间石屋，都是用山上的大石块盖的，一看就是历经了几十年的风风雨雨了。大爷很热情地带我进了堂屋，屋子里面很小，容纳不下我们四个人，于是我和李老师坐在门槛上。大爷悄悄地换了身衣服，我们一看是旧军装，在军装的胸前别了大大小小好几枚军功章，原来这位居于偏僻山庄的大爷居然是参加过渡江战役和抗美援朝的老战士。当大爷轻抚军功章，回忆那些他经历的峥嵘岁月时，眼神坚毅又闪亮，我果断按下快门，摄取了这张后来获得第十一届江苏省五星工程奖的照片。你不和队员们走出去，你根本就拍不到这么优秀的摄影作品，你也不知道，同一片天空下的人们，会有怎样的别样人生。

公共文化服务也为普通居民提供专业性学习机会，很多中老年人年轻时都是戏曲爱好者，年轻时疲于奔命，没有时间去学习，加入了各种戏剧团体和协会之后，拥有了一个戏剧培训专业化平台，可以系统学习自己感兴趣的戏曲知识和技巧。唐某，男，68 岁，是 JQ 社区戏曲票友会团长，同时也是资深戏剧爱好者，在加入戏曲票友会后，他在市文化馆进行了专业性学习，并有幸获得专业戏剧老师的倾力指导，使得他对戏剧、对人生的领悟有了新的提升。

[个案 4—3]（JQ 社区 XSLS 小区居民唐某，68 岁）
第一次到市文化馆去学习的时候很紧张。年龄大了也经历了不少阵势，但那是第一次去接受市里最优秀的戏剧老师的指导，总觉得自己是花拳绣腿，登不上大雅之堂。文化馆的老师却从没歧视我们这些业余演员，反而在传授知识的同时还教给我们戏剧的精髓。有一次陪他出去演出，我们演出完之后，他不让我们走，让我们在后台看观众的表情，让我们观察观众鼓掌的节点，皱眉的时间和脸上表情的变化。之后，老师说观众看戏和在家看电视剧是一样的，看戏剧是为了提气、提神，惩恶扬善长正气，美好善良让人精神矍铄，所以我们老师总说戏剧是活人演给活人看的。如果你想随意消磨时光，那随便唱唱，有点基础就行了，但是如若你想真的学好戏剧，就要做到：真善美，真就是要有真功夫，善就是要善待观众，

美就是要塑造出一个拥有美德的艺术形象，这三个方面是李老师以前经常拿来教育我们的，想学好戏剧必须要朝这三个方向努力。

（三）社区小团体内的人际交往

1. 邻里在社区平台中彼此熟识

对于参与公共文化生活的居民而言，文化活动和公共空间共同为他们提供了一个可靠的可以放松身心的场合，同一社区内的邻里交往使居民感到熟悉且颇具安全感。

[个案4—4]（JDM 社区 MSJY 小区居民蒋某，56 岁）

我觉得大家在一起，本来就买的商品房，互相都不认识，通过开展活动，能把人聚到一起，互相都认识认识，也相当于我们在单位一样，在同一个单位的走到一起互相都认识。你看现在商品房住户，门对门都互相不知道是谁，都很拘谨、很小心，像陌生人一样，就这种社会条件自然会导致人家有这种心理，但是通过开展这样的活动以后，我觉得还跟在单位一样，最起码我们俩认识搭话了，对吧？

西方社会学者韦伯等认为，特殊主义原则是传统中国文化的核心法则，由这一原则建构的中国社会是一种"关系结构"社会。在此基础上，费孝通认为中国社会是以自己为中心的，行为道德的内容不是由个人与他人之间关系的远近来决定，正如梁漱溟所说："不把重点固定在任何一方，而从乎其关系，彼此相交换，其重点实在放在关系上了"①，即中国社会既不是理想意义上的群体本位，也不是世人所诟病的个人本位，而是关系本位。

[个案4—5]（XD 社区 TCY 小区居民戴某，64 岁）

我去参加合唱比赛的时候在一个路口拐弯，当时路还没这么好。我拐弯出来，那个老师要拐弯进去，我们俩当时就是一面之

---

① 梁漱溟：《中国文化要义》，学林出版社 1987 年版，第 93 页。

交，以前搞合唱的时候见过。两人自行车相撞，她拐弯，我也拐弯，一撞以后，把我轮胎钢丝都撞弯进去了。抬头一看，她说："哎呀，戴老师不好意思，对不起。跟您撞一起了，您走，您走吧。"如果不是通过合唱认识的话，发生私人纠纷就比较讨厌了，这二话都不说了。后来看到，她说不好意思了，我说没关系啊。所以如果发生些纠纷，熟人更好解决。尤其在小区，居民之间难免发生一些摩擦，能担待一些就担待一些。

随着深入交往和频繁接触，在社区团体中的公共生活使得参与者更加信任自己的邻居，因此更热衷于社区内的社会交往，进而逐渐改变了参与居民的交往结构。

[个案4—6]（JQ社区SY小区居民沈某，66岁）

在没参加摄影团队之前，我几乎和邻居都不讲话的。现在不像以前了，社会也不那么安全，我的那个老同事老王，出个门的工夫就被个小伙子拦住，说是经济困难回不了家，骗走了2000元。所以我儿女都告诉我要提防，尤其是我们这些老同志。但是参加这个摄影团队以后，尤其跟着我们陈老师学习以后，不一样了。参加活动的都是我们邻居，都客客气气的，学习的时候都很认真，有了作品大家在微信圈一起点赞，不亦乐乎。陈老师和我们年龄差不多吧，每次我们出门采风，他都提前一天去打前站，帮我们摸清公交路线，后来我们怕陈老师太辛苦就轮流打前站。我们团的队员之间相处都很好，后来我们团名气响了，还有下关的人来参加，大家都很客气，这世界哪来人心不古，只需要将心比心！

2. 远亲不如近邻，礼尚往来增进感情

在中国的文化特色中，礼物交换是一个关系到人际关系的重要礼仪，无论是古代还是现代，中国人对礼尚往来的重要性仍然具有根深蒂固的观念意识，礼物的馈赠和相关的互惠（包括情感上的互惠）在社会交往中都发挥着不容小觑的作用，"中国的社会关系结构在很大程度上是由流动的、个体中心的社会网络而非凝固的社会制度支撑的"①，因此交换礼物扮演着对人际关系进行生产、维持抑或改造和再生产的重要角色。在社区公共文化生活中，参与者用礼物来表达自己对他人的情感，也是拉近彼此距离的重要手段。

[个案 4—5]（XD 社区 TCY 小区居民戴某，64 岁）

关系不错的朋友啊，就像哪个生病了，互相都很关心。刚开始有个制度，就说像你们年轻人结婚生孩子，结婚就拿个喜糖来每人都有，吃了就吃了。生孩子发个喜蛋，既然大家吃了喜蛋，不出份子也不太好，怎么也是个喜事。我觉得要给发喜糖的这个人减轻点思想压力，后来我就和队长提议，一人出 10 块钱，凑起来给人家孩子买对手镯，买个挂件。人家压力也不大，我们呢也就 10 块钱小意思。

在笔者的访谈对象中，经常听到他们对交换小礼物的生动叙述，王阿姨需要照顾患癌症的亲家，应付不过来，袁阿姨每次在给孙女买鸡的时候都会给她带一只拎回去给病人烧汤，王阿姨女婿单位分特产的时候总会给袁阿姨准备一份。在人类学者的观点中，礼物交换可以有效地将社会联结起来，因为"当礼物的交换形成了一个圈子的时候，礼物的流动便超出了个人自我的控制，每一个受礼者因此一定成为了这个群体中的一分子，而每一次送礼就成为一种对于社会忠诚加以承诺的具体体现"②。这种礼物之间的互换和流通，虽还谈不上是谋求经济或政治利益的工具，却是个人之间拉近感情的不可或缺的手段。

[个案 4—7]（JQ 社区 XGLS 小区居民赵某，67 岁）

是比以前强了，人与人之间的互助观念也好起来了。平时我一个人带我孙女儿。礼拜六礼拜天的时候，孩子不上幼儿园，儿子又出差。我就把小孩送到跳舞队友的家里去，我上街办事去了，我办

---

① 阎云翔：《礼物的流动》，上海人民出版社 1999 年版，第 14 页。
② 赵旭东：《文化的表达》，中国人民大学出版社 2009 年版，第 177 页。

事回来就十二点钟了，孩子在那儿都好好的，饭都喂好了。所以我讲，这些老朋友都是通过跳广场舞锻炼熟悉的，我要是不出去锻炼，不和大家在一起活动，孩子没地方丢，背她走又不方便。我觉得这个真的是蛮不错的。另外，互相之间，你们家不用的东西给我们家孩子，我们家不用的送你们家，互通有无。你像我们家孩子泳衣买了太大了，明年要长，小的没用，丢了可惜，游泳衣一年用不到几次，给人家不就能穿，我觉得这蛮好的，互相交换这些小东西都互相受益，他要不用就给我，其实大家都可以这样。还有我们一个居民，他回去以后，他家里亲戚朋友有点自留地，种点南瓜，种点蔬菜水果，拿来大家分分，也很开心。这促进人际和谐了，也促进邻里关系了。通过这些互动，大家都受益。

当然，礼物交换随着时间、地点、场合和人的视角的不同，其功能也会发生变化，莫斯认为赠礼者与受礼者是捆绑（Bond）① 在一起的，在礼物赠送的同时，双方在心理上也会产生一种"责任压力"，也就是赫德（Hyde）所说的动量，② 这种动量的大小也会因人而异。因此适当地调整礼物互换的手段也是参与者的策略之一。

　　［个案4—8］（JDM 社区 MSJY 小区居民石某，55 岁）
　　前面一直这样做的。后来有极个别人不太乐意，有点想法，他就觉得我家孩子结婚也好，生孩子也好，我不跟你们讲，既不发喜糖，也不发喜蛋。他不理解我们，我们也觉得他夹生，所以他的处境也不好，后来队长就告诉他，算了就不搞了。搞对他也不好，大家都给了，把他一个撇到一边，也难看，他给了，也不心甘情愿，以后就不搞了。我们几个有心的，愿意出的，仍然到队长那边凑凑，不愿出就算了，没有压力。几个人钱少，就把钱包给人家就好。

---

① Mauss, Marcel, *The Gift：Forms and Functions of Exchange in Archaic Societies*, London, Cohen & West Ltd. , 1954.

② Hyde, Lewis, *The Gift：Imagination and the Erotic Life of Property*, New York：Vintage Books, 1983.

## 二　发挥余热型参与

与自娱自乐型参与的居民一样，有一定文艺特长的退休党员或者楼组长也是社区公共文化服务的重要参与者。他们多有文艺功底，在原单位是文艺骨干，有一定的组织能力。由于自娱自乐型参与和发挥余热型参与的居民具有一些相似特征，比如他们多是退休老年居民，少部分是下岗的中年人，这两类参与居民也会在同样的社区活动中一起出现，他们处于相似的生命阶段，经历着相同的社会转型期，又都不得不在陌生人社区中重新建构自己的生活空间，再次缔结不同于以往的社会关系，等等。尽管有着相似的需求，不同的职业经历、不同的兴趣爱好却使他们选择了截然不同的文化活动参与方式，并导致这两类居民与社区基层的关系也有所不同。首先，自娱自乐型居民仅仅参与社区文体娱乐活动，对他们而言，这是一种脱离政治身份和不需要政治热情的活动形式；而发挥余热型参与居民更多的是组织和动员其他居民参与社区文化活动，运用自己的社会关系发动居民配合基层政府开展各项活动，同时这些参与者多是以社区居民代表的身份出现，很多人还是居委会成员。其次，发挥余热型参与者往往被社区认为是居民中政治素质较高、能够予以信任的先进居民，即所谓社区精英或积极分子，基于其在原有单位中的职业素质和专业修养，他们可以与基层党组织或居委会紧密互动。再次，这类参与者自身有通过动员居民参与多种文体活动，支持社区工作来满足自己在文化生活和社会交往方面的需求，为了能够顺利开展工作，他们往往愿意牺牲自己的时间和精力。

（一）组织公共文化活动

1. 定期收取活动费用，自发组建社区文化团队

城市社区中物质水平的提升使小康型生活方式来临，居民的生活需求"从单一的生存需求向休闲、娱乐、康复等综合需求"① 拓展，相应地，居民对其所生活社区的公共服务和生存环境都有了更高期待，尤其是离职和退休老人，在家庭结构逐步小型化以及自我服务功能逐渐弱化

---

① 孙立平：《断裂——20 世纪 90 年代以来的中国社会》，社会科学文献出版社 2003 年版，第 113 页。

的驱使下，对社区文化服务的依赖性逐渐增强。而社区公共产品的有限性以及由此引发的冲突，使得通过成立社区组织来调解冲突变得十分必要，在社区公共文化队伍中，广场舞队伍就是这样的典型，其是由一些文艺骨干"半有意识半无意识"地创建而成，创建目的是为了解决集体行动遇到的诸多问题，其中最重要的就是解决与社区合作的问题。①在社区开始关注居民文化生活之前，活跃在各小区的文艺爱好者就自发组织起了类似于广场舞、腰鼓队等文娱队伍，队员多是自发参与，选出组织能力和文艺技能都得到公认的团员做队长，负责经营和管理团队，并收取一定的团队运营费用。这些广场舞队队长一般都没有报酬，仅仅是因为爱好，甚至一部分人还为了团队能够运营下去而倒贴费用。

[个案4—9]（JQ 社区 JQJY 小区居民袁某，65 岁）

我是一期入住的业主。2004 年这边还没有牵头人，那个红艳跟我一个姓，她在这边带了学生跳。大概 4 月份的时候，跳了一个星期之后我就没有参加了，孩子小就我一个人带孩子，带小孙。但后来我也确实喜欢这方面，看他们跳着心里痒痒。到了下半年孩子送幼儿园了，我觉得还行（有空），然后就参加了，参加进来以后就协助那个老师一直搞到现在，那个老师 2009 年就走了。这些年基本上是除了她教几个舞之外，组织方面基本是我在搞，一直做到现在。像我们搞活动，我们集资，我们买机子、买 U 盘，都是我们自己出钱，社区一般都没有支持的。我们的费用不像那些在马路上跳的 15 块一个（月），8 块钱一个（月），一般至少 5 块钱一个（月），外面都这样的。我从开始到现在，10 块钱三个（月），2009 年以前 10 块钱我一分不要，都是我们那个老师他得的，我全尽义务，还倒贴电话费，我真的一分钱不要。2009 年他走了之后，我就是主要负责人了，我再聘请两三个负责人，我们一人买台机子，钱凑差不多了，再买十几个 U 盘，每年够开销就可以了，我仍然是 10 块钱三个月，别的队都跟我讲他们都涨价了，我说真的，要

---

① ［法］米歇尔·克罗齐埃、埃哈尔·费埃德伯格：《行动者与系统——集体行动的政治学》，上海人民出版社 2007 年版，第 4 页。

涨价多赚两块钱没有多大意思，我们不靠这个挣钱的，对吧？

"任何一种组织都是具体的行动组织，都是存在于具体的时间与环境之中的组织"①，不同时间维度和具体客观情势的变化都会使广场舞队伍在活动内容和组织形式上发生变化。在社区关注广场舞之前，广场舞队一般都是由居民自发组织的，且参加费用低廉，队伍的流动性也比较强，队长在参与过程中只需要发挥一般性的领舞作用即可。然而，在社区开始关注公共文化生活之后，社区的广场舞团队就经常被邀请参加各种区、街道、社区组织的广场舞比赛、大型汇演和企业邀请的商业有偿演出，从这时开始，队长就需要拿出一部分收取的费用，到辅导班学习新的舞蹈，回来教给学员，并负责与基层政府联络、沟通具体的活动事宜，负责分配演出酬劳，也因此，队伍的活动就变得更加组织化，队伍的管理也就要求更加精细化、专业化、规范化。

[个案4—10]（XD 社区 TCY 小区居民林某，55 岁）

有的人他三天打鱼两天晒网，也有这样的人，交了 5 块钱，说不定我就来 10 天，我交了 3 块钱，我就来个几天。我们收取的费用很低，就跳舞才一毛钱，而且我算了一下，他们一年交 40 块钱给我，另外 5 块钱也交给我，但我不拿，这 5 块钱要交给上面，我们到外面训舞是要交会费的。N 市大概两个地方，我参加的这个交流队在鼓楼，在市体育馆也有一个交流队，我们教练员去学舞，要交给他们 5 块钱会费，因为他也组织这么个活动，他教你这么个舞，他会叫你交 150 块的会费给他，另外我们自己还要交 60 块钱给教练。

## 2. 发挥余热，志愿为团队建设服务

既然没有丰厚的酬劳，亦没有企业大规模资金的支持，参与者为维持团队运营必须倾注大量心血。笔者调研的 15 个团队带头人的个人经

---

① ［法］米歇尔·克罗齐埃、埃哈尔·费埃德伯格：《行动者与系统——集体行动的政治学》，上海人民出版社 2007 年版，第 2 页。

历几乎都很相似，年轻时都爱好跳舞，在单位多担任过文艺骨干，且组织过一些文艺活动，对社区的文艺团队有着强烈的责任心。

[个案 4—11]（JQ 社区 GY 小区居民尹某，60 岁）
我们受的教育，使为人民服务渗入我们思想的方方面面，这促使我们尽最大能力去把团队做好。所以退休以后，自己感到在这方面也有点工作或组织能力，而且我觉得作为一名党员也应该发挥点余热。

社区文艺团队经常会有一些演出收益和额外收入，发挥余热型参与者却"不占香""不偷拿"，将带领居民参与各种文化活动、让大家开心，当作一种义务。对他们而言，参与公共文化服务实践为他们提供了又一个充分实现自我、展示自己优良品质的舞台，身处其中能够获得他人的赞誉，这使他们重新找回了原先单位制时代植入他们心田的组织荣誉感，唤起了他们旧时的集体意识。

[个案 4—12]（XD 社区 JLSJ 小区居民施某，59 岁）
有的人觉得那么认真干啥，又不是为这拿另一份工资。可是要求人家做到，自己必须先做到，因为在收益这方面，你不能去考虑钱，你只能吃亏，真的是这样。你看我在外面街道的一些活动，人家付你 300 块钱，我拿到 300 块钱，我立马 20 个人分，15 块一人，我跟他们一样，真是这样子。但是谁要是在外面接到活，我现在也跟他们讲明面上的公开制度，就是谁接的，谁提成 14%，干这个你透明一点，大家都知道你这场活动完了，拿多少钱，就要这样透明。拿了 300 块，收到口袋 100 块，给大家一人拿个 10 块钱，人家是理解的，但要是我多拿就不行了。所以我腰杆挺硬的，志愿者我做，拿钱的事情，我不去做，就是社区里面我做志愿者这么多年，我一分钱都没拿，电话费都是我自掏腰包的，我可以这样说。有些事情肯定要有人（愿意）去做，搞个什么东西一个月发个 500、600 的也正常，烧个开水他还要给你几百块钱呢，（可是）这种拿钱的事我就不能做，因为难免有人眼睛红；你不拿钱（就不一

样了），你为大家服务，没人跟你争，没有好处只有付出的，对吧。

在发挥余热型参与者中，文化活动的欣欣向荣与他们内心的幸福感是成正比的，对社区文化事务的过多倾注不但需要充足的时间和旺盛的热情，还需要相对宽裕的经济条件，他们经常会承担组织活动所产生的琐碎费用，应付杂乱的意外事件，所以家人自然就成为他们首先需要极力说服的对象。

[个案4—9]（JQ社区JQJY小区居民袁某，65岁）

刚开始时有意见现在也好了，孩子们主动给我交电话费。包括他的丈母娘的电话费，两边现在都是他交。我的手机打那么多，费用每个月都要两三百块，本来我们全家互相打电话都是亲情电话，不要费用的。现在绝大部分通话都是给我们小区内的队友的，移动公司的100分钟、200分钟通话优惠，真是不够用。于是，那时候孩子就动不动会抱怨。我就说你给妈妈充就充，你不愿意交，就别交，我自己交，不要跟我讲这么多。我觉得开心就可以了。现在我月月的电话费多的时候四五百，都是我孩子帮我交。

[个案4—13]（SXM社区CHL小区居民许某，66岁）

我爱人在单位里面也算个领导，是个不错的人，现在70多退休了。他的思想还很开通。刚开始就给社区做志愿者、义工，随叫随到。跟我们一起捡垃圾，然后做网吧监督员。后来我们书记跟我们讲，合唱团缺人手，要老爷子参加。于是，我就跟他讲我们两个一起参加。以前大合唱人少就叫他参加。这两年我就不叫他了。我和他说，这两年你就不要上台了，有白头发了。但他仍然会做志愿者，像社区有什么讲座要老人去给讲讲，他就风尘仆仆地来。以前在家里面，我要是参加活动，就会把菜先择好了，他不太会择菜，就会洗好菜等我回来再烧。后来看我实在太忙了，在外奔波那么长时间，到家还马不停蹄地坐不下来，还要烧菜实在太累，（所以）饭就是他烧好，不要我烧了。就最近一年到两年之内的事情。

有时候，为了能够更便于顺利开展活动，对于一些无法或者不必要到社区求助的细微小事，参与者还会选择让亲密朋友与自己一同承担：

[个案4—14]（XD 社区 SJHT 小区居民张某，68 岁）

这个情感话题有点伤感。就是跟我同龄的好朋友，跟我同一年生的，就住在一个小区，走掉了。她的字很漂亮，以前我要写个什么东西，写个草稿以后就会交给她，让她给我抄一下，她就给我抄。上次支部要两篇小结，我就跟我好朋友讲，我们一人写一篇，我就不找打印室了，写好了交给她。她真的很支持，跟着我搞了很多文化活动。现在，我们觉得我的生命时间真的很有限，能做一点，就做一点，通过我的付出，看到居民开心，我也很开心。这就是我的真实思想。

3. 协调处理团队内外矛盾，进行柔性管理

与一般组织不同，社区业余团体有着十分鲜明的特征。一是不稳定性。一般的正规组织因具有明确的规章制度和成员组成，比较稳定，不易变动，纪律性较强。但是从社区业余团体的组成人员和成立目的上看，成员年龄一般较大，身体状况不稳定，或因家庭琐事不能保证按时参加团队活动，同时由于团队的自发性和娱乐性，也不适合用严格的管理制度加以约束。二是纪律性差。团队成员来自不同阶层，人生经历和家庭背景不尽相同，并且由于文化活动所提供的物质、情感资源具有可替代性，使得业余团体纪律性差，不便于管理。三是具有浓厚的情感色彩。由于团队成员较少，一般在 20—30 人之间，且多是同一年龄层次，家庭处境也较为类似。因此，团队成员之间更容易在文化活动中增进感情，对团队的归属感、对社区的认同感也会投射到队员身上，使得团队比一般组织包含了更多的 "谈得来" "感动" 等情感要素。基于上述特征，需要发挥余热型参与者通过价值倡导、行动示范和柔性管理等来维系团队。访谈中发挥余热型参与者都反复强调不能来硬的，要有耐心、讲道理，道理讲通了，队伍自然就好带了。

[个案4—9]（JQ 社区 JQJY 小区居民袁某，65 岁）

不是自夸地讲，我这支队伍通过搞这些活动，在这十来年里面

一直是健康向上发展。可以这么说。我整个队伍基本上没有发生过大的纠纷吵架,所以我才有信心带下去,如果整天去吵去闹,我根本就带不了,自己气得要死,还带什么?就是跟我合作的那个袁老师,由于他孩子在那边上学,他走了以后到学院那边。有一天他找我过去看一眼,我去的时候,那支队伍跟他们的领队在吵,把领队吵得哭了,我正好在现场,这样的队伍,还不如不带呢。你把人团不住,自己气得在那哭,就为排节目哪个上,哪个不上。但我们这边从来没有。应该讲基本上没有,就有个别同志这个不让上就有点生气,但我跟她沟通了之后她就理解了,我跟队伍上的人讲,你不满意的地方,对工作觉得不妥的地方直接找我,你不要听下面七说八说,我给你一个解释,你认为我考虑得不周全,可以跟我提,我下次注意;如果我考虑得周全的话,你就接受我的意见。

笔者在访谈中发现,在团队的日常管理过程中,几乎每一位带队的参与者都反复提到了队员的素质问题。他们都强调老一辈人受过纪律性的训练,因此良好的沟通会在维护团队成员关系,调解矛盾中发挥重要的作用。

[个案4—11](JQ社区GY小区居民尹某,60岁)
前年大合唱,我们人多,后来到街道彩排的时候,我们队大概91、92个人,我买了100瓶水,社区买了100瓶水,居然有人没喝到,水都拿不到,我发现这个问题后,我看到有些队员,当时手上拿一瓶,包里还装了一瓶,但是我也不批评他,你批评他的话,这么大岁数,面子上下不来,就别批评他了。到第二天的时候,仍然买了100瓶水,然后集中起来和大家说:"买了100瓶水,基本上每人一瓶,有的实在口干,你喝两瓶可以,哪怕需要三瓶,不够了我们再买,但你尽管喝,不要带,你带了我就没底了,希望大家给予理解和支持。"那天水就没发掉,有的人不要,就像我自己带了装水的杯子,我就不要了,剩了差不多20瓶水。你道理跟人家一讲,你带回家去我就没底了,你不需要,你别拿,互相照顾一下,理解一下,而且从环保的角度出发,不就是一瓶水而已嘛,拿多了

也丢人。大家真的很好，一讲过以后就都自觉了。所以我觉得这个正能量还是很重要的，因为这些人的思想功底还是可以的，胸怀也还可以的。

了解每个队员的性格与需要是这些作为团队管理者的参与者决定采取何种行动策略的必备工作。该类发挥余热型参与者也会注意到不同文化素质和性格的队员在行为方式上的特点，并有针对性地采取不同的沟通方法，这可以在 CT 社区 C 领队反馈的一个案例中得到体现：

[个案 4—15]（CT 社区 THY 小区居民陈某，64 岁）

也不是什么大摩擦，就是有一个人因为不能上台所以跟我嚷。她没有文化，一天书都没读过，一个字都不识，但人很好。她嚷过以后，我跟她一讲就笑眯眯地出去了，就是那么个性格嘛，不合意就嚷，完了就哈哈笑，不会记仇的。她是农村里面出来的，在那里看店，非常喜欢唱歌，有一次唱歌，人数比较多，有差不多 40 个人，刚开始没有她，后来我把她吸收进来，我就跟大家讲我为什么吸收她。我（和大伙）说她喜欢唱歌，不识字不识谱，但你一首歌布置给她，她回家和她老公一起学，你们有这种精神吗？跟我们出去游玩，《春天的故事》那么长，你们对比一下，有文化的人都背不全，她从头到尾，领唱部分她都背，我们跳完舞唱一遍，她能从头唱到尾，识字的都唱不到尾，你们回家下不了她那么大的功夫，所以即使她没有文化也带她。所以根据性格特点，每人都有他的长处。她有这种爱好，就不要打消她的积极性，要保护。所以对我们带队的，要稍微考虑周全一些，后面的工作才会好做一些。

涂尔干深信文化为社会团结提供了重要基础，使个体能够与群体相结合，其中，仪式表演尤能加强集体团结。一方面，参与这种仪式性社区活动可以作为社区交往关系的联结点，是居民扩大交往空间，重塑社区记忆的重要场所；另一方面，社区大型群体活动中的仪式性表演，会使居民增加社区认同，增强整个团队的积极向上意识，从而有效推广社会主义核心价值观。因此将参与的活动仪式化是作为团队管理者的参与者的另一个重要策略。

[个案 4—13]（SXM 社区 CHL 小区居民许某，66 岁）

比如说我们出去活动，JY 区的活动比较多，到奥体活动也比较多，那形象就很重要，我们的队员出去，一定要服从命令听指挥。我这支队伍做的，不讲最好吧，也应该能算上是名列前茅的。开亚青会，我们要组织 30 多个人去观看，我就把这些道理跟他们讲清楚：几点钟集合，在哪儿上车，须统一着装。这个统一着装的好处社区也考虑到了，所以也得到社区的支持。这样我就好带了，我一上车，那么多人找不到车子，我们统一地穿着一个颜色的 T 恤衫，我很容易找到我的人，对吧，你在哪儿上车，在哪儿下车跟着我们的衣服走就可以了。而且会场比较大嘛，你走进来一看，一大片绿衣服在这边，你穿绿衣服的就肯定在这边。我觉得他们真的是很好，你宣传正能量以后，他们就会听你的安排，听队里的安排，他们就理解了这次活动的意义。

（二）充当社区基层与居民之间的"双面胶"

1. 召集志愿者，配合社区工作

在改革开放之前的单位制社会中，城市居民的工资福利、社会地位、职业身份、政治发展空间等几乎所有的生存资源都来自于单位，个人对单位之间形成了一种全面依附关系（华尔德认为这种依附关系即所谓的组织性依附关系，其包括个人对单位在社会、经济方面的依附，对单位领导在政治上的依附，以及对其直接领导的个人依附等）。借助于这种全方位的依附关系，政府得以在单位空间中向居民灌输国家意识形态。通过宣传话语象征、公共空间营造、组织文化活动和社会主义群众动员等策略，单位空间不断生产着居民们的公共生活，人们对于政府权威的认可、对于社会主义意识形态的集体认同也由此产生。然而，如今在市场经济体制下对资源流动方式的调整，使得社区居委会掌握的资源十分有限，导致居委会通过行政组织网络对居民进行动员的能力也比较薄弱。实际上，在笔者调查的几个社区中，居民参加街道、社区一级的文化演出几乎都是由上级政府分配给居委会，再由居委会分配给各个文艺骨干，最后由文艺骨干招揽、动员参加的。

　　[个案4—10]（XD社区TCY小区居民林某，55岁）
　　比如说今天到28个人，明天到34个人，后天30个人，就这样。可来可不来，最少的时候也有只到十八九个的。志愿者活动，都是这帮人。志愿者的主体就是这些人。前两天社区里头打电话说林老师，下个星期二，你给我拿四个节目出来，那么我就立马这几天，叫他们来排练，我就把我晚上教的舞，挑几个出来，定一下队形，叫几个会舞台舞蹈的，挑选几支好看的，稍微复杂一点的舞蹈，叫他们来临时编排一下。这样，我一个礼拜就能拿出来。

　　N市社区建设中，经常开展"先进文明社区""环境示范区""文化服务示范区"等社区评比活动，其中居委会由于人力资源和财力资源的限制常常会通过社区积极分子，让其从居民中招募志愿者，完成社区卫生大扫除、进行社区治安巡逻等工作。

　　[个案4—16]（JDM社区TSY小区居民赵某，58岁）
　　你以为我们只是唱唱歌跳跳舞？不是的，社区的卫生评比、治安巡逻，只要是有一些上面布置下来的任务，需要发动人参加的，基本上都是我来做。像我今天下午就是来拿红袖标的，马上明天开始公交值班了，我要安排两拨人，一拨负责在公交站值日，另一拨安排在社区搞卫生。马上青奥会来了，说是有检查，我得动员好，（要他们）认真些才行。谁家有个突发事件不能来，都要和我请假，我和我的队员们说，咱们要不就不参加，要参加就要把事情做好。我和队员平时相处得很好，他们有时家里没什么事，都来我这里问，社区有没有什么活动参加，不给钱他们也都愿意参加，说是给社区做点贡献。

　　在发动居民志愿参与社区活动的过程中，社区积极分子都会反复强调工作要求，增强志愿者的团队意识和为社区争光的责任心。

[个案 4—17]（JQ 社区 GY 小区居民秦某，60 岁）

我也是把他们集中起来跟他们说了，当时 N 市检查了之后，我们 NY 街道是 JY 区最后一名，那我们要给 NY 街道和 JY 区争气。执勤者干吗？戴着袖章，一个是查有没有乱翻栏杆的，第二个是地下的垃圾扫没扫掉。那三天可以讲他们真的干得蛮辛苦的，来回不停地扫。我自己也跟着值班，我不值班的时候就去巡查，对他们的要求真的严，大部分同志还比较服从，扫得都不错，过路的人都停下来讲，你们扫得真干净，就是不知道以后能不能天天这样。我说我带的这个队伍，让我感觉很有自豪感。

### 2. 整合与拓展多方资源，安抚参与居民的情绪

积极分子能够发动居民志愿参与文化活动，主要是因为他们在日常生活中对其自身关系网络的培育。他们更像是"双面胶"，一方面因为工作需要，不得不与基层政府保持相对稳定的紧密关系，在笔者深度访谈的 15 个社区积极分子中有 12 个本身就是居委会成员。另一方面，在日常事务中，因为要维系与居民之间的感情，从而借此调动居民参与社区活动的积极性，他们又需要努力为居民争取由社区居委会所提供的物质、精神、关系等多方面资源。用 ZGF 大妈的话说，她们更像是"政府的腿，居民的头"，在这种尴尬的角色中拼命维系着社区团队的生存和发展。

[个案 4—18]（XD 社区 SJHT 小区居民冯某，65 岁）

没有费用，然后三天值完了以后，我去和社区讲，他们很辛苦，社区也不错，就发洗涤液和肥皂，钱是没有的，这些就是社区给的（物质奖励），我呢也把他们叫来，说清楚你值三天是值了两次，还是值了四次。我天天给你打考勤，那么值四次的，一瓶洗涤液，两块肥皂；值三次的，一瓶洗涤液，一块肥皂；值两次的，就是一瓶洗涤液；值一次的就一块肥皂。就是这样分成四个档次，他心里想我值的少拿的就少，那不然值四次和值一次都一样的话，人家值的多的心里总会不平衡。你这样做，大家都很开心，尽管三天没有一分钱，但地扫得干干净净的。

　　但是因为多种原因，政府并不是每一次都能积极配合这些积极分子给予团队物质奖励，YBZ 所在的 JQ 社区就不太同意每次活动都给物质奖励：

　　[个案 4—9]（JQ 社区 JQJY 小区居民袁某，65 岁）
　　他们（社区居委会）跟我讲，袁老师，以后社区搞活动的话，就是给您的平台，也不会有什么小礼品的发放，我回答说（我）从来没有说一搞活动就问你们要小礼品，义务劳动是可以的，但是你不能十次都是一点表示都没有，你十次有个五六次（给）就可以了。你既然说义务劳动，只给个平台的话，我去给大家做工作，肯定正面宣传，把这个道理讲给大家，搞一个平台展示（而已）。那后来呢，人家不服气（了），我们排练给你演一场节目，天天排练那么累的，什么都没有，心理自然就不平衡了。我尽量给大家做安抚工作，但我要是老讲让大家提高觉悟这一点，逐渐就会没效果。所以我真的也是很难，其实发生过这样的事，我也没敢跟社区汇报。有两次不是来人参观，参观不是这边也需要有活动嘛，一般的我们也是参加活动，有人就说，来人参观我不去，他真的就不来了。有人说，袁老师，你喊我们做的事，不要钱，一分钱不要，我们二话不说去做；社区喊的事，你一个人去做，你别喊我们。（听听）现在这种调子出来了。小颜，这些话，也就和你悄悄说，我这个居委会的，半个身子还在人家那里，没办法说那么多，所以我只是和你强调，我要和这届领导磨合一下。

　　因为"半个身子"的身份，这些积极分子无法通过激烈方法来争取社区基层的物质资源支持，但是又要面对有些愤愤然情绪的居民，有的积极分子就采取了动员社区帮助居民处理临时性事件的策略，这些事中既包括水电冷暖之类的公共服务，也包括家庭的突发性事件，比如看望病人、调解邻里纠纷等，通过这种方式来使居民对社区产生好感，以情动人，安抚人心。

　　[个案 4—19]（SXM 社区 HJ 小区居民贺某，67 岁）
　　我性格直，想着一把老骨头没啥可怕的，就直接去找书记沟

通，我问他您说我们这些居民为什么要当志愿者？现在谁家还缺吃
少穿的？咱们能给的很少，如果再不给点关心，人家心都寒了，社
区工作以后怎么做？队伍以后怎么带？后来隔了几天吧，吴主任就
找我，说贺老师，如果经常配合社区工作的志愿者，或者参加志愿
活动多的居民，他们要是生病了，跟我讲一声，让社区领导过去看
看他，或者其他队员也过去看看，讲讲我们代表其他队友以社区的
意思来看看你。我当时听得高兴呀，虽说只是买点小礼品，社区给
报销七八十，六七十，控制在一百块钱以内。但这样子（让人感
觉）组织也比较温暖，团队也比较温暖。觉得欠你人情，平时你一
喊人家就来（参加活动）了，（人）都是这样的。

按照布劳的社会交换理论："人的某些行动具有表现意义而不是打
算获取特殊利益，这一事实并不一定意味着他们的行动是无理性的，而
可能意味着它是价值合理的，不是意图合理的，就是说，它取向于对终
极价值的追求，而不是对直接报酬的追求。"① 所以，很多积极分子都
说其参与社区义务劳动和节目演出不是为了物质报酬，而是为了开心和
打发时间，为了配合社区工作做做公益。出于这些动机，积极分子动员
社区帮助居民处理生活中的大事小情，在居民与政府之间搭建了信任桥
梁，即所谓"欠人情"。在中国传统文化里，人情是人与人之间形成人
际信任的重要成分，"人情二字应该是指人与人之间的关系，亦即'人
相处之道'"②。人情可以说是媒介，在社会生活中起着"润滑剂"的作
用，因此中国人的社会交往通常是靠人情来维持的，人际交换多以报答
的形式出现，正所谓："古之君子，使之必报之；受人滴水之恩，必将
涌泉相报。"故而，被社区施以帮助的居民往往能够更主动地参与到社
区活动中。这些社区积极分子也就自然地成为了政府与居民之间的沟通
桥梁，是进行社区活动动员的重要力量。

除了争取政府对居民的生活支持以外，积极分子还不断积累其社会

① ［美］彼得·布劳：《社会生活中的交换与权力》，孙非、张黎勤译，华夏出版社1988
年版，第6页。

② 金耀基：《人际关系中人情之分析》，台湾桂冠图书公司1998年版，第79页。

资本。根据边燕杰的观点，社会资本是一种社会网络资源，是个人所建立的社会网络，个人在社会网络中的位置最终表现为借此位置所能动员和使用的社会网络中的嵌入性资源。[①] 具体而言，积极分子常依赖朋友、亲戚、熟人来寻找媒体和企业资源，带领队伍到企业去表演，或者发动居民听讲座。在谋求一些小福利的同时，也扩展了社会关系网络，积累了社会资本。

[个案4—20]（CHL 社区 RHY 小区居民朱某，62 岁）

社区对我们的支持，就经费方面来说还是很有限。那我要调动大家的积极性，就要动点脑筋，毕竟大家付出那么多，一点回报也没有，一点刺激也没有，也不好带。你看现在人家搞活动都发个东西，发个肥皂、毛巾，或者给点费用什么的，前两年我们搞活动也给，但近两年这样，我也不敢说了。就是从我的方面尽量开动脑筋，利用社会资源给大家有一些小的福利激励吧。以免你老去找大家活动，也没点刺激，时间长了对大家的积极性多多少少怕是会受点影响。你看我们利用社会资源，跟电视台、社会媒体、房地产开发公司、报业集团之类的单位挂一下钩。有了联系以后呢，他们也会开展一些活动，邀请我们去，去了就会时常给我们一些报酬。报业集团搞什么活动，去给他们演出，那几个节目以后，就给了我们（每人）一箱鸭蛋，拿车子来接送，也蛮好的。大前年跟那个城市频道联系，它让我们在圣诞节那天去周游前湖。我是地地道道的 N 市人，支援霍山县蹲了 36 年，我到前湖坐那个船游览了一大圈。可能你们也很少能在前湖绕上一大圈，我们坐他们装饰得很漂亮的船，大概有两三条船，带我们周游了一下。那这也是让居民开心的。就是自己可能辛苦一点，组织大家出去旅游，一两车人是正常的。

然而，"社会资本的存在形式是社会行动者之间的关系网络，本质是这种关系网络所蕴含的、在社会行动者之间可转移的资源。任何社会

---

① 边燕杰：《城市居民社会资本的来源及作用：网络观点与调查发现》，《中国社会科学》2004 年第 3 期。

行动者都不能单方面拥有这种资源，必须通过关系网络发展、积累和运用这种资源"①。为了维系这些社会资源，积极分子经常与社区周旋，保持与其积累起来的社会关系在多方面的互动。

[个案4—21]（CHL社区RHY小区居民吴某，59岁）

社会资源真不好找，人家找你是有一定道理的，他付出给你，他也要得到一些效果，他没有宣传效果，他不会白白赞助你，他又不是慈善家。讲到碧桂园的事情，他们今年找到我，我跟社区汇报了一下思想。我说碧桂园叫我们去开发区，一人发一把雨伞。我觉得蛮好的，社区没有钱给我们，人家给我们也挺好。他（书记）说，碧桂园来找我们多少趟，我们都回绝了，我说我已经答应人家了，我带人走，一人发一把雨伞，开开心心的，去50人50把雨伞。你说我现在就不知道怎么弄，你社区也不（支持），社会资源也不给我们搞，怎么弄。前两天我跟书记主任说了一下，邦德骨科医院要到我们这来搞个讲座，给我一百来件T恤衫，搞个一早上的讲座，人也是我组织的，70个人都是我喊来的，桌椅板凳也是我来摆，就给个场地，提供个平台就是了。我说到时候大合唱没有经费的话，穿个广告衫不也整齐吗？还不错，人家想了一下子就同意了。主任后来讲他们跑了这么多社区，还是你吴老师这边组织得好，我六十几个人参加，衣服统一着装，后来书记问我，他卖不卖东西，我说卖什么东西，什么也不卖。他就是宣传，有个专科医院在N市，搬到这儿，大家不知道，他就宣传一下，他这有个医院，你有这方面的病，可以到他医院看病去，其他有什么？

[个案4—14]（XD社区SJHT小区居民张某，68岁）

有社会资源你要利用，这外面的资源，不容易接，和我组织活动不一样，（我组织的活动）你喊他人来给你做事，（人家想）我家里边还有那么多事，家里还要打扫卫生呢，但这种企业活动我又不叫他做任何事情，白拿对不对？你一次两次不答应，这些企业就

①　张文宏：《中国的社会资本研究：概念、操作化测量和经验研究》，《江苏社会科学》2007年第3期。

到其他社区去了，人家就不喊你了。大概前不久，我组织了两拨人，102 个人，保健品公司组织的，60 块钱还发报纸，便宜吧，我也吃他家洋奶粉，认为不错。我带队去，几个人买？只有三个人买，公司是赔本的，但是我事先和公司谈好的，我带人家去，我不保证人家买，你不买就是了。我只利用好他的资源，让居民动起来，活起来，这也不错，只有开展活动，才能发动居民。平安银行，上次也找我，人家就讲了 40 分钟的理财课，他们告诉你一般人存 5 年期，利率 5.4%；5 年期对我们可以给 6%，你愿意就来存，不愿意就算了，就散会了，一人一桶油你就拿回家，不是蛮好的吗？后来他提出来但我（还是）回绝掉了，我也不敢，万一没有人存钱，我也不好意思，我也得把握这个度。这个你请我上门的，你不就讲个课听听嘛，我不来，别人来，你愿意存就存，不愿意就拉倒，6% 又没有什么坏处。

## 三　"人在屋檐下"的依附型参与

以上两种参与类型的居民基本上都是为了趋同的兴趣爱好或追逐自我实现而主动参与到公共文化生活中来的，然而在由政府主导的公共文化服务实践中，有一种参与不是出于由内而发的主观意愿，而是经过政府自上而下动员的且其参与目的不在于真正享受公共文化生活。这类居民多半是社区中的一些特殊来源的志愿者，或因无业而需要领取城市最低生活保障，或因家庭陷入极度困境而需要政府的资源支持，不得不参与到公共文化生活中来。他们参与的多是被社区基层（多半是居委会）提前安排好的文化活动，包括唱歌、表演、开会、看书等文娱活动。一般情况下，他们按照居委会的指示，哪里缺人就去补上。对这类参与者而言，参与的意义在于与居委会保持一定程度的联系，以便顺利获得社区在物质和精神上的照顾。这种类型的参与体现的是在社会保障体制存在缺陷的前提下，低保或弱势居民与拥有一定行政执行权力和福利分配职能的基层政府之间所缔结的权力性、情感性和物质性依附关系。

（一）为"搞好关系"的互惠型积极参与

1. 情感回馈

社区基层安排低保居民参与的公共文化活动通常包括在文化活动中

补人缺、上级检查文体设施时充当"群众演员"等。相对于社区安排的义务劳动或值岗执勤等任务，这样的活动比较清闲。在低保居民中，一些人为了博得社区居委会的良好印象，态度上极为配合政府。在这类参与者的逻辑中，让渡自己的宝贵时间来参与社区安排的文化活动，可以与社区建构一种互相回报关系，因为获得低保待遇需要社区的配合与关照，而他们的参与行为是为获得照顾和维持基本生活而做出的一项最基本付出，这也是他们对社区在情感上的一种主动回馈。

[个案4—22]（SXM社区HJ小区居民李某，49岁）

2000年之前我们家日子过得还可以的，孩子不大，我和老公都是国企员工，维持温饱一点问题都没有。但是晴天霹雳啊，2000年我下岗了，老公年纪轻轻的就被检查出严重的糖尿病，重活做不得，单位后来答应给发基本工资。儿子又要上大学，全家人又要吃饭，我出门坐公交车连个空调车都不敢坐，晚上下班回家，有时候等辆没空调的公交车要等一个多小时，为了省钱啊。每天时间都很赶，为了养家我做钟点工，N市人喜欢找本地人做钟点工，人家说知根知底可靠，我最多一天同时做三家钟点工。但是社区让我做啥我就尽力做，摆样子、收拾卫生啥的，我能来就来，有时候合唱，主任说人手实在不够，我就请假，等于是贴钱做，但是排练我没时间去，都是最后演出充数去，只摆样子不出声。跳舞我不参加，那个要排练。为啥（参与），本来老公单位有些基本工资，达不到低保线的，我们主任人真的很好啊，她后来和社区领导来我家看过情况，然后就和书记仔细讲我们怎么怎么困难，这样的应该照顾，后来就给我们办了低保，你说这一下子每个月多拿了人家1000多块钱呢，做人总得讲究个知恩图报吧？逢年节的时候，我还把我腌的香肠给她送过去，没啥，就是表达个心意呗！

在JQ社区，艺晟沙龙的面塑老师朱某身患残疾，常年坐在轮椅上，妻子又下岗，还需要养活一对刚入小学的双胞胎，全家人靠出售朱某捏的面塑和泥塑为生。有一段时间，这种家庭结构使得朱某的生活举步维艰。社区一方面对他进行生活帮扶，过节的时候通知朱某来领米领面；

一方面还在社区内部的公告栏上宣传他的作品，帮助推销他的泥塑。面塑卖的越来越好之后，社区还帮助他的妻子开办了陶艺班，由于陶艺班收费低廉，且很多居民认为其有政府背景，比较可靠，所以生源状况也比较稳定。在家庭境况不断好转以后，朱某又利用每年暑假时间，在社区开办了面塑培训班，义务教社区孩子们上课。朱某与社区居委会之间形成了一种良性的互动关系：一方面，居委会利用自身资源对朱某予以照顾，另一方面还将他所组建的艺晟沙龙培训班包装成公共文化活动的先进典型案例，作为每次向上级汇报的公共文化服务先进事迹。而对于朱某个人而言，这种参与实际上是一种对政府人情回馈的简单交换逻辑的结果。

[个案4—23]（JQ社区JQJY小区居民朱某，45岁）

我们家在2005年妻子下岗那段时间很不好，赶上夏天我到夜市上去卖点小玩意儿，生意还好些，要是到了冬天我们俩就干吃那点低保，又得养小孩儿，赶上头疼脑热连药都不敢买。身子这样，老婆又闲在家，日子过得很苦。那时的社区书记主动到我家来送些东西，说小朱，我知道你是个有文化的人，还有点手艺，你别急，开动些脑筋，我们社区能帮你的肯定帮。这些话到现在还在我耳朵里，后来我就去印刷传单，老婆发，或者贴到门口的玻璃栏里，又办了个学校，社区好多人都知道了，就来上课。名气上来了以后，现在日子好过了，不能忘恩负义吧，社区行了很多方便给我们。所以他们喊我参加活动，不太想去的，因为陶艺班课程太紧，但是从不拒绝。现在这个书记在我们这边有点架子大，不太瞧得起人。但咱看的是以前，以前的书记对我的精神鼓舞真的很大，看的是党和政府对咱小老百姓的关怀。赶上活动，我们现场捏面塑、泥塑，有居民想买的话，以工本费5元钱就卖了。在JY区办展会的时候，我卖得很贵，一个泥人小一百块钱呢。那个暑期的免费陶艺培训，我已经开了三年了，也没去和领导费心说要什么报酬，图个心安吧！

2. 通过积极配合获得政府区别对待

当然，在低保居民中从内心情感上能够自愿参与公共文化活动的毕竟是少数，相当多居民之所以愿意参加，是由于他的付出意味着能够得到更多的好处，获得政府在就业、物质上更多的照顾。换言之，参与意味着互惠逻辑下的"超值交换"。

[个案4—24]（XD社区DQDD小区居民胡某，50岁）

社区搞卫生、搞样子的时候都叫我。领低保嘛，总不能白领不？你随时喊我，我只要有空就来。我这个人做人就这样，人家国家给你的钱也不是白给的，位子要放正，这天上哪有那么多掉下馅饼让你白吃的好事呢？我不像人家，一会儿这事，一会儿那事的，我活动参加的多，来得痛快，和居委会关系也好。上回物业缺个保安，王主任就推荐了我，有个饭碗总比在家干瞪眼强。人嘛，总是讲交换的，你对人家好，人家才能对你好。就是下回有好事的时候，他能记得有这个人，做个顺水人情就行喽！

华尔德研究我国国有企业在单位制时期的权力结构模式时发现，在工厂车间里，党组织与部分工人之间发展出一套上下间互惠的私人关系网络，管理者倾向于奖励和提升对其忠诚的工人，而那些忠诚的工人为了取得利益更愿意带头配合管理者的决策制度，这种实用性的庇护关系网络形塑了一种社会参与的动机与逻辑。[1] 在现代社区中，单位制时期的庇护主义关系网络所仰仗的制度基础已经解体，换言之，形塑庇护主义的特定权力运行制度和分布结构已经不复存在，所以无论是在单位抑或是社区，庇护关系已经弱化，但是在低保居民的生活中，社区仍然是一个掌握着多重生存资源的权威单位，依旧值得他们用听话、配合活动的方式建构对社区的新型依附关系。在日常生活中，社区干部会将拥有的资源更多地分给经常配合自己工作的低保居民，在活动中采取对不同居民区别对待的方式鼓励他们更加配合日后的社区活动参与需要。

---

[1]　刘岩、刘威：《从"公民参与"到"群众参与"——转型期城市社区参与的范式转换与实践逻辑》，《浙江社会科学》2008年第1期。

[个案4—25]（JQ社区LH小区居民蔡某，52岁）

和社区搞好关系好处当然有很多，你比方说执勤吧。我执勤和其他的志愿者执勤可有区别，他们是免费的、志愿的，而我呢，是有劳务费的。比如说上次袁老师要找10个人值班，他们都没拿到费用，没有费用的时候就找她安排人。后来有费用的时候，小吴就安排我去了，50元一天。说是打扫，其实就是聊聊天呗，不累又能拿钱多好啊。还有现在迎青奥，各个社区都安排志愿者在公交站点执勤，其实那也没啥，就是站在公交站旁边扶着点老弱病残啥的，但是一整天地站，又热又累啊，吴主任就给我安排在CT站东边的那一站，那一站有棵大梧桐，能挡着不少阳光呢。还有，别的亭子都是两个人，100块，我们亭子社区说是大站，给了我们三个人的费用，俩人分，人家站一天100，我们一天150，一样戴着袖章就坐那儿，我就多拿了一些，你说好处是不是多啊？

（二）"看人脸色"的应付型消极参与

在社区生活中，与"搞好关系"的互惠型积极参与者相比，更多的低保居民参与公共文化活动是应付型的消极参与，他们普遍在温饱水平徘徊，为了承担家庭生活的重担而奔波劳碌，因此没有时间也没有心情参与到公共文化生活中去。但是，为了能够延续自己的低保金不被随意取消，依然很不情愿地参与进来，在参与过程中只是采取多重策略进行表面上的应付，"利用心照不宣的理解和非正式的网络，以低姿态的反抗技术进行自卫性的消耗战"[1]。

1. 装模作样

从表面上看，低保居民拿到政府补贴是得到了政府的好处，但实际上，低保居民家庭状况都很困难，很多人为了养活家庭同时打三到四份工，作为弱者，社区基层为了应付检查或排练节目让他们无偿参与到社区活动中来，对他们而言是一种沉重负担。尤其是连续劳作多日后，还需要到社区进行义务劳动，他们更觉得委屈和不满。在参与中，多会采

---

① ［美］詹姆斯·C. 斯科特：《弱者的武器》，郑广怀等译，译林出版社2007年版，第342页。

取装模作样、出工不出力的策略来应付社区，用以避免公开与社区基层对抗。

[个案 4—26]（XD 社区 HTXY 小区居民孟某，48 岁）

我是 28 岁来 N 市的，婆家是本地人，老公是做小生意的。2008 年的时候，老公被查出有尿毒症，也没法做生意了，就吃低保。可是还得养儿子吧，我就到处打工，后来在 NJ 师范大学后门摆了个织补摊位。N 市人很会过日子的，衣服缝缝补补的一样穿，所以我的生意就很好，但是做这行就是不能乱走，你一走人家看你人不在，就不补了。社区打电话让我参加活动很烦的，但是你领低保又啥事都不做是不合适的，老公又不能去，天天在家上网，我只能抽空参加。说实在话，我非常的累啊，但是上面有检查也得做做样子吧。扫地还好，戴上袖章，来人检查的时候就扫两下，其他时候可以开开小差、聊聊天，或者没检查的时候就开溜。在公交站执勤的时候可以和对方轮流值班，你值半天我值半天。一般检查的时候事先都有通知的。总之，你态度端正一些，人家社区找你的时候，你别骂爹骂娘的，假装配合一下就行了，也不少块肉。

社区为了完成上级政府指派的考核指标，经常会在社区文化活动中采用表演性和应付性手段，这种活动本身的表演性和应付性使得低保居民在思想上更为排斥，打消了他们参与社区文化活动的积极性。

[个案 4—27]（CHL 社区 YJMD 小区居民罗某，46 岁）

下岗之后，我晚上摆地摊，白天做钟点工，后来青奥会地摊都不让摆了，我就去应聘快递员，人家嫌我是女的，年龄也大，现在在商场站柜台，白天站柜台，晚上给人家绣十字绣，眼睛都花了，到处都看不起下岗职工。日子挺难的。还有居委会开什么会，领导来检查都要喊我参加，烦透了。尤其是那些看起来高大上的群众文化生活什么的，我每天吃饭睡觉时间都不够用，哪还有心情搞那个。但是我领了低保嘛，得看人脸色呗。我这个人不喜欢挑事，忙起来一看到居委会的电话我就想着坏了，准没好事！一般响两遍我再接，只要时间不长的我都去，提前和小赵说好，我只待到三点。像那种做样子的会议，就是集集合，摆桌子，挂横幅，找来麦克风，很短时间就能从现场出来了。我们入座，谁赶时间谁就先做一个发言的姿势，拍张照，基本上不到半个小时，活动就能结束。都是社区应付上面检查的，那是啥活动我都无所谓啦，反正我装装样子，把社区的任务完成了就行。

[个案4—28]（SXM社区CHL小区居民潘某，73岁）

我70岁了，不能老是参加这些个什么活动了，但是我儿子有残疾，在网上做点小生意的，到现在还没有讨到老婆呢，老伴过世以后我就一个人养家。社区让参加活动只能参加啊，有时候合唱我也参加，装个样子就出来，我就到社区后面的那个垃圾箱里翻饮料瓶，那里每次搞活动都能剩下很多个瓶子，这个能卖个钱贴补贴补家用。

### 2. 流言蜚语

流言蜚语是把"被指认和报复的风险减到最低的同时也实现了看法、轻蔑和不同意的表达"①。斯科特在他的《弱者的武器》中指出，作为弱者抗争的一种重要方式，"恶意的流言蜚语象征性地损毁富人的声誉"②。流言蜚语是一种私下的抗争，"这种一点点的蚕食，对权利结构的整体影响是很难评估的，但它是可供从属阶级利用的为反抗实践穿上表面顺从的安全外衣的少数方式之一"③。如果说装模作样是表面上的顺从策略的话，那么流言蜚语就是一种私下的反抗策略。低保居民在社区公共文化生活的参与行动中，囿于资源的依附性多不会公开对政府的行为进行质疑，或采取强硬的对抗行为，但是他们在活动中遇到的不公平待遇或事件则容易通过流言蜚语扩散和放大。比如，有低保居民不经常参加文化活动或义务劳动却正常拿低保，这样的行为经常会引起其

① ［美］詹姆斯·C. 斯科特：《弱者的武器》，郑广怀等译，译林出版社2007年版，第343页。
② 同上。
③ 同上。

他低保居民私下对这个人甚至政府的不满和愤懑。

[个案4—29]（CHL 社区 YJMD 小区居民彭某，54 岁）

大家都是一样（吃低保）的，可是人家从来都不用参加什么活动。好像这半年就上回检查的时候，她摆样子看看书，后来就没见她参加过什么活动。她家除了 JQ 门还在 GL 那边有个老房子出租，凭什么还能吃低保？我们参加活动，扫一天地才 50 元，相当于就是义务劳动，可她说是在外地打工，从来都不来，谁不知道她和居委会的小张是亲戚，逢年过节上面发什么都往她家送，一提这事我就气，看她烧包的样子，政府说是照顾我们，结果全都被他们截留了！

由于资源的流动性，使得基层政府对居民生计资源的掌控度较低，但是有限资源的不合理分配同样是居民指责社区居委会的理由。文化活动结束后通常会发一些纪念品，低保居民认为自己参与了活动理应得到这些福利，但是在现实分配中很多纪念品被社区居委会发给与自己关系更为密切的人，诸如此类的不公正现象，使得居民对参与文化活动颇有微词。

[个案4—30]（JDM 社区 YJL 小区居民葛某，55 岁）

可是我们现在不去报名参加什么演出啦，那都是那些有钱的闲人做的事。偶尔去参加什么比赛，获了些奖项，上面都是有钱给的，结果社区这里不给我们了。我辛辛苦苦地演一场，结果什么都没有。上次我们出去演出，女的穿的裙子演出完就给收回去了，男的穿的衬衫才 30 元一件也都收回去了。还有上次端午节孩子王来搞活动，人家企业来的时候都是有奖品带好处来的，结果我们去演出了，什么都没得到，社区直接（把奖品）留下来了。现在我们要么就是没有（机会）出去演出，要么就是去了以后什么奖品都没有。以前老主任在的时候，我们去演出，一次 25 元也还过得去，上次开会的时候我就说，你就奖励我们一条毛巾，我们哪来的积极性啊？吃个低保像是吃他们家的口粮似的，还得看他脸色?！我们就说，下次再有这活动能不参加就不参加，到棋牌室打打麻将也比这强。

低保居民参与到文化活动中，无论是出于搞好关系抑或看人脸色都具有单位制时代的工具性庇护主义色彩，但是由于资源的多样化流动和市场经济体制的自由性，低保居民可以采取多种策略来消解社区基层强加给他们的参与任务。从实质上说，公共文化活动、社区基层和低保居民三者之间的关系互动，体现了国家依托社区铺设的公共文化服务网络和重建政府公共文化意识的制度安排，也是城市社区底层群体直面国家公共权力的一种生存抗争。

在笔者观察到的社区居民参与类型中，还有一种比较特殊却是较为常见的参与模式，即为"获得好处"的即兴参与。这种参与类型是所有参与形态中流动性最强、持续时间最短的参与形式。参与者多是在宣传栏或者是短信上看到活动宣传，或在路上偶尔碰到，并伴有相应的奖励的情况下才酌情参与。参与者与社区之间的互动较少，平常很少和社区工作人员有交集，多根据活动的内容和形式以及自身的即时情况（也有临时起意的）来选择是否参与和参与的时间长短。这种即兴参与的人数并不占公共文化活动参与居民的大多数，因而也不具备典型特征，因此本章不做专门讨论。但是从日常生活的实践路径来看，另三种参与类型，尤其是发挥余热型或自娱自乐型参与中有很多是由该种参与类型慢慢演化而来，其重要性也不可忽视，在公共文化实践中，如何将第四种类型的参与转化为主动性更强的参与类型，使参与更具稳定性和持续性也是公共文化实践的重要课题之一。

## 第三节　社区居民的公共文化服务参与逻辑

在前节所述的不同参与类型居民的行动策略的背后交织着他们参与行为中的复杂逻辑，隐藏着他们参与社区公共文化生活实践的深层次动因。

### 一　不能忘却的集体记忆

"记忆"这一词汇发端于一个生命体的过去、现在和将来相交错纠缠的精神领域，它是关乎每个生命的内在意义的极其重要的字眼，人们的记忆可以主宰其现在的处世态度和未来的生活抉择。然而，集体记忆研究者认为，这种表面上"相当'个人的'记忆，事实上还是一种集体的社会行为"①。因为记忆是由多种多样的群体所保存、架构和延续的，"任何社会秩序下的参与者必须具有一个共同的记忆"②，所以一个群体的行动逻辑也是由这个群体的记忆来影响和形塑的。因此，从这个角度上说，集体记忆是研究居民参与公共文化生活之行动逻辑的不可回避的视角。

在集体记忆视域中，公共文化服务的参与者"不只是现时社会结构与各种制度功能运作下的个人，更是特定时间概念、历史经验与历史记忆塑造下的个人"③。这意味着，一方面由于对过去的记忆不是被完全保留、恢复或再现的，而是行动者基于现在情境所重新建构的，所以参与者会不断用集体记忆回味过去，在当下情境中不断有意或无意地重新审视或加固个人对过去的历史感知。更重要的是在另一方面，拥有着相同时代记忆的人们，因为共享了某一时代的生活经验或社会秩序，使得他们"在一个与过去的事件和事物有因果联系的脉络中体验现在的世界"④，过去的因素（经历的或听闻的）分分秒秒都在影响或扭曲他们对现在日常生活的客观体验。进而言之，集体记忆不仅仅是各种形式的集体所镌写的记忆，更重要的是它可以传承延续和发展变化。而"纪念仪式和身体实践这样的行为，往往会成为记忆传承的重要手段"⑤。人们可以在各种庆典仪式、日常风俗和传统节日等文化活动中感受到集体

---

① 王明珂：《历史事实、历史记忆与历史心性》，《历史研究》2001 年第 5 期。

② ［美］康纳顿·保罗：《社会如何记忆》，纳日碧力戈译，上海人民出版社 2000 年版，第 3 页。

③ 王明珂：《历史事实、历史记忆与历史心性》，《历史研究》2001 年第 5 期。

④ ［美］康纳顿·保罗：《社会如何记忆》，纳日碧力戈译，上海人民出版社 2000 年版，第 1 页。

⑤ 陈宁：《社会记忆：话语和权利》，《社会学家茶座》2007 年第 1 期。

记忆或在各种博物馆、纪念碑、文献图书资料等公共空间中找寻到集体记忆的符号。也正是在这层意义上，公共文化生活可以通过凸显集体时代的文化符号、发挥其与历史相勾连的能力，延伸着对当前现实的诠释。于是，公共文化生活既复活了往日的集体记忆，同时也滋生着新的集体记忆。至关重要的是，公共文化生活"首先是一个观念的体系，个体作为社会的成员，要通过它向自己变现这个社会，表现他们之间模糊而密切的关系。这才是它的基本功能，这种表现虽然是隐喻性和符号性的，但它却不是不可信的"①。于是，通过参与公共文化生活来寻找和演绎集体记忆，成为老一辈人参与其中的一项重要逻辑，而且也成为他们的文化社团存续的一项重要理由和维系手段。

　　在访谈和调查中笔者发现（参见本章第一节的第二条：公共文化参与热情的代际差异），社区参与者中，尤其是发挥余热型参与者中，多是55岁以上的中老年人，这些中老年人的思想印记保留了许多计划经济和单位制时代的烙印，在改革开放以来社会意识从集体主义向个人主义变迁的过程中，"绝大多数个体在私人生活领域都从家庭、亲属关系、社区、工作单位以及国家的集体主义约束中获得了更多的权利、选择和自由"②。然而在获得自由的同时，这些在单位制社会中磨炼多年的个人，其对旧有时代的意识形态的忠诚和记忆却无法抹去，反而在新时代的变动不居中愈加顽固。他们从过去的社会中得到记忆，也在现代社会中拾回、重组这些记忆，并仍在为在其内心深处构造和充填这一群体所期望（也许是幻想中的）的生活方式而有意识地回忆过去，重复或模仿以前的生活方式，进而在现代公共文化生活中寻找和重现过去生活的意义，以寻求他们在当下生活中的自我认同。通过对他们在公共文化生活中的交往方式和理想追求的个案解读，可以透视出集体记忆在消解的单位制结构中影响社区人的文化生活的作用机制，更可以通过研究这个群体在文化生活中的价值取向、情感表达以及心态变化等，探寻群体意识作为一个有机整体对于公共文化活动参与性质（积极或消极）的重

　　①　［美］康纳顿·保罗：《社会如何记忆》，纳日碧力戈译，上海人民出版社2000年版，第296页。
　　②　阎云翔：《中国社会的个体化》，陆洋等译，上海译文出版社2012年版，第28页。

要作用。

（一）找到组织：在社会交往中找回旧有的组织感

［个案4—31］　（JQ 社区 GY 小区居民张某，62 岁）

现在在这里就像是以前在单位的那种感觉，大家都认识，互敬互爱，怎么出去，穿什么衣服，什么时候集合都有人负责，像是回到了我们那个年代，感觉找到组织了。

参与者思想意识里的所谓"那个年代"是无法直接认知的，我们只能从叙述中了解那一代人的集体记忆，因为任何个体化的叙述都不可避免地带有"社会文本"的痕迹。从参与者对过去经历的叙述中，我们"不仅可以获得先前的经历，同时也可以获得他们对那段经历的理解"①。他们对过去的回忆彰显出其壮年时期所处年代的社会认同和价值理念，映衬着"那个年代"的社会关系运行痕迹。在参与者有关过去的叙述中，"组织感"始终占据着他们内心的重要位置，无论是以前担任过领导或文艺骨干的退休干部，抑或普通工人，"组织"都是他们述说的主旋律。可以说，在对单位的回忆中，叙述者本身也对"组织感"进行着建构过程，他们有意选取了一些事件，并在自己的脑海中不断地固化这些故事的开始、经过和结局，从而作为构建"组织感"的符号标志。随着他们记忆枝蔓的延展，笔者能明显感觉到这些鲜活的个体对符号的裁剪以及建构技术。

［个案4—9］（JQ 社区 JQJY 小区居民袁某，65 岁）

你看我所在的技术科室，有四个重要领导，能力都很强，管理非常到位，非常严格，公认的。"文化大革命"期间，那么乱，我们单位就没有乱，不像社会上那么打砸抢，只是松散一些罢了。我这个技术部门，在科长的管理下，天天早上学习毛选和最高指示，了解世界形势，你看这个经验可取，全科室当时 30 多个人，每天

---

① ［美］理伯卡·E. 卡拉奇：《分裂的一代》，覃文珍等译，社会科学文献出版社 2001 年版，第 231 页。

早上集中，天天如此。今天大家碰个头，有什么问题大家谈一谈，领导有什么事情就跟大家交代一下，有什么信息跟大家沟通一下，传达一下。如果下面遇到什么问题，也可以谈一下，如果今天没有事，集中一下，大家说没说的，就散会，前后只要 3 分钟。这样有个什么好处，你想技术科室三十几个人，也不是都坐在办公室里面的，也有出去的技术员，他走了以后就要下车间去，那领导不在你眼皮底下，你天天集中，而且给你宣传一些正面的东西，有什么要求，有什么制度，马上要做什么事，你们需要做到什么都讲清楚，对吧？有什么事都跟大家讲一下，大家每天在一起碰个头，沟通一下，这样，我们科室就是一个团结的组织，非常好。现在 N 市可能没有这样的单位，这个单位我很留恋，但现在散掉了。

在参与者的回忆中，那个年代是有组织的年代，单位的结构特征决定了其对单位意志和规则的绝对服从，从而也产生出有趣的归属感。单位制下的"个人在社会中不具有独立性，他总要依附于单位或单位那些资格老的，等级高的、年龄大的职员"①。虽然阶级斗争思想已经伴随着社会体制的变革而烟消云散，但他们在那个时代由全方位依附单位所建构的权威依赖性型人格还存在于其思想意识中，并作为对现代生活方式的回忆式批判滋生于他们的内心深处。

[个案 4—12]（XD 社区 JLSJ 小区居民施某，59 岁）
我们以前的工作生活都不用出厂大门的，就在这个院子里面，前面宿舍区、后面生产区。天天八点钟吹号上班，像我做广播员，就要提早半个多小时到一个小时上班。我六点半或七点广播要开开，广播一响大家就知道起床了。三分钟吹号，我就三大纪律八项注意的，大家用三分钟走到岗位基本上差不多，就是快点走而已。但是有的人懒散，他进了大厂门了，就慢悠悠下来了，反正我进了大厂门了，三分钟号吹完了还没走到岗位上。以前这种情况在我们单位就不允许，我们领导要求号一结束，必须全部到位坐好。我有

----

①　于显洋：《单位意识的社会学分析》，《社会学研究》1991 年第 5 期。

一次，刚上楼梯，拐过来就是，到了楼梯比号结束迟两步进来。小施，你迟到了。他就这么严格，当时我们科室有人恨，管那么严，人家单位真的松，我现在真觉得单位对我们严有好处。你想我出差到哪儿去，什么时候到了，什么时候回来，事情办得怎么样，绝对要给领导一个电话，你不给他电话，回来就跟你讲，放你出去失控了，不可以的。这个事交给你去做，你三天给我回来，我肯定三天回来。我如果遇到什么困难，三天真赶不回来，打电话给报告，三天提前赶回来他不会说你，遇到什么困难耽误了，要报告，这样对人的办事作风的提高，真的是比较有好处的。不像现在年轻人，纪律性比较差。

旧日时光一去不返，但内心深处的烙印却无法抹去。于是，参与者将这种在计划经济时期形成的组织归属感与社会交往方式移植到他们当下所参与的公共文化生活中，"通过身势、语调、表情、场景的合谋，以这种特殊的记忆形式不断重构社会记忆"①。

[个案4—15]（CT社区THY小区居民陈某，64岁）

我天天晚上都有活动，不瞒你讲，有时候我都感到体力透支。组织活动又跳舞，我天天晚上到点就开机，其实我就盼着下雨，下雨就可以不开机了。有时候我的助手也请假，谁家里不都有个事？那我就不能请假了啊。我们每天来的人数都不一定，比如说今天到28人，明天到34人，后天30人，就这样。可来可不来，最少也有到十八九个的。每天晚上都要开机，来十个人我也要开机，我不可以不开机的。不管怎么样，人家费用都交给你了，他不来是他的事情，但你一定要开机。就像我上课一样的，那天天都要来，以前在单位都给管出来了，每天晚上准时7点钟，参加任何活动我都没迟到过，我经常和助手说，这就是素质。我要实在有事就跟另外两个人讲，你们一定要来，我今天有个事，或者另外有个什么必须弄

---

① 纳日碧力戈：《作为操演的民间口述和作为行动的社会记忆》，《广西民族学院学报》（哲学社会科学版）2003年第3期。

一下。

[个案4—32]（JDM 社区 TSY 小区居民雷某，65 岁）

我退休前是 JY 区中医院党支部书记，退休以后闲在家里没事，两个女儿的孩子也都大了不需要我帮忙照顾，无意中参加了广场舞队。发现很有意思，很有组织性。人与人之间都很和气，基本没发生过争执，也不嚼舌根，像个单位一样。我和张姐和吴姐相处得最好。后来我就和王队说，以后要是需要人合唱、拾垃圾的活动啊就找我，我也想去参加。

（二）传播正能量：在文化生活中找寻过往时代的精神品质

曼海姆曾经提出"代内单元"的概念，意即特定历史时期的一代人，会将共同经历的具体事件沉淀在意识的最底层，并形成他们共通的坚固观点。[①] 参与者通过对"我们这一代"的认同使自己与流逝的时代相连，以积极的、确定性的自我形象在宏大的社会结构和历史发展进程中为自己定位，这些个体也会依照这一定位在日常生活中展开对"我们这一代"意义的追寻。以广场舞为代表的团队活动就是部分中老年人建构属于他们这一代人的积极、上进并且充满正能量的思想品质的舞台。笔者采访广场舞团队的舞者后发现，在日常生活中她们不会选择去看那些涉及悲情、苦难题材的文艺作品，也不愿意回忆红卫兵、上山下乡、国企转制等大时代给其个人带来的不幸经历，相反，在广场舞的绚丽舞步中仍然彰显着他们年轻时浸入头脑的革命理想主义、乐观向上的精神品质，并在这种文化形式中不断延续。

[个案4—33]（JQ 社区 XTLS 小区居民赵某，68 岁）

你想我们导弹要上天的时候，我们的仪器出不来，要加班加点，我两天一夜没有合眼，那时加班没有工资的。大家都抢着去加班，一个不通，抢着用手去扒，我们那代人就是这样，真的就这样。那时学雷锋，你们真的不知道，我们上学的时候，一个宿舍，

---

① 王汉生、刘亚秋：《社会记忆及其建构—一项关于知青集体记忆的研究》，《社会》2006年第 3 期。

你的衣服裤子袜子外衣没有洗，完了盆子一摆，等你回来都洗干净了，都是我们在互帮互助，看你没有时间，我空闲了，我就给你把衣服搓掉。现在我跳舞，加入这个队伍，也是有种那时的感觉，我们岁数都不小了，虽然没受到什么高级教育，但年轻时候也是靠这种思想教育过来的，所以就是我这样的小市民的内心也有那种帮人的想法。现在我们队里谁家有事大家都尽力帮，平常都和和气气的，大家都坦诚相待，实事求是的。每个月我们队长还和 NJ 区的农村联系买草鸡蛋，一起去活动，一起去旅游，不像社会上那么尔虞我诈的，这里感觉和和美美的。

"代内单元"概念认可康纳顿有关社会记忆代际交流的观点，他认为"对于过去社会的记忆在何种程度上有分歧，其成员就在何种程度上不能共享经验或者设想"①。而由于经历了不同时代，代际交流在遭遇不同系列的记忆阻隔之后，实现跨越性的共享就会更加困难。也正因此，"不同辈分的人虽然以身共处于某一个特定场合，但他们可能会在精神和感情上保持绝缘，可以说，一代人的记忆不可挽回地锁闭在他们这一代人的身心之中"②。在大部分中老年人的记忆中，他们这一代人是吃苦耐劳、遵纪守法的一代，对于那一代人优秀品质的歌颂，隐含着他们对年青一代人的行为品行的判断，从而也让他们自己充分感受到了自我的主体性和存在感。在这个过程中，参与者往往通过普鲁斯特的无意的（不由自主的）记忆来回忆过去，将记忆视为一种解释性变量，用来解释过去发生的事情，记忆于是成为可以生产和再生产"我们这一代"意义的社会机制。

[个案 4—18]（XD 社区 SJHT 小区居民冯某，65 岁）

搞这些文化活动，一般都是我们这代人参加的多。为什么呢，年轻人不理解要有纪律，不喜欢被约束。他们就以为我们是为了拿

---

① ［美］康纳顿·保罗：《社会如何记忆》，纳日碧力戈译，上海人民出版社 2000 年版，第 3 页。

② 同上。

香皂、毛巾和小礼物才参加的。我今天跟你说的这些，我从没和他们说过。（如果说了）他们会认为，不就是些不值钱的东西吗？年轻时候我们没有什么报酬，要说参加什么比赛能给单位争光，有时候奖励就是几张布票，我们都积极参加，生怕人家说我们不积极，搞自由主义。现在我们快70岁的人了，他们才二三十岁，有大大的代沟，思想理念又不一样，为人民服务，争得一些认可的道理你们可能都不懂。我不能拿老黄历来教训年轻人，但是（告诉你）我们这一代正确的东西是可以吸取的。

[个案4—34]（XD社区JLSJ小区居民陈某，58岁）

我们队里的人素质很高的，退休前做医生、做老师的、做药剂师的都有。现在年轻人都说我们广场舞老太素质不行，还有的孩子打心眼里瞧不起这项活动。那是年轻人对我们有误解。我们这一代人都是从集体时代过来的，那时吃穿都少，也没啥娱乐，越是那种时候，人的欲望越少，在单位时候都养成了习惯，很会为别人着想，我们这一代人就是这样。举个例子，你看那个退休的省人民医院的医生，我们跳舞的时候小孩子比较多，有一次正跳舞的时候，一个小女孩把她撞倒了，她躺在床上一周都没起来哦，后来人家小女孩家里人去看她，她一分钱没要人家的，小女孩说了声对不起，她说没得事没得事，以后注意就行了。你看看我们这里的人素质多好啊！

尽管在社会科学研究的学术想象中，以群体抽象为基础的宏大叙事往往与以个体行动者为基础的私人叙事相对立，但是实际上"学习雷锋""为人民服务""为社会主义事业添砖加瓦""舍小家为大家"，这些计划经济时代作为社会主义意识形态被宣传的口号不仅是共和国的宏大史诗，更是深藏在那一年代的每个人的私人叙事。正如刘亚秋所论断的那样，"宏大叙事"尽管从外观看起来居于强势地位，似乎给人一种强迫性，但并不必然构成对"私人叙事"的侵犯、涂抹、覆盖或清除……两种叙事根本就是同一的。① 参与者也会在我群（我们一代）与

---

① 刘亚秋：《从集体记忆到个体记忆：对社会记忆研究的一个反思》，《社会》2010年第5期。

他群（他们现代的这一代）的互动中感知和印证集体记忆的力量，并将这种群体记忆固化为参与公共文化生活的行为方法和处事原则。

　　[个案4—9]（JQ社区JQJY小区居民袁某，65岁）

　　我可以不谦虚地说，我们那科室里面出了不少能人，都是科长带出来的，德行端正，做事能干，比我厉害的能人太多了，因为他们受过这种观念的教育，而且他们思想里正面的理念比较多。自己对搞活动这方面也比较喜欢，也有组织管理的能力，原来想着呼啦一下子能把别人带起来，就做了。在我们这个年龄层次上的人群，受到锻炼跟我都差不多，但是我算比较大的了，他们都六十上下，五十几、六十出头的，但是毕竟我们一路走来，觉得基本素质功底还是可以的，你们还小不知道，但是对我们这一代人的纪律性教育还是可以的，所以这些居民真的我觉得不是很难带。我带的这个队伍，有不识字的，文化功底不高，还有小学文化水平的也不少。但尽管他们学历不高，但是那种大气候环境，我们在毛泽东时代的教育，他们还是接受得到的。很多活动的事情，我们一起沟通，宣传一下正能量很快大家就会认可，这就是底子好。

　　在访谈中，笔者发现集体记忆并不是铁板一块，它禁锢在每个人自我的刻板印象中，它还建构在人与人的对话协商中，有时是两个或两个以上个体进行沟通协调的结果。比如发挥余热型参与者尹某与她的助手王某在讨论所在社区极为重视能够撑面子的文化设施建设，却忽视开展文化活动时，他们的对话就深刻体现了他们"那一代人"内心世界里的时代烙印。

　　王某："我们总说她太认真了，她是毛泽东时代的人，是集体时代的人，讲究听话，讲究一就是一、二就是二、对就是对、错就是错，讲究无私奉献。现代的人哪里讲这些啊？都是讲空的，你就说那三层楼，你看到了吧，那些楼顶上的花花草草，谁看到了谁都说好，有用吗？面子好看罢了，根本没人用。你说那些钱如果拿来给我们JQ社区，能做多少实实在在的事呢？我们现在文化活动太少了，两年前我每天都不闲着，天天从早忙到晚，现在呢，我们那两个高架大腰鼓都已经闲置很久了，我们都考虑过想给它卖掉。以前我们搞活动呢，一年也就两三百块的收入，大家玩得很开心啊，可是现在啥都没有，连活动都没有了。"

笔者："那多可惜啊?"

尹某："那没办法，那个鼓都没地方放，一直放在王的地下室里面，到底是咱们这一代的人，人真的很好，那么大个的东西就让免费放在她家里。我曾想把这个广场舞队解散掉，但是我们队里的这些人不同意，他们说你们解散了我们就没得地方玩了，千万别解散，这样我们才勉强坚持下来的。我现在就利用我的社会资源来找他们，过几天这边移动营业厅开业，说是可能找我们打腰鼓，每人25元，赚得开心啊！我们表演的时候都给腰鼓教练一些学费，5元的样子。除此之外，社区要找些志愿者，我们都很乐意做的，不拿钱我们这些人都能把地扫得干干净净的。"

**（三）跳着熟悉的舞步：个体化时代中集体记忆的操演与延续**

虽然集体记忆是有关时间维度的研究，它聚焦的是一个群体关于共同过去的记忆，但它与个体记忆不同，更多着眼于集体记忆现象所蕴含着的多重社会因素。换言之，对集体记忆的研究是对社会变迁中的持续性行为的科学探索，尤其重视集体记忆如何在社会中传承延续与发展变化，关注整个群体的共同记忆是如何被群体中的个人所遴选与重构的。群体的惯例性和仪式性活动，是集体记忆和群体文化形成和发展的关键，也加强和巩固着群体符号的边界，并强化了有着共同记忆的群体成员按照群体意识对社会的认识和认同。在"不同系列的记忆经常以暗示性背景叙述的形式，互相遭遇"① 的进程中，广场舞作为中老年妇女所热爱的活动之一，发挥了仪式性活动的功能。广场舞团队活跃在城市社区的每个角落，有的组织严密，有的较为松散，但是都在表达着相类似的内容，传递出特定的群体性意义。

---

① ［美］康纳顿·保罗：《社会如何记忆》，纳日碧力戈译，上海人民出版社2000年版，第3页。

[个案 4—35]（JDM 社区 TAHY 小区居民丁某，58 岁）

　　每天晚上七点，我们都准时集合。最近的舞蹈学习分为两部分：僵尸舞和民族舞。僵尸舞就像是广播体操一样，共分十节。以前我们不做这个"操"，有的老人提出来是不是可以做一做这个操，也有爱好的，但是我在广场上跳的时候不太愿意做这个"操"，年纪大的人才喜欢做。但是真的我去学了之后就明白了，它就像是我们十几岁的时候跳的忠字舞，排队排得整整齐齐的，又简单又好学，所以很多我们这岁数的人都喜欢。

　　康纳顿认为，要想使仪式对参加者起作用，就要使参与者在身体基础上习惯于这些仪式的操演，也就是说仪式要通过身体实践才能延续和生产集体记忆。"在习惯记忆里，过去似乎沉淀在身体当中。"① 身体实践意味着个体在追忆往昔时，不必执着在漫无目的的历史长河中，可以通过当下的言行举止来重演过去。在 2013 年之后，有一种舞步普通、体态僵硬的舞蹈形式——"僵尸舞"风靡整个 N 市，它源于迈克尔·杰克逊的舞蹈动作，后被改编为广播体操式的机械舞，动作简单易学，并以僵直、慢节奏为主要特点，深受中老年妇女喜爱。"我们所得到的历史知识主要是产生这些社会记忆的社会情境，特别是在当时的资源分配、分享与竞争体系下人们的社会认同与区分。"② 在与多位舞者的访谈中，很多人提到僵尸舞很像"文革"时期的"忠字舞"，都是仿效生硬的物理位移，且都比较粗糙、僵直，只是忠字舞更强调必须有红绸巾和毛主席语录，且要求舞者的身心充满着朝圣的肃穆感。这种对当年舞步的下意识的重复性热爱，超脱于社会主流的话语实践，在身体语言重复之时，那一时代的集体记忆得到了重现。以僵尸舞为代表的广场舞以其特有的群体性、社交性和操演性，伴以旁若无人的扩音喇叭和不甚优雅的舞步，显露着其"文化大革命"时代操演性的特征。在年轻人的

----

　　① ［美］康纳顿·保罗：《社会如何记忆》，纳日碧力戈译，上海人民出版社 2000 年版，第 3 页。

　　② 王明珂：《历史事实、历史记忆与历史心性》，《历史研究》2001 年第 5 期。

评价里，大妈们都喜欢扎堆凑热闹，实际上也曾年少的她们，在"不爱红装爱武装"的话语训导和物质条件贫乏的限制中，穿着与男人一样的衣服，错过了人生中最为光彩照人的青春年华，在传统的熟人社会渐行渐远、缺少信仰支撑且保障制度不健全的现代社会中却需要独自面对衰老。于是，她们不约而同地选择广场舞作为其释放心灵压抑与怨愤的方式。在这层意义上，广场舞彰显着那一代人对群体和谐的意义的认识，这种和谐蕴含着文化生活中跳舞所带来的积极情绪，感染着仪式中的每个参与者，它的操演性特征也使得其对个体的价值"赋予"和价值"渗透"成为可能。

> 今天的跳舞环节，刚开始是跳了一支以前的舞蹈，后来开始教新舞，这次是那个 68 岁的阿姨领舞，大家都处于很兴奋的状态，尤其是尹阿姨，每次跳完之后都很激动地在台子上评论。
>
> 袁："不会也没关系，跟着她慢慢拖，慢慢拖就学会啦。"
>
> 众："跟不上啊！"
>
> 尹："跟不上就跟着拖，哪个要是都会了不就是神童啦。"
>
> （下面笑）
>
> 舞曲中有一段，"大声说我爱你，左脚一定要在后面，迈右脚"。
>
> 袁："这里练好了，再去买件漂亮衣裳，回家一边跳一边和老公说，'大声说我爱你'！"
>
> （下面大笑不止）
>
> ——日志 2014 年 7 月 18 日

集体记忆的提出者哈布瓦赫曾经论断，"我之所以回忆，正是因为别人刺激了我；他们的记忆帮助了我的记忆，我的记忆借助了他们的记忆。……无论何时，我生活的群体都能提供给我重建记忆的方法"[1]。也就是说，集体记忆可以成为一个为群体里的每个成员生产价值取向的体系。它在个体的回忆当中建构了群体性的情感，并在仪式操演中，于

---

[1]　［法］莫里斯·哈布瓦赫：《论集体记忆》，上海人民出版社 2002 年版，第 69 页。

每个个体的身体实践中将这种情感延续和传播，并将这种重建的情感认同和价值观指引到每个成员的行为和生活经验当中。这样，集体记忆就在不断推动着群体认同的产生，"在某些记忆被不断强化、另一些记忆被选择性遗忘的过程中，群体成员对群体的情感被不断强化，群体认同也得以巩固和发展"①。

[个案4—36]（JQ社区JQJY小区居民张某，65岁）

我忙碌了一辈子，年轻的时候为了生存，有了孩子就围着孩子，老一些了就赡养公婆，一辈子没追求过什么吃穿，一辈子也没有享受过什么好东西。广场舞是我的一个爱好，刚开始家里的孩子都不支持，说我们扰民，说我去跳舞他们觉得丢人。我就和他们说，你不知道我们这个队有多好，大家不扯闲言，不论别人长短，就图个高兴图个乐。像袁老师，她还是个干部，好像和社区那边沟通得也不是很开心，我就总劝她，别想那些，只想我们这个队，我们受苦受的太多了，老了老了就别操那么多心，我们这二十来个人，先走后走的也算有个照应。人的生命很脆弱的，前几天我们才送走一个舞伴，四年多了，一直和我们一起跳的，去世了，我们每个人拿了12元钱，一起凑钱给他家人送了些东西，算是表达个心意啊。

综上，集体记忆不仅是停留在人们脑海中的回忆，或只是前人留下来的遗物，只能休眠在昏暗的记忆角落里。相反，它像是依附在人身上的影子，在个体选择生活的时候无处不在。尽管在文学家的印象中，由一段往事、一种情绪或者一种印象组成的回忆仅仅类似于弥漫性的气味，但是正如普鲁斯特在《追忆似水年华》中形容的那样："气味和滋味却会在形销之后长期存在，即使人亡物毁，久远的往事了无陈迹，唯独气味和滋味虽说更脆弱却更有生命力；虽说更虚幻却更经久不散，它们仍然对依稀往事寄托着回忆、期待和希望，它们以几乎无从辨认的蛛

---

① 艾娟、汪新建：《集体记忆：研究群体认同的新路径》，《新疆社会科学》2011年第2期。

丝马迹，坚强不屈地支撑起整座回忆的巨厦。"① 这些中老年居民选择参与公共文化生活最初也许是出于偶然，但是其期许在社会交往中找回旧有的组织归属感，在文化生活中找寻逝去时代的精神品质，同时在个体化时代中实践集体记忆的操演并试图延续之，却是集体记忆作用于其行动逻辑的内在机制。而在此过程中，公共文化生活承载了这些经历了中国剧烈社会转型、带有严重历史断裂感的中老年人，在这个激荡年代里不断消解和延续自己源自集体主义时代所形成的思维模式、行为方式与生命态度的人生存续过程，也因此，公共文化服务已经演绎为这些老年人的集体主义生产和再生产群体认同的璀璨舞台。

## 二　难以割舍的社会报酬

马克思有句经典名言："人们奋斗所争取的一切，都同他们的利益有关。"在以"理性人"为假设的行动者分析视域中，追求利益是其行动的最大目标，并且行动者可依据其个人投入的精力、拥有的技能和投入的资本预测可以得到的回报数量。然而笔者在深入访谈社区居民后发现，在公共文化生活中，参与者所能获得的物质报酬多以毛巾、香皂等小物件为主，有的社区会给代表社区出外表演的居民一定的酬劳奖励，从排练到表演，领队要带着队员训练三个月时间，拿到的报酬最多不会超过每人100元，尤其是那些常年活跃在社区、组织文化活动的积极分子，很多时候都会倒贴自己的生活费或退休工资来组织文化活动。换言之，以理性行动视角去解读居民的参与行为，试图与居民展开有关其通过参与文化活动来付诸经济利益诉求的对话并不可行。个体在社会交往中追逐的那些"感官的或理想的、持久的或转瞬即逝的、有意识的或无意识的、心血来潮的或神学诱导的"② 隐性利益并非仅仅是单纯的经济形式可以实现的。故而，社会学家布劳在解释社会交换理论时提出，人们在从事社会交往时，都"期望从别人那儿得到并且确实从别人那儿得

---

① ［法］普鲁斯特：《追忆似水年华》，周克希译，上海译文出版社1997年版，第28页。
② ［美］彼得·布劳：《社会生活中的交换与权力》，孙非、张黎勤译，华夏出版社1988年版，第13页。

到了回报"①。然而，交往个体追逐的回报并不仅仅是物质报酬，更包括隐含在其中的内在报酬，即社会报酬，例如参加老友聚会从中可以享受老朋友重逢畅谈的愉快。在布劳的论断中，这种潜在的报酬更多的与尊重、责任有关，是一种在交往中不断体现个人的认同情感和生存意义的价值概念。正是由于有了社会报酬的存在才使得人与人之间的交往脱离了简单狭隘的经济利益驱动因素。笔者在这里借鉴布劳的"社会报酬"概念，用以概括参与者在文化生活中追逐的超越经济报酬之外的无形利益。实际上，在公共文化生活中，居民的参与行为是传统中国文化沉淀的社会交往理念与陌生人社区中熟人关系重塑共同作用的结果，行动者参与其中追逐的报酬并不仅仅是物质报酬，他们更看重的是参与过程带来的能够承载有关尊重、价值、能力、认同等要素的符号。

（一）有面子与丢面子——在他人的赞许与认同中建构自我认同

面子是中国社会特有的文化现象。费正清在分析中国人的特点时曾经深入分析过中国人"面子"问题的实质。与西方推崇用每个人固有的品质德行去判定个人价值不同，在传统中国，个人生存在儒家伦理和传统宗法的重重束缚与规制当中，其个体认同离不开家族和邻里的扶持，因此中国人更倾向于从社会评价出发去评判自身的价值和尊严。个人的价值和尊严在"来自行为端正"的同时，更需要"获得社会的赞许"②。"面子"正是中国人用外界的评价与看法来评断自身价值的最重要工具。"给面子"或者"不给面子"显露着行动者个人在他人心目中的地位，意即"面子，是在自我或自我涉及的对象所具有且为自我所重视的属性，当事人认知到重视他人对该属性之评价后，形成的具有社会意义或人际意义的自我心像"③。在组织公共文化活动的过程中，很多发挥余热型参与者并不看重活动带来的物质利益，而更看重活动中他的面子带给其的表达性收益，在他们的实践逻辑中，面子主要是体现其与其他参与者之间良好关系的符号象征，这些面子可以通过在活动中获得

---

① ［美］彼得·布劳：《社会生活中的交换与权力》，孙非、张黎勤译，华夏出版社1988年版，第108页。

② 费正清：《美国与中国》，世界知识出版社1999年版，第125页。

③ 陈之昭：《面子心理的理论分析与实际研究》，台北：台湾桂冠公司1988年版，第107—160页。

他人给自己面子而给自我心理带来精神层面的满足和快感。

[个案4—9]（JQ 社区 JQJY 小区居民袁某，65 岁）

前不久，车主任晚上六点五十分打电话给我，说他才接到上面的任务，要找 40 个人左右，从明天开始帮人家执勤三天。我说这么迟找我，不（光）是我队伍上的人参加做志愿者，我还要在居民中选拔，时间紧迫。但我还是说行，一般交给我任务，可以说你社区别管了，我答应你 40 个，我不会给你 38 个，答应你 35 个，我不会给你 34 个，只有多，不会少。我就打电话打到九、十点钟，他们跳舞的回来就 8：40 了，通知他们，没有报酬（参加活动）。这些人真好啊，非常积极，说我袁老师通知的，一定要给我面子参加，接到电话没有二话，除非真的有事，都来做了志愿者，基本他们是主力军。第二天一下子不是都来了嘛，就几条道路，每条路都好几个人在值班，其实不需要这么多人值班。我可以自豪地说，我安排的这些人，做得非常好，后来我向朱主任汇报的时候，朱主任还说老袁你的群众基础不错啊，我感觉脸上有光啊。

正是因为感觉到团队中的其他人对本人品行和能力的认同，所以参与者更愿意主动参与到文化生活中去。这些看似不经意的脸面问题却深深嵌入到行动者的参与逻辑中，个体通过他人对其组织活动成效的肯定态度的认知，在心理上架构着"有面子"的自我认可，又因为他人认真完成了其分派的任务，使得其在社区基层那里也"有面子"。由此，"有面子"成功形塑了个体对自我的积极评价，奠定了日后该个体在文化活动参与中的肯定情绪和处事态度。

[个案4—37]（YA 社区 YAHY 小区居民唐某，65 岁）

我没有什么文化，小时候家里经济条件并不好，没读过几年书，老家人在农村种地的。AT 那边拆迁后才搬到城里来。老头开了个板鸭店，生意还蛮好的，后来在秦淮区这边又开了十几家板鸭店。YA 社区是新开发的地段，很多人都是教师或银行的，我不太和他们交流，感觉肯定没啥好说的，闲着无聊就来跳跳舞。王老师人好哦，带着我们，后来她就说我底子好，有跳舞的天分，活了大半辈子第一次被人说有跳舞天分，回家和老头说了，他们都为我高兴撒。王老师后来让我做领舞，有时候她不来我就接她班，现在她身体不好，基本上都是我在带着跳，反正我平常也没什么事，谁家有什么困难，我都问问，活络点呗。现在社区还说让我去居委会，感觉很有面子哎！

在唐某的个案中，能否与社区中其他人有更多交流是比金钱更为重要的人生追求。原本唐某担心自己文化水平低，所以做了"不太和他们交流""感觉肯定没啥好说的"等类似于不会被他人看得起的心理预估。随着她参与到公共文化生活中，因自己的文艺特长和活泼性格使得她变得"活络"起来，也获得了社区对其能力的认同，使其更加感觉到"很有面子"，从而改变了她原先因"没读过几年书"而存在的自卑心理。在此过程中，面子发挥了"人们对一个人的脸是否被某一群体或社会圈承认的检验和考验的作用"[1]。

面子"作为一种资源扩散方式，是以他人的正面评价作为回报的"[2]。比如，当居民投入到文化生活中，在获得内心愉悦的同时，也因为他人愿意接受自己的帮助，进而表达对自己的感谢甚至是颂扬，而体会到自己有面子。反之，当认真勤恳的付出并没有得到相应的肯定，甚至因此在其他个体或群体面前感觉自己很"丢脸"，参与者参与公共文化生活的积极性就会被折损，甚至导致居民采取消极参与或不参与的行动策略。在实际文化生活中，为了能够更好地完成公共文化服务的业绩考核指标，社区基层一般会运用各种策略有意无意地培育一张社区积极分子网络，"建构一套以感情、人情、互惠和信任为基础的地方性互动网络，来获取他们的合作与支持"[3]，依托这个网络开展公共文化活动并动员居民参加，甚至靠它来应付上级检查。而"积极分子是否愿意

---

[1]　翟学伟：《人情、面子与权力的再生产》，《社会学研究》2004 年第 5 期。

[2]　同上。

[3]　刘岩、刘威：《从"公民参与"到"群众参与"——转型期城市社区参与的范式转换与实践逻辑》，《浙江社会科学》2008 年第 1 期。

为居委会承担工作，一般居民是否愿意听从积极分子的号召，这都取决于存在于居委会与积极分子、积极分子与一般居民之间的人情关系，取决于被要求的一方是否给要求的一方'面子'"①。基层行政人员如果对积极分子的参与和其组织的活动采取不理不睬或不合作态度，积极分子就会觉得丢了面子，并很可能消极参与日后的公共文化活动。

[个案 4—38]（XD 社区 HTXY 小区居民王某，63 岁）

现在活动太少了，这一届主任不让我们搞，有些比赛也不让我们参加，有一次我们好不容易参加了一个合唱比赛，人家社区的都喊一些人过来投票，这个是有投票环节的，我们表演得很好，人家小区的都要给我们投票，人家都急了，可是我们社区根本没组织人给我们去投票，没人参加这个环节。我们社区的领导没通知我，我们都不知道，你说哪怕他们不派人去，通知我一声，我知道以后找我们小区的人去投票不也行吗？连个招呼都不打，你说可气吧？我带出去的队伍出去听讲座也好还是参加什么活动，都是统一着装，看着很整齐，人家都说我们这里有规矩，素质好！发生这件事以后，我们队员就说王老师你这么辛苦，可是社区的人怎么这样？他们随意问的，不走心。后来社区来请我搞活动，我总推说我身体不好，请他们另请高明，我在社区十几年了，书记都换了好几位了，他们大小也得给我这个老人点面子吧！（以前）从来没有受过这种气！

王老师为配合社区工作特意要求参与文化活动的队员"统一着装"并要"有规矩"，但是辛苦排练的合唱并没有得到社区的配合支持，在社区基层漠不关心的态度中，她感觉在队员面前丢了"面子"。换言之，在面子所彰显的与交往关系有关的价值判断中，王老师觉察到了队员在心理上对她和社区之间关系的负面判断，与她自己心理上勾勒的"我在社区十几年了，书记都换了好几位了，他们大小也得给我这个老

_____

① 桂勇：《邻里政治：城市基层的权力操作策略与国家——社会的粘连模式》，《社会》2007 年第 6 期。

人点面子吧"的判断并不相称，遂对日后的社区公共文化活动采取了"推说我身体不好，请他们另请高明"的策略。虽然在固有印象中，随着现代性对中国城市社区生活世界的全方位侵入，"面子"文化对建构社区人之间交往方式的作用已经逐步减弱，但是在笔者对社区公共文化生活秩序进行调研时发现，面子仍然是生活在情理社会的中国人，运作与他人和社区之间关系，并参与到文化生活中的重要机制之一。人们通过参与或脱离公共文化生活，来得到"不可估量的社会资源、非制度性的社会支持"① 和一定程度上的日常权威。

（二）权威性荣誉和认可——来自政府的对居民参与的制度性激励

在现代社区，原子化社会与市场资源的多样化流动使得原有的完全依赖行政组织权威的动员策略的效力逐渐下降，尤其在公共文化服务中，许多社区基层都会借用依靠人情关系的地方性互动网络等非正式形式，将社区居民纳入到公共文化建设和国家文化治理的进程之中。然而，这并不意味着政府已经完全抛弃了在组织系统的行政权威，"总体性控制的松动并没有完全削弱国家的动员能力，行政组织系统的威力依然很强大"②，相反，与人情式动员相结合的制度性动员力量成为转型情境下适应城市社区变迁的新型权力技术。社区基层在公共文化服务中，将制约居民参与意愿的两个因素即居民对所在社区的情感认同和利益关联粘连在一起，通过制度和权威，给予积极参与的居民以荣誉，成为组织和动员居民参与文化生活的关键性动力。

［个案4—12］（XD 社区 JLSJ 小区居民施某，59 岁）

我腰杆挺硬的，我在社区做志愿者这么多年，只顾付出，从不要回报，甚至自己倒贴搞活动，我都心甘情愿。但是我们社区每年都会评先进党员、优秀志愿者，那就是另外一回事了。我们社区从2008 年的时候就开始每年搞一次"社区优秀党员"评比，还分不同星级：三星级优秀党员一个，两星级优秀党员两个，星级优秀党员三个。我已经连续 6 年是三星级优秀党员了，你想想连续 6 年

---

① 翟学伟：《人情、面子与权力的再生产》，《社会学研究》2004 年第 5 期。

② 杨敏：《公民参与、群众参与与社区参与》，《社会》2005 年第 5 期。

哦，奖状每年拿回来我都裱好了摆在客厅里面，谁进家门第一个先看到的就是这些奖状。年轻时在单位我就是连续三年的优秀党员，在社区我又被政府年年评为优秀，你只要肯付出，做的事情能够被党被国家认可，心里自豪高兴着呢。

曼德维尔在《蜜蜂的寓言》中论及"荣誉"时指出："就它的恰当的和真实的意义说来，无非是指别人的良好看法。……一个重荣誉的人心甘情愿的自我克制，会立刻受到别人对他的满意的奖励，如果他减少贪婪或任何其他的情欲，那么他就会在自尊心上受到双倍的报答。"①在社区中，"优秀党员""优秀志愿者"等行政体系颁发的荣誉很少携带物质上的报酬，但是这种荣誉称号却可给获奖者带来被政府权威所认可的社会地位、个人声望和个体自尊。在社区实际工作中，荣誉往往在动员居民参与公共文化活动时发挥了比经济报酬更为重要的作用，亦如奥尔森提出的选择性社会激励概念，他认为除了经济激励以外，"人们有时候还希望去获得声望、尊敬、友谊以及其他社会和心理目标"②，一些社会性激励更能驱动个体去采取政府所期望的行动，因为在琐屑的日常中往往"声望要比物质利益更为重要"。

[个案4—39]（JQ社区GY小区居民张某，68岁）

很多人都问过我，把自己辛辛苦苦毕生积攒的雨花石贡献给社区有没有后悔，说实话，这雨花石就和我的孩子一样。用我攒的一半的雨花石捐献给社区，社区和街道都给了我很大的荣耀。优秀志愿者的头衔我已经领了三年了，奖状都在我的小博物馆里摆着呢，还有，我觉得现在政府重视文化，从上面就认可我的这个爱好，认可我搜集的各种作品，人家都喊我是N市雨花石第一人，但凡有社区文化的展示，我搜集的雨花石一定是摆在最前面的，现在我的雨花石在N市所有社区里都是一块招牌，在政府大力扶持下，连

---

① ［美］彼得·布劳：《社会生活中的交换与权力》，孙非、张黎勤译，华夏出版社1988年版，第15—16页。

② ［美］奥尔森：《集体行动的逻辑》，陈郁等译，上海人民出版社1995年版，第71页。

外国人都来看我的石头，社区带着我的石头走出了国门，我觉得我没白忙。

当然，权威性荣誉不仅意味着个体参与者被制度权威所认可，它同时也被作为社区群众文艺团体为社区争得荣誉的一项重要动力机制，将文化活动中居民的个体积极性调动起来，为争取所在团体或社区的荣誉而齐心协力，同时也会将团体取得荣誉感的快乐体验内化为每个参与者对文化活动的积极情绪。

[个案4—40]（YA 社区 YAHY 居民谢某，59 岁）

我们这个广场舞团队已经连续两年代表我们社区在 JY 区广场舞大赛拿第一了。还有举办文化艺术节，让各个社区进行才艺大比拼，我们社区总是喜欢把我们队推出去，跳得好，舞编得也有特色，在汇报演出里，区里面各部门和区领导都来观看，专门对我们进行表彰、颁奖和宣传。我们这些老太都觉得开心啊，越跳越有劲。虽然年龄都不小了，队里最小的也都 51 岁了，但是大家都很有积极性。上次去 JXZ 演出，那天下着细雨，天气冷得不得了，我们要演出就都没穿太多，老胳膊老腿冻得哦……下雨路又滑，小心翼翼的，还有摔倒的，没有一个人叫苦的，都认认真真地把舞跳完了。

此外，由于"自治话语与行政权力的交织使居委会具有一种模糊的身份，这种模糊身份为居委会进行'正式权力的非正式行使'和'非正式权力的正式行使'提供了便利"①。于是，一些社区就利用政府所拥有的权威资源，采取在活动开展期间进行探望、给予相应的物质保障和联络社区外资源赞助等形式对文化活动参与者进行激励。在此过程中，社区居民尤其是那些对单位组织机构有着浓烈的依恋感、归宿感和认同感的中老年群体，其旧有的荣誉意识一旦有了合适的机会，就会被

---

① 刘岩、刘威：《从"公民参与"到"群众参与"——转型期城市社区参与的范式转换与实践逻辑》，《浙江社会科学》2008 年第 1 期。

唤醒。

　　[个案4—12]（XD 社区 JLSJ 小区居民施某，59 岁）

　　上次搞合唱比赛，我们代表本社区获得了 JY 区二等奖。为什么会获奖，一个是我们自己的付出，这个不谈，还有一个很重要的原因就是我们主任真的很支持。夏天的时候我们在三楼排练，他在二楼办公，经常来看，说我们为社区争光，辛苦了。还问有什么需要，有时候就叫人搬矿泉水上来，还和领队说需要什么就跟社区说，社区全力支持，他还从外面的志愿者协会那边请来 NJ 艺术学院的老师教我们，虽然这些活动没什么钱拿，但是我们真的感觉自己给社区争了光。

　　居民的积极参与，还来自政府领导对文化活动的权威性认可。"如果人们认为，在一位上级行使权力时，他们从中得到的好处在价值上超过了他们因服从他的要求而给他们带来的困苦，那么，他们就会互相交流他们对统治者的赞同以及他们要对他尽义务的感情。这样互相交流看法便形成了一致意见。这种一致意见表现成群体的压力，又促成人们服从统治者的指令，从而加强了他的控制权力，使他的权威合法化。"①笔者调研发现，各个社区基层对待公共文化生活的态度取决于其现任书记的态度，一些社区书记非常重视群众文化建设，不但运用现有的政府资源组织公共文化活动，同时还着力打造社区文化团队，请专业老师辅导。在 JY 区拥有社区文化团队最多的 YA 社区，仅广场舞团队就有 8 支，队长们都说，因为书记很重视，经常来观看他们的排练、演出，在各种文化艺术节举办期间，社区也都会提供信息、后勤和其他相关资源来保障他们的演出，因此他们在参与中就觉得不单单是随便玩玩，还要给社区争得荣誉，不枉费"领导关心"。

　　（三）社会互助的交往构想

　　费孝通认为中国社会是一个乡土社会，在这个社会中，人与人之间拥有一种地方性共识，这种地方性共识包含价值与规范，是中国人行为

---

　　① ［美］彼得·布劳：《社会生活中的交换与权力》，华夏出版社 1988 年版，第 26 页。

的释义和规范系统。而今，现代文明侵蚀下的老城市社区，因公共生活缺失，社会联结不断弱化。事实上，变幻无穷的都市印象所造成的对个体感官的冲击，以及无休止的身份置换与错位加重了对个人敏感神经的影响，人们需要各种形式的向内退隐和社会距离来缓解种种冲击，甚至导致了一种完全冷漠的人与人之间的交往状态。

在此情境中，公共文化生活为居民提供了一个既可以达成地方性共识又能娱乐共享的制度性平台，在这个平台中个体可以实现彼此之间相互吸引的感情及获得各种报酬的欲望。换言之，居民参与社区文化生活，不仅仅是愉悦身心，更重要的是基于对社会报酬的诉求来展开社会交往。布劳将其称为是一种"潜在的利己主义"，意即人们遁入社会交往，并在彼此信任中展开帮助他人的行动的目的之一，是为了得到类似"友谊"等交往范畴中的社会报酬。亚里士多德在《尼各马可伦理学》中论述"友谊"时有这样的论断："当所得到的相当于配得时就产生了某种意义的平等，这种平等似乎是友爱的本性。"[1] 文化生活中的参与者在付出的爱和获取的爱大抵相同时，就会建构起被认为是达成友谊的第一个基本要素——平等，社会吸引、社会互信和社会互助遂成为诱导人们主动建立社会交往并使人们继续去扩大交往范围的强大力量。笔者在访谈中发现居民在参与文化生活的过程中，都在不同程度上帮助过其他人，获得了内心的充实感和愉悦感；同时也因受到过其他人的帮助，进而更为积极地参与到公共文化生活中去。

[个案4—9]（JQ 社区 JQJY 小区居民袁某，65 岁）

我曾亲身受益。像我前几年，2009 年还是 2010 年，我的腰跌坏了，真像在单位一样的，除了社区的关心以外，这些朋友，跳舞的朋友都来看我，我真感动死了，她们全都来看我。我觉得心里好过意不去，没想到互相之间都能关心。觉得自己还有这么多朋友，大家都没把我忘记。所以我前年，就是 2012 年 8 月份，当时觉得心脏不太好，出去检查了一下，挂个瓶子就回来了。我就怕他们再

_____

① ［古希腊］亚里士多德：《尼各马可伦理学》，廖申白译，商务印书馆 2003 年版，第 242 页。

知道我住院，费事来看我，不是麻烦么，还要人家破费。我就跟领队讲，你别吱声，我就天天晚上在广场坐着，他们就不知道我住院。所以真的不错的，我的儿子、儿媳都和我说，妈妈你人缘真好，老了退休了还有这么多人来看你。

在充满着社会互助的团体中，互助所带来的生活中的安全感并不是抽象的意义概念，而是由很多心地善良、热心真诚的居民的具体行动实实在在地体现的。在参与中各种团体所发挥作用的意义也不仅限于此，在一些特殊环境下，尤其是与附近的其他人联系起来时，它的意义才会凸显出来，个别时候这种参与还发挥了保卫社区安全，为居民生活规避风险等功能。

[个案4—41]（JDM 社区 TSY 小区居民苏某，55 岁）

我和你讲一个很可怕的故事。那是去年冬天，我们跳完舞以后在水果店休息，3 栋的老张带着三岁的小孙子来买水果。老张把孩子放在身后挑水果的功夫，小孩儿就不见了，老张就喊拐孩子的拐孩子的。老张的老伴老徐是我们队的，总和我们一起跳舞，我们都认识他家孙子，我们当时是十几个人哦，一起找，这时还有一个人来指路说是孩子向西面跑了，我们就分东面西面两个方向找，之后就在东面的一个面包车上，8 栋的老吴发现的，她认识那个小孩儿，就喊那个小孩儿的名字，那时候面包车的司机刚想上车，一听那小孩儿答应了一声就没敢开，老吴上来就把小孩抱下来了。我们都为他们家小孩儿捏把汗，等我们想找那司机和那个指路的人的时候就找不到了。你说邻里互相照应有多重要，要不是我们人多，要不是认识那个小孩儿，恐怕小孩就被抱走了。那个小孩儿是独子，家里人宝贝得不得了哦！

### 三　不容小觑的身份认同

"行动者在某个社会结构下所采取的行动，往往不是对于该结构的

直接反应，而是经历了认同的中介作用。"① 自我认同背后藏匿着某些
社会结构性要素，这些要素同时关涉着居民参与公共文化生活的能动
性。正像森所论述的："在我们不同的归属于社会关系中，我们每个人
都在不断地决定何者更为优先，哪怕只是在下意识地这么做。"② 这意
味着在公共文化生活中存在着一些固有的结构性特征，吸引着居民尤其
是社区中以老年人和残疾人为主的弱势群体，在其中寻觅他们内心深处
最为深刻的自我认同。从这个角度上说，自我认同是参与者获得行动意
义的源泉，是窥视公共文化服务参与者行动逻辑的又一重要视角。在城
市居民阶层多样化的现实背景下，公共文化生活目前还无法实现理想意
义上的让全部社区居民共享的目标，而是主要针对社区中的弱势群体，
他们因为在社会中的弱势地位，需要在公共文化生活中满足自身的文化
需求，公共文化服务在此基础之上构筑了一个发挥文化特殊魅力的精神
家园。在这个家园中，弱势群体可以通过文化知识的获取、文化生活的
共享，增加心理层面的归属感、认同感、被尊重感和幸福感，并最终在
此基础上使该类人群形成自我认同。

（一）"后喻文化"时代里的自我满足

美国人类学家玛格丽特·米德在其代表著作《文化与承诺》中将
整个人类的文化按照文化传递方式的不同分为前喻文化、并喻文化和后
喻文化三种类型，并尝试用三种文化模式来解释在人类历史的不同发展
阶段，年青一代和老年一代在生活方式、行为理念、价值观点等方面的
差异与冲突。在前喻文化的传统社会中，由于生产工具和自然环境的限
制，社会发展进程极其缓慢，又由于文史资料记载手段并不发达，每一
次社会的有限进步都必须内化在长者的记忆和行为模式中。由此，人类
从出生下来便意味着可能会在既定的生活意义上完结一生："他们的父
辈在无拘束的童年飘逝之后所经历的一切，也将是他们成人之际将要经
历的一切……年青一代只能是长辈的肉体和精神的延续，只能是他们赖

---

① 卢晖临、潘毅：《当代中国第二代农民工的身份认同、情感与集体行动》，《社会》
2014 年第 4 期。

② ［印］森·阿马蒂亚：《身份与暴力：命运的幻想》，李凤华等译，中国人民大学出版
社 2009 年版，第 6 页。

以生息的土地和传统的产儿。"① 在年青一代的心里，年龄赋予了老一代人深不可测的睿智和驾轻就熟的技能，他们是古老社会公认的楷模，"在'蒙昧峡谷'，古老之传统总是受到尊敬。谁敢否认先辈的智慧，谁就必将受到正派人的冷遇"②。不断地向前辈学习生活经验和是非观念，皈依旧有的祖辈传承下来的生活秩序和道德礼仪是旧时每个年轻人崇尚和颂扬的美德。然而，随着近代科学技术的迅猛发展以及移民、战争等社会形态的急剧变迁，由于前辈无法再向他们提供在新社会中行之有效的技能，旧有的生活方式已无法适应新的生活模式，前喻文化濒临崩溃，遂进入到并喻文化时代，年轻人的行为开始以他们的同辈为标准，"个人如果能够成功地体现一种新的行为规范，那么他将成为同代人学习的楷模"③。老一代人在此进程中必须接受先前的行为方式已经失效的现实，而这往往意味着对其自身价值的否定。伴随着现代生产技术的日新月异，"人类已经将自己所熟知的世界抛在身后，开始生活在一个完全陌生的新时代中"④，社会文化传递方式也发生了根本性变革，年青一代代表着社会发展的新方向，他们不断将新兴知识文化传递给比他们年长很多的前辈，社会从此进入了后喻文化时代。与之相伴的是长辈在迅猛发展的社会中日渐被孤立，并与唯恐失新的年轻人之间产生了无法跨越的对立和冲突。

在中国，急剧的市场经济、快捷的传媒方式和现代化的交往方式的变迁深刻改变了老年群体的生活样式，传统的构成老年人人生意义的文化活动和消费方式被青年一代视作愚昧、落后的象征，逐步被市场经济边缘化。老年人在跌宕起伏的计划体制时代挥洒青春，却在并没有多少制度保障，更缺少精神信仰的现实中面临衰老，不再能从传统中获得人生的稳定感；更令人唏嘘不已的是他们又不能从由广告和时尚所引领

① ［美］玛格丽特·米德：《文化与承诺》，周晓虹、周怡译，河北人民出版社1987年版，第7页。

② ［美］亨德里克·威廉·房龙：《人类的解放》，樊霞、吴迎春译，国际文化出版公司1997年版，第1页。

③ ［美］玛格丽特·米德：《文化与承诺》，周晓虹、周怡译，河北人民出版社1987年版，第51页。

④ 同上书，第10页。

的、风靡着消费主义的当代城市社会中获得所谓的现代人生意义，在熟人社会被不断瓦解，代际冲突不断加剧，社会基本诚信体系亟待建立的后喻年代，老年人就被抛入到一个传统文化已失，现代文化又不可得的尴尬境地中。正是在这样的情境中，社会中广泛存在着年青一代对老年人贴上诸如"孱弱""落后""无用""坏脾气"等有色负面标签的现象，这些消极图景使老年人难以从社会中获得积极的自我认同，进而窒碍着其对自己进行肯定性认同和评价。

在此后喻文化时代，参与公共文化生活可以改变老年人的自我认同。加入公共文化生活是老年人重建自我认同的重要机制，其主要通过在文化活动中的自我表现、文化消遣、有效的社会互动以及兴趣团体的建立与运行等方式来建构老年人的自我认同。笔者在与多位老人深入访谈后发现，参与公共文化生活会对老年人的自我认同产生显著影响，越积极参与文化活动，自我认同就越正面，心理年龄也会趋于年轻化。在社区层面，老年人参与到公共文化生活中，不但愉悦了身心，而且也会鼓励、动员社区其他老年人加入到公共文化生活中来，在此过程中逐渐探索和挖掘自我潜能，对其参与行为做出"老有所为"、发挥"余热"等肯定性自我判断，使人们从主观上感受到"老年人"内涵的积极改变，从而达成新的自我认同。

[个案4—42]（YA 社区 YAHY 小区居民李某，63 岁）

我年轻时候在 754 厂工作，50 岁的时候厂里改制，我就退休了，两个儿子，最大的孙子都十岁了。我是无锡人，特别喜欢锡剧，刚到 N 市的时候我就联系了区里的文化馆，加入了锡剧团。但是那时对锡剧演出不是很重视，我们演出都是自己找场地找时间，很受限制。后来我退休了以后，这几年不是国家提倡搞公共文化嘛，我们剧团就经常下社区演出，有了地点了，但是每次都要花钱租音响设备，太贵，我就花了 4000 块钱自己买了一套，以前也没搞过这个，我就自学，学排线、调音和收线，又自己买了一辆电动三轮车，到哪里演出，骑上我的三轮车，装上家伙什儿，一个小时内就能搭台唱戏。我和我们家孩子商量好的，一年至少要拿出全家老小所有一起算上的一个月收入给剧团，多不退，少再添。现在不但参加剧团演出，还在社区办了培训班，专门给中小学生上锡剧课，教 N 市人唱锡剧虽然是一件难事，但也是一件开心的事。每次我们演出完，有居民就问我们什么时候再来，这个时候我最高兴。我今年才 63 岁，虽说退休了可是比上班的时候更忙，在厂里的时候，我只是个普通工人，可是在锡剧团我可是主心骨，至少还能做个十几年，越活越年轻了。

歌德说："人只有在众人之中才认清自己，现实生活教人认识自己的真面目。"① 一个人的自我意识是在他心里感受到的他人对自己的看法或反应的基础上建立起来的。换言之，自我认同不仅仅是自我的心理图式，更是社会生活的产物，是在持续的社会交往过程中产生的，即库利提出的"镜中我"："行为者不断地从他者那里了解自我，并且根据他人对自己行为与表现的反应来塑造自我形象。"② 具体而言，参与者在特定的参与领域中表现自我，在心理上自我解读他人对自己所采取的行为方式的看法，并将这一判断作用于之后的自我表现方式和自我认同性质。同时，由于社会具有变迁性，因而作为主客观因素共同作用的结果而产生的自我认同也是一个不断修正的、动态变化的过程。因此，在认为老年人跟不上时代潮流的后喻文化中，文化生活寄托着老年参与者对美好新生活的向往和创造自我认同的愿望，他们于公共文化生活中编织着实现自我的未来，也不断勾勒来自他人的期待、赞颂和认可，以及能够丰盈自己内心的幸福感和自豪感。这种内心对身份认同的真诚期待一旦孵化，其参与到公共文化生活中的积极性就会更加高涨。在不断贴钱参加活动并鼎力支持社区文化生活的过程中，行动者追逐的可能只是积极的令人充满期许的自我认同。

---

① 《歌德文集》第 7 卷，钱春绮等译，人民文学出版社 1999 年版，第 428 页。

② ［美］查尔斯·霍顿·库利：《人类本性与社会秩序》，包凡一、王媛译，华夏出版社 1987 年版，第 118 页。

［个案4—43］（N市市委宣传部部长徐某）

你真想不到，那些大妈六十多岁了，有些文化水平也不高，但是她表演中那种烟雨迷离，那种风吹杨柳，以及人陶醉在美景当中的那种幸福，是我们从来不曾想象得出来的。以往有人把老年人当作是退出社会的、很落伍、不生产社会价值的人，但是看过这些群众的表演，你们会深深为之震撼，并改变旧有的观念。

［个案4—44］（YA社区YAHY小区居民王某，64岁）

为了表演这个节目，把我这个老胳膊老腿累死了，因为我们那个NJ艺术学院的教授要求特别严，一点都不能放松，很累。而且正好我的媳妇生孩子，为了参加这个节目的表演，有时候不能给她很好的照顾，我担心儿女们对我有意见，所以呢我彩排的时候就请丈夫、儿子、媳妇来看，真的没有想到我彩排结束以后，我媳妇儿就跟我说一句话，说"妈妈你在台上太美了！"我老公告诉我说："我们谈恋爱的时候你都没有这么漂亮。"听着听着我的眼泪就流下来了，感觉自己比年轻时候更出色，那种感受，很幸福！

## （二）残缺生命里的精神归宿

"人类有一个显见和突出的现象：他们有身体并且他们是身体"①，每一个个体的生命历程都是自己的身体在命运罗盘中不断旋转的实践轨迹。在诠释着现代化理念的城市，身体正越来越成为个人达成自我认同感的核心要素，对自我身体的评判和不断审视实际上就是对行动者自我意义的探讨认知。故而，身体可以看作是一个承载自我认同的象征系统，在特定时空中存在的社会和个体的共同作用下，它既包括行动者固有的先天或后天养成的生理特征，同时也包括一定的社会规则和社会关系对这一特征的社会观念与价值判断。在此基础上，从属于个人身体的活动也受到特定社会文化秩序的严苛限制和有效调节。

进言之，个体的自我认同都是在特定的观念与知识框架的基础上建立的，行动者的能动实践一般会在社会既有的思想观念和社会关系中寻

---

① ［美］布莱恩·特纳：《身体与社会》，马新良、赵国新译，春风文艺出版社2000年版，第54页。

求有效的指导与支持。而这种既有的观念和意识既有可能是自我建构与认同的基础，同时亦有可能造成自我认同危机。残疾人作为身体或精神上有缺陷的个体，在当代中国社会固有的认知体系中，"残缺的""不健全"的身体在很多时候会遭到歧视或排斥。社区居民在潜意识中将残疾人身体上的缺陷与缺陷所指的负面特征联系起来，并将具有贬低性甚至是侮辱性的诸如"残废""吓人""丑陋""无用"等标签贴在他们身上。如此，有缺陷的身体就具备了在特定社会中不光彩的特征。

[个案4—45]（TYJ社区SXY小区居民王某，36岁）

以前我都很正常的，后来出了事就这样了。像我们这样的人现在大多都在吃低保，也不想着能做什么，在政府的关心下，确实是基本生活不愁了，可是我不敢出门，出门的时候人家都盯着我的腿，还有些小孩儿，无意地，说："哎呀，妈妈，他怎么没有腿，好吓人啊。"所以也怕去人多的地方，在家窝着。一天24小时，除去三餐1个多小时，睡觉时间8个小时，余下的时间对我而言简直就是坐吃等死。

于此情境中，要消解残疾人生活中的困惑与焦虑，就应当着眼于改变社会价值标准和重塑日常社会关系，并力图对根深蒂固的思想观念进行有力批判。公共文化服务为残疾人参与社会行动提供了轻松、平等的文化图景，为残疾人对生活世界重新认知提供了崭新的契机。更为重要的是公共文化服务所渲染的知识体系提供了进行社会交往互动的参照系，让他们感受到生活是安全、稳定且有序的，是充满了确定性的，而这正是其实现自我认同的必要条件。实现了关于存在感的自我认同后，残疾人参与公共文化生活的心理基础则会更加稳固，他们会在这个安全稳定的知识体系中生产着连续而稳定的自我认同，这种认同也成为其参与正常文化娱乐生活和其他生活的前提条件。

[个案4—46]（XD社区DQDD小区居民张某，16岁）

我三岁的时候得了严重的眼病，后来慢慢就什么也看不到了，世界对我而言都是黑色和灰色的。妈妈和爸爸鼓励我多学东西，可是盲人能学什么呢，又不能考大学，国内只有长春大学、北京联合大学收，但是妈妈嫌太远，怕我一个人照顾不好自己。而且专业也不好，都是推拿、足疗和中医保健之类的，爸爸说太辛苦也不让我去。所以我就辍学在家了。后来社区搞文化活动，有人来家里宣传，妈妈就去咨询，联系上了区里的艺术中心，那里专门教残疾人学习，妈妈经常说我虽然眼睛不行，但是有个好耳朵，辨别声音的能力特别强。她帮我联系教钢琴的张老师。张老师对我很有耐心，每次都把乐谱唱出来给我听，我一边在钢琴上找感觉，一边熟悉每一个按键的声音，碰到那些节奏快的，我只能凭感觉去按那个键。吃了很多苦，有时候实在掌握不好的时候，妈妈就抱着我哭。但是现在我不但学会了弹钢琴，还举办了属于自己的专场演奏会，我不是没有用的人，我给爸爸妈妈争了光，妈妈说我是个对社会有用有贡献的人！我心里由衷地满足，也有种安全的踏实感了。

此外，当下许多人都在日常生活实践中追逐自己的物质财富，以摆脱风险社会中裸露在外的不安全感和不确定性，很少有人去关注那些身心不健全的个体的物质生活和情感生活。在家庭层面，身体的缺陷尤其是后天形成的缺陷使得他们丧失了在家庭中的核心地位，不再能正常生活的心理落差以及由此导致的自我价值的缺失使得他们也会在家庭中不被亲人认同。尤其是在家人外出工作劳苦或者情绪不稳定的情况下，他们很难再享受到家人给予的脉脉温情，其精神文化需求在家中也很难找到归宿。笔者在对几个残疾人访谈后发现，即使是他们的至亲，在辛苦于对他们身体上进行照料的同时，也因残疾人巨大的精神压力和相伴的自卑心理而不愿意去深度介入他们的真实精神世界。公共文化生活，尤其是可以免费让他们学习各种技能的文教活动，是使他们撕下世俗社会贴给他们的"残废之人"标签的重要途径。公共文化生活中具有相同遭际的残疾人之间的情感交流，以及与社工之间的交往，也会使他们感到自尊和温暖。在这些活动中，他们可以短暂地忘记身体的残缺和种种烦恼，在学习技能和展现自我中慢慢寻求新的自我认同。也就是说，公共文化生活世界带领残疾人重新认识到了自己的人生价值和生活意义，填补了他们在尘世中被遗弃的情感空虚。

[个案4—47]（JQ社区SY小区居民胡某，15岁）（根据手语整理）

我的耳聋是先天性的，现在还在聋哑学校上学。爸爸妈妈都是普通工人，去年爸爸得了一场重病，身体不好，歇业在家。妈妈除去平常上班，周末还得出去给人家做家政。每次回家，只能看到爸爸在那里叹气，妈妈每天要到我睡着了才能回来。其实他们不说我也知道，他们并不指望我能赚什么钱，只要以后可以有个事做就行。去年爸爸听隔壁王叔叔说区里在办针对聋哑人的书画班，我小时候特别喜欢画画，爸爸就给我报了名。在听不见的生命里，画画就像是我的朋友，区里的老师很耐心，并不会因为我们耳朵听不到而歧视我们，在我画的每一幅画里，都有我的想法，我画风筝，是想自由地飞向天空，我画瀑布，是想真的能够听一次瀑布的声音。去年我的绘画在N市青少年绘画比赛中获得了二等奖，老师说我只要努力，以后肯定会在画画上获得更多的成绩。

总之，公共文化生活借助公共空间的时空场域串联起身体有缺陷抑或有疾患的行动者之间的社会交往，这种交往关系的塑造会忽略世俗社会中阻碍这个群体与社会互动的既定认知或偏见，人与人之间借助于相似的日常经历和惺惺相惜的个人情感，在文化生活的共享之中将冻结在自身经历中被压抑的主体欲望释放出来，由此生产着每一个个体的行动实践，激励着其在具体的身体参与过程中展现自我的积极认同。

（三）患病与共的情感认同

"疾病"是用来描绘个体生命进程中遇到的破坏性事务的词汇，同时也是危及行动者自我认同的重要概念，尤其是那些身患慢性病或重症的人（如癌症患者）。"慢性病是一个破坏性的事件，它破坏了日常生活的结构以及作为其基础的知识形式，意味着病人要接受痛苦和苦难，甚至死亡。"[1] 由于"无论是占有巨额财富、拥有社会名望或是信奉崇高的价值观念，一旦身体丧失与消解必然导致这一切的结束，从而在物质基础上取消了个体现实存在的条件"[2]。所以个体在获得医疗体系给予他的健康危机的诊断以后，便会开始关注在自我意识中被忽视的身体状态，并按照相应的医学知识重新调整吃穿住用行等各个方面的日常生活。尤为重要的是，在疾病作为"关键情景"破坏了行动者原有的生命轨迹之后，他开始对自我感知有了重新思索：应该采取怎样的方式去更好地认识自己？他们会不自觉地执着于我这一生都在做什么？这辈子什么时候结束？余下的生命我该做些什么？等等这些问题的答案，甚至会陷入极度迷茫和焦虑之中，惶惶不可终日。

进言之，疾病带来的不仅仅是生理上的苦痛和折磨，更为重要的是，个体必须面对疾病带来的在其象征性社会结构上的变迁：原本拥有的丰硕的自我认同因为生命时长的骤然缩短变得残缺，原本接触的丰富生活经验因为封闭在病房中而变得毫无用武之地，原本培育的社会网络因为来往的稀少而濒于断裂。然而，病人身体的生活情境虽然在社会结构面前被迫调整，但实际上在病痛面前，行动者并没有像我们想象的那样消极，相反，在不断勇敢地面对自己病痛的同时，他们仍然试图动用多样化资源、采用多重策略去适应新的生活。许多研究都注意到了病人在适应症状和应对治疗方案的冲击时所采取的积极行动，也注意到了他们会运用各种资源去提高生活质量的现实行动。[3] 公共文化生活空间就是这些患病的行动者在既有的社会文化系统内，延续自己的适应能力，集合具有相似病痛的个体，彼此在寻求自我认同及其类似的意识形态之间进行来往和交融的场所。具体来说，在公共文化空间中，病人可以通过参与到公共生活中，与具有相似苦痛经历的病友组成具有典型特征的群体网络。每一个个体都能彼此倾诉、交流和互助，病友群体不断为个

---

[1]　Bury, M., "Chronic Illness as Biographical Disruption", *Sociology of Health and Illness*, Vol. 4, No. 2, 1982, p. 169.

[2]　刘博：《浴场劳工——服务者的生活世界与身体实践》，博士学位论文，上海大学，2012年，第10页。

[3]　郇建立：《慢性病与人生进程的破坏——评迈克尔·伯里的一个核心概念》，《社会学研究》2009年第5期。

体生产信念支撑和价值指引，有助于病人回归或重塑被疾病破坏的社会功能，从而增进个体的自我认同和群体认同。这些特定的互动过程使得公共文化空间被建构成为一个共同患难、分担忧愁、稳固自我认同的意义系统。

[个案4—48]（火凤凰癌友合唱团队员林阿姨，68岁）

我们每天都在面对死亡，这个话和没有病的人说，（他们）是无法理解的。我得的是肠癌，病情刚开始的时候，家里人都还抱着希望，积极治疗，每次跑医院都像是在和医生商量死亡时间，那种感觉……每天哭，吓（he）怕，和同事都断了联系，人家想要来看我我都不让。久病床前无孝子，渐渐地闹着闹着家里人也烦了。有一段时间我就像傻子，很崩溃。后来，一个病友告诉我说让我和她一起参加"癌友合唱团"，说参加了以后心情会变好。我想着都是得了那病的，心情怎么可能会好，但是我也没的事可做。这个团果然在我生命剩下的短暂期限内让我重新认识了生活。我们这个团体，有最多能活五年的，还有最多能活三年的，还有不知道什么时候就走的。但是大家都很乐观，我在那里认识了很多朋友，平常不排练的时候我们经常在一起聊，家家都很不幸，都很苦。但是都很坚强，氛围特别好！我们在一起的时候，都很珍惜，不玩把戏，从来都不闹矛盾，很多队友今天你还能和她一起唱歌，明天她可能就不在了，（所以）我们很珍惜。我们队是个爱心团队，经常外出表演，或者给敬老院去表演节目，在生命垂暮之前，还能做点好事心情也很充实。我们总说，多做点好事也许就能去天堂了。前不久我们社区里的电子琴坏了，八栋老石她们四个人集资给我们买了一台新琴，志愿者协会的刘老师，她是辽宁人，退休前是国家一级演员哦，一周都来一次教我们唱歌。

参与公共文化生活使林阿姨结识了与她具有类似经历和相同苦痛的病友，通过与病友自由地交流，她了解到病友们相似的或更加悲惨的境遇，她在癌友合唱团中也获得了认同感和归属感。同伴之间的倾诉，交织在生命终结之前的情感认同是合唱团的集体意识得以形成并长期维持的重要机制。在个体选择参与这个文化团体之前，他们往往自己封闭在家里，身体的病痛和对死亡的恐惧困扰着自己，并像一团乌云长期笼罩在家庭之中。在采取了参与策略之后，参与者找到了同病相怜的倾诉对象，自己的苦恼在他们身上找到了深深的共鸣。分享的内容虽然是痛苦不堪的，但却是心灵共通的情感体验，就好像将这种痛苦的折磨分摊到了群体成员身上，每个人都如释重负。在这个类群体里，行动者长期在家庭和社会中感受到的那种被孤立感、被排斥感、绝望感和自卑感得到了有效缓释。由此，公共文化生活中的病友群体成为了这些病人储存、安放、寄托其苦痛情感的容器，可以在成员之间生产令人"倍感珍惜的"愉快的人际关系，这种"病友"之间在情感和意义方面的共享使他们结成了一个追求情感认同的共同体。

# 本章小结

本章从公共文化服务的对象——居民的角度，描绘并呈现了居民参与公共文化服务所受制于的社区文化生活弱参与场域。该场域以社区居民的个人焦虑与社区认同缺失为逻辑起点，在人口特征上体现出各代际居民参与热情的极大差异，镶嵌在社会阶层中的文化分层在该场域中编织了阻碍居民参与的空间结构，其又被居民参与制度的双重缺陷所形塑和固化。

在这种弱参与场域中，根据是否需要他人动员参与和是否与基层政府联系紧密，结合参与者的不同动机，本章将社区居民的参与行为归纳为四种类型：自娱自乐型参与、发挥余热型参与、依附型参与和为获得好处即兴参与。

研究发现，自娱自乐型参与和发挥余热型参与者都拥有较高的参与热情，并根据文化服务形式和政府的动员模式建构了各自不同的参与策略。自娱自乐型参与者采取了锻炼身体、寻找志同道合的良师益友、在社区团体中拓展人际交往等策略参与到公共文化生活中，他们更为关注自我的身心感受和拓展社会交往范围。而发挥余热型参与者更为关注公共文化生活让他们能够老有所用的社会价值感。参与者通过带头组织社

区文化活动、充当社区动员的核心骨干、作为社区基层与居民之间的
"双面胶"来发挥余热。笔者发现，在基层政府的社区动员中，发动居
民参与公共文化生活的工作多是由政府培育的"发挥余热"型积极分
子来完成的，他们多半有着官方（居委会）身份，同时又是热衷于文
艺的普通居民，可以利用政府的相关资源和与居民的良好社会关系发动
居民参与到文化生活中来。

依附型参与和为获得好处的即兴式参与是两种带有消极性因素的参
与形式，多是因依附于政府资源或青睐参与的"奖品"而参与到公共
文化生活中来的，具有一定的表演性和应付性特征。在"人在屋檐下"
的依附型参与者中，为了感谢或不得罪政府，一部分参与者采取了情感
回馈、博得"更多好处"等互惠型积极参与策略，另有一些参与者还
通过装模作样、散布流言蜚语等来消极应付。这类参与者虽然表面上加
入到了文化生活，但并没有对文化服务产生真正的情感性认同，消极成
分居多。除此之外，为获得好处的即兴式参与，是公共文化服务实践中
最不稳定的参与类型，缺乏参与的长久性和常态性。进言之，由于文化
服务提供的资源是可以替代的，因此架构在通过参与文化服务而谋取资
源倾斜之上的权利性依附关系也并不长久，所以依附型参与者和为获得
好处的即兴式参与者缺乏持续性和主动性。公共文化的参与动员主要还
是应以社区积极分子和其发动的志愿者为骨干。如何调动这两部分参与
者的热情，变被动式参与为积极式参与是社区公共文化参与动员的
着力点。

笔者认为，公共文化生活首先是要镶嵌到个体行动者的日常生活中
去的。在"分散的意向，纷杂而且数量众多的例行事务，琐屑的欲望和
物质生活景象"① 中，笔者与不同类型的参与者分享他们在这些活动中
交织着的"张家长李家短"，并在每日重复性的实践操作中，守候着偶
尔袭来的突发事件，在这一过程中，深描出参与者的深层行动逻辑和诉
求。第一，中老年群体中的集体记忆。45 岁以上的中老年人将诸如广
场舞或大合唱等文化活动作为其在个体化时代延续原有的集体记忆的载
体，在既陌生又熟悉的社会交往中找回原有的组织感，并在文化活动中

---

① 南帆：《文学性、文化先锋与日常生活》，《当代作家评论》2010 年第 2 期。

传播正能量，找寻过往时代的优秀精神品质，还通过对与忠字舞类似的僵尸舞的热衷来对集体记忆进行操演。第二，难以割舍的社会报酬。以发挥余热型为代表的参与者，在忙忙碌碌为他人奉献的过程中，通过公共文化生活承载着他们有关社会互助的公共交往理想，在这块生活天地里，他们在别人的赞许与认同中感觉到有面子，抑或被政府所表彰的社会地位、个人声望和个体自尊等权威性荣誉所激励，这些外部性认可非常巧妙地给他们带来了精神层面的满足和快感。第三，不容小觑的自我认同。对于中老年人、残疾人和病人而言，文化服务是一个拥有着特殊文化魅力的精神家园，在充斥着老而无用观点的"后喻文化"时代里，文化生活寄托着老人对美好新生活的向往和创造愿望，公共文化生活编织着他们实现自我的未来，勾画着来自他人的期待、赞颂和认可，还有丰盈自己内心的幸福感和自豪感。在残疾人的心灵世界里，公共文化服务为他们营造了可以轻松、平等与谦和地展开社会交往互动的空间，让他们感到生活是有序而充满确定性的，从而使残疾人能够在文化生活这个安全稳定的知识体系中生产着连续而稳定的自我认同。在患病与共的病友群体中，"病友"之间在经历方面的共享和心灵的倾诉使他们结成了一个彼此理解、相互慰藉、追求情感认同的共同体，文化服务为病友们找到了同病相怜的交流与互助对象，缓释了其身心的苦痛与彷徨。

# 第五章

# 服务与生存

## ——公共文化服务中的文化服务组织实践

非政府组织（Non-Governmental Organizations，简称 NGO）是指致力于公益事业的，具有组织性、非政党性、民间性、自治性、非营利性、志愿性等特征的社会中介组织，它们是处于政府组织与经济组织之外的非政治组织形态。[①] 公共文化服务组织是公共文化服务中重要的行动者，是 NGO 中专门为社区居民提供文化服务，尤以改善社区弱势群体文化生活为目标的公益性组织。在以往对包括公共文化服务组织在内的 NGO 的研究中，学者多采用国家与社会关系的宏大叙事为研究范式，认为其是在 "政治紧张与社会冲突的总体政治制度的改革"[②] 与市场经济中资源分化的双重动力下的必然产物，国家与社会的关系主要体现在政府与社会团体或者公民组织的关系上。在对国家建设与自治民主的市民社会的构建之间的关系的无休止争论中，NGO 被贴上了非政府的 "自治组织" 的标签，展现给人们的是一个在结构性力量约束下追求自主发展的欣欣向荣的组织形象，一个不断被国家侵权的、代表市民社会的发展中组织。但是，这种理想的分析框架遮掩了更为具体、相对微观却又模糊不清的互动情景，更有意忽略了组织在与不同行动主体的互动中再生产出来的新结构对其自身和社会发展所带来的机遇与阻碍。换言之，这种 "应然" 的解释逻辑忽略了组织在实然的生活中并不仅仅是被动的 "适应者"，更是具有实践理性的 "行动者"。面对国家制度与

---

[①] 王绍光：《多元与统一——第三部门国际比较研究》，浙江人民出版社 1999 年版，第 8—10 页。

[②] 张紧跟：《从结构论争到行动分析：海外中国 NGO 研究述评》，《社会》2012 年第 3 期。

文化环境的双重制约，这些组织一般会采用各种有效策略对环境进行分析和适应，抑或改变自己的行动方向和组织目标，意即"就组织外部环境而言，任何一个组织都不是孤立存在的，而是与其邻近的、周围的其他行动主体存在互动乃至资源互赖关系，因此，一种组织现象和组织行为的发生，更多是多元行动主体间有意或无意'共谋'的结果"①。在特有的公共文化服务场域中，公共文化服务组织采取不同的策略与政府、居民等其他行动主体展开互动与博弈，力图建立不同的社会关系来争取组织本身赖以发展的各种资源。笔者在本章以该类行动者的能动性为逻辑起点，关注在复杂的文化制度环境中，它们采取的不同行动策略，进而深入探讨其行动逻辑与其面临的发展困境之间的关联。

# 第一节 文化服务组织介入公共
# 文化服务的场域

组织社会学认为，任何组织都不是一个在真空中生存的密闭体系，它的生存与发展一直都受到所处环境的影响。② 组织正是在不同环境条件的多重压力下展开活动的，其自身的既定结构、功能定位和未来发展也在很大程度上受到多重环境的规制，换言之，组织的发展演变是不断适应周围社会环境的自然产物。具体而言，"一个组织所处的法律制度、文化期待、社会规范、观念制度等为人们广为接受（Taken for Granted）的社会事实的感知"③，即制度环境（Institutional Environment）是影响组织行为的重要因素。一个既定组织如何采取各种各样的行动策略，解释其遇到的形态各异的现象，采取什么样的运作机制，并在正确认识基础上形成何种逻辑判断和利弊评价都与它们所处的制度环境息息相关。

---

① 周雪光：《基层政府间的"共谋现象"——一个政府行为的制度逻辑》，《社会学研究》2008 年第 6 期。

② Selznick Philip, *TVA and the Grassroots Berkeley*, CA：The University of California Press, 1953.

③ 周雪光：《组织社会学十讲》，社会科学文献出版社 2003 年版，第 75 页。

在实践中，NGO 作为"处于社会环境、历史影响之中的一个有机体"①，究竟是否能够自主地独立于其他相关行动主体而选择自己的策略，往往取决于其在复杂情境之中能否选择特定角度来对环境事实进行理性分析。故而，笔者认为对 NGO 的研究必须从组织环境的角度出发，考虑现阶段中国的文化制度、观念制度、社会期待等制度环境对组织行为产生的影响。

## 一 政府职能外溢下多元主体共同参与的公共文化服务新模式

我国的 NGO 是在国家战略大幅调整、政府职能不断外溢、社会空间相对自主的形势下崛起的。改革开放以来，伴随着中国政府对市场经济职能的高度关注，总体性政治控制逐步放松，原有的国家全方位支配基层社会的模式逐渐瓦解，在"政策缝隙"不断出现且"政府能力下降"的双重矛盾中，很多本属于国家的社会职能由此外溢到社区，"许多社会管理实务事实上由社区来承担"②。然而，"社会的分化使得基层政权的行政权威开始下降，社会成员越来越多地依靠市场来谋取生计"③，不再只是单纯地依赖政府。这使得原本依靠群众动员的基层政府在承担社会职能时所能采用的策略捉襟见肘，更多倾向于将相关的职能任务直接转嫁给居委会、物业公司或相关的社会组织来承担。另一方面，社会财富在市场化改革中骤然增长，来自不同阶层的社区居民的多元化利益需求不断涌现，面对多元化和特殊化的居民需求，社会组织空前活跃。它的崛起不但满足了市场经济中不同社会阶层的多元化、个性化的利益需求，填补了公共服务的市场失灵和政府失灵的那些"空白"地带，更能填补单位制解体后国家与个人之间的真空，降低原子化个人直面社会的风险。涂尔干在《社会分工论》中曾经提到："如果这些次级群体与个人的联系非常紧密，那么它们就会强劲地把个人吸收到群体

---

① 何艳玲、蔡禾：《中国城市基层自治组织的"内卷化"及其成因》，《中山大学学报》（社会科学版）2005 年第 45 卷第 5 期。

② 朱健刚：《论基层治理中政社分离的趋势、挑战与方向》，《探索与争鸣》2010 年第 4 期。

③ 同上。

活动里，并以此把个人纳入到社会生活的主流之中。"① 可见，运行机制良好的 NGO 不但能生产出不同力量之间互动自主的空间，更能使个人有序地融入公共生活，并在不同主体之间的利益冲突中发挥协调作用。于此背景中，在政府仍然控制着"政治领域"和"公共领域"的前提下，NGO 被有条件地给予了一定的合法性，尤其是在涉及公共物品的公共服务方面，政府不再试图完全包办，而是在特定领域中利用社会组织来提供相应的公共服务，尽管有学者认为社会组织所发挥的作用仅仅是拾遗补阙。

公共文化服务正是在我国的文化产业发展多元化走向越发鲜明的情势下实践的一项基本文化制度，该项文本的话语诉诸最大限度地组建公共文化生活，在文化服务的规模、质量、秩序、层次上进行有效的政府干预和监管，满足个体行动者尤其是弱势群体的基本文化需求。换言之，公共文化服务体现着政府将经济发展与道德哲学之间的关系在文化领域内予以重置的制度设计。通过合理的再分配体制将文化产品去商品化，国家将与文化生活和文化消费相关的最基本的文化服务看作是文化中的基本人权，而不是市场交易的标的物，力图让每个人都能平等地分享市场运作的文化硕果。进而，文化商品的再分配机制打断了文化产业的链条，将个体行动者重新嵌入到社会关系之中。作为保障公民文化权利的核心实践场域——公共文化服务体系的有效建构是实现公民文化权利自觉和自为的制度性平台，也是政府担当文化民生责任、实践其和谐文化价值诉求的深刻体现。在此意义上，公共服务的文化实践意欲"将公共商品和礼品当成道德经济，形成新的数字文化公地基础，脱离于市场体系和价格体系，提供另一种文化资源和集体参与的非剥削空间"②。

然而，我国的公共文化服务建设在很大程度上都是以政府为主导力自上而下推动的，是上级政府对基层单位提出的服务目标，也是因国家文化治理的需要而强力推动的结果，这种自上而下展开的路径方向必然导致政府的行政化和官僚化倾向的产生。政府的过度介入使得公共文化

① ［法］涂尔干：《社会分工论》，渠敬东译，生活·读书·新知三联书店 2000 年版，第 40 页。

② ［英］格雷厄姆·默多克：《文化研究和文化经济》，《学习与探索》2012 年第 1 期。

服务实践难免存在浓厚的行政色彩，有一些文化服务与居民日常生活脱节，削弱了居民们的自治能力。依靠政府运用其路径依赖下的行动逻辑自上而下地推动组建的公共空间显现的是政府对公共空间的使用的支配力量，进一步拉大了公共文化空间与居民空间之间的距离，文化领域的公共价值失落全面弱化了国家在文化领域的社会控制能力，失去了理想意义上的对公共生活的培育功能。换言之，完全由政府的计划来配置公共文化建设资源和提供公共文化服务，会重蹈资源浪费闲置与形式单调僵化脱离群众生活实际的覆辙。因此，在文化治理生产逻辑下的公共文化服务，在实践意义上更多地指向多元主体共同参与的公共文化产品的公平供给和大众化生产。在具体实践中，公共文化服务的责任主体——政府并不应该是唯一的生产者，制度设计既需要策动各阶层群众亲身参与到公共文化服务项目的设计、生产与评价中，让群众真正成为公共文化建设的主人翁，也要让文化服务组织介入进来，充当政府与居民之间的沟通桥梁。只有实现创作主体的多元化，才有可能生产出百姓喜闻乐见的文化产品，公共福利才有可能普及到社区内的大部分居民。

在全面建成小康社会的进程中，群众公共文化需求的多元化发展趋势，使得半行政性质的文化事业单位在公共文化服务供给中捉襟见肘，需要充满活力的文化市场作为有效补充，政府因而开始转向将相当部分的公共文化生产交由文化企业来承担。然而，如果缺乏符合企业预期的生产利润，公益性的公共文化生产则很难吸引文化企业参与进来，需要政府财政向文化企业提供补偿或补贴来使企业赢利，政府向文化企业购买公共文化服务的新兴模式就此开启。同时，为了遏制市场的逐利本性对公共文化的崇高价值理想的侵蚀，需要由政府来确保社会主义公共文化的正确发展方向。因此，政府必须遵循社会主义价值理念来强力干预和严格规范公共文化生产市场，并督促和引导文化企业履行其社会责任，按照微利原则进行公共文化生产。由此，一个政府主导、多元主体共同参与的公共文化良性生产机制已然确立。

## 二　私性文化传承与个人主义扩张的并存

尽管文化服务组织参与公共文化服务在政府职能转变和社会服务方式转型的大潮中是大势所趋，但是制度主义理论认为，组织的生存和发展不仅仅要靠现有的社会制度，文化传统和人们对组织的文化期待也是制约和影响组织发展的重要社会事实。文化社会学者认为："人的每一行为不论它具有多少工具性、反思性或外部环境的强迫性，都被包含在情感和意义中。这一内在环境的存在预示着行动者从不完全按工具性和反思性行动。文化很类似于一个理念型，为人的日常活动及其创造力提供动因，并影响结构再生产和结构转型。因而，文化社会学中的文化在塑造人的行为和制度建构时，是一种拥有自主性的独立变量，能够对人的行为输入如物质、制度力量一样的勃勃生机。"① 显然，社会组织能否在文化服务场域中顺利构建并得以发展还要依赖中国社会传统与现代交融中的公共精神，它的贫瘠或富有都为公共文化服务组织的构建过程深深打上了文化烙印，一个特定群体如何思考和处事，是由该群体的文化所决定的。② 因此，我们对公共文化服务组织构建情境的认识，应该建立在对中国特有文化结构的深刻理解之上。这种文化结构是由中国传统私性文化积淀的历史传承与转型期个人主义文化蓬勃发展的时代潮流之间相互作用所形成的。

（一）传统文化中的私性文化传承

中国人的私性文化传统根源于我国家文化的历史传承。家文化是中国传统文化的核心，中国文化实质上就是"家的文化"③。所谓家文化，是指中国传统文化中建立在以血缘、地缘、亲缘等特殊关系基础上的，以家庭（家族）整体利益为中心的种种行为、价值观念和心理状态。④ 在中国，家庭是一个以父系为主轴的延续性的事业社群，家庭不但成为中国人经济生活、社会生活及文化生活的核心，甚至形塑了古代中国的家国同构的社会格局。

首先，家文化建构了传统中国内外有别、差序格局的互动模式。费孝通在《乡土中国　生育制度》中分析了传统乡土中国的社会结构的

---

① 周怡：《强范式与弱范式：文化社会学的双视角——解读 J. C. 亚历山大的文化观》，《社会学研究》2008 年第 6 期。

② Mead, G. H., *Philosophy of the Act*, Chicago：University of Chicago Press, 1938.

③ 李亦园：《中国人的家庭与家的文化》，载文崇一、萧新煌编《中国人：观念与行为》，台湾：巨流图书公司1988 年版，第 67 页。

④ 戴烽：《公共参与——场域视野下的观察》，商务印书馆2010 年版，第 175 页。

基本特征，指出中国社会结构在群己关系上的基本特性是"以己为中心，像石子一般投入水中，从自己推出去的和自己所发生社会关系的那一群人里所发生的一轮轮波纹"的差序格局。也就是说，所有的社会联系都是以家庭为核心，附着于个体之间以血缘和地缘为纽带而发展起来的，交往远近"像水的波纹一般，一圈圈推出去，愈推愈远，也愈推愈薄"，这就使围绕着家庭所进行的"内外有别"的私人生活成为了人们生活的全部。

其次，家文化承载了乡土中国的私性道德。在这样一个社会里，维系着社会的道德是一种私性的道德。因为在这个由一根根私人联系所构成的网络里，"每一个结都附着一种道德要素，因之传统的道德里不另找出一个笼统性的道德观念来，所有的价值标准也不能超脱于差序人伦而存在"。传统中国人不断遵守着一种维系着私人的道德的社会行为规范，建构自己的生活方式和价值理念。因此，在中国家文化的深层结构中，是以家庭和家族利益作为行动标准的，个体只对与家庭、家族利益相关的行为负有责任，否则就事不关己。植根于这种文化传统积淀的中国社会中，公共精神是很难滋生和发展的。

再次，家文化使国人疏离了社团生活。中国的社会结构一直是家国同构，乡土社会的中国人只有家庭生活而没有社团生活，而社团生活的缺乏又进一步加固了私性文化的传承和延续。中国的小农经济社会决定了传统家庭基本上是一个封闭的生产系统，在自然经济条件下家庭基本可以自给自足，家庭是人们获取生活资源和生活意义的所在，是一个实现物质功能和精神功能相协调的整体，这使人们往往不需要家庭之外的社团生活，基于家庭的责任感使得人们只着重于照顾家族，在一定程度上，参与团体生活反而成为一种不务正业，"团体和家庭二者不相容"[①]。然而，社团却是滋生公共精神的土壤，人们在社团活动中学会使其个人的努力与集体的共同行动相配合，从而在行动中培养个人的公共观念。如果缺乏社团生活，就难以滋生公共情怀和公共意识。因此林语堂有云："中国人是一个个人主义的民族，他们心系各自的家庭，而

---

① 梁漱溟：《中国文化要义》，学林出版社1987年版，第67页。

不知有社会、民族，只顾防范家族的心理实即为扩大的自私心理。"①

（二）转型期个人主义文化的发展

我国的文化结构也在伴随经济结构的转型而不断发生变化。笔者认为，单位体制的解体、家庭功能的单一化与生产方式的转变形塑了转型期我国的个人主义文化，固化了社会原子化背景下个人意识的膨胀，制约了现阶段我国公共文化的构建。

首先，单位制终结之后，集体意识逐步"衰落"。正如第三章论述的，新中国成立以后的中国社会宏观结构体现为"国家—单位—个人"的纵向结构，社会资源总量不足是政治精英们构建单位制的时代背景，国家通过这一纵向体系，借助对资源的全面控制，在单位空间中贯彻并全面推广能够体现主流意识形态的价值观念和行为规范。单位制产生的公共物质生活和公共精神生活承载了现代中国政治精英的共产主义社会理想，单位社会的构建与个人的集体认同是与民族国家的形成完全同步的。单位制下的集体意识与传统文化下的家文化的并存构成了转型期之前中国文化结构的显在特征。然而改革开放后，随着国家控制权力的下放，使单位组织作为一个利益主体和权益整体的意义日益突出，利益单位化的倾向加剧了单位组织走向封闭化。伴随着原有单位制所构建的公共世界逐渐萎缩，其承载的意识形态要素和集体认同要素逐步退出中国人的生活世界。作为承载中国社会最重要的社会联结机制单位制的终结和以陌生人社区为主体的现代城市社会快速形成，使得中国社会面临着个体孤独、无序互动状态和道德解组、人际疏离、社会失范的社会总体性危机。②"集体意识的衰落无疑会使社会陷入道德真空状态，社会成员失去了社会的凝聚力，在意识领域内各处闲散游荡。"③

其次，家庭功能变迁之后，个人的公共意识和价值信仰开始迷失。转型期中的家庭功能也由原来的封闭家族变成了功能逐渐单一的核心家庭。现代市场社会由于商品经济而将整个社会连接成为一个彼此需要的

① 林语堂：《吾国与吾民》，台湾：三民书店 1976 年版，第 139 页。

② 田毅鹏、吕方：《社会原子化：理论谱系及其问题表达》，《天津社会科学》2010 年第 5 期。

③ 李汉林、渠敬东：《中国单位组织变迁过程中的师范效应》，上海人民出版社 2005 年版，第 8 页。

体系，独立的个人也因此冲破传统家庭中代际依附关系，加入到社会领域中。脱离了家族的襁褓，个人成为了真正意义上的个人，中国人的传统家文化意识的积淀与现代个人意识的无序膨胀之间的碰撞使得人们对公共精神、公共文化的认知发生了某种程度的断裂，导致这个群体的文化观念中公共性信念的缺乏、社会价值信仰的迷失与个体价值信念的危机。

　　再次，在社会原子化进程中，个人主义文化蓬勃兴起。随着互联网、计算机和手机通信等现代媒体的飞速发展和自媒体时代的来临，人们的工作和交往方式的个体化趋势越来越明显，个体可以脱离集体独立工作，个人亦拥有自己的话筒随意喧嚣自己的生活态度、质疑他人的生活方式。随着工作方式的个体化和价值观念的重组，个体之间的关系逐渐弱化，个人与公共世界不断疏离，个人与国家的距离渐行渐远，整个社会原子化的特征越发明显，缺乏公共精神的个人主义文化盛行，并向经济、政治和社会生活等领域蔓延。"强烈个人主义的文化在市场和实验室里会带来创新和经济增长，社会规范领域已经充斥了此种个人主义的文化，它实际上已侵蚀了形形色色的权威，削弱了维系家庭、街坊和民族的纽带。"① 这又在另一层面使得中国社会中的个人主义倾向成为了推进公共精神发展的制约。与历来重视契约的西方社会社团发展格局不同，传统家文化所传承的私性文化与新时期蓬勃兴起的个人主义文化并存的文化结构共同制约着公共精神的形塑，这使得中国社会中个性文化的健康发展与公共精神的形塑再造之间的和谐演进任重而道远。

　　在这样的文化结构制约下，尽管中国 NGO 近些年在公共服务领域蓬勃发展，但是我们知道，一个社会的文化观念可以塑造社会事实，并对社会所有成员的意识和行为产生影响，在传统的私性文化与现代个人文化的双重作用之下，中国人的公民意识仍然徘徊于"契约—人情"和"公共—私人利益"双重价值取向之间，② 市民社会中的社会组织的有效参与尚未成为普遍性的积极行动。因此，在中国特有的文化发展情

---

　　① ［美］弗朗西斯·福山：《大分裂：人类本性与社会秩序的重建》，中国社会科学出版社 2002 年版，第 6 页。

　　② 杨宜音：《当代中国人公民意识的测量初探》，《社会学研究》2008 年第 2 期。

境中，缺失的公共精神、薄弱的公民意识和被动的社会参与共同形塑了束缚 NGO 发展的场域。

### 三　NGO 的制度制约与资源障碍

组织理论家理查德·豪提出，对某种具体的组织行为和组织现象的分析，一方面要重点关注组织内部的资源禀赋，另一方面还要分析其所处外部环境的制约因素。[①] 从组织内部来看，诸如人力、物力、财力、政策、权力等资源是组织实现其目标和使命的基本条件，内部资源的多寡、好坏会直接影响组织能力的有效发挥。当下，尽管国家考虑到如果不能较好地履行提供公共物品的职能，政府的稳定性就会遭遇危机，因而在政策上放宽了对 NGO 的部分限制，但是这种放宽只是一种针对特定领域和特定方式的拓宽。"一个追求自身利益最大化的政府，必然会根据各类社会组织的挑战能力和提供公共物品的种类对它们实施不同的管理方式。"[②] 也就是说，拥有着绝对权力分配优势和主导地位的政府，既可以根据自身的意愿推动社会服务领域中的民主改革，也可以在渐进式改革中有技巧地持续调整改革策略，从而根据自身利益建立起一套对不同的社会组织实施不同控制策略的"分类控制体系"。在这种分类控制体系中，NGO 发展受到了制度制约和资源障碍的双重约束，还难以承担起政府所剥离的社会职能，难以与政府、市场建立起平等合作的契约式新型关系。NGO 的限制性发展也使公共生活缺乏中间组织的运营与协调，使公共文化的构建缺乏基本的组织制度保障。因此，在公共文化服务场域中，由于缺乏 NGO 对不同行动主体间利益冲突的有效调解，使不同利益群体对服务组织工作的合作与信任存有疑惑，甚至一些文化服务团体本身也成为舆论堰塞湖中被诟病的对象。

（一）制度环境的规训与限制

现阶段 NGO 的发展在制度环境中受到了限制。制度构成了社会组

---

① 杨爱平、余雁鸿：《选择性应付：社区居委会行动逻辑的组织分析——以 G 市 L 社区为例》，《社会学研究》2012 年第 4 期。

② 康晓光、韩恒：《分类控制：当前中国大陆国家与社会关系研究》，《开放时代》2008年第 2 期。

织生存与发展的宏观环境，组织的发展必然要遵循现行制度所规定的行为规范，狭小的制度空间会限制组织的生产和运营。随着中国从计划经济体制向市场经济体制的转变、国家与社会的分离、政府对资源配置形式的改变，这些都为 NGO 的发展提供了制度基础和物质环境。但是高度组织化社会中形成的机制还没有从根本上改变，发挥着主导作用的仍然是原有的社会调节机制，目前，人们社会生活的主要元素依然被掌握在以权力为中心的国家以及作为其延伸的生活组织手中。"政治和行政因素仍然是一种辐射力和穿透力极强的资源，即使是完全能够在市场中流动的其他资源，也依然要受到政治与行政力量的巨大影响。"① 在这种制度环境限制下，NGO 的成立与发展面临着很多困境：

一方面，不少组织都面临着组织合法性的问题。"统治能够得到被统治者的承认，是因为统治得以建立的规则或基础是被统治者可以接受的乃至认可、同意的。"② NGO 的合法性来源于法律、政治、行政、社会等多重维度，只有建立在多重维度上的共同合法才意味着 NGO 被国家的政治秩序所认可且在事实层面上也被承认。但是实际上仅仅是在法律层面上这种合法性的获得都是步履蹒跚，NGO 登记注册受到诸多掣肘，组织所拥有的独立法人资格往往需要通过行政主管单位、业务主管单位的双重门槛，这导致能够合法登记注册的社会团体的身份通常是半官半民的，职责范围和活动形式也基本上处于政府的严格控制之中，而那些真正由民间自发形成的组织，多半都是利用某一个维度的合法性得以兴起，采取多种策略以充分的合法性为目标争取发展机遇，但又由于受到现行制度的制约反而无法合法化，游离在体制之外，在开展活动的时候往往会招致居民的怀疑和政府的非难，其运营发展困难重重。

另一方面，NGO 的发展也缺乏政府的有效支持。由于集权传统的惯习，加之政府的社会治理策略一直是以群众性力量为基础，"政府与社会的关系一直建立在权力对民众生活的全面渗透之上，政府把握着主

---

① 孙立平等：《动员与参与——第三部门募捐机制个案研究》，浙江人民出版社 1999 年版，第 3 页。

② Beetham, D., *Legitimation*, London: Macmillan, 1991.

流舆论"①。这使得是否能够得到政府支持经常成为社会组织能否发动民众、公共事务能否得到公众认可的关键所在。在现实中，与政府存在较为密切联系的 NGO 一般都是直接脱胎于政府部门的，所以它们大多拥有"体制内资源"这一优势，可以借助政府的行政命令来贯彻其意图；而那些纯粹民间意义上的 NGO 因缺乏这种"体制内资源"，使得其在开展相关活动时，因为政府对其漠视、不配合甚至是敌视而无法得到民众的认同和参与。在缺乏合法性认知和必要的政府支持前提下的社会组织所能发挥的作用和影响力自然有限。

（二）社会资源的流动与短缺

现阶段 NGO 面临着资源短缺和筹措资源能力不足的困境。资源是组织得以建立和发展的物质基础。市场经济建立以后，部分资源被从政府的严密控制中释放出来，形成了所谓的"自由流动资源"，这些资源主要以市场为中介，可以在从社会结构中分化出来的"自由流动空间"中进行让渡。在此基础上，市场开始成为一个相对独立的能够提供资源和机会的源泉，民间社会力量在此基础上逐渐发展。可见，NGO 的产生基础是建构于公民社会背景中的。但是，当前的 NGO 受现有制度制约，普遍显得能力不足、资源匮乏，因而发展受到遏制。

NGO 短缺的首要资源是人才。人才是一个组织得以发展和运营的关键要素，NGO 里的人才既包括拥有专业技术知识、能够拓宽服务领域的专业人才，也包括拥有优秀的个人品质、广泛的关系网络和良好的政府影响力的志愿者。然而，由于缺乏良好的工资待遇和必要的社会保障，目前 NGO 的人才资源极为缺乏，许多精英仍然选择去政府和企业工作，而留在组织工作的职员却往往缺乏相应的能力。NGO 圈子内部的人流传："一流人才去政府，二流人才去企业，三流人才到 NGO。"②

NGO 短缺的另一个重要资源是资金。中国的 NGO 的资金来源分为两种形式：一类是对于那些拥有着官方背景的 NGO，其资金来源主要

---

① 邓莉雅、王金红：《中国 NGO 生存与发展的制约因素——以广东番禺打工族文书处理服务部为例》，《社会学研究》2004 年第 2 期。

② 朱健刚：《中国 NGO 生存与发展的制约因素——以广东番禺打工族文书处理服务部为例》，《社会学研究》2004 年第 6 期。

是政府拨款。由于组织对于相关资源的可利用性与这个组织的形式密切相关，某一形式的组织必须依照社会规范所许可的方式来取得资源，这就迫使组织不得不通过形式转换来获取在原有组织形式下所无法获取的资源。① 这类组织内部形式的转换决定了其与政府之间关系的模糊性，从而使其在实践中成为政府的分派机构。另一类是那些没有在法律上获得合法地位的草根组织，其资金来源主要依靠募集社会资金。然而令该类组织尴尬的是它们往往既难以获得政府资助，又由于没有适当的制度与政策支持而难以获得企业和个人的捐助，即使有也为数极少而且不够稳定。

NGO 同时也缺乏社会对其的信任与认同。居民对公益社会理念的生疏，加之 NGO 的活动在动员机制、效果和透明度上还存在一定问题，使得 NGO 很容易受到社会公众的怀疑，组织活动也经常被指责为"作秀"；而另一方面，组织发展前景不明、组织内部之间关系复杂、组织人员变换频繁、组织的社会声誉不振、民众的信任度不足和社会大众的缺乏认同又一直是 NGO 发展的软肋。

## 第二节　公共文化服务组织的行动策略

笔者将直接通过"N 市社区艺术教师志愿者中心"这个微观个案对公共文化服务组织的行动策略和固有逻辑进行实证研究。有鉴于 JY 区公共文化服务组织的生存现状和不同类型，笔者在本章只选取了"N 市社区艺术教师志愿者中心"这一家组织作为个案，并在第一章的第三节中，详尽介绍了选择这一中心作为公共文化服务组织个案的原因。该中心是由 N 市市委宣传部于 2013 年成立的，具体是由宣传部下属的文明办和市文联等单位共建，尽管具有明显的官方背景，但是与其他 NGO 一样，其在发展过程中仍然遇到了身份危机，在缺失合法性与人力资源、社会资源的支持中步履维艰。于此处境中，"中心"采取了何

---

① 田凯：《组织外形化：非协调约束下的组织运作——一个研究中国慈善组织与政府关系的理论框架》，《社会学研究》2004 年第 7 期。

种策略与其他行动者建构了怎样的关系来争取资源，用以扩展自己的生存空间？作为一个具有能动性的行动者是如何完善其组织内部结构，制定战略决策用以适应资源环境的不断变迁的？脱胎于政府的成立背景又是怎样被"中心"在实践中赋予了国家权威而被利用于组织发展，并依其不断调整自身行动策略的？笔者认为这种从动态层次上的观察视角有助于准确把握文化组织与地方政府、社区基层行政部门展开互动的真实情境，也有助于进一步探讨在现行体制中文化组织何以动员多方资源以利于生存发展的深层逻辑。

### 一　以"政"之名——谋求政府支持获得合法性

"一般说来，公益性的官办 NGO 和草根 NGO 以及没有正式组织形式的兴趣团体对政治权威没有显著的挑战性。"① 相对而言，因相对于那些为集体维权行为提供组织载体的农民工组织或法律维权组织，N 市社区艺术教师志愿者中心作为提供重要的公共文化服务的专门组织从成立之初就获得了政府的资金支持和权威支撑。"中心"的四位管理者的劳务费、志愿者的服务酬金以及兴办各种文化活动的服务资金都是由组织管理层每年按照政府制定的统一标准，编制预算进行申请，并提供相关证明材料以现金形式发放的。

[个案 5—1]（社区艺术教师志愿者中心负责人刘某）

我们 2013 年下半年是试点，当时只有十来个志愿者上岗，上面拨了十万块启动经费。2014 年 1 月份好像就到位了五六万，我们就在全市推开了，推开之后就在逐步做，也就做到年底的时候，实际就有 64 个志愿者，这样全年经费用了 37 万。今年我们申请的 74 万，用了 53 万。马上 2016 年我们做预算，想报 110 万，根据我们志愿者上岗的情况和对接的情况，一个志愿者一年下来要 4800。具体形式是每个月都要报账，要拿钱的话就要提前打招呼，把钱给准备好，一开始都是拿现金，因为 100 多个人，每个人最多 1200。

---

① 康晓光、韩恒：《分类控制：当前中国大陆国家与社会关系研究》，《开放时代》2008年第 2 期。

> 由于是志愿服务，不能打卡，一定要志愿者签字，签他们的身份证号。

"由于组织必须与那些控制资源的外部行动者进行互动交往，即组织依赖于环境，那些控制者就获得了相对于本组织的权力，组织的生存能力在很大程度上取决于组织与外部环境（控制者）交往和谈判的能力。"[①] 这种官方成立背景，以及在资金、社会资源方面对政府的依赖，导致"中心"在实际运行中主要关注在既定的制度约束中如何与政府组织建立良好的互动关系。

（一）"三归一"的服务理念——政治合法性的巧妙嵌入

"政治合法性是一种实质合法性"[②]，一个组织能否生存和发展，首先仰仗于其行动宗旨、活动目标以及具体实践中显现的策略意图是否符合"政治正确"的标准。实际上，很多 NGO 已经意识到，自身的维权色彩越浓、倡导的维权理念越激烈，越有可能遭到政府的干预。公共文化服务组织是文化领域的民间组织，其服务领域与人们的思想状态、价值观念紧密相关，对其政治旨趣和活动意义的表达不仅要求"政治上正确"，更要在组织宗旨、服务章程和制度执行上明确表明其与社会主义意识形态上的绝对一致性。只有这样的文化组织才能通过政治上的检验，也才更有可能谋求政府进一步的资源支持。因此，"中心"试图通过相关的语言符号来体现"政治正确"，以博得党政部门的主观认同，"社会主义核心价值观""正能量""文明和谐"等就是在该中心的章程中经常出现的具有政治合法性象征的词汇。文化服务志愿者本来就是以文化服务为宗旨的具有一定奉献精神的居民，在其宣誓词中，"中心"有意将先进文化与志愿精神、团结互助与文化和谐等国家意识形态倡导的象征符号结合在一起，技术性地实现了宣传部门对其的政治认可。

> 我志愿成为一名光荣的社区艺术教师志愿者，我承诺以己专

---

① 费显政：《资源依赖学派之组织与环境关系理论评介》，《武汉大学学报》（哲学社会科学版）2005 年第 7 期。

② 高丙中：《社会团体合法性的问题》，《中国社会科学》2000 年第 2 期。

长，尽己所能，不计报酬，帮助他人，提升自己，服务社会。践行志愿精神，传播先进文化，为建设团结互助，平等友爱，文明和谐，共同进步的美好社会贡献力量。

——N 市社区艺术教师志愿者的宣誓词

笔者在调查中发现，"中心"除了在规章制度的语言符号上尽心竭力地迎合"政治上正确"的要求之外，还根据实践中的不同情境与典型话语的时代性，总结提炼出新的任务目标。"中心"是在 N 市市委宣传部徐部长的倡议下建立的。当时适逢 N 市市委第十三次党代会做出了"建设幸福都市"的重大战略部署，打造独具魅力的幸福都市成为 N 市全局工作的主旋律，并在全国副省级城市中率先建立了幸福都市考核评价指标体系，其中提高市民的幸福感、保障和改善民生是关键。文化服务作为幸福都市的重要评价体系，受到了市政府的高度重视。徐部长曾多次在文化部门工作会议上强调"要不断实现从送文化到种文化""让艺术走进生活"，由此"中心"将其原有的"志愿"文化服务的理念和目标做了"与时俱进"又独具 N 市特色的总结，将"种文化""促和谐""更美丽"的三重服务目标整合为"中心"目标的"三归一"，"它不仅在政治上是正确的，而且在时代性上是与时俱进的"。① 因此在一般公关场合和对外宣传时，"中心"越来越多地倾向于使用"三归一"这一更符合主管部门意识形态的口号。这些重要理念和语言符号的调整不仅体现着"中心"在政治合法性上的积极配合，在"中心"的生存语境下，如此顺应政府意识形态潮流的语言符号还传递着这样一种信息，即顺从和宣扬。由此，"中心"获得了政府对其目标和行为的深度认同，并使"中心"的活动得到了政府给予的更多鼓励和支持。实际上通过这种合法化过程，很多社区居委会和居民都下意识地将"中心"的机构性质理解为是政府的某一部门，这一获取合法性的巧妙策略使得其生存和活动空间更富弹性。

---

① 和经纬、黄培茹、黄慧：《在资源与制度之间：农民工草根 NGO 的生存策略——以珠三角农民工维权 NGO 为例》，《社会》2009 年第 6 期。

[个案5—2]（社区艺术教师志愿者中心负责人沈某）

这个就是我们在实践中归纳的，就是我们为什么要重点抓住这些，实际上是以市委为背景的，宣传部是市委的，之后它让我们进行社会化运作，让我们来做这些事。我们就把艺术教师志愿者服务的目标归纳提升为叫"三归一"。第一就是，市委常委徐部长讲的种文化，我们要培养一支能扎根在社区，扎根在基层的队伍。要让这些来参加学习的人辐射到大部分居民群众，让大家都来热爱生活，热爱唱歌，不要讲这不好，那不好，就知道骂政府。种文化是一个，第二是促和谐，我们的目的不是培养艺术家，艺术家不是我们这个层面上做的，我们的目的是让大家唱歌跳舞、画画、摄影，然后对一些小艺术感兴趣，用这个来促进我们地区的和谐，以文化人，靠讲大道理是没有人听的。第三个，我们送文化的人和学文化的人，要跟自己的内心渴望联系起来，我们叫更美丽。我们讲的就是志愿者要由内而外地散发的持久的美丽，不光长得美，还要心灵美，持久的美，叫种在骨子里的善良，扬在脸上的自信，这样的美才是持久的美，归根到一点上就是讲社会主义核心价值观。我上来就讲社会主义核心价值观，没得人理我们，我们讲种文化、促和谐、更美丽，这个大家都知道。

（二）具有"旋转门"特征的领导小组——获得行政合法性的重要策略

对于文化服务组织来说，行政合法性是一种必要的也是极具中国特色的身份正当性来源。行政合法性是一种形式上的合法性，按照官僚体制的日常程序和行为惯例，当组织获得某一单位（多是行政机关）对其成立和运营的符号支持（机构文书）、话语支持（领导人批示）抑或程序支持（仪式参与），就意味着组织活动获得了这个单位给予的行政合法性，组织就"能够在单位内部和单位的有效影响范围构成的社会空间里开展活动"[①]。"中心"大力宣传其是在 N 市市委宣传部文明办、市文联的联合扶持下成立的，这意味着这两家单位的领导以某种方式同

---

① 高丙中：《社会团体合法性的问题》，《中国社会科学》2000 年第 2 期。

意、默认、帮助把各自单位的行政合法性传递给了这个"中心"。实际上"中心"成立之时除以上两家单位以外还有 CJ 集团、《XD 快报》报社两家单位参与创建。CJ 集团负责提供办公室，《XD 快报》负责媒体宣传，揭牌当天市委宣传部徐部长本应到场，后因为玉树地震没有参加，因此从这个层面上说，"中心"拥有了很大程度上的行政合法性。

[个案 5—2]（社区艺术教师志愿者中心负责人沈某）

N 市要打造志愿之城，其实也就意味着市委、市政府要在这方面起到主导作用，比如像我们这样的组织就是市委宣传部的，抓的几个品牌直接就推到了省里去。只有让我们这种组织生存合理合法化，才能持久。合理合法这个是很重要的。

然而，在实际运营中，由于 CJ 集团负责人的更换和《XD 快报》报社的消极作为，使得"中心"虽然同时从三四家单位获得了展开活动的行政合法性，但是这种模糊的隶属关系使其只能作为市文明办志愿者处管理的、但没有经过注册的"皮包公司"，随着其合法性生存空间的不断减少，其不得不主动与其垂直隶属单位和其他各类单位积极打交道，努力维系原有领导的支持和博得新任领导班子的重新认可。

[个案 5—3]（社区艺术教师志愿者中心负责人王某）

我们没有主管部门。如果说有，那就是宣传部，我们的指导单位就是文明办志愿者处，志愿者处统抓全市的志愿者事务、协调，我们实际上隶属于它，但对外不能讲，要讲是政府社会化单位的一种。部里也从来没有给我们一个明确的定位，说实话我觉得和志愿者处没有什么实质的隶属关系，因为工青妇里面也有很多志愿者。对外我们都说这个服务中心由市文联、市文明办、CJ 集团、《XD 快报》共同主办，当时是这样讲，但实际现在就变成在宣传部底下。因为文联实际上刘主席都退休了。然后 CJ 集团马上也要把这个地方收回了，《XD 快报》只报道了十七天就不报了，实际上也不介入了。经费保障都是文明办提供的，包括上岗人员也是要经过他们同意的。我们这边儿是没有编制的，什么都是义务劳动。我们还不如一个皮包公司。皮包公司还有个公章，我们连公章都没有，就是奉献吧，发挥点余热，一点剩余价值。

在维持原有的行政合法性的同时，由于"在中国目前的环境下，国家权威严重地个人化，政府官员的个人形象替代了国家权威"①，"中心"弥补合法性的一个重要策略就是"制造某种国家权威支持与认可的'景象'"②。"中心"向主管部门推荐并借助宣传部的政府权威力量，邀请即将退职且以前从事过相关活动的中高级别政府官员加入管理团队，再由他们邀请更高级别的政府官员观看甚至亲身体验志愿者活动，以显示"中心"业已获得地方政府相当程度的权威认可。换言之，"如果社团组织者本身就是相当级别的行政领导，那么，这种社团就具有天然的行政合法性"③。管理者自身的从政经历更像是政非结合的"旋转门"，亦政亦非的特点使得组织在行政上的合法性更为巩固。"中心"的创始人是 N 市 PK 区宣传部的沈副部长，在宣传部拥有二十多年的工作经历，第一时间被市委宣传部挖过来筹建"中心"，在"中心"正式运营之后，沈部长向文明办处长强烈要求一直关注"中心"成长的刘主席担任第一负责人，刘主席曾任宣传部干部处处长，后又调任至文联任副主席，对宣传系统和文化系统的人脉和运营机制都比较熟悉。后沈部长又推荐了原任 LH 区人大处长的王校长到"中心"来担任主要领导，王校长早年在 DC 区区委宣传部任职，后被调任到 LH 区党校，任常务副校长，之后因 PK 区与 LH 区人大合并而调任到 LH 区人大，她的妹妹是现任市委党校教务长。由于 NGO 的活动开展极度依赖建立在非正式关系网络中的"关系"政治④的操作，故而退职高级行政官员的加入使得该"中心"的行政合法性获得了有力保障，并更有利于"中心"接下来与政府相关单位的合作，进而争取组织发展资源。

① 赵秀梅：《中国 NGO 对政府的策略：一个初步的考察》，《开放时代》2004 年第 6 期。
② 和经纬、黄培茹、黄慧：《在资源与制度之间：农民工草根 NGO 的生存策略——以珠三角农民工维权 NGO 为例》，《社会》2009 年第 6 期。
③ 高丙中：《社会团体合法性的问题》，《中国社会科学》2000 年第 2 期。
④ Dittmer, Lnuell, "Chinese Informal Politics", *The China Journal*, 1995, p. 34.

[个案5—2]（社区艺术教师志愿者中心负责人沈某）

我原在市委宣传部任职，是现在 N 市 DTS 纪念馆的张馆长推荐我来的。因为之前我在宣传部做过区宣传部副部长，在宣传部干了 20 多年，他们对我太了解了，在业内也有一定的影响。我在市委宣传部九几年就是全省优秀工作者，奉献惯了。后来他知道我退居二线了，就推荐我过来了。他知道我工作能力这方面对这儿很有帮助。他说请你出山，这个地方像给你量身定制的一样。过来之后苦成这样，跟他讲这儿随着摊子越铺越大一定要增加人。我向他强烈推荐刘主席，我说刘主席必须要来我们这儿做领导。她有完美的工作平台，按人家的话讲叫两系统，一个是在宣传部一直是干部处处长，本身就管整个宣传系统的干部，你包括电视台台长什么的啊，然后又调到文联，熟悉艺术家的情况，有很大的人脉关系。与我们市的艺术家们有深入接触。而我们这里的艺术教师志愿者多是以艺术家为骨干，是个艺术工作者广泛参与的志愿组织。所以必须有刘主席这样的人才能撑得起这样的台面。

（三）"假扮"体制内权威策略——打造政府体制内的"象征资本"

尽管从实质意义上说，"中心"并不属于体制内，政府除了提供部分资金和帮助安排办公用地之外，其余维系组织生存和发展的必备资源必须靠组织自己来争取。但是笔者在调研中发现，"中心"在宣传招募志愿者、与社区基层对接和与其他社会企事业组织合作的过程中倾向于着力彰显自身携带的体制内血统，将承接的部分体制内资源演绎成政府权威的"象征"，之后将其最大化地运用到组织生存和发展的非体制运作中。

"中心"的办公住所位于始建于清嘉庆年间的 GX 故居，是中国最大的私人民宅，与 N 市的 MX 陵、明城墙并称为 N 市明清三大景观，毗邻最喧哗的闹市区新街口。"中心"得以在如此寸土寸金的地段办公本身就得益于时任 CJ 集团总经理的唐总与政府之间的关系，同时这也是唐总本身对于该"中心"办公所在地的规划构想。

[个案 5—1]（社区艺术教师志愿者中心负责人刘某）

当时 CJ 集团的唐总，他表示特别希望我们在这边办公。为什么呢？他当时是想打造一个像成都的宽窄巷子那样的高端文化地标，既有别于 1912 街区，又有别于老门东。因为 1912 比较适合年轻人，酒吧什么的，老门东就是 N 市的传统文化，这个地方比较介于两者之间。他说名字叫作 JL72 坊，就按照现在 GX 故居这个格局来建设，搞院落经济，每一个仿明清的建筑都有院落，实际上还是想把历史留下一点，又能和现在传承起来，做一些有别于大众消费层面的高端文化。所以他希望和我们做一个栏目，叫品史街，因为品史街在 N 市即是一个地标，又是一个文化品牌。就是社区请一些大师来做一些工作室，通过这些来吸引市民。

但是之后由于 CJ 集团领导更换，新上任的集团老总及其领导层并不太同意在本公司内部安插这样一个志愿者机构，曾多次派员工劝说"中心"搬走。"中心"在与其周旋的过程中，不但极力宣扬"中心"成立的政府权威背景，并有意将徐部长等人亲笔书写的志愿者牌匾挂在办公室里，以彰显其属于体制内组织的特征。作为具有能动性的行动组织，"中心"深刻认识到把握体制内的特殊地位可以依赖政府的既有声望和特定权威为"中心"获取必需的资源。在这种情况下，借助政府及现任领导人的"象征资本"就成为行之有效的策略。

[个案 5—2]（社区艺术教师志愿者中心负责人沈某）

但现在看来，CJ 集团领导调整后的差距蛮大的，换领导就换思路是中国特色。市里把 CJ 集团的这块现在又放到区里去了，所以现在管理集团的干部是区里的。我认为现在管理机制也不顺了，有可能还会再理回来，也有可能还会收回去。人一换就了事了。原来管 CJ 集团的唐（一把手），是他来和我们说的，刚组建的时候他也是主要领导，很重视。但（我们）进来以后呢，有很多问题。比如说我们毕竟不是在职的，而且办公位置又是在公司的核心地段，周围全是他的干部在办公，所以他们员工很不理解，而唐又不好见一个人，说一个人。即便是领导层包括他的副职，他的中层干部都有不同想法。后来换了姓陈的，就派人来说实在不行就换个地方，叫我们换到阁楼上。我们不肯，只要他们员工一来，我们就找文件，找证据，只要是和部里有关的证据我都找。他们也因此对我们有些忌惮，没办法了。

尽管"中心"的服务对象是社区居民，但是想让志愿者顺利到社区中进行文化服务，必须要与基层政府友好对接。但是在中国上下等级森严的行政体系中，"等级分明的正式结构，上下级间命令、指示以文件传递，官员的行事所为有着正式规章制度约束，官员有着职业生涯，其录用、晋升都有着正式程序规则"①。建构在法理权威基础之上的基层政府，其运作依旧要以具有合法性的规章制度和程序为依据。因此，"中心"在与基层政府联系的时候多打着市政府下辖机关的名号，这样更有利于获得基层政府对组织的信任，使社区基层接受志愿者的服务。

[个案5—1]（社区艺术教师志愿者中心负责人刘某）

一开始是打电话去社区，讲你们要拿派工单来，社区有规定所有来联系活动的都要有派工单，纠结啊。到哪儿去搞派工单去？社区不认识我们，就JN那个社区，社区书记都不接见我们。还有的社区说不好意思书记在开会，我们也理解，社区事情也多，毕竟社区也有千头万绪的工作，志愿服务不在他的考核范围之内。所以我们现在就跟社区领导讲中央精神要弘扬，市里对基层文化的重视必须贯彻下去，不管是短期效益也好，政绩也好，虽然不在考核范围内，但一定要做好。本来我们就做志愿服务的，等就等吧，我们只要能把工作对接上就行。所以没办法，打着部里的旗号去宣传，我们亲自去跟他们聊一个小时，以沈部长和我在政府任职的经历让社区信任我们，再详述服务中心是什么性质的，是做什么的。当然我们也不能完全讲我们是宣传部、文联的，要强调市里头很重视基层文化，我们服务中心就是带着市里头的重视把老师给你们送下来，

---

① Weber, Max, *From Weber: Essays in Sociology Translated, Edited, and with an Introduction by H. H. Gerth and C. Wright Mills*, New York: Oxford University Press, 1946, pp. 196 - 239.

请你们不要嫌烦。（没办法）先把局面打开，现在不一样了，志愿者在这个社区服务，相邻的社区知道了以后问我们"怎么我们没有呢？"主动来申请。所以现在就是埋头苦干，用工作实效来证明，来发声，来吸引社区。现在好多社区书记主动打电话给我们，但是我们手上没有合适的志愿者给他。比如有的社区书记来找我们，都要先写一份申请，填个记录表过来，所以现在这些社区都百分之百地相信我们。

## 二　实现组织运行的规范化、高效率——基于组织长期发展战略的能动管理

尽管文化服务组织是在环境的重重约束下生存的，但是这些组织并不是消极的接受者，相反，其会通过各种各样的战略行动，降低自身对周围环境的依赖性，同时试图增加其他行动者或组织对本组织的依赖。尤其是当组织"面对力量强大的外部组织时，由于消除影响是不可能的，组织就会对相互依赖本身进行管理，通过改变自身来适应环境"[1]。

（一）建立去等级化的多层次组织形式

公共文化服务组织一般采取弹性组织形式。"中心"并没有形成一个绝对固定的领导团队，甚至连领导小组这样的非正式领导机构都不存在。但是为了能够申请到政府的财政资金支持、做好对外宣传和获取相关人员与基层政府的初步信任，"中心"着重塑造了一个完善的多层次组织形式。尽管"多数 NGO 的实际工作人员只有三四个，但是他们宁愿把自己的组织架构设计得层级分明、分工明确，甚至都有过度复杂之虞"[2]。志愿者中心则摆脱了这种弊端，除了政府"默许"的四个人以外，目前还有九个小组长协助工作。这些组长是根据每个区的具体情况，由"中心"联系文化馆推荐具有相应文艺才能和服务经验的协调人来担任，由各小组组长具体负责"中心"在各区的志愿者招募、统

---

① 吴永红：《非对称性依赖结构下的居委会及其行动策略——上海市 L 街道居委会减负的个案研究》，博士学位论文，上海大学，2007 年，第 17 页。

② 和经纬、黄培茹、黄慧：《在资源与制度之间：农民工草根 NGO 的生存策略——以珠三角农民工维权 NGO 为例》，《社会》2009 年第 6 期。

筹协调和管理工作。这些组长一般都是在职人员，用业余时间协助"中心"招募推荐本区的志愿者，虽然工作时间较为松散，但是"中心"严格规定了各组组长的责任义务：第一，协助"中心"做好本区志愿者被推荐为市一级志愿者的有关工作，包括相关服务、管理、上岗对接；第二，志愿者上岗以后，负责志愿服务记录表的收集、归纳、统计、上报；第三，负责收集整理上报志愿者服务的典型事例。

[个案5—1]（社区艺术教师志愿者中心负责人刘某）

我们一开始没有设组长，就是我们四个人一起来做，后来因为工作量太大，各个区都有十几个志愿者，所以我们就找十一个城区的文化局、文化馆或者宣传部安排人负责通知牵头，跟这些人说区里这块志愿者就交给你们，你们就是小组长，我们称他们为骨干层，组长是在每个区的具体负责人。（这样）我们也有时间考虑其他的事情，否则我们就是天天陷在具体事务里。现在共有9个小组长，因为有的区人比较少，像GC、LS（志愿者）就一个人，我们就没有设小组长，就我们自己在做，其他区一般都有八到十个，也有三四个的。主要是负责每年对服务记录的统计。组长一个从招募上来说，帮助我们推荐本区的优秀志愿者，因为我们的流程就是招募、对接、上岗、服务、考核、存档归类、再招募，然后进出管理，就是有些做满了之后不做的志愿者，比如大学生，到外地去了，所以志愿者的进出管理这块，侧重于招募，毕竟出的还是少数，小组长主要协助我们在各区招募志愿者。

弹性的组织管理还体现在对具体志愿工作的科学安排上。"中心"根据其成员的职业经历和能力倾向来给他们分配不同的工作，刘主席负责与院校、媒体的联络和沟通，沈部长擅长对志愿者的管理和培训，并负责"中心"制度的制定和日常管理，而王校长则可发挥其在美术、信息编撰等方面的优势，郑某是四个人中最年轻的（56岁），因此负责外出联络事宜。通过这样的工作分工和协调安排，充分实现了"中心"管理人员之间的专业优势互补。在实际与社区联络的过程中，多是刘某和沈某两人相互配合，采取以动员为核心的运作模式，开展与社区和志愿者的交流沟通工作。

同时，在进一步调研中，笔者还发现了"中心"严格地执行"去等级化"的组织特征，尽管管理成员之间的分工和重要性各有不同，且专门负责对外联络事宜的刘主席对组织的发展贡献很大，但是在日常管理中，他们都尽量避免使用"领导""一把手"这样的敏感称谓，对他们而言，在这里发挥余热不仅是他们自愿奉献的高尚精神使然，更重要的是，"中心"管理者存在危机意识，他们认识到管理成员内部的等级化有可能会让主管部门认为其有"另立机构"之嫌，不利于下一步与政府的联络，甚至会限制"中心"的发展空间。

[个案5—1]（社区艺术教师志愿者中心负责人刘某）

"中心"现在的核心管理圈就是我们四位，三加一吧，因为王老师不是每天坐班。还有一个圈，也是我们的骨干层，就是组长，组长是在每个区的。当然你不要出去讲，千万不要误会，核心圈只是我们自己对框架的一个描述，实际上这个地方的所谓核心也已经没有什么权力了，就是一种责任，做事。核心圈都是自己讲的，形式跟（政府）组织内体系是不一样。部里也没给我们讲什么核心，就说你们在这儿工作，谁是做什么的都没讲，甚至于我在这儿，部里也没有明确说你在这儿负责。而且作为我们个人来讲，我们都觉得自己只是志愿者，比一线志愿者辛苦的"中心"志愿者。我们的付出肯定要比他们大得多，因为在这是持续的付出和投入。我们不应该讲核心层的问题，部里信任我们，给我们这个平台，我们就把事情做好，至于其他的我们跟部里反映，我们能争取就争取，尽力能做多少就做多少。因为志愿服务在国内刚刚起步，大家都不了解，包括部里很多人都不了解，有人还以为你在里面捞到了多少好处。不能让部里对我们有怀疑！

（二）一系列规章制度的制定与执行

组织社会学者认为："组织有能力与由环境强加的诸种要求和限制

进行周旋，甚至也能够对它们进行操控"①，然而组织实现这一能力的关键性要素在于它是不是一个高效率的机构。一旦组织成员可以"对一个不断重复的过程通过规章制度加以程序化"②，就可以向其他组织证明其正规性并因此提高组织自身的运作效率。简言之，组织规章制度的制定与执行是组织生存和发展的重要保证。一系列严格的规章制度是"中心"能够在短期内迅速发展的又一重要策略。

志愿者团队在中国并不是一个全新概念，尤其是社区志愿服务，早在1988年天津市和平区就由13个积极分子组织发起了专门针对孤寡老人、病残和特殊困难户的便民服务志愿小组。在此基础上，天津和平区建立了第一个街道级的社区服务志愿者协会。近30年来，我国逐渐构建了市、区、街道、社区四级志愿服务体系，服务内容也从单一的生活帮扶不断向青少年教育、信息咨询、法律援助、交通协管、卫生环保等多个领域拓展。但是，文化娱乐方面的志愿者团队起步较晚，且组织性较差，组成人员多是因兴趣而来，受过专业训练的成员相对较少，因此缺少专业指导且组织松散是束缚文化服务志愿者团队发展的重要瓶颈。"中心"作为全国第一所社区艺术教师志愿者团队，针对其实际工作状况，制定了招募、对接、上岗、服务、考核、存档归类、再招募的流程，"中心"针对工作流程中的每个环节都制定了严格的管理制度和规章。涉及核心管理层的有管理办法、服务中心工作职责、招募录用方法三项制度，涉及基层志愿者的有岗位职责、行为规范、承诺书、表彰奖励方法、协议书五项制度，涉及社区的有志愿者服务中心与社区结对项目协议书、服务社区记录表两项制度。

［个案5—2］（社区艺术教师志愿者中心负责人沈某）
　　N市志愿者服务组织有2000多家，我们是其中一家，我们起步晚，但是起点高、管理规范，包括志愿者与社区之间的管理制度也非常规范。比如我们的志愿者培训，不培训不上岗，坚持一定要

① ［法］米歇尔·克罗齐耶、埃哈尔·费埃德伯格：《行动者与系统——集体行动的政治学》，上海人民出版社2007年版，第133页。

② 周雪光：《组织社会学十讲》，社会科学文献出版社2003年版，第171页。

培训上岗。我们现在六批培训了 248 名志愿者，这个数字我们都有。然后招募登记注册的志愿教师将近 600 多名。我们现在的服务是常态化的，艺术教师志愿者一年四季都扎根在社区，我们要求他们每个月去四次，每星期都去一次。还有，我们这张《服务情况记录表》。在汇总的这张志愿服务记录表里，每个志愿者的每次服务都要填写。辅导多少次，辅导时间、辅导效果、辅导意见等都必须在表里填好，填好之后所在社区还要盖章，再由组长汇总起来，多少次就是多少次，我们根据这个记录表给他发补贴，社区不满意我们就不给志愿者补贴。

当然，组织的规章制度不仅是指正式制度，还包括组织所在环境中的非正式社会规则和行为规范。尤其是志愿者直接接触不同阶层、不同类型的居民，难免会产生一些摩擦，如果关系处理得不好，甚至在某种程度上也会给组织的声誉与未来发展带来不良影响。因此组织内部的许多行为还要依赖一些非正式的规则予以维系。"中心"管理人员凭借在政府多年的工作经历，在志愿者辅导中经常强调一些软性管理制度，意即"中心"在强调志愿者对志愿服务理念绝对忠诚的同时，在处理矛盾时也需要符合地方性文化传统和社区治理规范。

[个案5—4]（社区艺术教师志愿者中心负责人郑某）

我们有许多工作上的经验。第一个，比如一个社区舞蹈队多了，三四个团队，但是我们就讲，你一定要辅导你们社区里最棒的团队，也就是说给他们辅导的团队应该是参加公益演出比较多的团队。为什么，我们一定是要强调公益，强调的是志愿服务这一块，强调的是影响力。这个调子定了，其他的就是还是他们自己玩，但是有时候你可以来旁听这个课，我适当地带一两次可以。第二个就是说在辅导的时间上一定要服从志愿者的安排，因为他是在岗在职的，你不能影响他的主业，他一定是要以主业为主，团队要服从老师。把调子定好了以后就开始上岗服务。第三个，社区在里面要做协调工作，遇到困难没有别的办法，只能去给他们解决。像年轻人做这个工作还做不下来的，因为我们做过领导工作，搞基础工作二

三十、三四十年，这些都没有制度规定，但是你得知道怎么把原则给他讲，把他的工作做通了。但是到年底他还是讲，沈部长当时答应我的其他团队也可以辅导。没办法，这样我们就得再辅导另外一个团队半年。总是要考虑给社区主任一点面子的。

无论是正式管理规章制度抑或软性社会规范，都是文化组织超越个人而存在的基础。这些或明或隐的规范可以保证组织的运转不因某个领导人的离开而崩溃，这种通过"种种方式将过往的经验教训在组织结构、组织规章制度中保存下来"① 的做法使组织跨过了"有限理性"的障碍，得以持续性的存在和长久发展。就像刘主席一直讲的那样，通过人脉来维持组织的运转毕竟不能长久，如何将人事（情）转化为制度化才是实现组织稳定性成长的关键。

[个案5—1]（社区艺术教师志愿者中心负责人刘某）

虽然社会组织现在很多，但做公益的社会组织还是不多，感觉好像制度管理上都是在探索阶段。现在做的事，我们是凭人脉，凭我们的党性党悟，这些剩余价值不能浪费，总归要回报社会，本身也是组织上培养的我们，我们需要回馈社会，但是这个毕竟是从感情上来讲的。而且这个不能长久，现在我们如果讲我们不干了，谁能马上来干？毕竟我们也到这把年纪了。总要考虑如何把人治、人脉的关系搞成一个制度化的让它能正常运转的机制，长长久久地做下去，我们做事就是要考虑于情于理于法都要在制度约束下合理进行。当然，我现在关系也没完全理顺，但是要从人事转化成制度化，我们四个人都有这种共识。

（三）扩充人力资源，实现社会资源内部化

人力资源是组织得以生存和发展所依赖的最重要资源，但是对于一般的NGO，为了博得政府对其生存空间的容忍，其经常会采取限制组

---

① 周雪光：《组织社会学十讲》，社会科学文献出版社2003年版，第315页。

织规模的策略,以免自找麻烦。① 然而,"中心"作为一个文化类志愿者组织,在发展路径上与一般组织截然不同。由于艺术教师志愿者虽然在服务管理上较为严格,但在组织形式上却很松散,不具备集体行动的客观条件;同时更因为"中心"的志愿者服务性质与 N 市政府倡导的"博爱之都、志愿之城"的理念相契合,志愿者队伍的壮大弥补了单纯依靠 N 市演艺集团、群艺馆的专业文艺人员等体制内人员的不足,所以"中心"人力资源的多重扩展符合当地政府对"中心"的发展期望,故而"中心"从成立之初就可以不断扩充人力资源,将社会上的有识之士吸引到服务队伍中来,增加组织的自我造血能力,并实现了资源转换,降低了组织对政府资源的依赖程度。

[个案 5—3](社区艺术教师志愿者中心负责人王某)

以前我们国家的群众文化是文化馆、文化站的干部在做。文化局专门有个群文处,就是专门做群众文化的。而文联呢,都是做高端的,讲阳春白雪的。以前的分工就是文化局做群众文化,还有专业乐团,文联做艺术家,都是有专业分工的,这些单位人数较少且面对群众文化需求也供应不上。现在部里就推动改革了,志愿者团队都是多元的,你中有我,我中有你,我们志愿者好多是市属剧团的演员,优秀志愿者像黄某就是 N 市歌舞团的舞蹈演员,现在来做志愿者。

社会上的志愿者有充分自由在"中心"与其他志愿组织之间进行选择,这也对"中心"招募和留住相关人才带来了挑战,如何实现外部资源内部化也考验着"中心"领导人的管理智慧。"中心"招募艺术志愿教师,起初是从 N 市市委宣传部文明办与 N 市文联共同下发的《社区艺术教师志愿者招募启事》开始的,但是这种被动的招募方式不但招募的教师数量较少,而且招来的人员的素质也参差不齐,无法与社区需求对应。后来改由"中心"自主招募,"中心"采用定向招募、网

---

① Macleod, Calum and Lijia Macleod, "China's Eco Conscience", *South China Morning Post*, June5, 2001.

络招募、传媒招募等多种方式，会员数量有了较快增长。

2014年，"中心"与中国文明网N市站，还有N市志愿在线网站合作，不但扩大了"中心"的知名度，还采取了网上报名的方式，使得报名的志愿者数量骤增。同时"中心"还深入NJ艺术学院与各大高校的艺术专业进行招募，使得志愿者的服务年龄更趋于年轻化，艺术文化素质更加专业化。从2013年底截至2015年9月，"中心"已经累计招募、注册社区艺术教师志愿者512人，这些注册志愿者在与"中心"结对的82个社区中开展志愿服务，组织志愿者进社区辅导5658场次，累计服务时间11316小时，受益群众近10万人。志愿者队伍的不断发展壮大，不仅为"中心"下一步开展社区志愿服务提供了充裕的人力资源，相伴而来还为"中心"带来了良好的公益口碑和社会影响力，这也为"中心"争取到了许多其他社会资源。很多社区、企业都与"中心"联系，希望利用"中心"丰富的志愿者资源，开展志愿服务项目。

［个案5—4］（社区艺术教师志愿者中心负责人郑某）

社区有几个团，个个都想要志愿者老师，他们觉得这个是无偿的，专业又好，然后他们团队比如说要自己请老师来教舞的话，就要花钱。按照老百姓的说法，我们到外头学习一个要交费，一个要跑路。我们现在在家门口，既不要交学费，又不要跑路，老师就到门口把艺术送下来了。儿童去上个绘画课，学个乐器，一节课总得要100块钱吧，这个都不要交钱，然后老师到家里去带。就是说对社区的文化工作，包括对老百姓审美情趣的提高都有好处。而且要带的是孩子的话，一个孩子不是影响一个人，他还会影响父母。凡是知道的社区，都会主动来跟我们联系。而且有些社区，主任们在一起沟通还互相推荐，也有这样的情况。还有的社区主任，从这个社区到那个社区去了，原来社区已经有了，到新的社区也会要求再开。

扩充人力资源规模，实现社会资源的内部化是"中心""最小化本组织对其他组织的依赖程度，或增加其他组织对本组织依赖程度"①的重要策略。"中心"志愿者队伍的壮大使其领导层开始考量与其他企业合作，在扩大自己公益影响力的同时，拓展社会资源和社会网络。

　　[个案5—1]（社区艺术教师志愿者中心负责人刘某）

　　公益事业对企业来讲是一份企业的责任，同时也有它的社会形象。而且这种公益事业都是非常有意义的，也可以给企业带来一种相互促进的作用，我们可以反哺企业，为企业做一点服务，做一点贡献。其实作为企业来讲，是要有社会责任的，《企业法》上明确规定企业要有社会责任，就是从这种意义上来讲，像这样的事情，我们作为公益组织你要去找。这个做好的话我们能做好多事情，比如和机关，艺术家老师到机关去给他们上课，我们可以上艺术课，怎么欣赏音乐，怎么写书法，怎么去摄影，至少我能去。那个SN集团的老总说你请艺术家来给我们上课，然后我就请我们的音协主席去上课，怎么欣赏音乐，怎么听西洋音乐，怎么听古典音乐，都是现成的老师，而且把我们开展的活动可以搞得非常生动。

### 三　拓展资源的"第三条道路"——建构在私人"关系"上的社会网络

　　不同组织根据生产方式的性质具有不同类型的资源配置方式。卡尔·波兰尼（Karl Polanyi）指出，林林总总的人类经济生产方式可以完全归于三类，即市场经济、再分配经济和互惠经济。与这三种经济生产方式相呼应的是三种资源配置关系：市场交换关系、权力授予关系和社会关系网络。对于以志愿服务为工作内容的组织来说，与生俱来的公益性质使其无法在市场经济中获得发展资源，又由于体制外的尴尬身份无法完全依赖权力来授予全部社会关系和资源，在这样的境遇中积极打造和精心维系社会关系网络来拓展资源就成为这些组织的一种可行选择。尤其在中国的文化条件下，关系作为"行动者之间特殊主义的、带有情

---

① 陈天祥、徐于琳：《游走于国家与社会之间草根志愿组织的行动策略——以广州启智队为例》，《中山大学学报》（社会科学版）2011年第1期。

感色彩的、具有人情交换功能的社会纽带"①,对组织的稳定发展更加举足轻重。因此,文化服务组织试图通过多重形式挖掘出"嵌入在社会网络内的可供组织借用或动员"的社会资本,开辟建构在私人关系中的组织发展的"第三条道路"("第三条道路"是指"中心"在成立发展过程中的社会资本。这种社会资本是行动者主体与地方政府、事业单位甚至私人企业等互动过程中,从已有的社会网络中挖掘所需资源的一种能力)。

(一) 非正式关系网络的正式运用

"中心"赖以发展的社会关系网络是一个立体化网络,其中由权威关系缔结的垂直型社会关系是一种重要的社会网络。一般而言,这种社会网络在表现形式上依靠行动者对规则和绝对权威的遵从来运行,尽管这种遵从是由科层化的权威资源所产生的,但是这种"有意的、自上而下的主动性"② 仍然可以生产有利于组织的社会资本。故而,"中心"管理层投入许多时间和资源,试图与高校官员来建立、维系、发展或重建一种非正式关系,以获得他们在进行体制内资源配置时的倾斜,并将大量社会资本聚集起来,支撑"中心"的快速发展。具体而言,在成立之初,因为招募到的志愿者数量较少且文艺功底不强,使"中心"曾一度陷入困境,刘主席来到"中心"以后,积极策划与 NJ 艺术学院和 NJ 师范大学等高校的联系,采用定向招募形式,利用其私人关系对两所学校的领导进行游说。两校领导都在文联任职,因此与刘主席的私人关系甚好,在他们支持下"中心"利用领导在体制内的官方权威所形成的科层制网络,自上而下地为志愿者招募以及后期的志愿者培训争取到了所需的各类资源。

[个案5—1] (社区艺术教师志愿者中心负责人刘某)

　　招募形式的增加是我们用了半年时间探索出来的,是一条有效经验。定向招募,跑大学里去招募大学生,在 NJ 艺术学院招募过

---

① 边燕杰、张磊:《论关系文化与关系社会资本》,《人文杂志》2013 年第 1 期。

② W. Maloney, G. Smith & G. Stoker, "Social Capital and Urban Governance: Adding a More Contextualised 'top – down' Perspective", *Political Studies*, Vol. 48, No. 4, 2000, p. 817.

四五十个，我们自己去跑的，还有 NJ 师范大学，很多都是凭借着我的人脉关系招来的。因为我知道他们好多高校的老师都是我们协会的副主席什么的，N 艺的张院长就是我们音协的主席，我就跟他打招呼，说"你跟音乐学院讲一声，我们到那去招募志愿者"，他说"好啊！正好大学生本身也要参加社会实践"。张院长直接就给音乐学院领导布置了这个任务，之后我们到音乐学院去对接，甚至舞蹈学院的也去了，他主动给我们提供礼堂，让我们在那搞培训，甚至他们在学校里把我们的招募通知发出去，帮我们在学校贴招募启事。还有一个就是我对艺术院校的情况很了解，因为在文联做了十年的文化艺术工作，哪个学校的哪个专业比较好，就 N 艺来说，音乐、舞蹈、绘画、书法都很棒，学校里有很多老师都是文联的会员，就通过他们（发动学生）。还有像金融协会，都是财政局的各个领导，有些事也通过他们。在中国办事就是这样，你认识他们的话比较好。认识人比拿公章去办事都好办，因为拿公章拿介绍信可能把你推到一边。

"随着社会结构的分化和人口的增多，人与人之间的关系将变得疏远，个体对他者建立在情感基础上的信任将逐渐减少。"[1] 建立在正式关系基础上的动员，一方面保证了相关院系领导在硬件资源和场地方面的支持，更重要的是在另一方面，对于学生而言，基于学校载体的志愿宣传是可以信任的，所以相对于社会上那些虚实不定的志愿报名活动，学校的动员更受学生青睐。当然，特定时期报名参加志愿者的学生人数并不相同，这表明并不是每个学生都会热衷并愿意配合"中心"的工作，因为学校的动员毕竟不是强制性的。但是从定向招募的作用来看，仍然可以感受到非正式关系基础上的正式动员具有多么强大的力量，也许这种力量来源于现代化转型期学校在科层制体制结构中的特殊位置。

除了在定向招募中，刘主席利用其在以往业缘中缔结的社会关系所搭建的社会网络以外，在对外宣传以积累"中心"的正面形象的过程

---

[1]　Lewis, David J. and Weigert Andrew, "Trust as A Social Reality", *Social Forces*, Vol. 63, No. 4, 1985, pp. 967 – 985.

中，刘主席也同样会借助各种社会网络来进行运作，在新闻媒体领域大力宣传该"中心"在社会上的美誉度和取得的成就。例如，与之一直保持较好私人关系的《社区新报》的老总以前是刘主席的同事，因此爽快同意与"中心"保持长期合作。

[个案5—3]（社区艺术教师志愿者中心负责人王某）

《社区新报》对我们支持非常大。我们去让他们为"中心"的活动安排个版面，说 N 市挂"社区"名头的就我们两家，一个你们社区服务中心，一个就是《社区新报》。这个报纸就是原来的《N 市广播电视节目报》，去年1月份改的。通过这种宣传，就把我们的特色宣扬出去了，现在基本上每个月给我们"中心"一个版面。当然最主要还是刘主席的人脉资源，《社区新报》的张主编跟她原来是同事关系。现在是传媒集团的老总，直接签的合作，包括后来与《JL 晚报》合作每年办一次志愿者成果汇报晚会，基本上都是张同意的，因为他和刘主席是老朋友。

媒体作为一种文本，并不是一种完全不偏不倚地向大众传送信息和客观陈述事实的工具，更不是"对具有其自身意义和对所有读者产生相似影响的一种自足的独立体，相反，它被认为具有多种潜在意义，有很多方式能够激活这些潜在意义"[①]。换言之，在社会学视域里，所谓新闻故事和媒介宣传都是有意识地作用于"公众领会内容的某些方式"[②]而被构架出来的。具体而言，在对某些故事进行描绘的过程中，媒体会将包含着意有所指的信息暗示融汇于叙事格式中，通过特定技巧放大其中的一个方面，将精心且巧妙挑选过的特定角度传递给观众。"中心"认识到了新闻媒介对志愿者事迹及其博爱精神的正面宣传会博得社会大众对这一组织的认可，从而能够为其吸引更多志愿者和社会资源。因此，除了借助私人关系请新闻媒体多方报道之外，"中心"还与有关报

①　[美] 戴安娜·克兰：《文化生产：媒体与都市艺术》，译林出版社2001年版，第15页。

②　同上。

纸合作，定期举办晚会。在这些活动中，记者们对志愿者事迹的描绘常会使"中心"成为志愿、和谐、奉献的代名词，借由媒体宣传，它进一步获得了公众认可。

> 在之前的几次报道中，我们介绍过退休之后发挥余热的音乐老师、摄影老师，而今天故事的主人公，则是社区志愿教师队伍中最小的一位，她就是"九〇后"的志愿者徐某同学。……作为和学员岁数相近的大姐姐，诚然，在教学中也会有一些难处或是委屈，但是徐某总是会克服困难，全情付出。她对记者说得最多的一句话，就是"我喜欢这帮孩子们。虽然他们比较'特殊'，他们的身体有了一点残缺，但是我们不能歧视他们，而应该更多地给予他们关怀。用我们的微笑，让孩子们的心里没有'差别'的概念。……"她是这么说的，也是这么做的。在九州残疾人文化艺术团里，悠扬的古筝声，继续欢乐地奏起。
>
> ——摘自《NJ 日报》2015 年 8 月 24 日

就"中心"的发展历程来看，让媒体对其正面宣传的目的在于获取象征资本，这种象征资本对于"中心"本身以及所代表的文化服务组织的发展都有重要意义。象征资本也称符号资本，媒体作为符号的生产者，以其为载体进行的宣传无疑会达成良好的效果。笔者在深度访谈后发现，发动大众媒体对"中心"进行宣传，往往要借助内部管理者在政府多年来积累和经营的人脉关系，也就是说尽管刘主席是从建构在自己个人的业缘关系基础上搭建起他与报社领导良好的私人关系，从而使相关媒体能够按照"中心"的意愿来报道其事迹，但是在浩瀚如海的新闻万象中能够博得众多媒体的多方关注，主要还是归功于其在政府社会网络中的原有身份。

（二）正式关系网络的非正式运用

"社会关系网络"是因个体或集体有目的或无意识地投资那些近期或远期会带来利益的社会关系而形成的，是社会资本的重要载体。在实践中，基于人际关系的社会资本是一个动态过程，是行动者有意而为的结果。林南明确指出社会资本的动员是一个分两步走的过程：第一步，社会行动者首先加入到资源丰富的社会网络之中，获得摄取潜在社会资本的优势；第二步，这些行动者通过有意识的行为去动员这些资源，从而实现其预期目标。[①]"中心"在与地方政府和社区基层进行合作的过程中，有意无意地采取一些关系投资策略，将表面上很偶然的工作关系演绎成特定的非正式关系网络，同时借助该网络为"中心"发展争取所需资源。

社区是"中心"合作的重要基层部门，刘主席和沈部长凭借多年在政府宣传部门的工作经验，在竭力与社区领导沟通合作的同时，还与其经营较好的私人关系，借助其为"中心"发展服务。"中心"一直与N市市委宣传部主办、文明办综合处承办的中国文明网合作，尽管文明网对"中心"的报道宣传给予了版面支持，但"中心"管理层人手有限，无法投入更多精力为"中心"做宣传。沈部长就频繁联系与她有良好合作关系的社区工作人员，动员他们帮助一起完成网站的宣传工作，这种技巧性的互惠动员策略主要依赖于"中心"管理层与外界良好的合作与业缘关系。

　　[个案5—2]（社区艺术教师志愿者中心负责人沈某）
　　我们主动投稿的文明网，一开始写都累死了，都不知道怎么写，我们就叫社区写。他们平常和我相处得都很好，沈阿姨沈阿姨地喊着。但是你不能一上来就让人家全写啊，我和王校长就把那些素材碎片组织整理起来，然后反馈给他们看，他们认可了，然后还给他们署名，他们高兴了，和我们亲的哦，帮我们选素材。投到报纸、社区报的稿子，还有我们自己写的稿子，署名都不署我们的，都署他们的。他们一开始也认为是增加负担，怎么转化成动力呢，后来我们把程序简化成在电话里报，谁谁在我们这搞活动了，对你社区有什么帮助，又促进了我们的什么什么工作，就整理成简单的文字之后和他们再确认，是不是这样，然后你还有图片？拍了，就发来组合在一起署他们的名字，我们报出去，然后再反馈给他，高兴死了。因为他们社区能上中国文明网N市站也不太容易的，也

---

[①]　边燕杰、张磊：《论关系文化与关系社会资本》，《人文杂志》2013年第1期。

没人会搞，而且他们嫌麻烦工作量也大，我给他们都搞好以后报出去了，就算他们的业绩了。

"信任是社会资本重要的组成部分，它能够从互惠规范和公民参与网络两个相互联系的方面产生；互惠是社会规范最为重要的一种。"①在"中心"初建的第一年，由于很多社区并不了解"中心"的具体性质，尤其是对于那些以前未曾关注居民文化服务的社区，"中心"在与其对接的过程中并不顺利。在这种情况下，"中心"将工作重心集中在与已发生联系的社区之间建立良好的正式合作网络方面，再由这些社区将"中心"的服务理念和性质宣传给与他们建立了良好互惠关系的其他相邻社区。很多与"中心"建立过互动关系的社区都会在私人网络中帮助宣传"中心"，这种建立在熟人关系基础上的基于互惠性质的口口相传，很大程度上疏解了"中心"与陌生社区之间对接困难的局面。

[个案 5—3]（社区艺术教师志愿者中心负责人王某）

城郊的一个社区，农民比较多，大多是农转非上来的，都难带，后来这个社区积极申请，因为是 JQ 社区张书记推荐的，一定要给这个社区找一个教合唱的老师，我们请市合唱协会的给我们去协调，然后让市合唱协会的成员去教。教了以后王书记尝到甜头了，通过这个把人凝聚到了一起，一起学唱歌，吵嘴打架的都少了，他感觉很好，就向相邻的那个 BQ 社区介绍经验，那边又主动联系我们喽。于是我们就又给 BQ 社区派了一个，这个社区很远，我们转三趟车才到，第一天志愿者老师上岗的时候，我们都去了。而且这个社区很会做工作，后来就是社区演出也请我们去，他们也向我们汇报。

志愿者在服务过程中，除了在文化生活上服务居民之外，还会注意培育与居民之间的情感联系，意即他们在建构与居民之间的文化服务关

---

① 潘耀昌：《文化认同与社会网络：转型期民间艺术的发展路径——以自贡彩灯艺术为个案》，博士学位论文，上海大学，2008 年，第 18 页。

系的同时，还意图通过帮助居民解决生活中的其他问题，来搭建与居民有关感情、恩惠等基于情感、交情的信任网络。

[个案5—4]（社区艺术教师志愿者中心负责人郑某）

这次 JY 区的志愿者叫 YH，才发展进来的。他带的叫心理茶吧合唱团，合唱团帮社区解决了好多鳏寡孤独的老人和有问题的老人的生活困难，他的这个合唱团有个成员是楼栋长，喜欢帮忙解决周围的群众稳定问题。讲他们社区以前老上访，有居民甚至把市里的领导都叫过来了，打的12345，政府热线投诉，说这个地方有服务不到位什么的。后来这个楼栋长就讲下次有什么事先找我，我解决不了，你再往上告。最后就有居民果真找他去了，最后就帮那个人给解决了。

当然，基于正式关系网络之上的非正式联系具有一定的局限性。这些网络都是由组织中的行动者在组织平台上进行个人运营维护的结果，存在明显的非正式性，故而，倘若过度依赖组织负责人之间的这些单线联系和私人信任，而不是基于对机构本身的了解和认同，反而会限制组织的长期健康发展。换言之，如果过度依赖个别负责人的做事风格与惯性决策来维系组织发展，当组织负责人更换或者私人信任关系没有达到相当程度甚至发生反目时，其他组织或居民就可能做不到对"中心"的完全信任或转变原来的信任态度。

[个案5—2]（社区艺术教师志愿者中心负责人沈某）

管理人员工作量就越来越大，要做几方面工作，我们不像站马路的，就做一个志愿者服务。我们得做社区的工作，做志愿者的工作，还得做团队长的工作，这些工作都要靠技巧解决的。最容易发生矛盾的就是团长和志愿者。还好他们平常和我关系都不错，有时候有问题解决不了也不投诉就直接找我。我有一阵子谈心就谈了好多人。像志愿者黄某带的那个团队，一开始黄某不是在 NJ 歌舞团演出吗，演出任务重得不得了，所以社区要求他去，他就迟迟没有到岗，社区就打电话，"张老师，我们想把人换掉，到现在都不来!"就很生气,就觉得他1991年的小年轻,不靠谱,能不能教得出来还是个问题。那怎么办,讲了这种情况以后,而且我们那时是试点,社区买我的面子才同意志愿者进社区的。没有办法,他的那个团队开会是在晚上,我饭都没吃,带的黄某去,参加团队座谈。我说:"没事,我带他去,我们几方面沟通,如果我说实在不行,就给你换。"后来一谈,把他们工作一做,做通了以后,这个黄某真好,他专业强,我们再找别人,像他这样专业强的不好找。社区都不知道给他们的是最好的,后来就讲确实感激我们,他教得非常好。所以要沟通好。你知道一个志愿者,身后至少有两三个人在支撑他。如果我们不在后面卖着老脸,合作可能无法保持下去,那些社区本来就不太信任我们这个组织。

# 第三节　公共文化服务组织的行动逻辑

上节对 N 市艺术教师志愿者中心的发展历程、文本制度和生存境遇进行了描述与分析,研究发现:在固有的结构性困境中,"中心"采取了灵活多样的积极行动策略与其他行动者进行互动,期冀争取更多资源以完成组织的生产与再生产。意即文化服务组织在复杂的制度环境中具有其自身的行动逻辑,这种行动逻辑与组织在特定情境中跟其他行动者之间形成的不同资源依赖关系有关,也与组织自身所奉行的理念诉求和意义价值息息相关。因此,从"实然"的层面可以更好地管窥公共文化服务组织在复杂的制度环境中艰难前行的行动逻辑,有利于对文化组织的生存困境做出更为深刻的理解和剖析。

## 一　非对称性依赖下对政府的全面依附

非对称性依赖是组织社会学家菲佛在其著作《组织的外部控制:对组织资源依赖的分析》中提出的概念,他指出某个特定组织"是植根于由其他组织组成的环境之中的。它们对其他的组织由于资源的需求而具有依赖性"①，特别是对于文化服务组织这类公益性组织而言，由于它的志愿性和非营利性特点注定了其对外界资源的依赖比企业和政府更为严重。然而，当组织携带自身的资源与社会网络中拥有其他资源的单位进行交换时，由于不同性质的资源对组织生存发展的意义不尽相同，因而"依赖总是支持一个组织超越另一个组织，在相互依赖关系中必然存在着不对称性……当交换对两个组织来说不平等时，就出现了这种关系的不对称性"② 依赖。在以志愿者中心为代表的公共文化服务组织的发展历程中，这种非对称性依赖关系体现在三个不同维度。

（一）多重依赖关系中的非对称性

"依赖性可以衡量某一组织所处环境中的外部组织或群体的力量的强弱。这是衡量这些组织受重视的程度，以及它们成为重要性因素和作为组织决策因素的可能性。"③ 从理论构想来说，文化服务组织的生存资源是掌握在政府、居民和其他相关社会组织手上的，组织既应该能够从政府的手中博取资源，同时也应该从社会中其他行动主体中汲取需要的资源。然而，在我国特殊的政治制度环境和传统文化规范的限制下，根据组织与政府、组织与居民或社会其他组织的多重依赖关系的比较来衡量，文化服务组织更依赖政府而非通过社会来汲取资源。

笔者在深入调查"中心"的成立过程后发现，尽管有着强烈的公益服务性质，但"中心"并不是由社会组织自下而上建立起来的，其产生逻辑是地方政府的行政需要，政府想把大量有志愿服务精神的人通过 NGO 形式组织起来是这个组织成立的关键因素，换言之，"中心"是由国家力量自上而下推动建立起来的，其成立的原初动力来自于行政权威力量的大力推动，它的产生过程也是由政府主导的，因此它从诞生之初就渗透了行政因素。

---

① ［美］杰弗里·菲佛、杰勒尔德·R. 萨兰基克：《组织的外部控制：对组织资源依赖的分析》，东方出版社 2006 年版，第 2 页。

② 同上书，第 59 页。

③ 同上书，第 58 页。

[个案5—1]（社区艺术教师志愿者中心负责人刘某）

"中心"是在 2013 年成立的，当时 N 市不是正好搞青奥会吗？包括北京的志愿服务这两年也如火如荼地开展，也是因为 2008 年的奥运会，借着这个势，把志愿者发动起来，那我们 N 市当时也是借着青奥会、亚青会这个，就正好把"志愿之城"的口号进一步叫响了。作为宣传部党委它也要贯彻市委的文件精神，就是由政府这边推动志愿服务。

菲佛认为"对资源决定权控制的集中和资源对组织的重要性共同决定了中心组织对任何特定的其他群体或组织的依赖程度"①。对于 NGO 而言，包括社会、法律、政治和行政在内的多重合法性资源，包括资金、办公场所在内的硬性资源以及一定程度上的居民信任资源都是由政府掌控的，这些资源都是关系到组织能否合法合理生存的关键性因素。同时，类似于政治、行政和法律合法性的资源是制约组织发展的瓶颈，对其分配和使用的权力在我国现行体制下只能由政府来掌控，同时由于这类资源在现行政府管理体制下具有不可替代性，因而维系组织运行所需要的关键资源主要还是来自于政府，而不是社会。政府为"中心"提供其生存所必需的经济资源、办公场地，以及给管理层和志愿者的补贴等（甚至包括管理层的来源）；"中心"开展工作所借助的一些政治资源、行政权威和关系网络也都是从政府那里获得的。尤其是由于没有法律规定的注册程序，"中心"在实质上还是一个"一只脚在法律秩序之内，一只脚在法律秩序之外"② 的挂靠社团，这种社团或者挂靠在已经合法登记的社团名下，或者挂靠于各种企事业单位，但是却因制度原因没有完成注册，这对组织的人力资源、社会资源的拓展造成了不同程度的限制。

---

① ［美］杰弗里·菲佛、杰勒尔德·R. 萨兰基克：《组织的外部控制：对组织资源依赖的分析》，东方出版社 2006 年版，第 57 页。

② 高丙中：《社会团体合法性的问题》，《中国社会科学》2000 年第 2 期。

［个案5—2］（社区艺术教师志愿者中心负责人沈某）

我们不是独立法人，所以也没办法招人，可以用人，也只能用大学生。因为我没办法发工资，只能按照志愿者的标准给补贴，最多给人家两千块钱，而且不能办五险一金，年轻人都要生存的，如果我们是独立法人，可以通过正常渠道招人，这样能用到一些骨干，用到比较好的。还有，公章也没有，我们的信封用的还是文联的，包括志愿者，他让我们出个证明我们都没办法，没办法盖章。就是到社区去的时候，有的领导有顾忌的，你连个章都没有，我们一天老让人家盖章，我们却没章给人家。我们给人家发的志愿者服务证书都是志愿者协会的章，我们只能到志愿者协会去盖章，包括我们填办公地址、签协议、装修，都得盖志愿者协会的章。所以我们讲这儿还不如皮包公司，人家还有个章。因为你不是正式批下来的一个机构，如果我在民非里注册了之后我就可以正式去刻公章了。

可见，居委会与政府之间形成了具有典型非对称性依赖特征的资源依赖结构，尽管"中心"也需要从社会那里获得基于认同和理解之上的社会合法性，但其对政府的依赖性仍然是最大的。

（二）双重依赖关系中的非平衡性

文化服务组织与政府之间还存在着双重依赖关系。由于政府与民间组织在公共文化服务上拥有共同目标，彼此都需要相互依赖对方的资源来满足居民日益丰富的文化需求，故而在理想的互动模式中，文化服务组织并不仅仅是政府的附庸，而是具有充分自身优势的独立组织。"社会组织与政府之间的关系并不是哪一方简单的顺从和服从，而是彼此相互依赖的关系，因为它们都掌握着某些重要的资源。"① 但是在组织的实践过程中，由于资源的流向是不平等的，故而政府与民间组织的互动依然是建构在非平衡性基础上的。

在中国，NGO 发展空间的出现是在政府结束计划经济时代极权主

---

① 唐文玉、马西恒：《去政治的自主性：民办社会组织的生存策略》，《浙江社会科学》2011 年第 10 期。

义的管理模式之后产生的，组织的生存和发展空间从一定程度上说是由政府让渡出来的。然而在让渡过程中，政府总是倾向于将对其而言不甚重要的职能意即边缘性职能让渡给 NGO 或其他社团，"和政府的核心职能比较起来，它总是处于边缘的位置，正是由于这一根本性位置，社团的活动空间总是无法摆脱'中心'的影响"①。"中心"就是在 2013 年初 N 市政府启动的"文化导航"工程背景下建立起来的。该工程是以 N 市文化志愿者为主体，以群众文化艺术组织为对象，以文艺辅导为内容，以大讲堂、展演平台为支撑，以与高校、区文化部门和社区协动为机制，以推动文化人才向基层延伸为举措，服务基层文化建设的生动实践。从 N 市文化服务工程的整体来看，文化导航工程也是 N 市文化惠民百千万行动计划之一。自文化导航工程开展以来，N 市市委宣传部曾委托当地社会科学院做了一项民意调查，调查发现，N 市文化志愿者工程在政府资金投入、文化组织专业指导、场地配套和群众文化需求的多样性满足上，存在着诸多问题，为了更好地解决这些问题，从社会中发现优秀文艺骨干，提高艺术服务志愿者的整体素质并树立"文化导航"的品牌，是 N 市政府组建"中心"的主要出发点。但是在四家部门联合组建该"中心"之后，三家单位因为领导人的更换或其他原因，并未直接扶持"中心"的运营活动，宣传部更多的只是按时提供资金，其余的资源都需要组织内部去想办法争取。政府将文化服务的部分职能和相当一部分生存空间让渡给了"中心"，但是从目前"中心"的运营情况来看，"中心"并不是一个独立的法人行动者，政府与"中心"之间的关系其实是一种不对称关系。即政府处于中心位置，"中心"则处于边缘。

从这一过程可以看出，尽管"中心"的社会化招募和专业性运营使其具有提供文化艺术公共服务的独特优势，这种优势也确实比原有的单纯依赖政府文化部门来提供更有效率，从而使政府对"中心"所提供的公共文化服务有一定程度上的依赖。但是这改变不了政府的公共文化服务仍然主要依赖科层制资源和文化事业单位的大格局，并且这类组织的组建与领导人的个人意志、政府的适时情境也有直接关系。作为一

---

① 贺立平：《边缘替代：对中国社团的经济与政治分析》，《中山大学学报》（社会科学版）2002 年第 6 期。

个有机的开放系统，虽然必须从外部环境中获取资源以维持组织的生存与发展，但离开政府，文化服务组织就无法做到自给自足，政府补贴仍然是其必不可少的生存资源。对于"中心"而言，这是目前维系其生存的唯一可靠且稳定的资金来源，因为没有完成法律注册，实际上也限制了其寻求其他可靠的资金来源渠道的可能性。甚至当政府内部的"环境发生变化时，组织就面临抉择：要么死亡，要么改变活动以适应环境"①。因此，政府与"中心"之间的资源依赖是一种"政府重，组织轻"的非平衡性依赖关系。目前，双方之间的资源依赖关系依然停留于文化服务组织向政府寻求支持，以为其获得更大生存空间的阶段，而很少存在基于公共文化服务共同目标的亲密互动过程。换言之，政府与文化服务组织之间的互动模式依然主要是双方各自面向社区居民提供文化服务，彼此的依赖关系还是非对称性的。

（三）向政府求得认同的全面性依附

在组织与政府的两种非对称资源依赖结构中，公共文化服务组织不得不积极向上而不是向社会求得自我认同与组织价值。故而，组织采取邀请政府官员加入到核心管理层，将政府文化宣传口号和目标嵌入自己的服务理念，并在与其他组织沟通时"假扮"体制内权威、打造政府体制内的"象征资本"等策略来竭力博得政府体制的权威认可。为了获得政府相关机构在经费使用和服务内容方面的信任，这些组织还采取了制定规范化规章制度、去等级化的多层管理体制、广泛吸纳志愿者人才、定期向政府汇报组织工作情况等策略。而文化服务组织采取透明化和制度化的策略类似于一种"彼此间的非正式承诺"②，暗含通过主动的信息披露来预防或消解政府对其经费使用和管理方式可能产生的不信任。政治机会结构是影响集体行动发生与发展过程的关键变量之一。③ 类似

---

① 吴永红：《非对称性依赖结构下的居委会及其行动策略——上海市 L 街道居委会减负的个案研究》，博士学位论文，上海大学，2007 年，第 13 页。

② 和经纬、黄培茹、黄慧：《在资源与制度之间：农民工草根 NGO 的生存策略——以珠三角农民工维权 NGO 为例》，《社会》2009 年第 6 期。

③ Gamson，William A. and David S. Mayer，"Framing Political Opportunity"，In *Comparative Perspectives on Social Movement*，Edited by Doug McAdam，John McCarthy and Mayer Zald．New York：Cambridge University Press，pp. 275 - 290.

"中心"这样的志愿者组织不可能具备完整意义上的独立性或自治性，与一般意义上的纯粹的民间组织也相去甚远，因此它们更需要基于理性来形塑其独特的行动逻辑——不断强化其与政府的全方位依附关系。因为"国家允许公民享有有限的结社自由，允许某些类型的社会组织存在，但不允许他们完全独立于国家之外，更不允许他们挑战自己的权威"①。

[个案5—1]（社区艺术教师志愿者中心负责人刘某）

　　我们每个季度都向部里汇报最近的工作情况，汇报形式主要就是《志愿服务情况记录表》。这个表是我们一开始就做的，要盖章留存。钱发哪儿了，发给谁了，都要有记录的。凭什么给他发1200，给他发800，就凭这张记录表。一开始是服务一次记录一张，后来一个月记录一张，后来一个季度，我们不能再改了，因为要对部里有个交代，我们把三年下来的全部记录都存在那儿。每个人都有这么一份档案，我们讲这个是你的第二张面孔，志愿服务的面孔，很重要，所以一定要详细地填写。要做到"中心"更像是一个玻璃屋，从外面能看到里面，从里面也能看到外面。你别管部里人看不看，你要经得起部里随时检验。

## 二　博爱、奉献精神旗帜下的组织身份的多方攫取

Brinkerhoff 在对组织身份的评价研究中指出，决定组织身份的首要因素是"组织应该具有自身的任务、价值和认同组织的支持者，它们应该对组织负责。维持组织身份，就是一个组织在多大程度上与自身的任务、核心价值和支持者保持一致，同时坚持自己的任务、核心价值和支持者"②。在组织的文化服务实践中，这意味着要以满足居民的文化生活需求和促成社会的公平正义为导向，在不断提供全民性和公益性的文

---

①　康晓光、韩恒：《分类控制：当前中国大陆国家与社会关系研究》，《社会学研究》2005 年第 6 期。

②　Jennifer M. , Brinkeroff Governament—Nonprofit Partnership：A Defining Framework Public Admin, Dev. 2002，pp. 19 - 30.

化志愿服务中满足服务对象的文化需要，同时也在此基础上实现机构的价值目标。在这种双重需求逻辑下，文化服务组织在社区居民中同时进行着扶持弱小的道德实践和在一定程度上扩展公平正义的政治实践。尽管"不平等的资源依赖可能会导致非营利组织淹没在政府的政策洪流中"，但是公共文化服务组织是志愿者为居民提供公益性文化服务内容的重要载体，是一种不断"践行人文道德价值和捍卫社会公益为使命的服务"[①]。故而，文化服务组织"凭着博爱精神去关怀帮助社会中的弱者或受苦受难的人"[②]，在此理念下不断形塑公共文化，由这一终极服务宗旨集结起来的社会性力量也是这些组织维系其身份和生存发展的根基。

（一）服务组织的"六员大将"——奉献精神支撑下的全能型管理者

文化服务组织是一个充满人文价值关怀的机构，它以"维护人与生俱来的价值、尊严和权利为己任"[③]。从这个角度上说，该类组织模式更类似于一种社会工作机构。志愿者中心在组建之初就宣示要遵从"奉献、友爱、互助、进步"的志愿者精神。为了践行组织遵从的道德价值，首先必然需要一个甘于为公共文化服务做奉献的组建者，在此基础上形成特定范围的领导层，引领组织的发展历程始终与自身的本职任务和核心价值保持一致，并审时度势地适度拓展组织服务范围。"中心"现任领导团队是由四个退休的中高层政府官员组成的。在"中心"刚刚建立的那段时间，甚至只有沈部长一个人忙碌奔波于维持组织运转的所有事宜，她自嘲为融管理员、记账员、服务员、联络员、调解员、内勤杂务员等职责为一体的"六员大将"，甚至发展到了2015年，这只拥有着400多人的志愿者团队也还是仅有四人负责"中心"的日常管理，由于没有专门负责财务的人员和设施，四个老师还需要代管不同社区志愿者的全部酬金。

---

①　肖小霞、张兴杰、张开云：《政府购买社工服务：道德实践和政治实践的异化》，《社会经纬》2013年第7期。

②　陈涛：《社会工作专业使命的探讨》，《社会学研究》2011年第6期。

③　肖小霞、张兴杰、张开云：《政府购买社工服务：道德实践和政治实践的异化》，《社会经纬》2013年第7期。

[个案5—3]（社区艺术教师志愿者中心负责人王某）

因为我们这边也没有管财务的，我们每个季度给志愿者发补贴的时候，钱数比较大，就四个人分，各自背在身上。因为我们没有保险柜，平常这个办公室也锁不上门。通知他一个星期来拿，有的人拖半个月，就一直带在身上。而且我们是不能代取的，都得自己来，所以拖半个月很正常的，志愿者有时候不一定有时间，所以我们就限定时间，但也得理解，他们事情也很多。做《制度汇编》的时候，熬得我三四个月没有早于晚十点进家门，这还多亏有一个志愿者是NJ大学的研究生，素质好，帮着我一起设计一起做，后来她被保送出国了。这里的工作实在比在职还苦。在职的时候手下还有几个科长，现在什么都没有，就是校长兼校工。

公共文化服务是一项将道德和价值在实践层面不断身体力行的过程。除此之外，文化服务的受众是弱势人群或文化生活贫瘠的居民，因此若想真正做到形塑"公共文化"生活的历史使命，就必然涉及对文化组织的资源分配背后的社会运作和政府体制运行的思考，必然要与政府各部门或社会其他组织合作进行社区动员，这就需要有一个拥有先进科学知识和丰富组织经验的管理团队，有赖于她们通过科学性和策略性的网络调度，以及严肃、独立的知识运用来使组织运行呈现积极变化。"中心"管理层的四个老师，在常年的工作历练中，不但拥有"甘于奉献"的良好品质，同时还拥有现代科学精神所要求的对服务工作的"可靠经验知识"。在"中心"的初创和实践过程中，她们不仅仅热衷于完成文化服务的慈善使命，更为重要的是她们还传播、发展这种专业性的服务知识，这就超越了浅层的情感性关怀。具体而言，"中心"不仅全力借助政府的权威体制资源发动社区基层与其合作，还通过在去等级化的组织结构中制定一系列规章制度、扩充人力资源、实现社会资源内部化，并通过提供节目演出平台、组织观看演出等形式支持志愿者的服务，这类规范且独具技巧性、情感性的策略使得文化服务组织在全方位依附政府资源的前提下，依然可以迅速发展和壮大。

[个案5—2]（社区艺术教师志愿者中心负责人沈某）

志愿者带团演出，他演出的时候戏迷就一起去听去看，然后也邀请我们去，我们去也是支持他、认可他，所以能去就尽量去，哪怕自己家有困难也都尽量克服。一个是尊重志愿者，也是支持他，这叫尊重、支持、理解。我们对志愿者的管理是其次的，更重要的是服务，让志愿者感觉到我们叫志愿者之家名副其实，让志愿者感觉到在这个地方很温馨，他的服务会得到认可，他做出的成绩也能与其他人共享，让他有一种荣誉感。我们经常听他们说以前我们只是自己玩玩，现在我们找到家了，有家的感觉了。他们有什么困难、有什么事情都愿意到这来坐坐，跟你说说，甚至他们之间有什么矛盾了也到这儿来，是个倾诉的地方。志愿者白天的时候就只管带团，这个地方演出，那个地方干什么。晚上他们上电脑，一会跟你电话联系一下，一会短信跟你联系，我们还要耐着性子，还不能回绝他们，不能讲其他东西，只能配合他们去工作。我们也是边干边学，在这个过程中我们自己也有收获，也会得到一些精神上的激励，帮助别人，快乐自己，还能觉得自己有一点价值。但是也会很累，毕竟我们到这个年纪了，我们就希望把它能长久做下去，希望有更优秀的同志能顶上来。

同时，管理层还利用自己的私人关系，服务于组织的招募、宣传、动员与工作开展。布迪厄指出："特定行动者占有的社会资本的数量，依赖于行动者可以有效加以运用的联系网络的规模的大小，依赖于和他有联系的每个人以自己的权力所占有的资本数量的多少。"[①] 由于在政府体制中工作多年，他们依靠自己的声望、权力积累了体制内的多重社会资本，并掌握了运用社会资本联系社会网络中的各种力量为组织目标服务的能力，换言之，管理层曾有的体制结构中的经历和位置，使他们可以较为有效地运用体制内的关系网络为组织发展服务。比如，管理层往往能够将一些偶然的工作关系转变成某种非正式的关系网络，同时借

① 《文化资本与社会炼金术——布迪厄访谈录》，包亚明译，上海人民出版社1997年版，第190页。

助这种网络在科层制体制内部招募更具有专业素养的志愿者；管理层还通过一些有意无意的感情投资策略，将在正式关系网络中结识的关系转变为非正式的情感关系，从而节省了组织的人力资源，增加了文化组织的象征资本，使组织进一步获得社会认同，为其长期发展奠定基础。

（二）在志愿服务的价值追求中不断发展——秉持利他主义服务精神的崇高理想

费孝通在论述志愿行为时曾经这样说道："若是我们打着算盘说话，头脑冷静一些，看看穿，父母都觉得为儿女当牛马是一件不公平的事，这一念之差，立刻会使家庭制度破坏到不成样子。这世界哪一处不安定在'想不穿'上，惟其因为人们想不穿，才有这世界，这'没有想穿'或'不去想穿它'认真的做人，就是宗教的热忱。"① 也就是说，人类具有采取志愿行为的本质属性，在不同的文化制度理念中，志愿服务拥有不同的特征。处于后现代转型期的中国，在消费主义泛滥下的社会性焦虑中，陷入原子化的国人陷入一种无所适从和价值虚无的困境中，但这并不意味着在结构性困境中个人只能是社会的傀儡，相反，人们会试图从其他文化形式中重建精神寄托，不断重塑价值范式的力量。志愿服务以助人的形式为行动者的自我情感宣泄提供了行动的桥梁。通过帮助弱势群体和其他急需帮助的普通居民，志愿行动隐喻了另一种意义的想象空间，提供了行动者自我对精神诉求和自我认同的表达。尤其是深入到居民的文化生活之中的志愿服务，借助社会组织或其他服务团体的形式，将助人者的人文价值观和精神归属联系到一起，为组织发展提供了生存与发展的社会语境。

文化服务组织是在政府支持下成立的公共文化服务载体性组织，是在政府鼓励"人们不为报酬自愿把自己的时间、精力、知识贡献给他人"② 的制度性环境中，动员更多的社会资源和政府资源来促进社会进步，最大限度地发挥志愿机制作用的重要策略。然而"如果没有普通人积极参与社区活动，为社区贡献时间和精力，政府仅凭制定规范和标准难有任何作为。这种参与不是政府能够要求、强迫甚至劝诱的事情，而

---

① 《费孝通文集》第 1 卷，群言出版社 1999 年版，第 255 页。
② 丁元竹：《为什么志愿机制是可能的》，《学术研究》2012 年第 10 期。

是专家和使用服务者之间的一系列互惠关系的一部分"①。唯有以互惠为基础的志愿服务机制才能在志愿者的社会动员中发挥作用。"中心"是一个为艺术教师提供志愿服务的平台，在这个平台里，一方面，服务接受者接受志愿者的无偿服务，满足了他们的精神文化需求，甚至在特定维度上重塑了他们的生活秩序；另一方面，对于志愿者而言，他们在不辞辛苦地助人特别是在辅导弱势群体的过程中，也体会到了助人的快乐，从他人的认可中实现了对自我的认知和肯定。"当你自愿加入各种各样社会群体的时候，你就扩大了自己的自由，因为群体成员的归属感表达个人的意愿。"② 这种在文化服务中循环往复的精神互惠机制，使得以利他主义为纽带的公共生活和社会秩序的自觉意识不断崛起。

[个案5—5]（社区艺术教师志愿者徐某，23 岁）

我在 JY 区带一个残疾人艺术团，当时是朱队长叫沈部长给她派一个，因为她想让残疾人学习技能，让他们也能生存。我就去了，当时（朱队长）带了大概四五个报名学古筝的残疾人，有一个是自闭症、一个出车祸、一个 14 岁女孩双下肢瘫痪每次坐着轮椅来，我看着他们真的觉得很可怜，也一下子就觉得自己这么健康、这么幸福很幸运。我一直在那里坚持服务，到现在已经有两年时间了。那个下肢瘫痪的小张特别喜欢我，她和我说徐姐姐要是天天能弹古筝多好，我和妈妈商量就把自己的一个旧古筝送给了这孩子。我觉得做志愿者一定要非常有爱心和耐心，还有一个志愿者为了给合唱团伴奏自己花了一万多块买了架钢琴呢！

在社区层面，随着人口增加以及老龄化程度的加深，与政府直接提供公共文化服务相比，志愿服务作为一种重要的社会服务，其通过直接与居民互动的形式，更加高效且降低了行政成本。"中心"的志愿者扎根在社区，用刘主席的话说，"你们就像种子一样，滚雪球一样，带了团队，团队的骨干又成长起来，当我们的老师了，又会带动身边更多的

---

① ［美］戴维·博伊尔：《新经济学》，中信出版社 2012 年版，第 165 页。
② 周雪光：《组织社会学十讲》，社会科学文献出版社 2003 年版，第 115 页。

人参与进来。在你们的带动下，大部分社区居民都能走到我们艺术团队里来，传播社会正能量，促进社会的和谐"。历史人类学家基思和安·钱伯斯说过："在分享体系下，保持合作的社会关系对交换过程至关重要，而短期物质的得失微不足道。于是，通过分享机制，社区能够平等地获得资源，从而维持社会经济的平衡。"① 甚至在志愿者与居民之间发生矛盾时，基于公益精神的服务形式和服务场域也更有利于互动双方的相互理解。

[个案5—4]（社区艺术教师志愿者中心负责人郑某）

志愿者与居民之间的矛盾其实里面是有误会的，毕竟大学生没有走上过社会，我们也讲学生要以学业为主，那个时候忙青奥会，青奥会压倒一切，青奥组委会给学生们集训，完了以后就要演出，我们教他们沟通的方法，教怎么样与老年人沟通。反过来这些小孩也可以做社区的工作。你们都是爷爷奶奶级别的，要像爱护自己的孩子一样理解他们，他们还是以学业为主的90后。而且这些孩子的积极性一定要保护，他们有爱心，愿意做公益，是好事。有的孩子很内向，话都不敢讲，他们来了以后，那些大爷大妈对他们好得不得了，一下子就增强了他们的自信心，所以有些大学生写实践心得都在我们这儿，就是做志愿服务的心得，写得非常感人。

文化服务组织本质上是"以利他主义为纽带的公共生活和社会秩序的意识自觉"② 在制度环境中的集中体现。其中，甘于奉献的文化服务志愿者的参与以及他们在公共文化生活中与居民的互动是实现社会和谐的关键纽带。正是因为有了志愿者的服务精神，穆罕默德·瑜奴斯才在其《社会经营》中指出："人类的本质，就我的信仰来说基本是好的。这也是为什么即便是在残暴和自私盛行之下，宗教、善治、社会价值、艺术、文化和慈善在历史上不断繁荣和发展的原因。正义和仁慈总是在争斗中发展。如果我们精心培育这些正义和仁慈的种子，我们就能够使

---

① ［美］戴维·博伊尔：《新经济学》，中信出版社2012年版，第165页。

② 丁元竹：《为什么志愿机制是可能的》，《学术研究》2012年第10期。

这个地球上的人类追求美好社会的梦想成真。"①

# 本章小结

　　本章运用组织社会学的相关理论，描绘了文化服务组织生存发展所依托的公共文化服务场域，通过具体观察文化服务组织与其他相关组织如政府部门、社区基层、新闻媒体和服务对象之间的互动关系，揭示这些组织在日常运作过程中的身份获取和资源交换的策略性互动，体验观察了其在文化服务中采取的行动策略，进而探讨其中隐含的行动逻辑等。

　　在社会转型的时代背景下，国家战略大幅调整、政府职能不断外溢、社会空间相对自主等为包括文化服务组织在内的 NGO 开辟了一定的生存空间，然而这并不意味着文化服务组织可以在一片坦途中迅猛成长起来。群众公共文化需求的多元化发展趋势，需要充满活力的文化组织的有效参与，政府因而开始转向将相当部分的公共文化供给交由文化服务组织来承担。因此，文化治理中的公共文化服务，力图通过政府主导、多元主体共同参与来实现公共文化产品的公平供给和大众化生产。然而，植根于家文化传统中的私性文化传承，使国人疏离了社团生活，阻碍了居民的公共精神的养成。而且单位制解体以后，集体意识又进一步"衰落"，随着家庭功能的变迁，一些人的公共意识和价值信仰也迷失于现代化浪潮中。中国社会中的个人主义倾向成为了推进公共精神发展的制约。于是，在传统的私性文化与现代个人文化的双重作用之下，中国人的公民意识仍然徘徊于"契约—人情"和"公共—私人利益"双重价值取向之间，市民社会中的社会组织的有效参与尚未成为普遍性的积极行动。因此，在中国特有的文化发展情境中，NGO 的发展被缺失的公共精神、薄弱的公民意识和被动的社会参与所共同束缚。同时，在拥有着绝对权力分配优势和主导地位的政府分类控制体系中，NGO

---

① Muhammad Yunus, Karl Weber, "Building Social Business: The New Kind of Capitalism that Serves Humanity's Most Pressing, Needs", *Public Affairs*, 2011, p. 29.

发展还受到了诸如组织合法性、政府有效支持等制度制约，人才、技术、资金等资源障碍也是这些组织发展的瓶颈，故而它们还难以承担起政府所剥离的社会职能。在文化环境和制度环境的层层限制下，NGO的生存与发展困难重重。

在这样的情境之中，文化服务组织为了扩展自己的生存空间而采取了不同策略与其他行动者建构互动关系来争取发展资源。作为一个具有能动性的行动者通过将政府的文化宣传口号嵌入到组织的服务理念中，以谋取组织在政治上的合法性；通过邀请退职的中高层官员进入组织领导层来获得和延续政府让渡的行政合法性；同时通过假扮体制内权威的策略来打造其属于权威体制的象征资本，这是组织以"政"之名，谋求政府支持获得组织合法性的有效策略。为了更好地适应资源环境和制度的持续变迁，组织还采取了去等级化的组织形式，建立一个多层次且较为完善的工作架构，以利于明确分工、申请财政资金、对外宣传并博得相关人员和政府的进一步信任；制定正式的组织规章制度和非正式的行为规范来规范组织的日常运行活动，用以向其他组织证明其正规性并提高组织自身的运作效率；利用定向招募、网络招募、传媒招募等扩充人力资源，实现社会资源内部化，在政府之外动员各种力量加入到组织队伍中来，增加组织的自我造血能力，降低其对政府资源的依赖程度，这是组织基于其长期发展战略而实现运行规范化、高效率所采取的能动管理策略。在此基础上，组织还有拓展资源的"第三条道路"——建构在私人"关系"上的社会网络，利用管理层的组织能力和交往能力通过在不同形式的网络中结识的社会资本，帮助组织开展工作，扩大组织影响，进而获得社会认同，这种非正式关系网络的正式运用与正式关系网络的非正式运用的综合采用，极大地推动了组织的生存发展。

从组织的多元化发展策略中可以折射出文化服务组织在现行体制中调动多方资源以利于其更好生存发展的深层行动逻辑。研究结果显示，在非对称性依赖下对政府资源的全面依附是文化服务组织在日常运行中的真实行动逻辑，其中由于政府掌握着合法性、社会关系网络等重要资源，因此在政府、社会、居民等多重资源中，组织更多地依赖于政府的资源，形成了"多重依赖关系中的非对称性"，因而组织更多地倾向于从政府角度而不是社会角度来制定文化服务发展理念和开展文化生活；

在政府与组织的互动关系中，尽管由于文化服务组织的灵活性和亲民性，政府在一定程度上依赖组织来开展文化服务，但是相对于组织对政府的资源依赖而言，政府对组织的依赖只是产生于让渡部分边缘职能的情境下，两者仍然是一种非平衡性依赖关系，在这种情况下，尽管理论上文化服务组织与政府之间应该基于公共文化服务的良性发展而展开"互利共赢"的互动，但在现实制约中，公共文化服务组织不得不积极向上而不是向社会求得自我认同与组织价值，于是就形成了组织向政府求得认同的深层依附关系。

　　另一方面，组织的身份象征还要仰仗组织的理念和组织成员对于组织的价值目标的认同来维系。笔者通过研究发现，博爱、奉献精神旗帜下的组织身份的多方攫取是组织开展文化服务的又一行动逻辑。其中，少数退休的中高层官员组成的管理层出于奉献精神，殚精竭虑地为组织谋发展，运用长期积累的知识经验制定组织的管理制度和发展策略，还通过一些社会资本投资策略，将正式网络中结识的关系演化为非正式的情感关系，与社区居委会、志愿者和居民形成了良好的沟通模式，在很大程度上形塑了组织的社会认同和价值倾向。同时，无私奉献的志愿者在"能够激励人们不为报酬自愿把自己的时间、精力、知识贡献给他人的人类行为模式、如何最大限度地发挥志愿机制"[1] 中，甘于奉献，在失落的文化意义中重寻精神认同，在秉持利他主义的崇高理想指引下于社区中采取服务行动来幸福自己的同时，也为组织赢得了发展所需的社会认同，从而使文化服务组织成为营造和谐社会之精神家园的关键性纽带，这也显示出组织从文化服务的价值追求中不断谋取发展空间的本能倾向。

---

[1]　丁元竹：《为什么志愿机制是可能的》，《学术研究》2012 年第 10 期。

# 第六章

# 理想与现实
## ——公共文化服务实践的多元主体互动机制

在第三、四、五章的研究中，笔者通过对典型社区中公共文化服务场域的呈现，在行动者的实践中感知其在不同情境下的情感思维和理想期许，进而深入挖掘场域中多元主体的实践策略、观念结构和行为逻辑。但是，仅仅关注公共文化服务中行动者的微观行动过程，对于我们了解公共文化服务的整体面貌还远远不够。因为政府、居民和文化服务组织在公共文化服务场域中并不是彼此孤立的。相反，正是由于三者的共同参与和互动，公共文化服务才得以在社区生活中栩栩如生，而文化服务所承载的价值理想才有可能在这个生动的过程中被不断演绎。所以，笔者试图在本章重新审视多元主体在公共文化服务场域中的互动关系，分析不同互动关系对公共文化服务体系的建构与消解作用。具体而言，笔者将首先根据本书的理论视域——文化治理的多重功能，对上述章节中多元主体的行动策略及其实践逻辑予以总结，描绘出公共文化服务制度理想所期许的多元互动图景；其次，总结文章主体部分对政府实践、居民参与和文化组织发展在公共文化服务中的运行机制，在此基础上，进一步剖析公共文化服务场域中三者基于不同目的而形成的互动关系，认清各参与主体之间的利益关联和权力关系，并试图解释现实中的三方互动是如何运行的。

## 第一节　制度理想中的公共文化
## 服务实践互动图景

公共文化服务是以形塑公共文化为要旨的服务形式。无论是国外由社会认同所引发的对于公共文化起源和发展脉络的挖掘，还是国内对于公共文化中所包含的文化认同理想的憧憬，公共文化都是一种建立在认可、包容和理解上的文化形式。正是由于"个人的生活世界，是由他们所属的不同群体中所有相互交织的文化力量组成，并且由他们生活其中的社会语境所构建"① 的，所以在蕴含着深厚的公共文化精神的社会里，由于具备明确价值原则的社会认同，不同行动者之间有可能实现在包容和互惠之中的基本平衡。

### 一　公共文化服务的应有功能

论及城市社区公共文化服务的功能，还是应该回到其服务的主体——居民，以社区文化生活的结构为落脚点，滋生文化服务本应具有的生活功能和文化认同功能，从而实现政府"和谐文化"的价值诉求，这也是我国在社区进行文化治理的终极目标。

（一）从空虚到满足——居民文化生活的丰富土壤：居民生活的维度

在制度与市场的双维作用下，中国社会所经历的深刻转型，使居民逐渐从传统生活方式中抽离出来，游离于传统社会结构之外，逐渐成为原子化的孤独个体。越来越多的居民感觉到空虚、寂寞。另一方面，由于当前市场经济及现代价值的侵入，使居民传统的生存价值边缘化，居民作为自己生活的主体地位，被一种强有力的外来力量压抑和排斥，而不能成为自己生活的主人。② 他们因此有着强大实现自己人生价值的内在需求。所以文化服务的基本功能就是满足个体的文化生活需求，这也是文化服务的重要本源和终极意义之一。这种生活需求的满足指的是为居民构建一个公共的、有品位的、适合他们需要的文化场所，在这里，居民可以获取知识、了解信息，成长自我；在这里，居民可以找到自己心灵上的满足，可以实现自己的人生意义，丰富自己的文化生活。正是这种琐屑、真实的文化生活，使文化服务场所成为了文化服务的总体工

---

① ［英］戴维·英格里斯：《文化与日常生活》，张秋月、周雷亚译，中央编译出版社2010 年版，第 15 页。

② 李志刚、于涛方、魏立华、张敏：《快速城市化下"转型社区"的社区转型研究》，《城市发展研究》2007 年第 5 期。

作设计与具体的个人文化需求之间的重要实现领域，成为了一个社区中物质与精神、主体与客体的相互交融、熠熠生辉的关键地带。

（二）从变动到稳定——社区文化共识的再构建：社区文化共识的维度

在当今城市，个体流动性日益增强，市场经济下人们"唯利是图"地追逐个人利益，社区社会趋于陌生化，人际关系的纽带逐渐松弛，部分社区人心涣散、文化乏味、集体感和凝聚力弱化，原有的地方性共识也因此陷入变动之中，新的共识又尚未定型，居民的文化认同感日益凋零。与此同时，随着工业文明的不断侵蚀，地域边界日渐模糊，现代社会多元化、异质性的增加，社区居民的就业、收入、交往、兴趣、品位、爱好、需求都出现了差异。这种"斑驳而实在的阶级阶层结构本身又深嵌在属于它们自己的文化语境中，并以其特有的意义、符号、语言和生活方式，表达它们各自不同的实在，或表达它们共处、共享一世的整体"①。根据格尔茨"文化是由人自己编织的意义之网"（格尔茨这里所说的意义是指包含认识、情感、道德在内的一般性的思考，文化分析本身就是一种探求意义的解释性科学和厘清意义的结构，并成为确定这些意义结构的社会基础，正是在对文本进行深描的过程中，文化滋生了增进研究对象群体间认同的功能）的观点，可以认为文化别具一格拥有独特魅力的地方，在于它可以通过地方文化特有的意义、符号、语言和生活方式及其现实的内容蕴意的传播、互动和交流，达成人与人之间以至某种共同体内部的沟通、对话和仲裁，进而形成共识和团结。文化服务就是在此基础之上构筑了一个发挥文化特殊魅力的精神家园，在这个家园中，居民可以通过文化知识的获取、文化生活的共享，增加心理层面的归属感、认同感、被尊重感和幸福感；在此基础上，公共文化服务可以对居民的不同思维方式和意识形态进行整合，形成社区的集体意识，增进居民彼此间的信任关系，从而达成对都市乃至国家的文化认同。

　　　吉祥的小区／喜庆的家园／我们的社区／缤纷时代的梦幻／／吉祥

---

① 　周怡：《文化社会学的转向：分层世界的另一种语境》，《社会学研究》2003 年第 4 期。

的歌声/喜庆的笑脸/我们的社区/汇聚春天的温暖//和善的园地/艺术的港湾/精心地管理/铺开文明的画卷//情感的驿站/热忱的服务/爱心的绿地/写下和谐的诗篇

——JQ 社区参加 JY 区第二届"百姓音乐节"大合唱比赛的歌词

（三）从忽视到关怀——政府文化价值理念"世俗化"的路径

中共中央第十六届六次会议首次把"人人共享"作为构建和谐社会的一个重要原则，作为和谐社会总体价值诉求的一个基本价值维度，建立"人人共享的和谐文化"作为一种文化价值理想，也成为了和谐社会观的文化表述。[①] 但是如何实现这种人人共享的和谐文化？如何能让文化从空洞的理论关怀走下圣坛，契入到人们生活的环境中？如何将和谐文化终极价值理念"世俗化"到城市中的每一位居民上？笔者认为社区公共文化服务开创了使居民平等享受文化权利的路径，是包容性公民文化权利实现的必要条件，同时，它也是政府对文化进行治理的着力点。尤其在文化治理思维的生活转向影响下，政府更加重视发挥公共文化对群众生活的导向功能，力图将社会主义国家的价值理念包裹和融入到大众生活的公共文化服务项目中给群众以进行润物细无声的熏陶，使群众沉浸在国家所推崇的生活方式中潜移默化地接受和认可社会主义价值观，这是政府着眼于群众生活而采取的新型文化策略。

可见，公共文化服务应该致力于为国家、为社区和居民搭建一个具有文化生态意义的文化空间和精神天地。这种服务一方面是政府实现自己和谐文化价值理念的方式，另一方面又为居民们实现其文化权利提供了一条重要途径。

## 二 公共文化服务制度设计中的三元主体理想互动图式

文化治理思维指导下的公共文化服务，需要通过多元主体互动来建立一套"政府主导、社会协同、公众参与、法治保障"的精细化治理体制，2015 年 10 月 29 日中国共产党第十八届中央委员会第五次全体会

---

① 王列生等：《国家公共文化服务体系论》，文化艺术出版社 2011 年版，第 11 页。

议通过了《中共中央关于制定国民经济和社会发展第十三个五年规划的建议》。笔者认为，如欲理解公共文化服务在制度设计上的三元主体互动关系，需要围绕"文化在治理中多重属性"这一理论视角，分析公共文化服务制度设计上的三元主体理想互动图景。实际上，公共文化服务是将自上而下的服务制度与自下而上的日常生活相融合的实践策略体系。在这一制度的制定与执行的实践过程中，对政府、组织、居民三者在公共文化服务场域中的实践目标都有理想期许。

（一）政府作为公共文化服务制度的制定者和实践的主导者

公共文化服务是政府基于"具有意志的道德行动者"①的主体身份，通过国家治理体系来推进社会良性发展的重要一环。它作为一个按照社会主义核心价值观来形塑居民公共文化生活走向的公共行动场域，需要在政府主导下开展由多方共同参与的、充满策略性和创造性的系统治理行动。这不仅需要政府基于管理思维开展富有创造性的科学管理活动和恰当的技术性操作，同时还需要关注文化建设情境的本质性转向——对文化在治理中的多重属性进行建构性解读，意即根据国家治理在政治、生活和文化供给等领域中的意义，来形塑政府在坚持文化的政治发展方向、关注群众文化生活和规范文化供给体系等方面所采取的多重策略。

具体而言，在国家文化制度转型层面，政府需要通过构建合理的公共文化服务体系，来应对公共意识形态在现代社会中良性延续的危机；需要诉诸公共文化治理，来实现社会凝聚的价值基础和现实可能性。在社区居民的生活层面，文化治理思维的现代性转向和巩固执政根基、维护社会和谐的国家意志，需要政府通过让全体居民共享文化建设成果，来构建理想意义上的社区认同以致国家认同。故而，关注居民的日常生活成为公共文化服务的题中之义和理性憧憬。在此情境下，政府既需要通过细致入微的治理活动来潜移默化地规范公众的社会文化生活，进而将文化价值观巧妙地渗透于居民生活实践中以调整个人的自我本质，也需要针对阶层文化日益分化的趋势和文化冲突的潜在风险，预见性地通

①　《走向澄明之境——卢梭随笔与书信集》，生活·读书·新知三联书店 1990 年版，第128 页。

过多种途径来建构能够包容且深入到所有阶层的社会生活中的公共文化空间，经由广泛吸引和动员居民参与来重构阶层间的社会关系以实现社会和谐。这在客观上要求政府应通过与居民的充分互动来了解他们的实际文化需求，据此来建设文化设施、拓展文化活动、支持文化团队发展，推行立足于面向大众生活的公共文化服务建设，从而提升居民的文化生活质量、消弭阶层文化隔阂。在文化供给层面，政府需要文化组织向居民提供既受欢迎又符合社会主义审美价值的、丰富多彩的文化产品。然而，经济转型中文化产业在片面追求利润逻辑下的公共价值缺失，呼吁国家重视失控的文化供给破坏国家话语真实意涵的危险，必须对部分居民对健康公共生活的疏离与文化权利不平等等不良现象加以遏制。因此，政府应以文化权利平等为基本原则，既要通过有效的治理活动来对文化服务组织进行引导与规范，也须针对组织维持其生存发展的实际需要，投入资源来大力支持文化服务组织履行其社会责任，维护一个秉持公共精神的文化产业，完成公共文化治理中"依经济学的模式运用权力的艺术"① 的转型。

（二）居民成为公共文化服务实践的受益者和反馈者

中国现代社会正在经历着一个包括经济、政治、文化现代化在内的全方位转型过程，身处其中的每一个个体行动者也在这个变迁时代不断寻求着自我解放和自我实现。伴随着我国经济体制的变革和社会结构的转型，剧烈的社会变迁、激烈的市场竞争和单位制的终结，使得由传统规范和社会秩序编织起来的确定性社会正不断走向瓦解，现代社会"无情地斩断了把人们束缚于天然尊长的形形色色的封建羁绊"②，城市居民不得不独立面对现代社会的种种风险，在整体性终极关怀不断失落的都市生活中，慢慢重建提供自己生活信仰的意义世界，现代意义上的公共文化服务也就是在这种背景下应运而生的。

在现代公共文化服务的制度构想中，文化品位和阶层各不相同的人群可以共同参与到国家所构建的公共文化生活之中，在文化多样性和复杂性的现代社会中，他们与政府、社会组织协同合作，共同建立一个人

---

① 徐一超：《文化治理：文化研究的"新"视域》，《文化艺术研究》2014 年第 3 期。
② 《马克思恩格斯选集》第 1 卷，人民出版社 1995 年版，第 274—275 页。

人互相认识、互相扶持的社区日常网络，进而重建人与人、人与政府、人与组织之间的温情纽带，重塑他们内心的自我认同、心理归属感乃至社会认同。也就是说，城市社区居民参与到公共文化服务当中，代表着他们在日常生活情境中通过与他人、政府和组织的充分互动，来集体寻求地方感觉（Sense of Place）和文化意义的过程，并使他们的日常生活变得更加充实和生趣盎然，人生也变得更加有意义和丰富多彩。于是，居民的社区参与承载着公共文化服务追求文化权利平等和国家文化认同的理论构想，它需要居民具备主人翁意识，主动且充分地向制度构建者——政府和服务供给者——文化服务组织反映其真实文化需求和服务感受，为政府制定相关政策与文化服务组织设计服务项目及其实现方式提供准确依据，并在参与公共文化生活的过程中与政府、组织建立互信，彼此充分互动与配合，协力开展文化活动，反馈活动或项目效果，以利于政府修正相关政策制度、组织对项目进行合理调整。可见，文化治理思维下的公共文化服务，是致力于将自上而下的服务制度与自下而上的日常生活相融合的实践体系。

（三）文化服务组织充当公共文化服务实践中的供给者和黏合剂

贴近公众生活的文化建设，必须能够切实了解群众真正的文化需求，但是由于行政权威对居民所造成的心理距离，政府往往缺乏与居民进行有效沟通交流的渠道，来源于民间的文化服务组织在渗入一定的官方背景后，在进行公共文化供给的同时，正好可以充当政府与居民之间的桥梁和黏合剂，而且一些政府不便出面的活动动员也可转由这些组织来承担。于是，在文化治理理念指导下，一部分服务职能已让渡给文化服务组织，国家甚至开始向文化服务组织购买公共文化服务，试图通过这些组织的参与来提高服务的效率和效果。

循此思路，制度理想中的文化服务组织应秉持"服务为民"的宗旨，在为居民提供价值取向健康、受群众喜爱、多样化的公共文化服务或产品的同时，还需要通过与居民的充分沟通和情感交流，更加真切地了解社区居民在日常生活中最朴实的文化需求，做居民的知心人、贴心人，并及时、准确地向政府等权威机构反馈相关信息，帮助政府向居民宣传相关政策制度，做好解释工作，同时协助政府动员居民自愿有序地融入到公共文化生活中，发动更多自下而上的社会资源来共同促进公共文化服务供给的健康发展。只有这样的文化服务组织，才能有效弥补公共文化服务因市场失灵和政府失灵的双重作用而导致的那些"空白"地带，并在政府与居民之间、居民与居民等不同主体之间的多维冲突中发挥至关重要的协调作用。

在文化治理思维导向下的公共文化服务制度设计，所构想的政府、居民、文化服务组织三元互动的理想互动模式如图6—1所示。

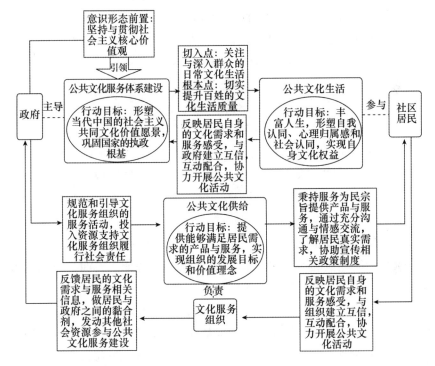

图6—1 文化治理思维下公共文化服务制度设计中的三元主体互动理想图式

## 第二节 三元主体在公共文化服务实践中的行动特点

尽管在理想意义上，公共文化服务被赋予了太多期待，承载了顶层设计者太多的理想主义，但在公共文化服务实践过程中，由于不同行动主体对公共文化服务的认知和实践，显现出在社会想象方面的较大差异，以及政府意图与居民的文化生活诉求、文化组织的发展模式在多层面中的复杂分歧，这项实践并没有众望所归地在本质上改变居民的文化生活状态，也没有真正给予秉持公共精神的文化服务组织以有效支持，不同主体在公共文化服务实践中都遇到了较大困境，制度设计中的三元主体充分互动并未完全实现，而且，这种不健全的互动机制甚至产生了很多意想不到的负面效应，使得公共文化服务的理想蓝本看似美丽，却又虚无缥缈。社会学致力于"揭示构成社会宇宙的各种不同的社会世界中那些掩藏最深的结构，同时揭示那些确保这些结构得以再生产或转化的机制"①。着眼于此，本节力图于纷杂的行动主体实践之驱动逻辑中按图索骥，探析三元主体互动的真实图景及其隐秘的现实运行机制。

## 一 政府在公共文化服务实践中的"路径依赖"

制度是政府"运用理性能力和知识经验来进行规划和设计的过程"②。因此，公共文化服务制度的建构过程同样也体现了政府对公共文化生活和文化供给所进行的理念创设、规则安排和价值选择。但是，制度在实践过程中是"嵌入在一定的社会结构中，是在一定的社会结构和文化传统中发挥社会建设之效应的"③，特定的社会结构和历史文化的积淀会使得制度的实践具有"路径依赖"的特征。故而，路径依赖理论认为，不同行动者的行动策略抑或一种现存的制度的制定与执行，都会具有与物理学中的"惯性"相近的特征，意即"一旦采取了一种制度，实施了某种社会行为，进入了某种特定的路径，那么，这种制度或行为就可能会产生一种惯性，对以前人们的选择和路径产生出一种依赖"④。换言之，每一项具体的社会制度都是通过制度自身的行为惯习或价值取向来引导社会成员做出符合制度运行总目标的行为选择。用诺

---

① ［法］皮埃尔·布尔迪厄、［美］L.华康德：《实践与反思——反思社会学导引》，中央编译出版社 1998 年版，第 6 页。

② 文军：《制度建构的理性构成及其困境》，《社会科学》2010 年第 4 期。

③ 同上。

④ ［美］道格拉斯·C.诺思：《经济史中的结构与变迁》，生活·读书·新知三联书店 1991 年版，第 1—2 页。

思的话说，历史是至关重要的，人们过去做出的选择决定了他们现在可能的选择。尽管在国家治理结构调整中，社会政策必须充分考虑行动者自身的利益和需求已经成为各级政府的基本共识，但是经过笔者在本书前面三、四、五章的描述中，可以看出"制度变迁具有路径依赖（Path Dependence）"的特征仍然深深镌刻在公共文化服务实践的过程中。

（一）市、区级政府的公共文化服务管理机制的双重路径"锁定"

"锁定"（lock-in）状态指的是一种恶性的路径依赖，用来表述当某种制度的轨迹形成以后，"初始制度的效率降低甚至开始阻碍生产活动，那些与这种制度共荣的组织为了自己的既得利益而尽力维护它"①。此时社会就会陷入一种难以改变的无效制度状态。笔者在这里借用这个概念来描述公共文化服务制度实践中，市、区级政府在制度制定和管理上存在着的路径依赖特征。

一方面，改革开放 30 多年来，由于政府对其传统经济职能的履行路径的依赖，一些行政部门仍然习惯于全方位以"经济建设"为中心来制定发展战略规划。在这种制度惯性下，如何从文化服务这一新生制度建设中获得更多的 GDP，仍是目前一些市、区级政府部门推进公共文化服务建设的指导思想。在公共文化服务实践中，尤其是那些以往与"经济效益"关联度相对较低的文化部门，急切期盼在曾"处于政府权力格局和资源分配格局的边缘位置"上发挥更多的经济性作用而崭露头角。另一方面，在中国的文化体制中，由于长期以来对居民的文化服务并非真正出自居民自身的实际需要，而一直采用自上而下的"送文化"形式，这种灌输式文化传递模式漠视了社区居民及其他组织的主动性与能动性。在这种"送文化"惯性思维模式里，居民仅仅是政府文化普适性关怀中的受众，文化服务不过是以发送者到接受者的单线形式（如一支射向靶子的箭）来传播，它忽视了参与者之间开展对话的交流方式，也忽略了居民对多样化文化产品的实际需求。② 正是在这种双重路径依赖约束下，"兴建更多的文化设施，制定完善的文化服务管理制度，

①　唐天伟、罗缨：《我国政府职能转换的路径依赖》，《江西社会科学》2008 年第 3 期。

②　［英］马克·J. 史密斯：《文化：再造社会科学》，张美川译，吉林人民出版社 2005 年版，第 139 页。

规定严格的绩效考核制度"就成为了部分市、区级政府实践公共文化服务的"锁定"状态。因此，一些政府部门本着理想主义权威来制定和执行公共文化服务制度，自上而下地过于简单化且急功近利地设计文化服务机制。这种设计思路经常导致对公共文化服务的"实践主体——社区基层"与"参与主体——社区居民"在价值观念和行动逻辑上的分歧的忽视，同时也并没有真正将社区居民作为文化服务的最终对象，造成社区公共文化服务在功能上与生俱来的深度缺陷，使得原本为向居民提供更好的公共文化服务产品而努力拓展服务内容的价值取向非常容易被扭曲。

具体说来，笔者调研后发现，受"文化形象工程"的逻辑驱使，公共文化服务在制度制定上更着力于单纯追求服务数量、忽视服务质量的"造园姿态"。在 JY 区，政府通过聚焦空间的营造、塑造文化惠民活动品牌、扶持社区文艺团体、创新管理制度"四位一体"策略兴建了一个貌似完善的公共文化服务制度。但在这套"四位一体"策略中却并没有根据不同社区的具体情况来进行针对性设计，全区所辖45个社区被相同的数量和规模要求所规约，并粗糙地将公共文化服务的当年实践情况作为第二年评优选优的基本依据。实际上，JY 区所辖的 SZ 和 JXZ 街道是亦城亦乡的过渡性社区。这种改制型的农村社区不是自然性的变迁而是一种人为性的村庄改制，因而应将其定义为"转制社区"。这些地区虽然经过人为改制变成了城市，但是实际上在转制过程中村庄要受到内部经济社会文化结构及组织的制约，具有行政村的特征。在制度考核的重压下，街道和社区基层自然就会选择最为简便的应对方式。它们在文化设施新扩建上，兴建极其相似的多功能场馆，在笔者走访的 JY 区所辖社区活动室，每一个活动场馆和功能设置犹如拷贝的软件，如出一辙，并在实践中为了便于管理被进一步限制使用权限。在活动方式上，尽管市、区级政府在对外宣传和组织形式上异彩纷呈，但是在完成市区各项指标的压力下，街道和社区更愿意形塑便于快速复制的同质化社区文化活动品牌。相应地，广场舞和小合唱团队也仅是限于同一层次的人群参加。然而，社区是居民生活和娱乐的基本单位，各类型社区的社会结构并不相同，即使是生活在同一社区的不同家庭也会采取不同的生产、生活和娱乐的方式，从而导致大相径庭的行为逻辑。因此，政府制定的文化服务制度须与不同地区的文化特色相适应，与不同文化特质的居民特质相匹配，城市社区公共文化服务应该是根据不同社区的文化特色为其居民们量身打造的文化服务，而不是运用统一的标准、统一的形式，用文化服务模具套出来的千篇一律式的流水线产品。这种思路与个体化社会中居民文化需求的多元化发展趋势相悖，在客观上制约了个体对文化活动的参与兴趣，而缺乏广泛群众基础的文化服务必然会导致政府自上而下服务"成果"的"孤芳自赏"。

概而言之，一些市区级政府部门在"以经济发展为中心"和"送文化"的双重路径依赖下所构建的公共文化服务运营管理制度，任性地忽视了居民对文化服务的能动性作用与地方文化特质对公共文化形构过程的影响，严重忽视了居民亲身参与公共文化服务设计的迫切需要，也磨灭了地方文化结构对于公共文化服务发展的建设性作用。而且，在路径"锁定"下的一些地方的各级政府于公共文化服务实践中忽视处理与社会组织、居民之间关系的具体技巧，提供的一些公共文化服务过于单调和形式化，纯粹为工作而文化，对社区文化生活的生动结构视而不见，服务形式与当前社区发展的实际严重不符，对文化服务本应具有的生活导向功能和文化认同功能重视不足，更不能形成形式多样但又彼此相互联系的公共服务有机整体，这又进一步拉大了公共文化空间与居民空间之间的沟壑。

（二）街道、社区基层在公共文化服务实践中的"应付"

在我国，街道办事处和社区居委会是类行政化的基层组织，充当了在社会基层的国家代理人的"准政府"角色。在实践过程中，它们实际上已经沦为政府"在社区职能延伸的工具和落脚点"[1]。公共文化服务亦是其众多行政化事务中的一种，作为一项随着社会转型而逐步发展起来的公共服务性事业来实践。前文第三章通过对 JY 区街道和社区基层的实践策略和行动逻辑的研究发现，面对名目繁杂的社区事务，"应付"作为一种非正式行为，在一部分基层行政单位的公共文化服务实践中发挥着重要作用。部分街道和社区存在着通过夸大工作成效或搞表演

---

① 杨爱平、余雁鸿：《选择性应付：社区居委会行动逻辑的组织分析——以 G 市 L 社区为例》，《社会学研究》2012 年第 4 期。

式展览的方式来敷衍区级政府的现象，一些工作人员会采用编造、应付的方式来应对上级检查，"应付"是这些街道和社区在日常文化工作中的一种非常重要的行动取向。

我国现有行政管理体制得以运转的制度基础是职责同构和压力型体制。该体制缺乏对各级政府组织的职责权限、任务分工和考核机制的分类梳理，仅仅是由市、区级行政部门将任务下派给下级组织或负责人，责令其在规定时间内完成，然后根据完成情况进行政治和经济方面的相关奖惩。如此一来，街道和社区往往成为上级政府部门争相伸"腿"的落脚点，名目庞杂的政治性任务、行政性工作和居民事务像三座大山重压在社区基层工作人员身上，而且还在社区形成了"上面千条线，下面一根针"这种倒金字塔式的管理局面。另一方面，在社区公共文化服务实践中，市区级政府往往会制定大量的文化服务管理制度和绩效考核标准，将工作任务和考核指标层层量化与分解，与其他大量与公共文化服务相关的行政事务以责任包干的方式分配给街道，再通过街道下压给所属社区居委会。同时，为了确保决策者所期待的理想状态能够在基层政府中有效实践，区政府会定期或不定期地对街道或社区的文化服务开展情况进行"检查"或"考核"。所谓"检查"就是指区政府对社区基层的公共文化设施建设运营、文化活动开展和文化服务制度执行管理情况的监督和验收行为，这其中包括由于某些在特殊节日开展的专项检查和极少数未打招呼的"突然袭击"等。而所谓"考核"就是文化服务制度中一种制度化、周期性的检查，它通过周密的正式制度设计，例如根据在文化设施、文化服务、文化人才队伍等方面制定的精准数量化指标等，来评估基层的文化服务工作绩效。在这种压力型政绩考评方式下，街道和社区往往承受了很大的行政压力。

［个案6—1］（JY区文化馆严某）

我们举办文化艺术节，让各个社区进行"才艺大比拼"，把做得好的、有特色的社区节目汇总，进行汇报演出，并邀请区里各部门领导观看，甚至参与互动，最后进行表彰颁奖和宣传。这样一来其他的社区就坐不住了，都立志在下一次的文化艺术节上争金夺银。这样的相互竞争的结果就是推动社区公共文化发展和繁荣，丰富老百姓的文化生活。

在长达三年的跟踪调研中，笔者发现，部分街道和社区会采用灵活的、有策略的手段来应对市、区级政府的检查和考核。应付行为作为一种不合乎正规行为规范的现象，在文化服务实践中却"合理地存在"着。例如，在 JQ 区所辖社区中，大多数社区的多功能文化活动室由于管理人员数量不足、社区居民不合理使用导致设备维护困难等，大多都被社区当作花架子来摆设，平日却基本上不开放，亦没有对外开放通道的指示牌。只有当市、区以及相关部门领导来视察时，才会短暂开放，表面上迎接八方来客，实际上只是社区应对上级创建检查的表演。有时为了更便于上级政府相信文化服务设施的实用性，还动员一些低保人员，假装读书看报，或参与文化活动排练。因此虽然图书报刊借阅室、电子阅览室和共享工程等花费了大量政府财政经费，实际上却只是作为街道或社区的面子工程而已。更重要的是，这种应付现象的普遍发生在一定程度上加剧了街道和社区基层的合法性危机，导致辖区居民对政府社区文化建设的不满与疏离感。尽管从理论上看，社区居委会作为"在本居住区域内自己组织起来直接管理自己事务的组织"①，为居民提供社区公共文化服务，反映和传递居民的文化利益诉求是其主要职责，但是在文化服务实践中，一些社区基层更多是将文化服务作为上级政府布置的政治性任务和行政性工作来完成，而对于与居民真实需求有关的志愿者活动、文娱活动等往往无暇或缺乏动机来真心顾及，所以给予的配套支持也较为有限。在这样的情境下，社区居民和文化服务组织也颠覆了对社区居委会作为居民自治性组织的看法。于是，一些居民逐渐将其文化生活游离于政府设计的公共文化生活之外。由此，城市公共文化服务在一些社区也就沦为政府的"独角戏"，很难调动辖区居民和其他组织参与的积极性和主动性。

可见，社区公共文化服务无论在理想上是多么地体现着政府所拥有的暖融融的人文主义光辉情怀，但在实践上它早已成为一些政府行政人

---

① 高红：《社区社会组织参与社会建设的模式创新与制度保障》，《社会科学》2011 年第 6 期。

员或精英们独自设计的徒具"工具意义"的公共服务制度，这种脱离"价值意义"的文化服务忽视了居民、文化组织等行动者的主体地位，因而无法与非政府行动者达成心灵上的契合，因此所谓的文化服务的理论设想只是政府管理人员和精英们一厢情愿的整齐规划而已，成为堂而皇之地扼杀社区文化的幌子，居民在这种服务中显得更加落寞和边缘化，文化服务所勾勒的美妙愿景在一些社区也只能是昙花一现的学术想象罢了。

## 二　社区居民参与在选择与认同中的"离散性"

公共文化服务是政府在新旧价值观不断交替，文化意义复杂交织的日常生活实践中，不断追求建立在认可、包容和理解上的公共文化，形塑行动者之间的共同价值追求和意义世界这一"公共精神"的行动策略。在人们对于现实生活充满着不确定性焦虑，憧憬着对于过往共同体的美好想象的意义世界中，理想框架中的社区居民公共文化参与应不断运作于公私领域之间，嵌入文化习惯与社会关系层面，在超越自我、私性或家庭领域的公共空间中，使得不同阶层、年龄、爱好的人们可以不断进行互动交流，形成良好的社会关系，消解因社会分层所带来的文化区隔和阶层隔阂，成就个人的归属感和与他人之间共同的社会认同，为最终实现人人共享的和谐文化的政治与社会理想服务。然而，现实中的社区公共文化服务实践仍然被一些居民更多地理解为只是国家文化治理实践在文化上的重要一环，而与他们自己的日常生活距离较远，这项制度基于居民广泛参与公共文化精神形塑的理论构想还远未实现。比如，笔者就通过对 JQ 社区镶嵌到居民日常生活中的文化参与实践的分析，发现社区居民的四种文化服务参与类型都具有典型的离散性。

第一，基层政府态度对发挥余热型参与者的双重影响。研究发现，自娱自乐型和发挥余热型参与是拥有较高热情的积极参与类型。其中，乐于奉献的发挥余热型参与者多半有官方（居委会委员）身份，同时又热衷于文艺生活，在实践中会充分利用政府的有限资源，以感情、人情、互惠和信任等方式与居民维系良好关系，充当社区与居民之间的"双面胶"，发动居民积极参与到文化生活中来。但是这些积极分子对公共生活的态度也受到社区态度的双重影响。当与基层政府合作融洽时，会提高其参与积极性，为了难以割舍的"面子"和"权威性荣誉"，倾力挖掘各种社会资本用以动员居民配合社区工作；而当基层政府的做法欠妥或态度比较冷漠时，尤其当涉及与人际交往关系有关的价值判断——丢面子的时候，也有部分人会不得不转向消极参与。因为对于生活在情理社会的中国人而言，"面子"和"荣誉"仍然是运作其与他人和社区之间关系，参与文化生活的重要机制之一。或者说，发挥余热型参与者通过参与或脱离公共文化生活，意欲得到"不可估量的社会资源、非制度性的社会支持"① 和一定程度上的日常权威。在本书第四章4—38个案中，一直对社区公共文化服务工作极富热情，且与基层行政单位联系较为紧密的王老师，就因为社区在她组织活动的时候表现得极其冷漠，面对队员对她说"你这么辛苦，可是社区的人怎么这样"时感觉很丢面子，而采取了"推说身体不好"的策略，消极退出了公共文化服务活动。

第二，基层政府的"表演式"服务消解了自娱自乐型参与者的参与意愿。自娱自乐型参与者是四种参与类型中自愿主动参与意识较强的一类，他们并不需要基层政府的动员就愿意参与到公共文化生活中来，因为他们希望通过锻炼身体、消磨时光来充实自己的业余或退休生活；期盼寻找志同道合的良师益友，来不断提升自己、释放心情；同时通过积极发展在社区小团体内的人际关系，来安抚他们身处后现代社会的无助感。但是正因为他们在这种自发式实践中更为关注的是来自内心的情感体验和社会交往乐趣，导致了其对于社区基层所发动的具有一定意义上的"表演"性质的公共文化生活较为疏离。尤其是在基层政府应付上级政府检查的文化活动中，由于这种仪式性参与的目的并不是通过参与过程来享受文化生活、表达文化需求、实现文化权利和享受社区福利，而只是基层行政部门通过参与本身的表现形式来传达"政府实践了文化服务"这一象征意义，这就更加羁绊了该类居民参与公共文化生活的积极性。在田野调查中笔者发现，这类居民参与公共文化生活的热情多是由发挥余热型居民调动起来的，发挥余热型参与者在动员中经常将参与社区文化生活与组织荣誉感、集体责任感、社会互助感等社会报酬

---

① 翟学伟：《人情、面子与权力的再生产》，《社会学研究》2004年第5期。

捆绑在一起，用来发动他们参与到公共文化生活中来。而一旦发挥余热型参与者退出，自娱自乐型参与者参与公共事务的主观意愿就会消退。在笔者对发挥余热型参与者的访谈中，就出现过社区让居民参与上级政府组织的广场舞比赛，在队员们比赛结束领完奖品之后，社区又命令他们将奖品退回社区的案例。自娱自乐型参与者认为社区这种"表演"行为剥夺了原本应属于自己的"酬劳"，特别"郁闷"，从而影响了个体"简单的娱乐意图"，所以在今后的活动中就采取刻意回避基层政府动员，"我们自己玩"的策略。

第三，基层政府的"强制参与"放大了依附型参与的消极性质。依附型参与者是具有一定消极因素的参与类型，这类参与者中的大部分人在文化生活参与上缺乏长性和主动性。因为以低保居民为主的依附型参与者迫于生存的压力，多数在主观意愿上并没有时间和精力去参与文化生活，但是为了不得罪政府，部分居民选择主动与所在社区"搞好关系"，通过积极配合来获得政府的区别对待，或者为了配合社区基层应付上级政府的检查，而在参与过程中装模作样，采取各种主动或被动的策略加入到文化生活中。由于基层政府在公共文化服务实践中也存在部分社区工作人员根据远近亲疏来分配资源的现象，导致了这类参与者的不满和愤懑，他们迫于对基层部门的资源依赖又不敢公开对抗，于是就采取了通过流言蜚语来扩散和放大社区不公现象这一私下抗争策略，致使此类参与者并没有对文化服务产生真正的情感认同，从而在客观上抑制了此类居民的参与主动性。

第四，文化服务的资源特征也难以吸引即兴参与者的持续关注。为获得好处而即兴参与者是公共文化服务实践中最不稳定的参与群体。对于这类不必为温饱发愁的居民而言，由于公共文化生活牵涉到的福利资源较少，而且与他们对更高品质的生活资源的需求和职业发展机会关联甚少，对他们没有强烈的吸引力，因此着眼于"获得好处"的这类参与者多是即兴参与，较少积极配合社区居委会的动员，缺乏参与公共文化生活的长期性、常态化行动。

各参与类型的社区居民参与公共文化服务的"离散性"如图6—2所示：

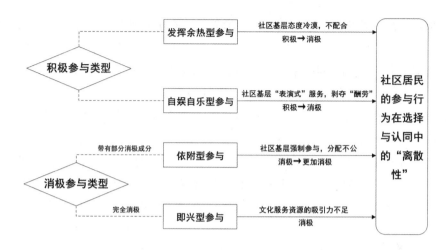

图6—2 社区公共文化服务中居民参与类型中的"离散性"

综上，从四种类型的居民参与中可以看出，在社区居民的文化服务参与实践中存在着明显的离散性。由于政府主导下的公共文化服务并不真正关注居民的主体性和能动性，因而这项服务中的居民参与多是个体化的、离散化的参与，特别是公共文化服务实践中的政府权力象征在空间营造、活动开展和团体运行中始终一枝独秀，政府的"无上权威"以及盲目着眼于经济利益的做法进一步束缚了居民参与的整体性和公共性。由此，在深层意义上，社区参与并没有改变居民的心理特质，没能使他们产生一种超越个体利益的公民精神，或因参与了公共文化生活而萌发了主体性，他们更多的只是在小部分积极分子的带动下学会了如何与社区更好地相处，通过私人关系更好地满足了自己的一部分文化需求。因此，笔者在与不同类型的参与者共同体验公共文化生活的过程中，在刻画出参与者的深层行动逻辑和日常诉求后，深深感触到隐藏在这些参与逻辑中的消极特征。

社区居民公共文化参与的离散性使得公共文化在我国社区的构建举步维艰。以近年来不断被污名化的广场舞为例，广场舞舞者与居民之间由争夺公共空间所引发的冲突而被媒体争相报道，广场舞舞者在候车室、高速公路、莫斯科红场起舞的视频或图片，与她们被攻击、泼粪、拘捕等负面报道，在互联网、微博、微信上刺眼地拥挤在一起被广泛传播。广场舞舞者于一种"缺席"的状况下不断地被消费、嘲弄。"大妈""广场舞"等词语已经被公共舆论所娱乐化、污名化，从而使"广场舞大妈"成为一种具有负面意涵的标签化群体指代，被置于异样的目光中。这种污名化其实已经成为一个社会在文化意涵上的不断建构过程。社会学家戈夫曼曾经做出论断："正常的和被污名化的，并不是个人，而是视角（Perspectives）。"① 在污名化的过程中，"在任何人身上，都不存在一种内在特征使他们被污名化"②。也就是说，不是群体自身有导致被污名的特征，而是社会和文化因素形塑着污名的建构。广场舞和其群体被污名化，并不代表广场舞舞者这一群体真正拥有污名化的特征，广场舞被污名化的背后隐藏着的是国民公共精神的贫瘠和我国公共文化的构建不足，因为只有在一个缺乏公共精神的国度里，围绕着所谓的"公共"空间而导致的缺乏包容性的"私"性争夺，才会成为污名化他人或群体的行为逻辑。正是由于我国社会缺乏公共文化的包容精神，使得广场舞不断地被污名化。具体说来，这种污名化起因于舞者与居民之间争夺"公共空间"的冲突，渲染在尖叫原理之下的媒体对于广场舞的负面报道，进而最终固化于前喻文化与后喻文化之间难以消弭的文化隔阂里。广场舞的污名被不断地生产和循环着的背后，隐藏着的正是公共精神的贫瘠，并凸显出公共文化的构建困境。

### 三 文化服务组织在服务与生存发展中的政治"嵌入性"

"嵌入"概念是由卡尔·波兰尼提出的，强调在研究经济现象时必须将社会关系网络对经济行动的影响和制约纳入研究视野。在此基础上，经济学家格兰诺维特（Granovetter）进一步分析了嵌入的运行机制，强调"个体的经济行为会受到人际关系和关系网络的影响，行动者有意识的行为都是嵌入在具体的既存的社会关系网络当中"③。沙龙·

---

① Stephen C. Ainlay, Lerita M. Coleman, and Gaylene Becker, Stigma Reconsidered, in Stephen C. Ainlay, Gaylene Becker, and Lerita M. Coleman ed. , *The Dilemma of Difference：A Multidisciplinary View of Stigma*, NewYork：Plenum Press, 1986.

② Ibid. .

③ 吴月：《嵌入式控制：对社团行政化现象的一种阐释——基于 A 机构的个案研究》，《公共行政评论》2013 年第 6 期。

祖金（Sharon Zukin）在格兰诺维特的基础上将嵌入性划分为四种类型：结构嵌入性、认知嵌入性、文化嵌入性和政治嵌入性。<sup>①</sup> 其中，政治嵌入指的是行动者所处的政治环境、政治体制、权力结构对主体行为产生的影响。由此，"嵌入"概念被不同学科背景的研究者持续从多种角度予以拓展，最终在经济社会学领域被解读为"进而强调政治、经济、文化、社会资本、组织关系等多项环境要素对机构运行规律和发展状态的植入性影响"<sup>②</sup>。在此，笔者引入"嵌入"这一经济社会学概念，聚焦于政治因素的影响，并将研究对象拓展至文化服务组织，在其中窥探政府与组织之间在公共文化服务实践中展开互动与镶嵌的真实联系。通过前文研究可以发现，在公共文化服务组织的机构设置和日常管理中处处嵌入了政治因素，政府通过有效的多重制度供给，逐步对文化服务组织的成立和运行过程予以嵌入，与此同时，文化服务组织在主观意愿上也积极接受这种干预，并采用多种相关策略争取政府的种种支持，即"受嵌"行为。

文化服务组织的嵌入性是发生在以政府占据主导地位为特征的"先赋"博弈结构下的。<sup>③</sup> 随着社会结构的分化，包括文化服务组织在内的NGO 等社会力量在中国的社会治理进程中发挥着无可替代的作用。基于权力和资源的不断重组，NGO 又进一步"被卷入社会博弈的漩涡中，成为社会博弈一个重要的主体"。在公共文化服务的实践中，政府与文化服务组织亦存在着客观的博弈关系。"结构与行为规则或制度有着密切的关系，特定的结构往往包含着特定的制度或行为规则。"<sup>④</sup> 也就是说，特定博弈关系中的博弈规则首先是由特定的社会结构左右的。故而，在公共文化服务场域中，政府与文化服务组织之间的博弈不是在一

---

① 刘鹏：《从分类控制走向嵌入型监管：地方政府社会组织管理政策创新》，《中国人民大学学报》2011 年第 5 期。

② 吴月：《嵌入式控制：对社团行政化现象的一种阐释——基于 A 机构的个案研究》，《公共行政评论》2013 年第 6 期。

③ 刘祖云：《政府与非政府组织关系：博弈、冲突及其治理》，《江海学刊》2008 年第 1 期。

④ 王水雄：《结构博弈——互联网导致社会扁平化的剖析》，华夏出版社 2003 年版，第 7 页。

个纯粹的自然状态下展开的，先前必然存在着一定的结构化特征影响着它们的博弈过程。在现阶段，这一结构化特征是指在社会转型时期，计划经济正逐步转向市场经济，社会中大量的资源仍然不规范地、非正式地依附在政治框架之下，这使得"政府拥有的强制性权力及制定规则的特殊地位，使其在政治力量对比和权力资源配置上占据绝对优势"①。笔者针对公共文化服务组织的研究表明，在中心的成立和发展过程中，它们更多依赖于政府的资源，但政府对其依赖却相对很低。故而，我国政府与文化服务组织之间是一种政府主导型的"先赋"博弈结构。在这种"先赋"博弈结构下，行动主体会习惯地按照原有的社会结构来选择实践策略。这样就势必形成一种基本的博弈规则或逻辑，即政治因素在文化服务组织的活动中的全方位"嵌入"。尽管"凭着博爱精神去关怀帮助社会中的弱者或受苦受难的人"的终极服务宗旨而集结起来的社会性力量是文化服务组织身份维系和生存发展的根基，但是在组织的现实生存与发展情境中，这种非对称性依赖关系下对政府资源的全面依附才是其开展文化服务工作最重要的行动逻辑。

在这种逻辑下，公共文化服务组织不得不积极寻求政府认可而不是居民的社会认同，它们往往将其组织价值捆绑于政府的行政需要之中。这一行动取向在文化服务组织为了扩展自己的生存空间而采取的不同策略中尤为显见。首先，在以"政"之名——谋求政府支持获得合法性的策略中，通过将政府的行政话语嵌入组织的服务理念中，来谋取政治合法性，并以邀请退职官员进入组织领导层的做法保持政府让渡的行政合法性，同时通过冒充体制内权威的策略来打造象征体制权威的资本。其次，在实现组织运行的规范化、高效率——基于组织长期发展战略的能动管理策略中，为了博得政府的进一步信任，组织还采取了去等级化的组织形式，完善了一个多层次且较为完善的工作架构，制定正式的组织规章制度和非正式的行为规范来维系组织的发展。最后，在拓展资源的"第三条道路"——对建构在私人"关系"上的社会网络的综合运用策略中，组织管理层在不同形式的网络中所培育的社会资本，也多是

① 沈原、孙五三：《"制度的形同质异"与社会团体的发育——以中国青基会及其对外交往活动为例》，天津人民出版社 2001 年版，第 146 页。

借助其在已有的科层制权威体制中的工作经历而建立起来的，无论是非正式关系网络在政府体制内的正式运用，抑或是与社区基层因工作关系而建立的正式网络在组织发展过程中的非正式运用，无一例外都是在与政府有关的社会网络中形成的，组织用以维系其与社区互动和在社会范围内获得认同以扩大影响的策略都是在国家体制框架内产生的。

可见，文化服务组织采取的一系列策略都是带有明显的政治"嵌入式"特征的行动，这种行动将"有助于他们建立组织并嵌入目前的政治体系中"[①] 作为其实践目标。也就是说，文化服务组织实际上是向上负责而不是对下负责并寻求认同的。这与公共文化服务制度设计中赋予组织的理想职能（上下沟通的桥梁和纽带）却背道而驰，甚至连政府期冀其帮助了解居民实际需求的意图也难以达成。

# 第三节 三元主体在公共文化服务<br>实践中的互动关系

笔者根据社会学相关理论，以 N 市 JY 区为例，对政府、社区居民和公共文化服务组织三个行动主体在公共文化服务建设中的场域、行动策略和实践逻辑进行研究，关注在社会转型过程中，拥有着不同行动逻辑的三元主体在各自相异的公共文化实践情境中如何通过与其他主体的互动来能动地体验、认知和建构自己的行动意义，进而形塑社区公共文化服务的面貌。研究发现三者在公共文化服务实践中并没有形成一个具备标准功能的三元互动机制。

## 一 政府在路径依赖下与其他主体的互动关系

为了构建一个较为合理完善的公共文化服务体系，JY 区各级政府通过聚焦空间的营造、塑造文化惠民活动品牌、扶持社区文艺团体策略兴建了一个完善的公共文化服务体系。但是在区级政府"获得更多的

---

① 吴月：《嵌入式控制：对社团行政化现象的一种阐释——基于 A 机构的个案研究》，《公共行政评论》2013 年第 6 期。

GDP""灌输式的文化传递模式"的双重管理路径锁定和基层单位应付行为的路径依赖制约下，政府部门在公共文化服务实践中并没有与居民、文化服务组织等其他行动主体，形成如制度理想设计的那种良好的互动关系。

（一）空间营造策略中公共文化空间的建构与消解

JY区政府在充足的财政经费保障支持下通过严格的绩效考核机制，着力打造了完备的、惠及所有居民小区的区、街、社区、楼盘四级公共文化设施网络，对每一级网络中文化设施的数量和类别都有详细的规定和要求。在制度考核的重压下，街道和社区政府虽然着力建设兼具多重功能的文化活动室，但是由于人力、物力和财力所限，以及在思想上并未真正重视这些文化设施对居民生活的重要意义，实际上采取了拷贝极其相似的多功能场馆的方式来"应付"上级政府的检查。故而在政府构建"公共空间"的过程中，一部分公共空间在权力关系下发生了"异化"。在基层部门分门别类的管理和限制下，由政府内部所谓的"权威部门"或"权威人士"来决定这些"公共"空间是否可以，以及何时可以被哪些身份的居民所使用。于是，通过这一系列"教化"指令，一部分公共空间在权力关系下被异化为基层单位的"表现空间"。而且，还有一部分公共空间在华丽规划的安排下却被"闲置"，这类公共空间多是位于居民生活空间的外围，周边缺少配套设施的城市广场或公园等。这些场所在单纯以文化设施数量为考核指标的文化服务建设制度中颇受政府推崇，但是它们并不具备"可达性"的基本条件，因而很少得到居民的广泛使用，其公共功能也因此大打折扣。也就是说，这些公共文化设施的建设并没有力图在居民的使用和认可中实现其"公共"职能，"公共空间"在形式上被不断建构的同时又在实际上被不断消解着，公共文化空间的供需矛盾并未得到有效缓解。

（二）塑造文化惠民活动品牌中文化活动同质化现象在重复上演

有别于政府建设文化服务设施的策略，文化活动品牌策略的推广更直接依赖于社区居民的广泛而深入的参与。因此，在政府开展文化活动的同时，必然要采取更加丰富且细致入微的策略，用以吸引多样化人群的有效参与。JY区政府在为社区公共文化服务专门建立的六边形框架专项资金保障机制支持下，通过精心策划月度活动主题、开展富有地方特色的公共文化活动、推广"一社一品"社区文化活动来打造文化活动品牌，创建"百花齐放"的特色文化社区，并组织社区之间的"广场舞""小合唱"比赛，力图建构公共文化活动的常态机制。为了保障上述活动能够得到社区基层的积极配合，区政府在活动中详细规定了街道和社区每年需要组织或参与的活动数量的最低标准，还将该项工作的年度成果与第二年各个街道和社区领导的工作绩效挂钩。基层部门为了快速、省力、简便地完成市区下达的各项活动任务指标，选择了最为简单的用"同一批演员来演出，再用同一拨社区居民去比赛"的同质化开展方式来形塑各自社区所谓的品牌文化活动。这些精心打造的、貌似色彩斑斓的"活动精品"在政府的文化服务考评体系中不断博得认可和好评，却与个体化社会中居民文化需求多元化发展趋势相悖，制约了个体对文化活动的参与兴趣，使公共文化服务在社区层面力图使居民达成文化共识的目标难以实现。

（三）在扶持各类民间文化服务组织时优先选择与政府关系近的文化团体

尽管扶持各类民间文化组织是 JY 区各级政府实践公共文化服务的重要策略，但是 JY 区严格意义上的民间文化服务组织并不多见。在区政府一级，JY 区政府以文化馆为依托，在全市率先成立了社区文工团，在各街道成立街道文联，积极开展群众文艺创作活动；同时对弱势群体的文艺团队进行对口帮扶；另外与高校文化团队合作打造公共文化服务项目的新形式。但是，这些实践策略或者是一些针对特别人群的，或者是政府象征意义居多的，比如社区文工团的实际作用相当于文化馆的下设机构，在实践政府的文化服务方针时，却没有与社区居民和社区团体的需求实现有效对接。JY 区政府虽然在考核体系中要求社区基层部门扶持社区内的民间团体，帮助这些团体备案注册，但对如何扶持文化服务组织的发展却并没有明确的、可操作的制度规定。而在街道和社区，基层部门仅愿意帮助那些配合社区开展文化服务实践的小型娱乐团体注册（因为社区拥有的文化团体的数量是区政府考核的指标之一），却并不关注如何继续帮助这些注册团体维持生存。那些多来源于社区"广场舞""合唱队"等中老年社会团体的文化"组织"，并没有明确的团体目标或章程，组织松散，纪律性差，其生存和发展都严重依赖基层政府。在实践中，多数是为配合基层政府的公共文化服务"应付"式实践而临时集结起来的，并不倾注于围绕拓展居民文化需求、提升居民文化情操来开展团队活动。因此，它们在严格意义上并不具有鲜明的"组织"特征。实际上在 JY 区，在事实意义上能够被称为社区文化服务公益性组织的，只有一所（也是 N 市第一所）——"N 市社区艺术教师志愿者中心"。

综上，由于政府在文化服务实践中自上而下的路径依赖，相似的权力逻辑和权利技术在文化服务过程中一直扮演着核心角色，它们在公共文化空间的异化、公共文化活动的同质性开展和对文化服务组织的支持管控中如影随形。JY 区各级政府在营造公共文化空间时，并没有力图在居民的使用和认可中实现这些文化设施的"公共"职能，这些空间在被政府不断建构的过程中又被不断消解着；在塑造文化惠民活动品牌时，精心打造的所谓活动精品在博得体制内好评的同时，却因高度同质化的文化活动的重复上演而使居民们陷入审美疲劳，制约了他们的参与兴趣；在扶持各类民间文化组织时，得到支持的大部分是更多服务于政府的文化团体，而且也没有致力于维系文化服务组织的长期发展而给予体系化、制度化支持。虽然文化治理思维指导下的公共文化服务实践始终强调以社区宽领域多阶层的有效参与为核心，进而在社区生活实践中对居民进行文化熏陶以调整他们的自我本质，同时针对阶层文化区隔现状中，建构包容性的公共文化空间，借以重构各阶层之间的和谐社会关系，但是其在社区的实践中往往以基层政府、社区积极分子为主角，却鲜有政府与大部分居民的近距离互动交流，社区大部分公众与多元化的文化组织的广泛参与也就遗憾地缺位了。也就是说，政府尤其是社区基层并未真正将了解并实现居民文化需求作为其工作开展的着力点与生长点，所以政府也并未付诸足够的诚意来实现与居民平等、坦诚的互动，文化治理制度理想中的政府与居民互动的迫切愿望与基层的实际工作态度存在明显落差，社区基层对居民需求的选择性回避，也导致一些部门并未真正希望通过组织来了解居民诉求，只是把这些组织当作一种辅助性的文化行政宣传工具罢了，所以政府也缺乏对文化组织开展高品质的文化服务产生真正的心理依赖，文化服务组织对于政府而言并不是不可

或缺的关键要素。尽管如此，政府对于公共文化服务体系的制度建设依
然如火如荼，虽然在一定程度上存在与居民的使用和参与相脱节的情
况，还缺少严格规范的文化组织的有效协助与专业化服务，但在现有考
核体系下，JY 区作为国家级公共文化服务示范区的地位依然稳固。故
而，在现实的公共文化服务场域中，路径依赖思维操纵下的政府部门，
对居民和组织展开的互动其实是比较微弱和极度不对称的。

## 二　居民在参与离散性特征影响下与其他主体间的互动关系

尽管从四种类型的居民参与中，可以看出社区居民在文化服务参与
实践中的离散性，但是笔者在与文化服务参与者们日复一日的交往和观
察中发现，公共文化生活已经镶嵌到某些个体的日常生活中去了。在笔
者与不同类型的参与者分享他们在这些活动中交织着的"张家长李家
短"过程中，笔者深描了参与者的深层行动逻辑，发现某些参与者在公
共文化生活中倾注了他们无可替代的意义诉求。

（一）获得"难以割舍"的社会报酬——发挥余热型参与者的公共
文化服务实践驱动力

发挥余热型参与者多以中老年群体为主，年轻时多是单位的文艺骨
干或领导人物。在他们认为已经退出了生命中轰轰烈烈的事业历程，准
备在日复一日的生活实践中或休闲或落寞地安度余生之时，细碎而丰富
的文化生活却唤醒了他们内心深处的"组织荣誉感"、因"有面子"和
"权威性荣誉认可"赋予其内心的价值实现感而产生的自我满足或在集
体的社会交往中分享亲人般互助的精神构想。在忙忙碌碌地奔波于社区
文化服务工作的过程中，他们在居民的赞许与认同中建构着正面的自我
认同；因为兢兢业业地为政府与居民搭建沟通之桥，他们被政府表彰所
给予的社会地位、个人声望和个体自尊等权威性荣誉所激励；在一丝不
苟地为他人无私奉献过程中，他们实现着有关社会平等、友爱、互信和
互助的公共交往理想。在这块生活天地里，由面子、荣誉和互助等组成
的社会报酬是他们内心难以割舍的情感，文化服务所带来的精神层面的
满足和快感更给予了他们在未来的人生夕阳红中付诸更多努力的生活空
间。但是正如笔者在前文中分析的那样，发挥余热型参与者在遭遇基层

政府或其工作人员的不合作不配合或态度冷漠时，尤其当这些影响到别人对其社会交往关系及其能力的价值判断而让他们丢了面子，从而削弱了他们期望从公共文化服务中获得的"社会报酬"的时候，这种类型的参与者就会被迫转向消极参与。

（二）演绎不能忘却的集体记忆——自娱自乐型参与者的公共文化服务实践驱动力

公共文化服务场域拥有着典型的代际差异特征，以"广场舞""大合唱"为标识的文化活动形式往往吸引的是 45 岁以上的中老年群体。一些公共文化活动的特有形式作为他们在个体化时代延续原有集体记忆的载体，体现着那个属于他们的逝去年代的公共价值观。参与者通过公共文化生活在现今的社会交往中找回了于计划经济时期形成的组织感，并得以将这种归属感与社会交往方式在他们的社区文化团体里延续下去，于是，社区文化团体就成为他们找寻与坚持过往时代的精神品质的舞台，比如广场舞社区团队就是典型代表。这种在公共文化生活中寻回的集体记忆，是一种建立在消弭孤独感、寂寞感和无助感之上的温暖记忆，映衬了中国中老年人淳朴的文化诉求。但是，如果社区基层发动居民参与的是一些只具有"表演"性质的公共文化生活，这些单纯关注内心感受和交往乐趣的自发式参与进来的居民则会对其较为疏离与排斥。这样，基层政府通过发动居民参与文化生活所表现出来的"政府实践了文化服务"也就徒具象征意义了，反而更加约束了许多居民参与公共文化生活的积极性。

（三）谋求政府给予的、赖以生存的资源——"依附型"参与者的公共文化服务实践驱动力

对于多是低保户、残疾人的依附型参与者而言，无论是为了与政府搞好关系以争取资源分配倾斜或对政府的照顾进行情感反馈的互惠型积极参与，还是必须看政府脸色的应付型消极参与，他们的参与都有一个前提，就是政府给予了这些居民赖以生存的社会保障和生活资源。这些居民的参与行为多是人在政府"屋檐下"的被动参与，而非真正发自其内心真实文化需求的主动式积极参与，即使是那些出于真心感谢政府给予的照顾而主动参与进来的居民来说，他们的参与也多是为了表达谢意而进行的配合基层行政需要的一种最基本的付出行为，因此这些居民

并不会成为为公共文化活动增添熠熠生辉色彩的创造性参与者，多是看政府的"面子"或畏惧于政府的权威罢了。于是，他们在公共文化活动中所采取的应付性行为也就自然容易理解了，而且如果在公共文化服务过程中，存在一些资源分配不公现象，也非常容易导致部分居民的不满，继而招致他们隐性的、颇具破坏力的私下抵抗（比如散布流言蜚语）。显然，政府特别是基层政府的行动模式是左右着这类居民对公共文化活动的参与行为的决定性力量。

（四）找寻不可忽视的自我认同——社区弱势群体对于公共文化服务的美好期盼

对于老年人来说，在充斥着老而无用观点的"后喻文化"时代里，文化生活寄托着老人对其余生美好生活的向往和创造愿望，编织着他们于当下时代实现自我、再造人生辉煌的美妙期许，勾画着他们借由他人的赞颂与认可来获得丰盈自己内心的幸福感和自豪感的理想蓝图。对于残疾人而言，在他们情感依然丰富的心灵世界里，公共文化服务是为数不多的可以为他们营造轻松、平等与谦和的进行社会交往互动的包容性空间，他们于其中感到生活是有序而充满确定性的，从而使这些身体残缺却感情敏感的人们能够在文化生活这个安全稳定的空间中沐浴着温情脉脉的人文关怀，生产着连续而稳定的自我认同。对于那些患病与共的病友群体，在公共文化生活中"病友"之间对于各自相似经历的分享和心灵苦楚的倾诉使他们结成了一个相互理解与慰藉、能够真切感受到彼此发自内心的情感认同的共同体，文化服务为病友们找到了同病相怜的交流与互助对象，缓释了其身心的苦痛与彷徨。在文化服务宏大的国家治理篇章中，文化服务荣幸地担当了老人、残疾人、重病患者等弱势群体找回自我认同的精神家园，让生活上饱经风霜的行动者借由公共文化服务，可以在乏味堆积的物质生活中挖掘着情感上的温暖，重新审视其特殊生命中惊异于普通人的闪闪微光。

根据上述对不同参与类型居民的参与动机的深描，笔者发现，对于部分参与者而言，公共文化服务确实是一个人人相互认识、扶持的社区日常网络，他们在这个场域中非常依赖于政府提供的文化生活，慢慢重塑个人心理的归属感和其对社会的认同，重建提供自己生活信仰的意义世界。换言之，参与政府提供的公共文化服务的过程，也是这些居民寻求地方感觉（Sense of Place）和文化意义的过程。然而，在政府与居民的互动中，原子化社会中不同领域的多重结构性因素结合在一起，使得居民对文化服务的弱参与场域在不断被形塑。同时，由于政府权力象征在公共文化服务的空间营造、活动开展和团体运行等方面的无所不在，所以在多数居民眼中，公共文化服务实践仍然是一项纯粹意义上的政府工程，这项工程混合了以积极分子为主导的社会动员方式和一些他们不甚了解的制度及观念革新。由于在政府主导下的居民参与多是个体化的、离散化参与，虽然公共文化服务在制度理想中是鼓励更广泛的公众参与的，而实际情况却使一些文化活动成了一种"表演性参与"的嘉年华，而这种徒具形式缺乏精神实质的参与，仅仅是再一次在社区公共空间里显示了政府及其行政利益的权威性影响。故而，大部分居民的参与行为并未改变他们的心理特质，基于居民广泛参与的形塑公共精神的理论构想也还远未实现。居民在公共文化生活中的自主性、自觉性并未显著提高，在各个方面依然非常依赖政府的态度和行动模式及其结果，政府依然是这项公共实践的主角，居民在制度理想中的主体性地位和主人翁意识并未被培育起来。

受居民对政府的态度影响，一些居民也会将对政府的疏离感传递到他们对文化服务组织的态度上，他们往往会将一些具有正式操作规章和流程的准正规化文化服务组织当作是政府行政机构的延伸，单方面主观认为这些组织只是政府利益的代表，只是政府派来给他们做宣传工作的，于此先入为主的却又一时很难改变的刻板印象中，文化组织的"服务为民"的组织根本宗旨却被忽略或淹没了。于是，一些人对于组织的态度也变得消极负面，认为向这些组织说了自己的需求也没用，解决不了什么根本问题，只是浪费时间地又一次配合了表演而已，所以他们也很难与这些组织达成坦诚的互动。因此，文化组织在社区居民的参与中仅能起到偶尔的动员作用，或做一些行政辅助性工作，文化服务组织通过与居民的充分交流互动来充当政府与居民的沟通桥梁，进而确立其在公共文化服务实践中的重要参与主体角色地位的文化治理制度理想也并未实现，居民参与文化生活并不特别依赖于文化服务组织，所以居民与组织之间的互动也比较薄弱。

可见，当下情境中居民对公共文化服务的参与是强烈依赖于政府的，自身的主体性和主动性并未得到充分彰显，而且由于居民对政府的这种过度依赖，也牵连到他们对组织的态度与互动关系的处理上，导致居民与组织之间的互动依然是脆弱的。

### 三　文化服务组织在政治嵌入性实践中与其他主体间的互动关系

文化服务组织自上而下的成立背景以及工作方式，以及我国 NGO 在制度制约与资源障碍的双重掣肘下的艰难求存，都使文化服务组织的行动取向不可避免地带有政治"嵌入性"色彩。为了在现实运行规则下从政府获得更多的发展资源，组织往往会将"类行政化"作为一种行动策略，① 但在其用博爱精神去关怀社会公众的终极服务宗旨与内心愿景驱使下，它们又力图凭借奉献精神和秉持利他主义的崇高理想来集结起现今依然沉默的社会性力量，用以维系其身份正当性和生存发展的根基。

（一）文化服务组织在非对称依赖关系下对政府的全方位依附

对于文化服务组织与政府之间的关系而言，笔者在第五章梳理组织发展策略时发现，由于政府以绝对权力主导和控制着公共文化服务组织发展所需要的合法性、人才、技术、资金等资源，使文化服务组织在政府、社会、居民等多重资源中，更多依赖于政府的资源，在这种非对称性依赖下，它们对政府资源的全面依附是这些组织参与文化服务的主要行动逻辑。由于我国特殊的政治制度环境和传统文化规范的限制，政府往往掌握着组织合法性认证、社会关系网络等与文化服务组织的生存息息相关的重要资源，文化服务组织的生存发展更依赖于政府支持而不是社会认可，因此在实践中，组织更多地倾向于从政府的角度而不是社会的角度来制定其发展理念和文化服务开展方式。从对组织与政府、组织与居民或社会其他组织的多重依赖关系的比较中，可以发现组织的"多重依赖关系中的非对称性"特征。在政府与组织的互动关系中，公共文化服务组织的生存和发展空间从一定程度上说是由政府让渡出来的。所以，尽管文化服务组织拥有社会化的招募方式和专业性运营理念，兼具灵活性和亲民性，能够及时反映居民的实际文化需求，并充当居民在文

---

① 刘祖云：《政府与非政府组织关系：博弈、冲突及其治理》，《江海学刊》2008 年第 1 期。

化空间中的矛盾与冲突的调解人，但这些在文化服务方面的明显优势，仍然不能使这些组织在依旧主要依赖科层制资源和文化事业单位的公共文化服务中取得有利位置。尽管由于政府在文化服务工作中也一定程度地依赖组织来更好地推进，但是相对于组织对政府的依赖而言，政府对组织的依赖只是一种在让渡部分边缘职能下的次要依赖。而离开政府，文化服务组织就无法做到自给自足，必须从政府掌控的体制内环境中获取各种资源以维持生存发展。因此，尽管在理论上，文化服务组织与政府应该基于实现公共文化服务的终极价值的共同目标而展开双赢的互动过程，但它们之间其实是一种非平衡性依赖关系，两者的互动也似乎天生就会成为不平等的权力依附游戏，即在非对称依赖关系下组织对政府的全方位依附。

（二）文化服务组织在非对称关系下与居民之间的弱依赖关系

在公共文化服务组织的终极理想层面，它们是以更好地满足居民文化需求和帮助居民充分实现文化权利作为服务宗旨和价值导向的组织。这意味着组织在文化服务实践中，应以促成社会公平正义为目标，在不断提供全民性和公益性的文化志愿服务中获取其组织存在的合法性。于是，文化服务组织与社区居民之间形成的是一种服务者与服务对象之间的互动关系。服务者需要在博爱、奉献精神旗帜下，通过扶持弱小的道德实践和扩展公平正义的政治实践来博得社区居民的认可与支持，从而攫取组织身份的社会认同。另一方面，文化服务组织中具有无私奉献精神的志愿者，同时也是社区居民，在不为报酬而自愿把自己的时间、精力、知识贡献给他人的志愿服务中，重新寻回了其他居民对其的精神认同，在他们的精神感召下，也带动了更多的社区居民在利他主义的行动中幸福自己，在为组织赢得社会认同的隐性资源的同时，也为文化服务组织的生存和发展，源源不断地提供着必不可缺的人力资源。

然而，组织基于其发展愿景与宗旨而与居民展开的温情互动，并不能掩盖两者之间互动的脆弱性。由于我国的公民意识尚未成熟，居民的自主性和独立性与公民社会之标准相比尚有距离，他们对组织合法性的认可和信任往往首先来源于政府给予组织的合法性认证，这就意味着组织若要取得居民的初步信任并借此展开服务与互动，首先必须获得政府给予其的合法性背书。而且，由于组织自身在现阶段也存在一些运作不规范现象，一些组织的纪律性和组织性也有待提高，影响了居民对它们的观感，一些没有行政资源支持的组织由于资金、人员、硬件设施的匮乏使其在寒酸处境中日益窘迫，又更加恶化了居民对这些组织本已存在的偏见。也就是说，组织和居民之间仍然非常依赖于政府的支持来建立互动关系，或者说他们的这种互动关系其实还是以政府支持为基础的，如果没有这种支持，它们的互动关系就会变得非常薄弱。因此，组织与居民相互之间其实是一种弱依赖关系。在制度理想中，组织原本应充当政府与居民之间互动的桥梁，而现实却与之相反，组织与居民的互动是极度依赖政府的。显然，组织之于居民的互动相对于组织对政府的强烈依赖，是非常不对称的，组织在与政府、与居民两个方向上的互动是一种非对称的三角关系。

于是，对政府全面依附就成为文化服务组织在文化服务实践中最主要的行动逻辑。在此逻辑下，公共文化服务组织不得不积极向上而不是向社会求得自我认同与组织价值。这一行动取向在文化服务组织为扩展自己的生存空间而采取的不同策略中尤为明显。文化服务组织采取的一系列策略都是带有政治"嵌入性"的行动，这种行动的目标是帮助它们嵌入目前的政治体系中，文化服务实践对于组织的重要性就取决于其服务能在多大程度上帮助它们回应政府重点关注的文化指标和具体任务。也就是说，政府布置的任务、下达的检查指标，以及对其服务的褒奖抑或批评对文化服务组织来说都是非常重要的约束或激励机制。于是，组织的管理者（多脱胎于行政官员）对在居民需求中找寻组织的发展机会和成长空间并不积极，而是主动依附于政府的行政体系，热衷于用政府规定的文化服务指标来制订其服务目标和工作计划，并习惯于在政府指导下向社区居民提供服务。在上述因素的合力推动下，文化服务组织与政府之间的互动关系被置于一种政府主导型的"先赋"博弈结构中，政治因素全方位地"嵌入"了文化服务组织的行动中，而相对的，居民对文化服务实践的具体意见和需求，对组织而言就并不那么紧要了，组织的实践行动本应秉持的社会"嵌入"性被削弱了。

可见，尽管理论上文化服务组织与政府、居民之间应是一个在公共文化服务中展开互利共赢、相互依赖的互动过程，但实际上，在组织对政府、居民的非对称性依赖特征下，文化服务组织更倾向于全方位依附于政府，而忽视对居民文化服务需求的真诚认知和执着探寻；文化服务组织、政府、居民对于公共文化服务的发展目标也缺乏共识，文化治理制度理想中的政府与文化服务组织基于满足居民文化需求之上的三者互动关系并没有实现。

### 四　三元主体"非对称性"互动的现实图景

罗伯特·基欧汉与约瑟夫·奈在关注国际关系时，对于权力与相互依赖做出了三点权威性解读：第一，相互依赖并不局限于互利（Mutal Benefit）的情境；第二，不要将相互依赖完全局限于均衡（Evenly Balanced）的彼此依赖，最有可能影响行为体应对过程的是依赖的非对称性（Asymmetries in Dependence）；对权力相互依赖的"敏感性"（Sensitivity）与"脆弱性"（Vulnerability）的密切关注。本节基于这一视角，分析了政府、居民和组织在公共文化服务场域中基于对权力和资源的掌握与依赖所缔结的不同互动关系，进而建构起以"依赖"为特征的三元互动关系：第一，政府对居民与组织的依赖是一种弱依赖关系。在政府的路径依赖下，现有的文化服务制度决定了尽管各级政府在一定程度上于实践中忽视了居民的主体地位，且脱离了其文化服务享受主体的需求情境，从而未给予文化服务组织的生存发展以真诚支持，但是它依然构建了形式上完善的公共文化服务体系。第二，居民与政府、组织缔结了强弱相异的依赖关系。尽管居民参与的离散性是当下他们参与社区文化服务的基本特征，但是通过对不同类型居民的公共文化服务实践过程的分析，笔者发现，政府建构的文化服务承载了一些居民更多的文化意义和价值诉求，这些居民在公共文化生活中实现了其从别处很难获得的集体记忆、社会报酬和身份认同。从此意义上看，居民强烈依赖于政府的公共文化服务。而由于现阶段的社区实践中，严格意义上的正规公共文化服务组织较少，导致居民对于它们提供的服务项目仍然不太了解，抑或了解后也不太认同，所以居民的文化生活对文化服务组织的依赖性较弱。第三，文化服务组织对政府和居民的依赖强弱程度明显不同。在文化服务组织的嵌入式实践中，组织与政府、居民之间的非对称性关系特征决定了其被迫选择全方位的依附于政府所直接或间接提供的各项资源，而较少依赖于居民赋予的社会认同的现实窘境。由此，政府、居民和组织三者之间在现实的公共文化服务场域中就缔结了一种"非对称性"互动关系，如图6—3所示。

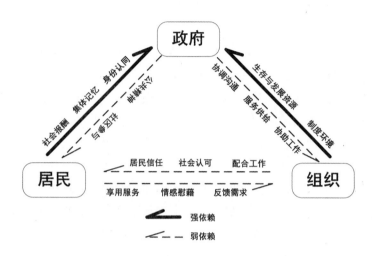

图6—3　公共文化服务中三元主体的"非对称性"互动关系示意图

可见，在这种"非对称性"互动关系中，公共文化服务实践仍然是由政府来主导和支配的，它的目标、形态和运作机制都是由政府主宰着，其仍然不能摆脱"文化形象工程""文化政绩工程"的固有印象和实质。公共文化服务领域并未形成文化治理思想所期盼的多元主体"三足鼎立"之势，居民和文化服务组织目前还只是这个体系的配角，他们都在结构因素和体制框架下不同程度地强烈依附于政府。由于政府在公共文化服务实践中对居民和文化服务组织的需要程度都较弱，居民与政府、组织与政府、居民与组织之间的平等互动始终无法实现。于是，居民这个本源意义上的公共文化服务核心主体在现实中却让位给了政府，文化服务组织这个本应致力于服务居民，充当居民与政府沟通桥梁的行动主体，却实际成为了政府行政触角的末梢，变为一种类行政组织。公共文化服务制度设计中的三元平等互动构想其实被束之高阁了。

# 本章小结

本章首先在文化治理理论视域下描绘了制度理想中的公共文化服务实践互动图景，在此理想中，公共文化承载了使居民文化生活从空虚到满足、使社区文化共识从变动到稳定、将政府文化价值理念"世俗化"的多重功能，进而阐明政府作为制度的制定者和实践的主导者、居民成为受益者和反馈者、文化服务组织充当公共文化服务实践的供给者和黏合剂，构成了公共文化服务制度设计中的三元主体理想互动图式。

接着，本章结合第三、四、五章的描述，对政府、居民、组织三元主体在公共文化服务实践中的行动特点进行了分析。研究发现，政府在公共文化服务实践中存在市、区级政府文化管理机制的双重路径"锁定"与街道、社区基层在实践中的"应付"行为的多重"路径依赖"现象，而政府对于公共文化服务的强势塑造却导致社区居民在参与过程中存在明显的"离散性"特点，并使文化服务组织在其服务与生存发展过程中不得不采取政治"嵌入性"策略。

最后，本章从三元主体于公共文化服务场域中的实践特征里，发现由于政府在公共文化服务实践中的强势主导和支配、居民与组织的结构性缺陷的共同形塑，三元主体形成了一种"非对称性"互动关系，居民和组织对于政府都存在着强依赖关系，而政府对居民和组织、组织与居民之间却还都是一些弱依赖关系，公共文化服务领域并未形成文化治理思想所期盼的多元主体"三足鼎立"之势，居民和文化服务组织目前还只是这个体系的配角，三者之间的平等互动仍只是美妙的理论设想而已，文化治理依然任重道远。

# 第七章

# 研究结论

## 一 基层政府是城市社区公共文化服务治理的重点

研究发现，国家虽然已经在文化治理理念指导下设计了功能完备、体系完善的城市社区公共文化服务体系，但在社区基层，制度设计的理想图景却与现实运行机制相去甚远。无论是制度理想的贯彻，还是居民诉求的反馈，都需经由基层政府。基层政府在服务工作中的态度、做法是居民对于政府构建的公共文化服务体系的感观的最直接来源，上层政府在进行制度设计与调整时，也同样依赖于基层政府对居民诉求的反馈。实际上，这些基层行政部门犹如管道中的拐点，处于直角两端的上级政府和居民都依赖基层政府的传达来让彼此互相了解心中的真实想法，进而达成彼此的理解与谅解。然而，基层政府的应付式工作策略，却大大阻隔了制度设计者与居民之间的沟通管道。上级政府因基层政府的选择性反馈，而沾沾自喜于外表华丽下的硬性建设指标的完成，社区居民因基层政府的敷衍冷漠态度和表演式参与动员，对公共文化服务也很难产生广泛的内心认同。这就使公共文化服务制度的设计者与制度的服务对象之间的心理距离越来越远，从而使制度设计与现实运行的脱节不可避免。

而且，基层政府也左右着公共文化服务运行的实际规则。研究发现，无论是居民还是文化服务组织，在公共文化服务实践中都高度依赖政府给予的资源支持与保障，诸如生活水平的保障、生存资源的分配、组织合法性的背书等，操纵权实际上都掌握于基层政府手中，它们的行政作为决定着公共文化服务制度实际运行中的公正性，而这也是居民和文化服务组织所特别在意的。于是，政府、居民、组织的"非对称性"三元互动，实质上是居民、组织对基层政府不平等的严重依赖关系。公共文化服务的制度贯彻效果和制度设计及调整合理性都取决于这些行政末梢对公共文化服务的配合支持力度。无论是居民参与主体性的培育，还是组织合法性与发展资源的给予，都需要基层政府能够让渡一些本属于它们所掌控的空间与资源，需要它们再多一些无私奉献与付出。显见，它们是搞活公共文化服务的关键所在，如果基层政府对居民和文化组织再多一些感情和温情，那么三元主体的互动将会更加生机勃勃。如何让基层政府对公共文化服务真正注入感情，甚或充满热情与激情地投入到公共文化服务事业中，是摆在国家治理体系的制度设计者面前的严峻课题。

## 二　人情因素依然对居民和文化组织的行动产生着重要影响

通过研究，我们可以发现无论是自娱自乐型参与居民寻找志同道合的良师益友和在社团内进行人际交往的企盼，还是发挥余热型积极分子动员社区居民参加文化活动以及充当居民与社区基层之间"双面胶"的举动，抑或依附型参与居民对政府给予照顾的情感回馈，或者是文化服务组织领导者为维持组织生存发展而充分利用建构在他们的私人关系基础上的社会网络，其中的人情因素都发挥着至关重要的作用。居民于公共文化生活的人情交往（不论是居民之间的交往，还是与社区基层的互动，或与志愿者的情感交流）中，寻找集体记忆、获取社会报酬、取得身份认同。文化服务组织在制度缺陷与资源制约的双重制约下，不得不利用领导者在以前工作关系中积累起来的与政府部门或社会其他单位的私人关系网络来为组织发展谋取身份合法性、媒体宣传、话语支持等关键性资源。可见，人情交往维系起来的感情因素是公共文化服务实践中三元主体互动的必要因素。现今之中国，在很大程度上依然是一个人情社会，在制度供给不足或存在缺陷的时候，人情自然就会填补制度的空白，在社会运行的各方面发挥着关键性作用，公共文化服务亦不能例外。这为制度设计者提供了另一种道路，即如何通过制度设计与执行，在我国这样一个人情社会，激发公共文化服务实践中人情因素的正能量，更好地为文化建设的良性发展服务，或者说，应找到制度与人情的完美契合点，使二者相辅相成，共同形塑中国特色的公共文化服务体系运行机制。

### 三　居民的主动参与仍然需要政府的有效激励

基于对社区居民参与逻辑的分析，虽然各种类型的居民参与动机不尽相同，积极分子要面子要荣誉，低保居民要物质报酬和保障，但这些都与政府的激励手段息息相关。显然，如果政府能够针对居民的不同参与动机或需求，有针对性地采取激励措施，并融入真诚的情感交流，做到真正欣赏居民文化，做到以心换心，那么居民参与的主动性就会大大提高，一大部分被动参与的居民也会因为政府的这些巧妙策略而使其参与行为变得主动起来。因此，政府的文化行为必须遵循文化治理的生活逻辑——回归对居民的日常生活实际的真诚关注，注重居民文化的优势，尊重居民在文化上的主动性和创新性，创造各种有利条件，鼓励、引导居民重回社区公共文化建设的主体性地位，调动居民享用他们自己设计的文化服务的积极性与主动性，充分发挥居民改变其文化生活方式的主观能动性，提高居民自发创造其丰富多彩的文化生活、丰盈闲暇时间的能力。只有这样打造出来的公共文化服务才会是一个多样性与功能性并存的有机整体，才能更好更合适地嵌入到行动者的生活当中，形塑居民对社区以及城市文化的新认同感，进而使居民与政府在公共文化服务场域中的良性互动具有持久的生命力，而政府通过重建文化价值认同来培育公共意识的文化治理目标，也才会在居民对公共文化服务发自内心的认可与赞誉声中得以实现。否则，社区居民要么会沉溺于自我的私性生活而越来越缺乏公共精神，要么会将自己局限于自己认可的那个群体或社团，使消除文化隔阂的文化治理目标难以实现，而且，如果这些群体的目标与国家推崇的价值理念相悖（比如封建迷信活动等），则居民的这些集体生活于己于国都是有害的。

### 四　文化服务组织仍然需要在政府扶持下赢得社会认同

在政府强势、居民弱势的公共文化服务实践情境下，文化服务组织因缺乏居民的广泛认同，并且因制度制约而只能通过政府来获取可靠的生存资源，使其参与性质在一定程度上变得表面化、肤浅化、形式化（即对政府的全面依附），甚至有可能会被简单的经济利益或不良的政治利益侵蚀，一些组织的服务行为缺乏真正的长久性。这里面有政府对核心资源的绝对掌控的因素，也有居民自身的自主性缺乏的因素，还有组织自身发展的不规范性等因素。在我国，绝大部分核心资源都被政府掌控，如果缺乏政府的有效让渡，组织则很难通过其他渠道来获得，因此，一些组织主动成为政府的附庸以谋求发展，但受政府行政惯习的规制，这些组织的活力也会降低。现阶段，我国公民的独立人格和自主意识还有待提高，他们对组织的运行可靠性的态度往往来源于政府认同，于是政府的态度也左右了居民对组织的态度，也是导致组织迎合政府而忽视居民的重要因素之一。此外，不可忽视的是，目前我国的组织发展机制也还非常不成熟，这些自发性组织往往缺乏长期的组织发展愿景和行动目标，即兴而起，兴去而散，组织性、纪律性都较缺乏，也没有成立一个具有广泛公信力的自治性行业协会来对组织进行合法性或正规性背书，使组织的民间认可机制缺位，这也在客观上导致居民对组织认可的政府依赖，加深了组织发展取向上的政府依赖。因此，从培育文化服务组织成长为成熟主体参与公共文化服务建设的角度出发，政府应给予组织必要的支持，为它们争取到居民的广泛支持，成熟的文化组织体系既能为公共文化服务增添活力，又能为政府部门捉襟见肘的文化行政减压，其实是多方共赢的妙事，这就需要政府将目光放得更长远一些，多让渡一些资源和空间给这些文化组织，让它们成长成熟起来。当然，基于文化价值导向的原则，对于组织的有效引导与规范也还应是政府的重要工作之一。

## 五　三元主体的均衡性互动需要政府策略性地让渡更多的资源与权力

从三元主体"非对称性"互动的现实图景可以发现，居民和组织对政府的强依赖，与政府对居民和组织的弱依赖关系形成了鲜明的反差。究其原因，是因为政府对资源、空间的绝对掌控，对权力的绝对集中。但是，这种"非对称性"结构其实是一种比较脆弱和不稳定的互动关系，稍不小心，就会使公共文化服务成为政府的独角戏。因此，从三元主体之间互动关系的均衡性发展角度来看，政府应明智地向居民和组织再让渡一些空间，再给予一些资源，并向居民自治组织和文化服务团体再下放一些权力，充分激发其他参与主体的活力，让居民的公共意识和独立人格尽快完善起来，让文化服务组织的发展尽快规范化、规模化，以使三元互动变得更加对称、均衡一些。只有这样，才能实现文化治理构想的文化建设"多元主体共治"，从而使公共文化服务的发展得到稳定支撑。

# 附录

## 2014 年 JY 区公共文化服务单位调查表

### （社区基本情况）

| 街道 | （社区）村 | 活动室面积（平方米） | 宣传栏（板） | 活动器材 | 图书（册） | 报刊杂志 | 活动项目（个） | 共享工程服务点 | 活动室组织结构 | 业余团队 | 基本经费 | 创建验收时间 |
|---|---|---|---|---|---|---|---|---|---|---|---|---|
| MCH街道 | ZY | 105 | 30块 | 1种 | 135 | 8种 | 12 | 3个 | 无 | 6支 | 5000元/年 | 2006.03 |
| | DZ | 45 | 5块 | 1种 | 1000余 | 5种 | 3 | 1个 | 无 | 3个 | 20000元/年 | 2009.06 |
| | YLL | 100 | 8块 | 1种 | 800余 | 25种 | 5 | 1台 | 无 | 5支 | 12000元/年 | 2009.10 |
| | BWL | 52 | 5块 | 1种 | 20余 | 10份 | 5 | 无 | 无 | 4支 | 18324元/年 | 2011.04 |
| | MCH | 60 | 22块 | 2种 | 2000余 | 20种 | 5 | 8个 | 无 | 18支 | 44605.4元/年 | 2009.11 |
| | FQY | 200 | 10块 | 1种 | 1000余 | 10种 | 10 | 无 | 无 | 1支 | 26000元/年 | 2009.12 |
| | WT | 150 | 15块 | 1种 | 1000余 | 23种 | 5 | 10个 | 无 | 2支 | 400元/月 | 2008.04 |
| | SXM | 100 | 8块 | 1种 | 1000余 | 8种 | 8 | 10个 | 无 | 8支 | 5000元/年 | 2008.06 |
| | MY | 100 | 6块 | 2种（室内） | 1000 | 12种 | 2 | 6台 | 无 | 1支 | 28000元/年 | 2012.08 |

续表

| 街道 | (社区)村 | 活动室面积(平方米) | 宣传栏(板) | 活动器材 | 图书(册) | 报刊杂志 | 活动项目(个) | 共享工程服务点 | 活动室组织结构 | 业余团队 | 基本经费 | 创建验收时间 |
|---|---|---|---|---|---|---|---|---|---|---|---|---|
| MCH街道 | BL | 180 | 12块 | 8种 | 1680 | 18种 | 3 | 5台 | 无 | 8支 | 5000元/年 | 2006.08 |
| | CHL | 85 | 6块 | 10种 | 350余 | 8种 | 5 | 1个 | 无 | 5支 | 25000元/年 | 2012.06 |
| | FY | 120 | 26块/8组 | 17种 | 1100余 | 17份 | 3 | 1个 | 无 | 1支 | 22000元/年 | 2011.10 |
| | KF | 20 | 16块 | 1种 | 300余 | 12种 | 5 | 无 | 无 | 3支 | 1000元/月 | 2009.10 |
| | JDM | 40 | 34块 | 4种 | 800余 | 400份 | 12 | 无 | 无 | 1支 | 20000元/年 | 2009.09 |
| | YY | 128 | 5块 | 7件 | 1200余 | 15份 | 4 | 无 | 无 | 3支 | 12000元/年 | 2011.06 |
| | CT | 20 | 4块(室外) | 3套 | 2000余 | 4份 | 7 | 无 | 无 | 5支 | 6000元/年 | 2006.05 |
| | YH | 150 | 20块 | 20件 | 6000余 | 30种 | 5 | 5个 | 无 | 24支 | 20000元/年 | 2003.05 |
| NY街道 | LS | 36 | 10块 | 9种 | 300余 | 20种 | 4 | | 有 | 2支 | 10000元/年 | 2009.11 |
| | GTMA | 200 | 10块 | 3种 | 100余 | 50种 | 18 | 10台 | 有 | 18支 | 10000元/年 | 2009.04 |
| | YK | 120 | 6块 | 10种 | 1000余 | 100种 | 5 | 10台 | 有 | 10支 | 10000元/年 | 2009.12 |
| | HY | 25 | 8块 | 2种 | 1000余 | 20种 | 15 | | 有 | 6支 | 6000元/年 | 2008.04 |
| | XD | | 23块 | 2种 | 2050余 | 10种 | 6 | 10台 | 有 | 12支 | 50000元/年 | 2008.11 |
| | HY | 60 | 15块 | 4种 | 300余 | 100份 | 3 | | 有 | 4支 | 5000元/年 | 2012.08 |
| | JQ | 500 | 20块 | 5种 | 3000余 | 100份 | 12 | 10台 | 有 | 12支 | 10000元/年 | 2000.08 |
| | JY | 90 | 5块 | 10种 | 100余 | 100份 | 5 | | 有 | 6支 | 5000元/年 | 2012.06 |
| | AD | 20 | 20块 | 2种 | 300余 | 20种 | 6 | | 有 | 6支 | 5000元/年 | 2011.10 |
| | LMY | 50 | 20块 | 4种 | 300余 | 20种 | 5 | | 有 | 5支 | 5000元/年 | 2009.12 |

续表

| 街道 | （社区）村 | 活动室面积（平方米） | 宣传栏（板） | 活动器材 | 图书（册） | 报刊杂志 | 活动项目（个） | 共享工程服务点 | 活动室组织结构 | 业余团队 | 基本经费 | 创建验收时间 |
|---|---|---|---|---|---|---|---|---|---|---|---|---|
| XL街道 | AL | 200 | 2块 | 16件 | 500余 | 10种 | 7 | | | | | 暂未验收 |
| | JS | 约200 | 32块 | 3套 | 300余 | 20种 | 20 | | | 30支 | 20000元/年 | 暂未验收 |
| | JD | 70 | 3块 | 5件 | 3000余 | 10种 | 4 | | | 5支 | | 暂未验收 |
| | LSL | 150 | 5块 | 1套 | 500余 | 4种 | 6 | | | 1支 | | 暂未验收 |
| | TYJ | 200 | 6块 | 3套 | 2000余 | 100份 | 10 | | | 10支 | | 暂未验收 |
| | XSL | 200 | 8块 | 10件 | 100余 | 40种 | 6 | | | 4支 | | 暂未验收 |
| | YA | 1000 | 10块 | 1套 | 300余 | 8种 | 20 | | | | | 暂未验收 |
| | ZHD | 240 | 10块 | 8件 | 500余 | 8种 | 8 | | | 8支 | 20000元/年 | 暂未验收 |
| SZ街道 | LHBY | 300 | 3块 | 2套 | 1000余 | 15种 | 8 | 1个 | | 5支 | 50000元/年 | 暂未验收 |
| | ZHTSHWQ | 100 | 6块 | 2种 | 100余 | 15种 | 3 | | | 4支 | 35000元/年 | 暂未验收 |
| | ZHA | 130 | 8块 | 3种 | 1000余 | 15种 | 5 | 1个 | 有 | 12支 | 40000元/年 | 暂未验收 |
| | ZHC | 85 | 5块 | 8种 | 1000余 | 20种 | 8 | 1个 | | 8支 | 40000元/年 | 2011.11 |
| | XHY | 120 | 4块 | 2种 | 300余 | 20种 | 4 | 1个 | | 4支 | 35000元/年 | 暂未验收 |
| | ZHSH | 300 | 1块 | 2种 | 100余 | 15种 | 4 | 1个 | | 4支 | 30000元/年 | 暂未验收 |
| | KJY | 无 | 3块 | 3种 | 100余 | 9种 | | 1个 | | 7支 | 35000元/年 | 暂未验收 |
| SHZ街道 | JW | 100 | 3块 | 2种 | 200余 | 10种 | 4 | 1个 | | 2支 | 35000元/年 | 2012.09 |
| JXZ街道 | BLC | 800 | 1块 | 8种 | 1500余 | 500份 | 6 | | | 9支 | 20000元/年 | 暂未验收 |
| | YDC | 300 | 1块 | 8种 | 1500余 | 600份 | 6 | | | 9支 | | 2002.03 |

# 参考文献

**一 中文文献**

[英] 马丁·阿尔布劳：《全球时代》，高湘泽译，商务印书馆 2001 年版。

[德] 汉娜·阿伦特：《极权主义的起源》，林骧华译，生活·读书·新知三联书店 2008 年版。

[印] 森·阿马蒂亚：《身份与暴力：命运的幻想》，李凤华等译，中国人民大学出版社 2009 年版。

[美] 奥尔森：《集体行动的逻辑》，陈郁等译，上海人民出版社 1995 年版。

艾娟、汪新建：《集体记忆：研究群体认同的新路径》，《新疆社会科学》2011 年第 2 期。

[美] 康纳顿·保罗：《社会如何记忆》，纳日碧力戈译，上海人民出版社 2000 年版。

[波] 鲍曼：《流动的时代——生活于充满不确定性的年代》，谷蕾等译，江苏人民出版社 2012 年版。

[英] 齐格蒙·鲍曼：《现代性与矛盾性》，邵迎生译，商务印书馆 2003 年版。

[美] 丹尼尔·贝尔：《资本主义文化矛盾》，赵一凡等译，生活·读书·新知三联书店 1989 年版。

[英] 托尼·本尼特：《文化与社会》，王杰、强东红译，广西师范大学出版社 2007 年版。

[英] 卡尔·波兰尼：《大转型我们时代的政治与经济起源》，刘阳等译，浙江人民出版社 2007 年版。

[美] 戴维·博伊尔：《新经济学》，贾冬妮、胡晓亮译，中信出版社

2012 年版。

《文化资本与社会炼金术——布迪厄访谈录》，包亚明译，上海人民出版社 1997 年版。

［法］皮埃尔·布迪厄、［美］L. 华康德：《实践与反思——反思社会学导引》，李猛等译，中央编译出版社 1998 年版。

［美］彼得·布劳：《社会生活中的交换与权力》，孙非、张黎勤译，华夏出版社 1988 年版。

［荷］伯纳德·曼德维尔：《蜜蜂的寓言》，肖聿译，中国社会科学出版社 2002 年版。

边燕杰、张磊：《论关系文化与关系社会资本》，《人文杂志》2013 年第 1 期。

曹爱军、杨平：《公共文化服务的理论与实践》，科学出版社 2011 年版。

曹志刚：《实践中的国家与社会的关系——读乔尔·S. 米格代尔的〈社会与弱国家〉》，《国外社会科学》2012 年第 1 期。

陈坚良：《和谐社会视野下公共文化服务体系的构建》，《学术论坛》2007 年第 11 期。

陈坚良：《新农村建设中公共文化服务的若干思考》，《科学社会主义》2007 年第 1 期。

陈美兰：《台湾"台语创作民歌"的文化治理脉络》，《理论界》2011 年第 4 期。

陈宁：《社会记忆：话语和权利》，《社会学家茶座》2007 年第 1 期。

陈涛：《社会工作专业使命的探讨》，《社会学研究》2011 年第 6 期。

陈天祥、徐于琳：《游走于国家与社会之间草根志愿组织的行动策略——以广州启智队为例》，《中山大学学报》（社会科学版）2011 年第 1 期。

陈威：《公共文化服务体系研究》，深圳报业集团出版社 2006 年版。

陈为雷：《从关系研究到行动策略研究——近年来我国非营利组织研究述评》，《社会学研究》2013 年第 1 期。

陈向明：《社会科学中的定性研究方法》，《中国社会科学》1996 年第 6 期。

陈雪虎：《思考从"文化"到"生活"的可能性——再谈"生活论"

的内涵兼谈共同文化的方向》,《文艺争鸣》2011 年第 1 期。

陈宇京:《非政府文化力量参与创建公共文化服务体系现状刍议——以大冶市公共文化服务体系示范区建设为例》,《湖北社会科学》2013 年第 1 期。

陈岳堂、熊亮:《非营利组织参与社区公共品供给的困境与对策》,《湖南社会科学》2015 年第 5 期。

陈岳堂、熊亮:《非营利组织参与社区公共品供给激励机制研究》,《中国行政管理》2015 年第 8 期。

陈之昭:《面子心理的理论分析与实际研究》,载杨国枢编《中国人的心理》,台北:台湾桂冠公司 1988 年版。

陈竹、叶珉:《什么是真正的公共空间——西方城市公共空间理论与空间公共性的判定》,《国际城市规划》2009 年第 3 期。

重庆市民意调查中心:《重庆市城市社区基本公共文化服务需求调查》,《上海文化》2014 年第 6 期。

戴烽:《公共参与——场域视野下的观察》,商务印书馆 2010 年版。

[美] 道格拉斯·凯尔纳:《文化马克思主义和现代文化研究》,《上海行政学院学报》2006 年第 9 期。

邓莉雅、王金红:《中国 NGO 生存与发展的制约因素——以广东番禺打工族文书处理服务部为例》,《社会学研究》2004 年第 2 期。

丁煌:《地方政府政策执行力的动力机制及其模型构建——以协同学理论为视角》,《中国行政管理》2014 年第 3 期。

丁元竹:《为什么志愿机制是可能的》,《学术研究》2012 年第 10 期。

《恩格斯致约·布洛赫 (1890 年 9 月 21—22 日)》,载中共中央马克思恩格斯列宁斯大林著作编译局编《马克思恩格斯选集》第 4 卷,人民出版社 1972 年版。

方亚琴:《我国近十年城市社区参与研究述评》,《城市观察》2012 年第 5 期。

费显政:《资源依赖学派之组织与环境关系理论评介》,《武汉大学学报》(哲学社会科学版) 2005 年第 7 期。

费孝通:《乡土中国　生育制度》,北京大学出版社 1998 年版。

《费孝通文集》第 1 卷,群言出版社 1999 年版。

费正清：《美国与中国》，世界知识出版社 1999 年版。

冯敏良：《"社区参与"的内生逻辑与现实路径——基于参与—回报理论的分析》，《社会科学辑刊》2014 年第 1 期。

傅才武：《近代公共文化领域的形成对中国社会现代化进程的影响》，《艺术百家》2015 年第 3 期。

傅才武、陈庚：《我国文化体制改革的过程、路径与理论模型》，《江汉论坛》2009 年第 2 期。

付诚、王一：《公民参与社区治理的现实困境及对策》，《社会科学战线》2014 年第 11 期。

[美] 弗朗西斯·福山：《大分裂：人类本性与社会秩序的重建》，刘榜离等译，中国社会科学出版社 2002 年版。

[美] 菲利克斯·格罗斯：《公民与国家》，王建娥、魏强译，新华出版社 2003 年版。

高丙：《社会团体合法性的问题》，《中国社会科学》2000 年第 2 期。

高红、朴贞子：《三元整合的社会组织能力培育机制构建及其制度支持》，《学习与实践》2015 年第 6 期。

高红：《社区社会组织参与社会建设的模式创新与制度保障》，《社会科学》2011 年第 6 期。

高勇：《参与行为与政府信任的关系模式研究》，《社会学研究》2014 年第 5 期。

《歌德文集》第 7 卷，钱春绮等译，人民文学出版社 1999 年版。

顾金孚：《农村公共文化服务市场化的途径与模式研究》，《学术论坛》2009 年第 5 期。

桂勇：《邻里政治：城市基层的权力操作策略与国家——社会的粘连模式》，《社会》2007 年第 6 期。

郭秋永：《当代三大民主理论》，新星出版社 2006 年版。

[德] 哈贝马斯：《公共领域的结构转型》，曹卫东译，学林出版社 1999 年版。

韩雪风：《论公共文化服务体系构建中的政府职责》，《探索》2009 年第 5 期。

和经纬、黄培茹、黄慧：《在资源与制度之间：农民工草根 NGO 的生存策略——以珠三角农民工维权 NGO 为例》,《社会》2009 年第 6 期。

贺立平:《边缘替代:对中国社团的经济与政治分析》,《中山大学学报》(社会科学版)2002 年第 6 期。

何艳玲、蔡禾:《中国城市基层自治组织的"内卷化"及其成因》,《中山大学学报》(社会科学版)2005 年第 45 卷第 5 期。

何艳玲:《回归社会:中国社会建设与国家治理结构调适》,《开放时代》2013 年第 3 期。

何艳玲、周晓锋、张鹏举:《边缘草根组织的行动策略及其解释》,《公共管理学报》2009 年第 1 期。

胡艳蕾、陈通、高海虹:《我国政府购买公共文化服务的"非合同制"治理》,《中国行政管理》2016 年第 1 期。

胡智锋、杨乘虎:《免费开放:国家公共文化服务体系的发展与创新》,《清华大学学报》(哲学社会科学版)2013 年第 1 期。

[美] 威廉姆·H. 怀特科:《当今世界的社会福利》,解俊杰译,法律出版社 2003 年版。

黄荣贵、桂勇:《集体性社会资本对社区参与的影响——基于多层次数据的分析》,《社会》2011 年第 6 期。

[美] 查尔斯·霍顿·库利:《人类本性与社会秩序》,包凡一、王媛译,华夏出版社 1987 年版。

[美] 约翰·R. 霍尔、玛丽·乔·尼兹:《文化:社会学的视野》,周晓虹等译,商务印书馆 2009 年版。

[英] 保罗·霍普:《个人主义时代之共同体重建》,沈毅译,浙江大学出版社 2010 年版。

[英] 安东尼·吉登斯:《现代性与自我认同》,赵旭东等译,生活·读书·新知三联书店 1998 年版。

蒯大申:《关于公共文化的三个基本问题》,《民主》2015 年第 7 期。

蒋晓耐、石森:《公益与市场:公共文化建设的路径选择》,《广州大学学报》(社会科学版)2006 年第 8 期。

[美] 弗·杰姆逊:《政治无意识》,王逢振、陈永国译,中国社会科学出版社 1999 年版。

金岱:《论社会凝聚与文化逻辑》,《学术研究》2013 年第 2 期。

金耀基：《人际关系中人情之分析》，载杨国枢《中国人的心理》，台北：台湾桂冠图书公司 1998 年版。

［美］理伯卡·E. 卡拉奇：《分裂的一代》，覃文珍等译，社会科学文献出版社 2001 年版。

康晓光、韩恒：《分类控制：当前中国大陆国家与社会关系研究》，《开放时代》2008 年第 2 期。

［美］戴安娜·克兰：《文化生产：媒体与都市艺术》，赵国新译，译林出版社 2001 年版。

［法］米歇尔·克罗齐耶、埃哈尔·费埃德伯格：《行动者与系统——集体行动的政治学》，上海人民出版社 2007 年版。

［法］库朗热：《古代城邦——古希腊罗马祭祀、权利和政制研究》，谭立铸译，华东师范大学出版社 2006 年版。

［英］斯科特·拉什、西莉亚·卢瑞：《全球文化工业——物的媒介化》，要新乐译，社会科学文献出版社 2010 年版。

李凤琴：《"资源依赖"视角下政府与 NGO 的合作》，《理论探索》2011 年第 5 期。

李汉林：《中国单位社会》，上海人民出版社 2004 年版。

李汉林、渠敬东：《中国单位组织变迁过程中的师范效应》，上海人民出版社 2005 年版。

李军鹏：《新公共管理的行政文化创新》，《地方政府管理》2001 年第 3 期。

李丽：《文化公共性与社会和谐》，《马克思主义与现实》2009 年第 6 期。

李路路：《社会转型与社会分层结构变迁：理论与问题》，《江苏社会科学》2002 年第 2 期。

李路路、钟智锋：《"分化的后权威主义"——转型期中国社会的政治价值观及其变迁分析》，《开放时代》2015 年第 1 期。

李满营、石传延、刘宝珍、刘本琪：《基层群众文化需求与加强公共文化服务建设的调查与思考》，《党史博采》（理论）2014 年第 9 期。

李沛良：《社会研究的统计应用》，社会科学文献出版社 2002 年版。

李少惠、穆朝晖：《非政府组织参与西部农村公共文化产品供给的路径分析》，《四川师范大学学报》（社会科学版）2010 年第 5 期。

李少惠、崔吉磊：《论我国农村公共文化服务内生机制的构建》，《经济体制改革》2007 年第 5 期。

李山：《政府购买公共文化服务的现实困境与改革路径》，《湘潭大学学报》（哲学社会科学版）2014 年第 5 期。

李雪萍、陈艾：《社区组织化：增强社区参与达致社区发展》，《贵州社会科学》2013 年第 5 期。

李亦园：《中国人的家庭与家的文化》，载文崇一、萧新煌编《中国人：观念与行为》，台北：台湾巨流图书公司 1988 年版。

李志刚、于涛方、魏立华、张敏：《快速城市化下"转型社区"的社区转型研究》，《城市发展研究》2007 年第 5 期。

栗志强：《中部地区城市社区文化建设现状及居民参与研究——以郑州为例》，《社会工作》2011 年第 5 期。

梁立新：《公共文化服务多元参与机制创新研究》，《学术交流》2014 年第 2 期。

梁漱溟：《中国文化要义》，上海世纪出版集团 2005 年版。

［美］凯文·林奇：《城市形态》，林庆怡等译，华夏出版社 2001 年版。

林尚立：《社会主义与国家建设——基于中国的立场和实践》，《社会科学战线》2009 年第 6 期。

林艳：《公共文化及其在当代中国的发展》，《中国人民大学学报》2006 年第 1 期。

林语堂：《吾国与吾民》，台湾：三民书店 1976 年版。

刘博：《浴场劳工——服务者的生活世界与身体实践》，博士学位论文，上海大学，2012 年。

刘铎：《开放式社区治理：社区治理的演化趋势——基于四个社区治理的案例分析》，《甘肃行政学院学报》2009 年第 3 期。

刘辉：《公共行动的再生产——公共文化服务的实证考察与理论建构》，博士学位论文，华中师范大学，2013 年。

刘精明、李路路：《阶层化：居住空间、生活方式、社会交往与阶层认同——我国城镇社会阶层化问题的实证研究》，《社会学研究》2005 年第 3 期。

刘鹏：《从分类控制走向嵌入型监管：地方政府社会组织管理政策创新》，《中国人民大学学报》2011 年第 5 期。

刘鹏：《三十年来海外学者视野下的当代中国国家性及其争论述评》，《社会学研究》2009 年第 5 期。

刘鹏：《从分类控制走向嵌入型监管：地方政府社会组织管理政策创新》，《中国人民大学学报》2011 年第 5 期。

刘少杰：《重新认识文化研究在中国社会学中的地位——兼论孙本文对文化社会学研究的贡献与局限》，《社会科学研究》2012 年第 5 期。

刘文俭：《公民参与公共文化服务体系建设对策研究》，《行政论坛》2010 年第 3 期。

刘亚秋：《从集体记忆到个体记忆：对社会记忆研究的一个反思》，《社会》2010 年第 5 期。

刘岩、刘威：《从"公民参与"到"群众参与"——转型期城市社区参与的范式转换与实践逻辑》，《浙江社会科学》2008 年第 1 期。

［美］刘易斯·芒福德：《城市文化》，宋俊岭等译，中国建筑工业出版社 2009 年版。

刘祖云：《政府与非政府组织关系：博弈、冲突及其治理》，《江海学刊》2008 年第 1 期。

吕方：《我国公共文化服务需求导向转变研究》，《学海》2012 年第 6 期。

卢晖临、潘毅：《当代中国第二代农民工的身份认同、情感与集体行动》，《社会》2014 年第 4 期。

《走向澄明之境——卢梭随笔与书信集》，生活·读书·新知三联书店 1990 年版。

马国贤：《公共支出的绩效管理与绩效监督研究》，《财政监督》2005 年第 1 期。

《马克思恩格斯选集》第 1 卷，人民出版社 1995 年版。

马庆钰、贾西津：《中国社会组织的发展方向与未来趋势》，《国家行政学院学报》2015 年第 4 期。

马艳霞：《社会力量参与公共文化服务研究综述》，《图书情报工作》2014 年第 7 期。

［美］阿拉斯代尔·麦金太尔：《德性之后》，龚群等译，中国社会科学出版社 1995 年版。

［美］迈克尔·曼：《社会权力的来源》，刘北成等译，上海人民出版社 2002 年版。

孟登迎：《文化研究的政治自觉和身份反省——兼谈如何看待我国文化研究的困境》，《马克思主义与现实》2012 年第 6 期。

［澳］托比·米勒、［美］乔治·尤迪思：《文化政策》，冯建三译，台北：巨流图书有限公司 2006 年版。

［英］格雷厄姆·默多克：《文化研究和文化经济》，《学习与探索》2012 年第 1 期。

［美］玛格丽特·米德：《文化与承诺》，周晓虹、周怡译，河北人民出版社 1987 年版。

［法］莫里斯·哈布瓦赫：《论集体记忆》，毕然等译，上海人民出版社 2002 年版。

纳日碧力戈：《作为操演的民间口述和作为行动的社会记忆》，《广西民族学院学报》（哲学社会科学）2003 年第 3 期。

南帆：《文学性、文化先锋与日常生活》，《当代作家评论》2010 年第 2 期。

［德］尼采：《查拉图斯特拉如是说》，钱春绮译，生活·读书·新知三联书店 2007 年版。

［德］道格拉斯·C. 诺思：《经济史中的结构与变迁》，陈郁等译，生活·读书·新知三联书店 1991 年版。

潘耀昌：《文化认同与社会网络：转型期民间艺术的发展路径——以自贡彩灯艺术为个案》，博士学位论文，上海大学，2008 年。

彭惠青：《城市社区居民参与研究——以武汉市两社区的实地考察为例》，博士学位论文，华中师范大学，2009 年。

［法］普鲁斯特：《追忆似水年华》，周克希译，上海译文出版社 1997 年版。

浦树柔、董雪：《文化产业的"十二五"跨越期》，《瞭望》2010 年第 36 期。

［德］齐美尔：《大都市和精神生活》，载《阅读城市：作为一种生活方

式的都市生活》，郭子林译，上海三联书店 2007 年版。

阮荣平：《农村文化大院建设评价：基于河南嵩县实地调查》，《贵州社
　　会科学》2010 年第 3 期。

［法］路易·若斯兰：《权利相对论》，王伯琦译，中国法制出版社 2006
　　年版。

沙健孙：《正确理解马克思主义的生产力观点》，《马克思主义研究》
　　2006 年第 9 期。

［美］杰弗里·菲佛、杰勒尔德·R. 萨兰基克：《组织的外部控制：对
　　组织资源依赖的分析》，闫蕊译，东方出版社 2006 年版。

［美］史蒂文·塞德曼：《有争议的知识——后现代时代的社会理论》，
　　刘北成等译，中国人民大学出版社 2002 年版。

［美］桑内特：《公共人的衰落》，李继宏译，上海译文出版社 2008
　　年版。

申可君：《城市社区建设中的居民参与研究——以佛山市 L 街道为例》，
　　博士学位论文，华中师范大学，2013 年。

沈原、孙五三：《"制度的形同质异"与社会团体的发育——以中国青
　　基会及其对外交往活动为例》，载中国青少年发展基金会、基金会发
　　展研究委员会编《处于十字路口的中国社团》，天津人民出版社 2001
　　年版。

沈原：《"强干预"与"弱干预"：社会学干预方法的两条途径》，《社
　　会学研究》2006 年第 5 期。

盛宁：《走出"文化研究"的困境》，《文艺研究》2011 年第 7 期。

［英］约翰·斯道雷：《文化研究中的文化与权力》，《学术月刊》2005
　　年第 9 期。

［美］詹姆斯·斯科拉：《弱者的武器》，郑广怀等译，译林出版社 2007
　　年版。

［美］詹姆斯·斯科特：《国家的视角：那些试图改善人类状况的项目
　　是如何失败的》，王晓毅译，社会科学文献出版社 2011 年版。

［英］马克·J. 史密斯：《文化：再造社会科学》，张美川译，吉林人民
　　出版社 2005 年版。

宋磊、常青：《文化的基本属性及对文化法制建设的内在影响》，《学术

探索》2013 年第 12 期。

宋文辉：《城市社区文化建设中居民参与情感的困境及破解》，《人民论坛》2013 年第 26 期。

孙立平等：《动员与参与——第三部门募捐机制个案研究》，浙江人民出版社 1999 年版。

孙立平：《实践社会学与市场转型过程分析》，《中国社会科学》2002 年第 5 期。

孙立平：《断裂——20 世纪 90 年代以来的中国社会》，社会科学文献出版社 2003 年版。

孙士聪：《文化研究：学科化与再政治化》，《南京社会科学》2015 年第 9 期。

孙士聪：《文化产业与文化剩余价值——从反思阿多诺的文化工业理论谈起》，《东岳论丛》2013 年第 2 期。

孙士聪：《从文化工业到全球文化工业——文化工业理论再反思》，《文学与文化》2013 年第 1 期。

［加］查尔斯·泰勒：《现代性之隐忧》，程炼译，中央编译出版社 2001 年版。

谭杨：《文化因素在现代化进程中的影响——兼论政治对文化的改造》，《中国文化研究》2014 年第 2 期。

谭祖雪、张江龙：《赋权与增能：推进城市社区参与的重要路径——以成都市社区建设为例》，《西南民族大学学报》（人文社会科学版）2014 年第 6 期。

唐文玉、马西恒：《"去政治的自主性"民办社会组织的生存策略——以恩派 NPI 公益组织发展中心为例》，《浙江社会科学》2011 年第 10 期。

唐亚林、朱春：《当代中国公共文化服务均等化的发展之道》，《学术界》2012 年第 5 期。

陶东风：《重建文学理论的政治维度》，《文艺争鸣》2008 年第 1 期。

陶东风：《文化发展需要打破政府迷思》，《江苏行政学院学报》2013 年第 2 期。

［美］布莱恩·特纳：《身体与社会》，马新良、赵国新译，春风文艺出

版社 2000 年版。

［德］斐迪南·滕尼斯：《共同体与社会：纯粹社会学的基本概念》，林荣远译，北京大学出版社 2010 年版。

田凯：《组织外形化：非协调约束下的组织运作——一个研究中国慈善组织与政府关系的理论框架》，《社会学研究》2004 年第 7 期。

田毅鹏、吕方：《社会原子化：理论谱系及其问题表达》，《天津社会科学》2010 年第 5 期。

田毅鹏：《单位制度变迁与集体认同的重构》，《江海学刊》2007 年第 1 期。

［法］涂尔干：《社会分工论》，渠敬东译，生活·读书·新知三联书店 2000 年版。

万林艳：《公共文化及其在当代中国的发展》，《中国人民大学学报》2006 年第 1 期。

汪锦军：《公共服务中的公民参与模式分析》，《政治学研究》2011 年第 4 期。

王笛：《茶馆、戏园与通俗教育——晚清民国时期成都的娱乐与休闲政治》，《近代史研究》2009 年第 3 期。

王列生：《论构建公共文化服务体系的意识形态前置》，《文艺理论与批评》2007 年第 2 期。

王列生、郭全中、肖庆：《国家公共文化服务体系论》，文化艺术出版社 2009 年版。

王列生：《论公共文化服务体系中的项目目标及其功能测值方法》，《江汉论坛》2009 年第 4 期。

王列生：《论国家公共文化服务体系的命题背景》，《中国文化产业评论》2010 年第 1 期。

王列生：《论"功能配置"与"公众期待"的对位效应及其满足条件——基于现代公共文化服务体系建设中工具激活的向度》，《江汉学术》2014 年第 3 期。

王列生：《面对构建现代公共文化服务体系的制度召唤》，《唯实》2014 年第 5 期。

王明珂：《历史事实、历史记忆与历史心性》，《历史研究》2001 年第

5 期。

王铭铭:《走在乡土上:历史人类学札记》,中国人民大学出版社 2003
年版。

王绍光:《多元与统一——第三部门国际比较研究》,浙江人民出版社
1999 年版。

王水雄:《结构博弈——互联网导致社会扁平化的剖析》,华夏出版社
2003 年版。

王小章、王志强:《从"社区"到"脱域的共同体"——现代性视野下
的社区和社区建设》,《学术论坛》2003 年第 6 期。

王小章:《论焦虑——不确定性时代的一种基本社会心态》,《浙江学
刊》2015 年第 1 期。

王星:《利益分化与居民参与——转型期中国城市基层社会管理的困境
及其理论转向》,《社会学研究》2012 年第 2 期。

《韦伯作品集(1):学术与政治》,钱永祥等译,广西师范大学出版社
2004 年版。

[美] 亨德里克·威廉·房龙:《人类的解放》,樊霞、吴迎春译,国际
文化出版公司 1997 年版。

[英] 雷蒙德·威廉斯:《文化与社会》,吴松江、张文定译,北京大学
出版社 1991 年版。

[英] 雷德蒙·威廉斯:《马克思主义与文学》,王尔勃、周莉译,河南
大学出版社 2008 年版。

文军:《制度建构的理性构成及其困境》,《社会科学》2010 年第 4 期。

吴理财:《服务型政府构建与民众参与——以乡镇职能转变为例》,《学
习月刊》2008 年第 13 期;

吴理财:《群众基本文化需求和区域、群体性差异研究——基于 20 省
80 县(区)的问卷调查》,《社会科学家》2012 年第 8 期。

吴理财、夏国锋:《农民的文化生活:兴衰与重建——以安徽省为例》,
《中国农村观察》2007 年第 2 期。

吴理财、邓佳斌:《公共文化参与的偏好与思考——对城乡四类社区的
考察》,《中华文化论坛》2014 年第 8 期。

吴理财:《县域公共文化服务体系应延伸到村社》,《光明日报》2014 年

9 月 13 日第 12 版。

吴永红：《非对称性依赖结构下的居委会及其行动策略——上海市 L 街
　道居委会减负的个案研究》，博士学位论文，上海大学，2007 年。

吴月：《嵌入式控制：对社团行政化现象的一种阐释——基于 A 机构的
　个案研究》，《公共行政评论》2013 年第 6 期。

吴月：《隐性控制、组织模仿与社团行政化——来自 S 机构的经验研
　究》，《公共管理学报》2014 年第 3 期。

吴月：《吸纳与控制：政府购买社会服务背后的逻辑》，《学术界》2015
　年第 6 期。

吴月：《政府购买公共服务的偏离现象及其内在逻辑研究》，《求实》
　2015 年第 10 期。

向德平、高飞：《社区参与的困境与出路——以社区参理事会的制度化
　尝试为例》，《北京社会科学》2013 年第 6 期。

肖伟胜：《焦虑：当代社会转型期的文化症候》，《西南大学学报》（社
　会科学版）2014 年第 9 期。

肖小霞、张兴杰：《社工机构的生成路径与运作困境分析》，《江海学
　刊》2012 年第 5 期。

肖小霞、张兴杰、张开云：《政府购买社工服务：道德实践和政治实践
　的异化》，《社会经纬》2013 年第 7 期。

肖瑛：《从“国家与社会”到“制度与生活”中国社会变迁研究的视角
　转换》，《中国社会科学》2014 年第 9 期。

谢志平：《关系、限度、制度：转型中国的政府与慈善组织》，博士学
　位论文，复旦大学，2007 年。

许建业：《当代中国文化共享工程与基层公共文化服务的发展》，《艺术
　百家》2010 年第 1 期。

徐连明、文军：《论社会学视域中的意识形态研究》，《江海学刊》2007
　年第 2 期。

徐湘林：《转型危机与国家治理：中国的经验》，《经济社会体制比较》
　2010 年第 5 期。

徐一超：《文化治理：文化研究的“新”视域》，《文化艺术研究》2014
　年第 3 期。

郇建立：《慢性病与人生进程的破坏——评迈克尔·伯里的一个核心概念》，《社会学研究》2009 年第 5 期。

［美］简·雅各布斯：《美国大城市的死与生》，金衡山译，译林出版社 2006 年版。

［古希腊］亚里士多德：《尼各马可伦理学》，廖申白译，商务印书馆 2003 年版。

闫平：《试论公共文化服务体系建设》，《理论学刊》2007 年第 12 期。

闫平：《公共文化供给与文化消费》，《中共济南市委党校学报》2014 年第 2 期。

阎云翔：《中国社会的个体化》，陆洋译，上海译文出版社 2012 年版。

阎云翔：《礼物的流动》，上海人民出版社 1999 年版。

阎云翔：《私人生活的变革——一个中国村庄里的爱情、家庭与亲密关系（1949—1999）》，上海书店出版社 2009 年版。

杨爱平、余雁鸿：《选择性应付：社区居委会行动逻辑的组织分析——以 G 市 L 社区为例》，《社会学研究》2012 年第 4 期。

杨敏：《公民参与、群众参与与社区参与》，《社会》2005 年第 5 期。

杨敏：《作为国家治理单元的社区——对城市社区建设运动过程中居民社区参与和社区认知的个案研究》，《社会学研究》2007 年第 4 期。

杨松才、泰利、龚向和、陈佑武：《〈经济、社会和文化权利国际公约〉若干问题研究》，湖南人民出版社 2009 年版。

杨宜音：《当代中国人公民意识的测量初探》，《社会学研究》2008 年第 2 期。

姚华、王亚南：《社区自治：自主性空间的缺失与居民参与的困境》，《社会科学战线》2010 年第 8 期。

叶南客：《中国城市居民社区参与的历程与体制创新》，《江海学刊》2001 年第 5 期。

叶南客：《21 世纪中国社区文化发展的方向与方略》，《学习与实践》2006 年第 3 期。

［英］戴维·英格里斯：《文化与日常生活》，张秋月、周雷亚译，中央编译出版社 2010 年版。

于雷：《空间公共性研究》，东南大学出版社 2005 年版。

俞楠：《"文化认同"的政治建构：当代中国公共文化服务战略研究》，博士学位论文，华东师范大学，2008 年。

于平：《文化产品及其相关范畴再论》，《艺术百家》2010 年第 6 期。

于显洋：《单位意识的社会学分析》，《社会学研究》1991 年第 5 期。

袁祖社：《文化公共性的视野与个体生存意义根基之探寻》，《人文杂志》2004 年第 5 期。

袁祖社：《"公共性"的价值信念及其文化理想》，《中国人民大学学报》2007 年第 1 期。

翟学伟：《人情、面子与权力的再生产》，《社会学研究》2004 年第 5 期。

张春霞、依米提·吾守尔：《文化民生：文化强国战略的民生视角》，《中央社会主义学院学报》2013 年第 4 期。

张欢、褚勇强：《社区服务是城市居民社区参与的"催化剂"吗？——基于全国 108 个城市社区的实证研究》，《四川大学学报》（哲学社会科学版）2015 年第 6 期。

章建刚等：《构筑新的公共文化服务体系》，《学习时报》2007 年 12 月 24 日。

张紧跟：《从结构论争到行动分析：海外中国 NGO 研究述评》，《社会》2012 年第 3 期。

张莉：《我国有限社区参与框架探析》，《社会科学战线》2015 年第 7 期。

张良：《文化参与机制：公共文化服务建设的制度供给——以宁波市鄞州区为分析对象》，《学习与实践》2012 年第 7 期。

张伟：《试图改善人类状况的项目是如何失败的》，《中国青年报》2008 年 4 月 30 日。

张文宏：《中国的社会资本研究：概念、操作化测量和经验研究》，《江苏社会科学》2007 年第 3 期。

张喜萍、陈坚良：《论民族地区公共文化服务产品供给的绩效评估——基于公共图书馆的研究视角》，《湖南社会科学》2013 年第 4 期。

张晓明、李河：《公共文化服务：理论和实践含义的探索》，《出版发行研究》2008 年第 3 期。

张晓霞：《城市居民社区参与模式及动员机制研究——以 C 市三个社区为例》，博士学位论文，吉林大学，2010 年。

赵秀梅：《中国 NGO 对政府的策略：一个初步的考察》，《开放时代》2004 年第 6 期。

赵秀梅：《基层治理中的国家—社会关系——对一个参与社区公共服务的 NGO 的考察》，《开放时代》2008 年第 4 期。

赵旭东：《文化的表达——人类学的视野》，中国人民大学出版社 2009 年版。

赵旭东：《人类学与文化转型——对分离技术的逃避与"在一起"哲学的回归》，《广西民族大学学报》（哲学社会科学版）2014 年第 2 期。

郑杭生：《"理想类型"与本土特质——对社会治理的一种社会学分析》，《社会学评论》2014 年第 3 期。

郑晓华：《社区参与中的政府赋权逻辑——四种治理模式考察》，《经济社会体制比较》2014 年第 6 期。

郑中玉：《个体化社会与私人社区：基于中国社区实践的批评》，《学习与实践》2012 年第 6 期。

中共中央办公厅：《中共中央关于制定国民经济和社会发展第十三个五年规划的建议》，2015 年 10 月 29 日。

周和平：《全面推进文化共享工程建设》，《人民论坛》2008 年第 22 期。

周晓丽、毛寿龙：《论我国公共文化服务及其模式选择》，《江苏社会科学》2008 年第 1 期。

周雪光：《制度是如何思维的》，《读书》2001 年第 4 期。

周雪光：《组织社会学十讲》，社会科学文献出版社 2003 年版。

周雪光：《基层政府间的"共谋现象"——一个政府行为的制度逻辑》，《社会学研究》2008 年第 6 期。

周怡：《文化社会学的转向：分层世界的另一种语境》，《社会学研究》2003 年第 4 期。

周怡：《强范式与弱范式：文化社会学的双视角——解读 J. C. 亚历山大的文化观》，《社会学研究》2008 年第 6 期。

朱健刚：《打工者社会空间的生产——番禺打工者文化服务部的个案研究》，《中国制度变迁的案例研究》2008 年第 1 期。

朱健刚：《社区组织化参与中的公民性养成——以上海一个社区为个案》，《思想战线》2010 年第 2 期。

朱健刚：《论基层治理中政社分离的趋势、挑战与方向》，《探索与争鸣》2010 年第 4 期。

## 二 外文文献

Baumol, W. J. and W. G. Bowen, *Performing Arts*: *The Economic Dilemma*, *Twentieth Century Fund*, New York, 1966.

Beetham, D. , *Legitimation*, London: Macmillan, 1991.

Bury, M. , "Chronic Illness as Biographical Disruption", *Sociology of Health and Illness*, No. 2, 1982.

Stephen C. Ainlay, Lerita M. Coleman and Gaylene Becker, "Stigma Reconsidered", in Stephen C. Ainlay, Gaylene Becker, and Lerita M Coleman ed. : *The Dilemma of Difference*: *A Multidisciplinary View of Stigma*, New York: Plenum Press, 1986.

Dittmer, Lnuell,  "Chinese Informal Politics", *The China Journal*, Voh. 34, 1995.

Peter Duelund, *Cultural Policy*: *An Overview in Peter Duelunded. The Nordic Cultural Model*, CoPenhagen: Norlic Cultural Institute, 2003.

Anthony Everitt, "The Governance of Culture: Approaches to Integrated Cultural Planning and Policies, Cultural Policies Research and Development Unit ", *Policy Note*, No. 5, Belgium: Council of Europe Publishing, 1999.

Hany Chartrand and Claire McCaughey, "The Arms Length Principle and the Arts: An Intemational Perspective Past, Present and Future", in Milton C. Cummings, Jr. and J. Mark Davidson Schuster, *Who to Pay for the Arts*, New York: ACA Books, 1989.

Gamson, William A. and David S. Mayer, "Framing Political Opportunity", In *Comparative Perspectives on Social Movement*, Edited by Doug McAdam, John McCarthy and Mayer Zald. New York: Cambridge University Press, 1996.

Gans, . Herbert J. , *Popular Culture and High Culture: An Analysis and E-valuation of Taste*, New York: Basic, 1974.

Saez Guy (dirl), Institutions Etvie Culturelle, La Documentation franoaise, Paris, 2004.

Stuart Hall, "Cultural Studies: Two paradigms", *Media, Culture and Society*, No. 2, 1980.

Hyde, Lewis, *The Gift: Imagination and the Erotic Life of Property*, New York: Vintage Books, 1983.

Lefvre, Henry, *The Production of Space*, Oxford: Blackwell Press, 1974.

Lewis, David J. and Weigert Andrew, "Trust as A Social Reality", *Social Forces*, Voh. 63, No. 4, 1985.

Jennifer M. Brinker of Governament-nonprofit Partnership: A Defining Framework Public Admin, Dev. 22, 2002.

Macleod, Calum and Lijia Macleod, "China's Eco Conscience", *South China Morning Post*, June 5, 2001.

Herbert Marcuse, *One Dimensional Man*, London: Sphere, 1968.

Mauss, Marcel, *The Gift: Forms and Functions of Exchange in Archaic Societies*, London, Cohen & West Ltd. , 1954.

Mead, G. H. , *Philosophy of the Act*, Chicago: University of Chicago press, 1938.

John Myerscough, *National Cultural Policy in Sweden: Report of a European Group of Experts*, Council of Europe Council of Cultural Cooperation, National Cultural Policy Reviews Programme, Stockholm: Allmanna Forlaget, 1990.

Mouliner Pierre, Politiques Culturelles et la Decentralisation, LpHarmattan, Paris, 2002.

Carr S. , *Public Space*, Cambridge: Cambridge University Press, 1992.

Selznick Philip, *TVA and the Grassroots Berkeley*, CA: The University of California Press, 1953.

Hall Stuart, "Introduction", In Stuart Hall (ed. ) *Representation*, London: 1997.

Hall Stuart, *The Rediscovery of Ideology*: *the Return of the Repressed in Media Studies*, *in Cutural Theory and Popular Culture*: *A Reader*, 4th edn, Edited by Harlow: Pearson Education.

W. Maloney, G. Smith & G. Stoker, "Social Capital and Urban Governance: Adding a More Contextualised 'top-down' Perspective", *Political Studies*, Vol. 48, No. 4, 2000.

Weher, Max, *From Weber*: *Essays in Sociology Translated*, *edited*, *and with an introduction* by H. Bourdieu, Pierre. Distinction: A Social Critique of the Judgement of Taste, London: Routledge, 1984.

Muhammad Yunus, Karl Weber, "Building Social Business: The New Kind of Capitalism that Serves Humanity's Most Pressing, Needs", *Public Affairs*, 2011.

# 后 记

> 我走上了一条比记忆还要长的路。陪伴着我的，是朝圣者般的孤独。我脸上带着微笑，心中却充满悲苦。
>
> ——切·格瓦拉

当我将最后一个句号放在本书的结尾的时候，心中有千言万语，却无语凝噎。30多万字里的每一个字符和标点符号都清晰印证了自己的血和泪。撰写本书的四年间，我从一个懵懵懂懂的社会学初学者，怀揣着对这门学科的无比景仰，勤勤恳恳、兢兢业业、一丝不苟而又呕心沥血地学习和研究。对于我而言，社会学的研究之路真的犹如一条"朝圣"之路。在这条路上，自己像一个独行者，决然抛弃了很多俗世的欢愉，也置若罔闻了烟火中的悲欢离合。这是一个充满孤寂的所谓凤凰涅槃的过程，也是一个不断地雕琢自己趋于成熟，向着心中的那个里程碑靠近的"平凡"之路。

所以，我尤其要感谢在这个孤独旅程中陪伴我的重要的几个人。是他们的不离不弃，才使得我一次又一次重拾对于研究、对于未来甚至是对于人生的信心。学术之路上，幸得有了他们，我才没有在自卑和焦虑中沉沦，一次又一次地站在了学术研究的苦舟之中扬帆向前。

首先，我尤其要感谢南京市社会科学院院长叶南客教授。遇到叶老师是我人生路上的一个美丽转折点，我一生的命运由此改变了。叶老师是中国社会学界的风云人物，在社会学的江湖上，早已遐迩闻名。他在学术上的高山伟岸、在做人上的气宇轩昂以及在生活中的真诚平和是我无法用任何语言去描绘、去赞颂的。四年来，他用笑容点亮了我人生的四面风。在学术上，每次当我撑不下去了，对于未来感到很茫然的时候，他总是不断给我打气，鼓励我支持我。每次我感觉思想陷入混沌的时候，他总是抽出宝贵的时间帮我厘清思路，让我收回想放弃的念头，继续走完未尽的研究之路。如果没有他的鼓励，难以想象如我这种跨学科同时又自尊心极强的"门外汉"，如何能够在自卑中战胜自己。在本书的写作中，从确定选题到书稿成型，无不渗透着他的辛勤劳动。大到对整部著作思路的调整，小到遣词用句的仔细琢磨和小标题的反复推敲，这些充分体现了叶老师作为一名严谨的社会学者的一丝不苟、追求完美的治学作风与精神。得三生之幸，方遇人生恩师；蒙九世之荣，才得忝列叶门。在我的心里，叶老师就像是四月的阳光，在整个四年间，明媚了我心里的每一个角落。

一纸致谢道不完无尽感激之情。我要特别感谢孙其昂教授对我的深切关怀和谆谆教诲。孙老师谦虚、温和、和蔼的处世风格和谨慎、认真、严肃的治学态度是我一生学习的楷模，他对我个人在学习上的认可和日后工作上的极大鼓励也是我人生道路上重要的指明灯。我要感谢河海大学公共管理学院院长施国庆教授。感谢施老师在课堂上对我的谆谆教诲，施老师拥有渊博的知识修养、超前的发展视野、专业敬业的学术精神，也正是他的高瞻远瞩和真知灼见才给我的社会学研究之路提供了良好的学习平台和实践机会。感谢成伯清教授对我的悉心指导，当时我正在为本书的思想脉络问题苦思冥想而不得其解，成老师仅寥寥数语就将我的这本著作提纲挈领，其在社会学专业上的高屋建瓴，和指导上的睿智聪慧也是我日后学习和工作的标杆。我要感谢王毅杰教授对于我的指导，王老师的那句"社会学的角度应该是体现在看问题的角度上，而不是体现在研究对象上"，犹如一枚指南针，引导着我今后的学习和研究方向。还要感谢沈毅老师对本书提出的很多中肯建议，我从中受益良多。

另外，我想感谢左用章老师，正是由于左老师的极力推荐，才使我得以师从社会学大家叶南客老师。感谢师兄史明宇、师姐仇凤仙对我的鼓励和引导，感谢同窗好友李向建、梁爽、王名哲的相知相伴！通过与他们的交流和学习，相互倾诉苦痛，也减少了我的困惑，弥补了我的不足。还要谢谢师弟王镜超、肖伟华的鼎力相助。

我还要把我最多的歉意送给我的妈妈。13 岁的时候，父亲公差突遇车祸，我从一个娇滴滴的小公主一下子就变成了单亲家庭的可怜小姑娘。母亲为了更好地照顾我和弟弟，一个人拼命赚钱养家。在我选择来遥远的南方工作的时候，在我生完宝宝选择对社区公共文化服务深入研究的时候，人生每一个重大的选择母亲都毫无怨言地支持我、鼓励我。这四年间，为了让我有足够的时间和精力来整理一篇篇小论文，构思、撰写犹如庞大工程的学术著作，甚至为了让我有闲暇的时间去发泄写作遭遇困境的痛苦情绪，母亲主动承担了家里所有的家务和带宝宝的任务，从清晨到夜幕，无论阳光和风雨，日日没有歇息。在南京师范大学图书馆边的操场上，每每于我在图书馆的时候，透过窗口，都能看到年迈的妈妈带着年幼的儿子在太阳下堆沙子；在河海大学的自习室门口，一次次我完成一天的研究骑着电动车回家，总能看到母亲背着我的宝宝，笑意盈盈。妈妈，对不起，因为苦苦地执着于自己的理想，非但未能让您安享晚年，反而让两鬓已然斑白的您重新适应完全陌生的生活方式，操持着繁重的家务劳动，还需负担宝宝的启蒙教育。我想对您说，妈妈我爱您。

特别地，我必须把我更多的歉意和爱意送给我的爱子小老虎。当我开始研究之时，他还是一个刚刚会走路的小宝宝，四年之后，他已经长成了一个即将升入小学的小帅哥。小老虎性格开朗，很少哭闹，懂事又聪明，每次看到他的微笑，我都感觉他是上天赐给我的最好礼物。可是很惭愧，作为妈妈的我，在他整个幼儿园生涯中是缺失的。因为全身心地投入在研究工作中，我根本没有太多时间陪他，没有太多耐心疼爱他，甚至没有太多的精力放在他的身上。希望他懵懂的心灵能够理解与谅解这段时间妈妈的苦衷……

最后，还有浓浓的、特殊的谢意，要送给默默帮助我的英雄……

总之，感谢在我研究生涯中所有给我提供帮助的朋友。正是由于你们给予我的关心、关怀和鼓励，才使我得以在这孤独的朝圣路上，即便艰难前行却没有折戟沉沙，遭遇重重困难和否定仍然坚持匍匐奋进，最终得以在今天扬起生活的新风帆。村上春树说过："总之岁月漫长，然而值得等待。"在涉足社会学研究至今，纵然偶尔会想象着自己依旧有着"鬓云欲度香腮雪"的青春，却仍然逃脱不了皱纹偷偷爬上我的眉梢，在脸庞上镌刻下我的这个求学历程的丝丝苦楚。但我依然要诚挚地邀请所有爱我的和我爱的人，与我分享今后的那些曼妙的悠悠岁月。

颜玉帆

2017 年 7 月初夏于南京